34th INFORSID 2016

Grenoble, France
31 May – 3 June 2016

ISBN: 978-1-5108-2439-3

Printed from e-media with permission by:

Curran Associates, Inc.
57 Morehouse Lane
Red Hook, NY 12571

Some format issues inherent in the e-media version may also appear in this print version.

Printed by Curran Associates, Inc. (2016)

INFORSID
c/o Dominique Rieu
220, route de la Chimie - 38400
Saint Martin d'Hères
France

Phone: +33 (0)476 51 40 25

dominique.rieu@imag.fr

Additional copies of this publication are available from:

Curran Associates, Inc.
57 Morehouse Lane
Red Hook, NY 12571 USA
Phone: 845-758-0400
Fax: 845-758-2633
Email: curran@proceedings.com
Web: www.proceedings.com

Table des matières **Jeunes Chercheurs**

Articles de doctorants inscrits en 1re année de thèse :

Articles de doctorants inscrits en 2e année de thèse :

Table des matières Conférences Invitées

TABLE OF CONTENTS
WORKSHOPS

Préface

La huitième édition du Forum Jeunes Chercheurs est organisée à Grenoble le 31 mai 2016, dans le cadre du 34e congrès INFORSID. L'objectif de cette manifestation scientifique est double :

- permettre aux jeunes chercheurs en 1re ou 2e année de doctorat de présenter leur problématique de recherche et d'établir des contacts avec des équipes travaillant sur les domaines similaires ou connexes,
- offrir un aperçu des axes de recherche actuels et ainsi élargir le champ des connaissances des jeunes chercheurs.

Cette année, 32 soumissions ont été proposées par des doctorants de première ou deuxième année.

Les actes du Forum Jeunes Chercheurs recueillent les 19 articles qui ont été sélectionnés. Ils ont été rédigés par des doctorants issus de divers laboratoires de recherche en France et en Tunisie. Ces articles sont présentés lors de la session plénière du congrès consacrée au forum. Durant toute la durée du congrès, l'exposition des posters préparés par les doctorants offre également des opportunités de rencontres et de discussions avec les chercheurs de la communauté des systèmes d'information.

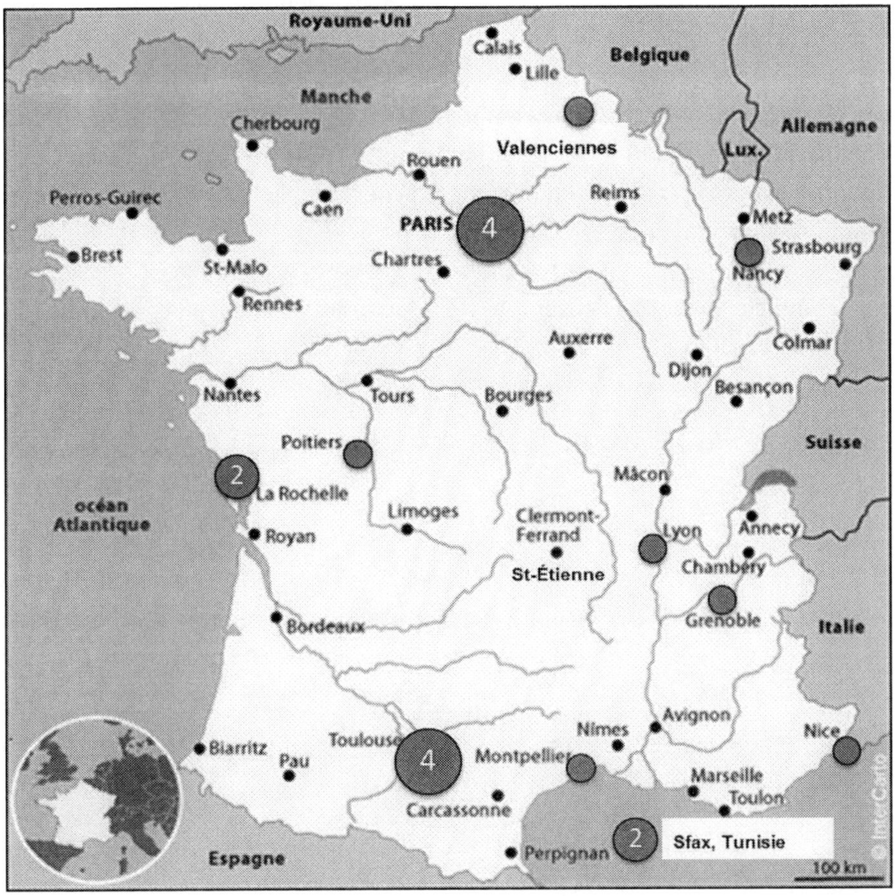

Répartition spatiale des articles présentés au Forum Jeunes Chercheurs 2016

Le nombre et la qualité des articles ainsi que la variété des thématiques abordées par les doctorants participant au Forum Jeunes Chercheurs sont autant d'éléments qui attestent de la vigueur des recherches dans le domaine des systèmes d'information.

De nombreuses personnes ont contribué au bon déroulement de l'organisation de cette huitième édition du forum. Je tiens ici à les remercier chaleureusement.

- Tout d'abord, merci au bureau de l'Association INFORSID de sa confiance pour l'organisation de ce forum : Régine Laleau sa présidente, Franck Ravat son vice-président, Philippe Roose son trésorier, Agnès Front sa secrétaire et Elöd Egyed-Zsigmond son chargé de communication.

- Merci à la présidente du Comité de Programme d'INFORSID 2016, Mireille Blay-Fornarino pour le travail mené en concertation.

- Un grand merci à la présidente du Comité d'Organisation d'INFORSID 2016, Dominique Rieu, et à toute l'équipe organisatrice grenobloise pour le support apporté sur les différents plans. Un merci particulier aux personnes de cette équipe avec qui j'ai été en contact pour le forum : Agnès Front, Cyril Labbé, Dominique Rieu, Claudia Roncancio, Marlène Villanova-Oliver (site Web, hébergement des doctorants, logistique des posters, ...).

- Je tiens également à adresser mes remerciements à Guillaume Cabanac, organisateur de la précédente édition du Forum Jeunes Chercheurs à Lyon, qui, en fournissant les archives de l'édition précédente, m'a facilité différentes tâches, en plus de m'aider à assurer également la promotion du forum.

- Enfin, je remercie vivement l'ensemble des doctorants pour leur contribution, sans qui ce forum n'aurait pas lieu.

Cécile FAVRE
Université de Lyon (Lumière Lyon 2)
Laboratoire Entrepôt, Représentation et Ingénierie des Connaissances (ERIC)
Responsable du Forum Jeunes Chercheurs 2016

Du recueil d'expertises à la production de logiciels fiables

Application aux systèmes de neurostimulation médicale

Clément Duffau

Laboratoire d'Informatique, Signaux et Systèmes de Sophia Antipolis
2000, route des Lucioles
06903 Sophia Antipolis Cedex

duffau@i3s.unice.fr

MOTS-CLÉS : *génie logiciel, ligne de produits logiciels, connaissance, expert, medical*

KEYWORDS: *software engineering, software product line, knowlegde, expert, medical*

ENCADREMENT : *Mireille Blay-Fornarino (PR)*

1. Contexte

La problématique portée par la société AXONIC est la production de systèmes de neurostimulation médicale (SNSM) dédiés à différentes pathologies (e.g., obésité, douleur fantôme). Un SNSM se présente comme un neurostimulateur (partie hardware), ses électrodes de stimulation et un logiciel de pilotage. Ce logiciel est un système d'information utilisé par différents corps de métiers (chirurgien, clinicien, patient). Les systèmes ainsi développés doivent répondre à des normes strictes qui reposent entre autres sur un cycle de développement qui inclut de nombreuses phases de tests et en particulier, une fois la Vérification & Validation passée, sur des campagnes d'expérimentations mettant en jeu différents sujets (de l'animal à l'homme avec différentes caractéristiques). En fonction des phases de tests, des propriétés différentes sont recherchées (*e.g.* seuils de douleur, efficacité, identification des effets indésirables). On parle d'expérimentation, lorsque l'on mène sur un même sujet un ensemble de stimulations. Chaque stimulation donne lieu à des résultats physiques "bruts" (*e.g.* ressenti du patient, imagerie médicale). Les résultats obtenus dans le cadre d'une expérimentation sont ensuite interprétés par des experts métiers (*e.g.* cliniciens, chirurgiens) qui en déduisent alors la validation ou non des propriétés recherchées ; l'ensemble stimulation, résultat, et interprétation devient alors une *connaissance*.

Sur la base de ces connaissances, il s'agit alors de contraindre les SNSM pour, par exemple, interdire les stimulations qui conduisent à de la douleur. Aujourd'hui, cette étape repose principalement sur le développeur qui doit configurer le logiciel pour traduire ces différentes "connaissances" en contraintes et recommandations. Or chaque SNSM présente ses propres caractéristiques (*e.g.*, type de stimulateur, implantation ou non, forme de l'onde électrique), ce qui conduit à une grande variabilité des SNSM. Les systèmes eux-mêmes doivent présenter des plages de paramétrages différentes en fonction des sujets, des pathologies, des propriétés recherchées.

Dans cette thèse nous nous intéressons à faciliter la production de SNSM adaptés aux sujets et aux pathologies en intégrant la prise en compte des expérimentations dans le cycle de production de ces SNSM. Bien qu'appliquée dans le contexte de cette thèse au domaine médical porté par la société AXONIC, cette problématique est généralisable à la mise en œuvre de grands systèmes, dès que la connaissance sur ces systèmes dépend d'expérimentations.

2. État de l'art

Les lignes de produits logiciels (LPL) sont des solutions bien adaptées pour produire des logiciels fiables, automatiquement (Pohl *et al.*, 2005). Dans notre cas d'étude, la ligne doit évoluer pour intégrer non seulement de nouvelles fonctionnalités (*e.g.*, nouveau stimulateur, nouvelle pathologie) mais également et surtout, s'enrichir des connaissances acquises. En cela, nous nous approchons d'une problématique d'écosystèmes (Bosch, 2009). Toute la difficulté est alors de faire évoluer les assets associés (au sens de la LPL, artefacts nécessaires à la production de codes)(Seidl *et al.*, 2012).

L'évolution du logiciel a largement été étudiée (Mens *et al.*, 2005). Plus spécifiquement, nous nous intéressons aux évolutions au cours du cycle de vie, à quel niveau ont-elles un impact et comment les mettre en œuvre (Buckley *et al.*, 2005). Nous axons notre travail sur le challenge de l'enrichissement d'une LPL à partir d'expérimentations qui est un point non abordé dans la littérature à notre connaissance.

En amont il s'agit aussi d'être capable de capitaliser les connaissances recueillies lors des expérimentations. Ainsi Polacsek (Polacsek, 2016) propose d'organiser les connaissances sous la forme de graphes d'argumentation. Toute la difficulté pour nous est alors de n'autoriser que des assertions et de détecter les incohérences. Les stratégies doivent alors être formalisées par exemple pour se ramener à de la logique (Clarke *et al.*, 2010). Ainsi contrairement à des approches de data mining (Donoghue *et al.*, 2015), nous ne cherchons ni à nous substituer aux cliniciens ni à optimiser les paramètres de sélection des stimulations, mais uniquement à construire automatiquement un système qui respecte les contraintes et situations apprises des expérimentations.

3. Problématique

La figure 1 présente notre point de vue actuel sur la problématique abordée dans cette thèse : construire automatiquement un Système d'Information (SI) qui respecte les contraintes apprises à partir d'expérimentations. On distingue 3 catégories d'acteurs : (1) les experts apportent leur expertise technique en amont du projet pour définir les contraintes globales du système en s'appuyant sur l'état de l'art ou des documents techniques ; (2) les "Product Designers" sont en charge de configurer la ligne pour générer le SI dédié ; (3) les expérimentateurs sont les utilisateurs finaux. Nous identifions les défis suivants.

D1, D6 : Alimenter la base de connaissances Aujourd'hui les expérimentations sont mémorisées à travers des fiches techniques, des documents ou tableurs synthétisant les résultats d'une expérimentation. Ces données sont hétérogènes, non liées entre elles et constituent un ensemble documentaire volumineux. Les informations sont donc diffuses et peu maîtrisables par la totalité des experts. Le défi est de maintenir l'expression de ces expertises séparée et incrémentale, tout en garantissant la cohérence des connaissances qui en résultent. Or une expérimentation peut être

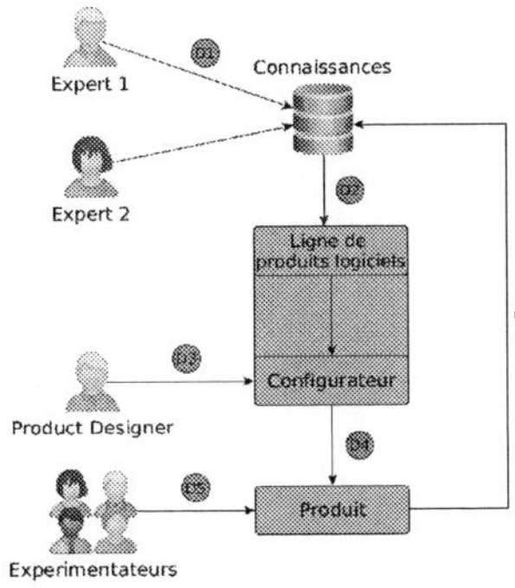

Figure 1. *Vision globale de la problématique*

contredite ultérieurement. Il faut donc être capable de gérer ses incohérences et évolutions. La problématique du passage à l'échelle se pose aussi, notamment sur la remontée de connaissances issues d'expérimentations.

D2 : Relation entre la connaissance et la LPL La maîtrise de la « ligne de produits logiciels » repose aujourd'hui sur l'ingénieur logiciel, à l'intersection de plusieurs corps de métiers. Pour libérer le développeur et en même temps garantir la prise en compte des connaissances acquises, le défi principal est d'être capable d'exploiter automatiquement les connaissances au niveau des différents types d'assets qui constituent la ligne de produits et de garantir différentes propriétés sur le système résultant comme par exemple que l'ensemble des configurations de stimulation proposées pour un traitement chez l'Homme ont été "testées" auparavant, avec toutes les ambiguïtés à lever derrière ce terme.

D3 : Utiliser la LPL pour configurer des SIs dédiés Contrairement aux approches classiques, les produits issus de la ligne, suivant leur degré de maturité, peuvent être utilisés pour des besoins différents : R&D, telle qu'une recherche sur une nouvelle pathologie (*e.g.* état de l'art, affiner un traitement) ou production quand l'étape de R&D est jugée suffisamment concluante. Le SI dédié se trouve fortement impacté par cette distinction. Ainsi, suivant les besoins, le Product Designer qui sera amené à le configurer sera différent. Ceci impacte les choix dans la configuration du produit notamment sur les rôles utilisateurs. Il semble qu'il y ait un niveau intermédiaire de configuration (Hubaux *et al.*, 2009).

D4, D5 : Générer un produit utilisable issu de la configuration Le produit généré sera composé de deux modules qui doivent interagir : le logiciel pour réaliser les expérimentations et celui pour effectuer le recueil de résultats d'expérimentations. Le premier pilote les expérimentations tandis que le second permet de capitaliser sur les résultats de ces expérimentations. La problématique est donc de générer ces modules en tenant compte du modèle métier et de l'usage qui en sera fait.

4. Actions réalisées

***Domain Specific Languages* (DSL) dédiés** Un DSL, pour le clinicien, a été défini permettant de collecter des contraintes (D1). Nous avons également traité la transformation de ces contraintes dans un modèle exploitable par la LPL abordant ainsi le défi D2.

LPL La caractérisation du domaine a été réalisée pour les produits existants au sein de la société via une représentation sous forme de Feature Models (Kang *et al.*, 1990). Nous avons aussi travaillé autour du module de recueil d'analyse expérimentations pour en définir une maquette de la GUI répondant au besoin des expérimentateurs, qui sont les cliniciens et plus généralement les professions médicales dans le cadre de l'entreprise (D3, D4).

Représentation de la connaissance Le travail sur cette GUI nous a permis de réaliser un modèle abstrait des informations à afficher et à recueillir (D5).

5. Actions futures

***Domain Specific Languages* (DSL) dédiés** Nous travaillons actuellement à définir un DSL, métamodèle et *Graphical User Interface* (GUI), pour un autre expert dans le but de se confronter à l'hétérogénéité des données (D1) et à la collecte des expérimentations (D5, D6). La gestion des incohérences qui peuvent apparaître dans la base de connaissance (D1, D6) fait partie des actions futures.

LPL La correspondance entre les contraintes issues de la base de connaissances et les assets reste un défi pour lequel les pistes envisagées portent sur des techniques de méta-modélisation (D2)(Favre *et al.*, 2006). Le développement du premier prototype du GUI d'expérimentation doit nous permettre d'établir les bases pour la production automatique idoine des GUI (D4, D5).

Représentation de la connaissance Il nous reste à valider ce modèle sur des expérimentations réelles puis de travailler à leur transformation en données exploitables. Une piste nous vient de la théorie de l'argumentation (Polacsek, 2016)(D6).

6. Bibliographie

Bosch J., « From Software Product Lines to Software Ecosystems »,, vol. 1, p. 111–119, 2009.

Buckley J., Mens T., Zenger M., Rashid A., Kniesel G., « Towards a taxonomy of software change », *Journal of Software Maintenance and Evolution*, vol. 17, n° 5, p. 309–332, 2005.

Clarke D., Proença J., « Towards a Theory of Views for Feature Models », *Proceedings of FMSPLE'10*, 2010.

Donoghue J. O., Roantree M., Boxtel M. V., « A Configurable Deep Network for high-dimensional clinical trial data », *Neural Networks (IJCNN), 2015 International Joint Conference on*, p. 1-8, July, 2015.

Favre J.-M., Establier J., Blay-Fornarino M. (éd.), *L'ingénierie dirigée par les modèles : au-delà du MDA*, Hermes-Lavoisier, Cachan, France, 2006.

Hubaux A., Classen A., Heymans P., « Formal Modelling of Feature Configuration Workflows », *SPLC'09*, IEEE, p. 221–230, 2009.

Kang K. C., Cohen S. G., Hess J. A., Novak W. A., Spencer Peterson A., Feature-oriented domain analysis (FODA) feasibility study, Technical Report n° November, The Software Engineering Institute, 1990.

Mens T., Demeyer S., Wermelinger M., Hirschfeld R., Ducasse S., Jazayeri M., « Challenges in software evolution », *International Workshop on Principles of Software Evolution (IWPSE)*, vol. 2005, p. 13–22, 2005.

Pohl K., Böckle G., Linden F. J. v. d., *Software Product Line Engineering : Foundations, Principles and Techniques*, Springer-Verlag New York, Inc., Secaucus, NJ, USA, 2005.

Polacsek T., « Arbre d'argumentation : un nouvel acteur dans vos diagrammes », *INFormatique ORganisation et Systèmes d'Information et de Décision (INFORSID)*, 2016.

Seidl C., Heidenreich F., Assmann U., « Co-evolution of Models and Feature Mapping in Software Product Lines », *Proceedings of the 16th International Software Product Line Conference (SPLC)*, vol. 1, p. 76–85, 2012.

A Visualization Platform for Epidemiology Surveillance

Samiha Fadloun

LIRMM (Université de Montpellier, CNRS)
Campus St Priest, 860 rue St Priest,34095 Montpellier Cedex 5, France
samiha.fadloun@lirmm.fr

MOTS-CLES : *Analyse Visuelle, Fouille de Texte, Fouille de données*

KEYWORDS: *Visual Analytics, Text mining, Data mining*

SUPERVISORS: *Arnaud Sallaberry (MCF), Pascal Poncelet (PR), Mathieu Roche (DR), Julien Rabatel (POST DOC)*

1. Context

Today epidemiologists have to face a huge amount of information to investigate animal disease outbreaks. Usually, this information is available on the Web, through news articles or official reports. One of the major issues, they have to face is how to find the relevant information. In this paper, we propose a new visualization platform for epidemiology surveillance, it combines text mining and information visualization. In principle, we do not plan to apply text mining and then visualization rather we aim at providing an interactive system. With our visual analytics platform, interactivity between users, visualization and text mining are the key for helping epidemiologist researchers.

2. State-of-the-art

Visual Analytics is "the science of analytical reasoning facilitated by interactive visual interfaces" (Cook *et al.*, 2005), it combines multiple techniques (Figure 1), and makes the processing of data and information transparent for an analytic discourse, in addition to constructive evaluation, correction and rapid improvement of processes and models (Keim *et al.*, 2008). In order to facilitate the knowledge and data mining processing, there are many visualization tools, using either a single or a combination of techniques. For example Cho *et al.* (2016) propose the ViaRoma platform dedicated to the history of Roma by combining different visualization techniques such as map, tree and sunburst views. A review of visualization tools focused on the landscape of infectious diseases for public health is proposed in Carroll *et al.* (2014). They mainly evaluate visualization relying on geographic information systems such as Healthmap (Brownstein *et al.*, 2008), molecular epidemiology or social network analysis. They also investigate the user needs, preferences, efforts and barriers to adopt such a kind of abstractions.

Now, from a text mining point of view, epidemiologists have to consider a huge amount of documents. In order to help them, they usually apply some text mining. For instance, Arsevska *et al.* (2016) propose to apply both text and web mining to extract, and validate disease outbreaks for animals. Furthermore, they are able to automatically extract relationships between host species and symptoms.

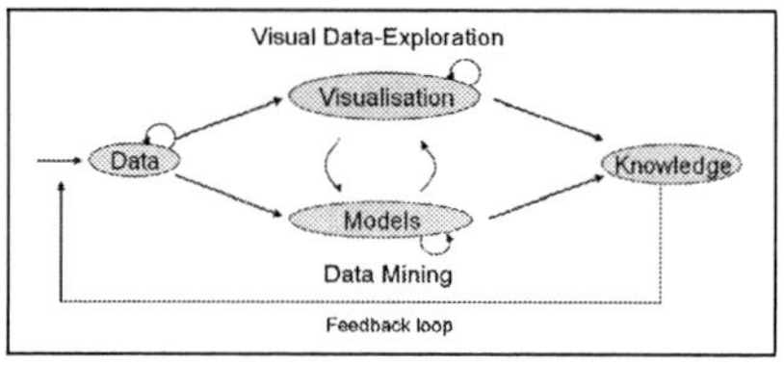

Figure 1. *The Visual Analytics Process*

3. Problem Statement

As stated in the introduction, epidemiologists need to monitor and analyze a huge amount of data. It must be clearly and easily managed, in order to facilitate its interpretation and help making the right decision.
Most of the visualization tools used by epidemiologists are maps, for showing the distributions of some diseases over the world and, these tools frequently do not offer a real interaction. Our concern is different since we address the way of finding relevant documents according to the interest of the user. Let us consider the following illustrative example: the distribution of clinical signs of the Foot-and-mouth disease such as production losses, vesicular stomatitis and vesicular disease, on animals such as cattle, pig and deer. Experts have a strong knowledge on the disease for these animals and they would like to know if Foot-and-mouth disease can affect camelids. Usually, to do so, they manually query one search engine to find some recent news or reports related to Foot-and-mouth disease and camelids.
Our platform is initialized by the needs of text mining research (Arsevska *et al.*, 2016), how can experts analyze the data results?, how can experts use their knowledge? etc.

We assume that our platform aims to create a visual analytic tool for helping the user to express what he/she is focusing on, and automatically query different search engines whatever the complexity of the query. Furthermore with text mining approaches, we propose to rank the results in order to provide the end user with the most representative and useful documents. Finally some tools are proposed to validate/invalidate the results and then store them to perform his/her own research.

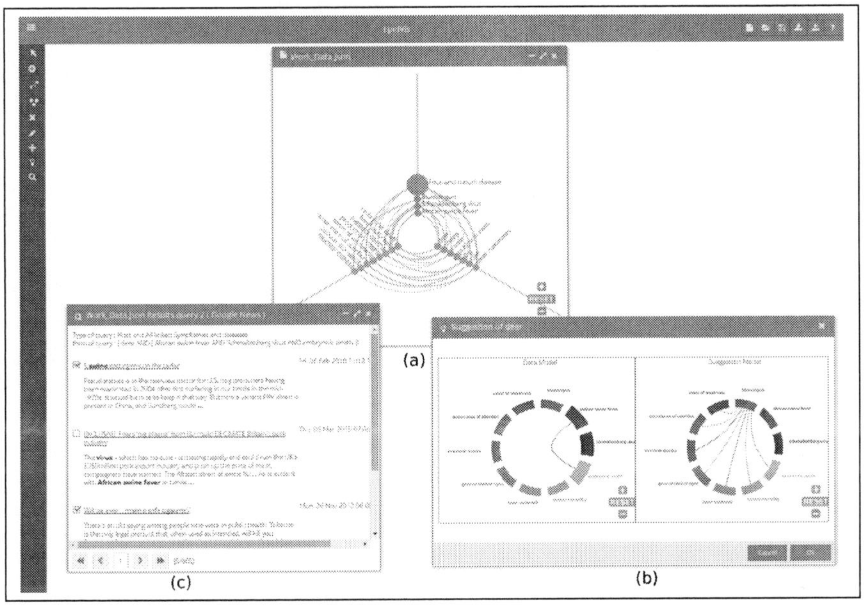

Figure 2. *Screenshot of EpidVis*

4. Our current approach

Few researches address the visualization of animal epidemiology data. We propose a visual analytics tool combining visualization, text mining, and expert knowledge (Figure 2). It uses data obtained by text mining approaches, i.e. names of diseases, hosts and symptoms, and association values between them (Arsevska *et al.*, 2016). Our method is based on three components:

1) **Main interface** (Figure 2.(a)). In this interface, the end user is provided with an abstraction for visualizing terms and relationships: hosts, symptoms and diseases, and the links between them. It is based on a Hive plot (Krzywinski *et al.*, 2011) technique: the data are represented on three axes. Each axis plots a set of nodes from a category, and the relationships between them are represented by edges. Experts can dynamically create new nodes and links, the platform used CSV and JSON with require format.

2) **Data Suggestion** (Figure 2.(b)). This radial visualization is proposed to suggest new relationships to the epidemiologist.

3) **Queries and Information Retrieval** (Figure 2.(c)). This interface shows the results of one query which has been automatically created by the platform, with access to the server. Similar results can be obtained with different search engines. Different ranking techniques based on text mining measures are proposed in order to highlight relevant documents to experts. A quantitative and qualitative evaluation of the tool is currently performed. This is based on new information (i.e. returned web pages) suggested by our system.

5. Future Work

We plan to improve the visualization tool to take into account spatial and temporal information. Furthermore to help for instance the understanding of the spread of an epidemy, additional information will be considered (e.g. symptoms, number of cases). They will be extracted directly by analyzing the content of the returned documents. Other data mining techniques, such as clustering, will be also investigated for the visualization. Finally we will try to generalize our approach on different epidemiology domains like human epidemiology.

Acknowledgments. We would like to express our sincere gratitude to Elena Arsevska (Cirad, CMAEE) for the data, fruitful discussions and evaluation of results. This work has been partially funded by Labex NUMEV (ANR-10-LABX-20), and by the Ministry of Higher Education and Scientific Research of Algeria.

6. References

Arsevska E., Roche M., Hendrikx P., Chavernac D., Falala S., Lancelot R., Dufour B., "Identification of terms for detecting early signals of emerging infectious disease outbreaks on the web", *Computers and Electronics in Agriculture*, vol. 123, p. 104–115, 2016.

Brownstein J. S., Freifeld C. C., Reis B. Y., Mandl K. D., "Surveillance Sans Frontieres: Internet-based emerging infectious disease intelligence and the HealthMap project", *PLoS Med*, vol. 5, n° 7, p. e151, 2008.

Carroll L. N., Au A. P., Detwiler L. T., Fu T.-c., Painter I. S., Abernethy N. F., "Visualization and analytics tools for infectious disease epidemiology: a systematic review", *Journal of biomedical informatics*, vol. 51, p. 287–298, 2014.

Cho I., Dou W., Wang D. X., Sauda E., Ribarsky W., "VAiRoma: A Visual Analytics System for Making Sense of Places, Times, and Events in Roman History", *Visualization and Computer Graphics, IEEE Transactions on*, vol. 22, n° 1, p. 210–219, 2016.

Cook K. A., Thomas J. J., Illuminating the path: The research and development agenda for visual analytics, Technical report, Pacific Northwest National Laboratory, WA (US), 2005.

Keim D., Andrienko G., Fekete J.-D., Görg C., Kohlhammer J., Melançon G., *Visual analytics: Definition, process, and challenges*, Springer, 2008.

Krzywinski M., Birol I., Jones S. J., Marra M. A., "Hive plots rational approach to visualizing networks", *Briefings in bioinformatics*p. 069, 2011.

Vers une plateforme de monitoring de flottes d'objets connectés

Asmaa Achtaich

Centre de Recherche en Informatique, Université Paris 1 Panthéon-Sorbonne
90, rue de Tolbiac, 75013 Paris France
Asmaa.achtaich@malix.univ-paris1.fr
SIWEB Team, Ecole Mohammedia d'Ingénieurs, Univ. Mohammed V-Rabat
Avenue Ibnsina ,765 Agdal Rabat Maroc
asmaaachtaich@research.emi.ac.ma

MOTS-CLÉS : *IdO, Objets Connectes, variabilité, Flotte De Mobile, EMM, MDM, Lignes De Produits Logiciels, Constraints Programming, Monitoring, Auto-Adaptation.*

KEYWORDS: *IoT, Connected Objects, Variability, Mobile Fleet, EMM, MDM, Software Product Lines, Constraint Programming, Monitoring, Self-Adaptation.*

ENCADREMENT : *Camille Salinesi (PR), Ounsa Roudies (PR), Nissrine Souissi (HDR), Raul Mazo (MCF)*

1. Contexte

Les appareils mobiles ont transformé nos modes de communication, réflexion et travail. 72% des employés en 2015 ont utilisé leurs appareils mobiles à des fins professionnelles (Citrix 2015). L'intégration des dispositifs dans le lieu de travail est une grande opportunité pour les entreprises mais peut aussi s'avérer d'une grande complexité. Les appareils mobiles non gérés posent des risques élevés pour les entreprises (Leavitt 2013). Par conséquent, une nouvelle catégorie de solutions logicielles appelée Enterprise Mobility Management (EMM) a été introduite. Ces solutions permettent d'intégrer pleinement les technologies mobiles dans un environnement sécurisé en permettant l'inscription à l'infrastructure, l'application de configurations, le stockage sécurisé des données, l'accès réglementé aux applications, le monitoring des ressources et enfin, le reporting sur l'activité des employés. Cependant, les objets connectés de manière plus générique sont de plus en plus déployés dans le contexte professionnel (avec les chaînes de production industrielle) autant que personnel (avec la domotique) ou gouvernemental (avec les villes intelligentes). La conception des objets connectés dans l'infrastructure présente d'énormes opportunités économiques, mais aussi des défis majeurs et de nouveaux verrous scientifiques. Tout comme les EMMs, des solutions de gestion de dispositifs de l'Internet des Objets (IdO) s'avèrent primordiales. Notamment pour la détection et l'enrôlement de dispositifs, le support de communication hétérogène, la sécurité des données, les échanges, le stockage d'informations ou encore pour maitriser la taille, les caractéristiques et le contexte très variable de ces objets.

Nos travaux de recherche visent à concevoir une plateforme pour la surveillance et le monitoring de flottes d'objets connectés d'entreprise. Notre contribution prend en compte la nature variable de ces composants et se base sur les bonnes pratiques de construction de solutions EMM.

2. État de l'art

Dès les premières discussions autour de l'IdO dans le MIT Auto-ID Center, il était clair que ces enjeux sur l'entreprises sont de taille. Toutefois, pour que ce paradigme devienne réalité, le développement d'une infrastructure solide devait être entrepris. Plusieurs problématiques furent donc abordées par les chercheurs.

La détection des objets en mouvement fut une des premières problématiques. (EPCglobal 2013) et (Koshizuka & Sakamura 2010) – entre autres – ont proposé respectivement l'ONS et le uCode Resolution Protocol, deux processus d'adressage qui se basent sur le Protocol DNS pour identifier les objets de manière unique. Ensuite, les échanges entre des dispositifs hétérogènes qui présentent des capacités très différentes du point de vue computationnel et communication est un autre défi. Ainsi, plusieurs efforts de standardisation ont été mis en place, Notamment (EPCglobal 2014) pour les technologies RFID, la norme IEEE 1451 qui définit un format standard des données d'échange et de protocoles de communication, ou encore (Zigbee Alliance 2006) qui maintient et publie les normes ZigBee. La sécurité et la confidentialité des échanges sont aussi des difficultés majeures pour la mise en œuvre de l'IdO. Certaines solutions dans ce sens sont revus dans (Suo et al. 2012). Ensuite, un des chalenges actuels de l'IdO est la scalabilité : au cours des quatre prochaines années, 25 milliards d'objets seront connectés (Rivera & Meulen 2014). De ce de fait, les middlewares supportant cette évolution sont devenus une exigence clé pour soutenir la croissance actuelle de l'IdO, chose abordée dans (Gomes et al. 2014). Finalement, pour surmonter le grand nombre de dispositifs, la surveillance et le monitoring s'avèrent une nécessité. Le traitement des données recueillies sur les appareils et sur leur environnement permet l'ajustement intelligent, instantané et dynamique des configurations. Plusieurs propositions de Framework, d'architectures ou de modèles sur le monitoring des objets connectés ont été appliqués aux secteurs de la santé (Hansen 2014), de l'énergie (Wei & Li 2011), ou de la distribution (Li et al. 2013).

3. Problématique

Bien que les travaux de monitoring mentionnés répondent à des problématiques pertinentes, elles présentent certaines limites. En effet, d'un côté, l'internet des objets est composé de dispositifs hétérogènes qui évoluent très rapidement. La diversité et l'évolutivité doivent donc être intégrées dans la plateforme de gestion de la flotte. Ensuite, même si les objets connectés partagent plusieurs caractéristiques communes, leurs applications et leurs contextes restent extrêmement variables : d'abords les caractéristiques matérielles et logicielles d'objets connectés sont très différentes (état de la batterie, espace de stockage libre, capacité de traitement, type et taille d'écran, mobilité, système d'exploitation, technologie de communication, ...). Ensuite, l'usage du dispositif est distinct d'un élément de la flotte à un autre. Ceci dépend du rôle du dispositif, de sa configuration ou encore de la nature de l'utilisateur. Et finalement, l'environnement qui entoure les objets connectés est propre à un groupe particulier de dispositifs (localisation, température, son, mouvement, poids ...).

Ceci étant, les Framework et les architectures de monitoring proposés au profit de l'IdO ne prennent pas en compte la diversité des objets connectés, la variabilité de leurs contextes et ainsi leurs configurations, et leur évolutivité. Notre objectif consiste donc à capturer, modéliser et raisonner sur la variabilité dans une flotte d'objets connectés, ce en se basant sur les principes de l'ingénierie des lignes de produits. Plus précisément, par le biais de la Programmation Par Contraintes (PPC) de par son efficacité à spécifier les Lignes de Produits Logiciels (LPL) et à analyser la variabilité (Sawyer et al. 2012) (Salinesi et al. 2011).

4. Actions réalisées

Notre objectif est de proposer une plateforme de monitoring d'objets connectés, en se basant d'une part sur les principes et architectures des solutions EMM, et d'une autre part sur l'ingénierie des lignes de produits logiciels pour la gestion de la variabilité. Les EMMs étant eux-mêmes des applications de l'IdO sont testés et approuvés par l'entreprise. Ce qui représente pour nous une base de bonnes pratiques sur lesquelles notre plateforme peut s'appuyer. Nous avons donc procédé par un état de l'art de ces solutions afin d'en discerner la contribution ainsi que les principales limites. Les axes d'amélioration portent principalement sur le traitement de l'information sur le contexte du dispositif pour d'éventuelles reconfigurations, le monitoring automatique, intelligent et dynamique, la communication avec des supports hétérogènes ainsi que la gestion des ressources limitées. Nous nous intéressons particulièrement au monitoring, cependant, nous étendons le spectre de dispositifs de manière à ce qu'il englobe les objets connectés dans un sens large. Finalement, pour la création de solutions qui prennent en compte et raisonnent sur la variabilité, nous proposons une méthodologie qui repose sur le paradigme des Lignes de Produits Logiciels (LPL). Celui-ci offre les outils nécessaires pour la création de famille de produits qui partagent des caractéristiques en commun, tout en satisfaisant les exigences particulières d'un contexte donné.

5. Actions futures

L'étape en cours consiste à déterminer l'architecture de notre plateforme. Celle-ci reposera sur les standards des EMMs, de l'IdO et des LPLs. La prochaine étape est reliée à la surveillance des objets connectés. Il s'agit de définir une ontologie pour modéliser les éléments du domaine ainsi que les règles de gestion. Ensuite, pour assurer la configuration conditionnée des objets connectés, la démarche envisageable est d'adopter la PPC pour la définition des features, et pour raisonner sur la variabilité. Finalement, dans le cadre de leur validation, nos contributions feront l'objet d'études de cas réelles, probablement dans les secteurs médical (Smart Hospital) et domotique (Smart House).

6. Bibliographie

Citrix, 2015. 7 Enterprise Mobility Statistics You Should Know. Available at: https://www.citrix.com/articles-and-insights/workforce-mobility/jun-2015/7-enterprise-mobility-statistics-you-should-know.html.

EPCglobal, 2013. GS1 Object Name Service (ONS). , (2), pp.1–34.

EPCglobal, 2014. *The GS1 EPCglobal Architecture Framework*,

Gomes, M., da Rosa Righi, R. & da Costa, C.A., 2014. Internet of things scalability: Analyzing the bottlenecks and proposing alternatives. In *2014 6th International Congress on Ultra Modern Telecommunications and Control Systems and Workshops (ICUMT)*. IEEE, pp. 269–276.

Hansen, F.O. vergaard, 2014. Ambient assisted living healthcare frameworks, platforms, standards, and quality attributes. *Sensors (Basel, Switzerland)*, 14(3), pp.4312–4341.

Koshizuka, N. & Sakamura, K., 2010. Ubiquitous ID: Standards for Ubiquitous Computing and the Internet of Things. *IEEE Pervasive Computing*, 9(4), pp.98–101.

Leavitt, N., 2013. Today's Mobile Security Requires a New Approach. , pp.16–19.

Li, S. et al., 2013. Distribution equipment monitoring system based on the internet of things. In *2013 IEEE Global High Tech Congress on Electronics*. IEEE, pp. 41–45.

Rivera, J. & Meulen, R. van der, 2014. Gartner Says Two-Thirds of Enterprises Will Adopt a Mobile Device Management Solution for Corporate Liable Users Through 2017.

Salinesi, C. et al., 2011. Constraints: The core of product line engineering. In *2011 FIFTH INTERNATIONAL CONFERENCE ON RESEARCH CHALLENGES IN INFORMATION SCIENCE*. IEEE, pp. 1–10.

Sawyer, P. et al., 2012. Using Constraint Programming to Manage Configurations in Self-Adaptive Systems. *Computer*, 45(10), pp.56–63.

Suo, H. et al., 2012. Security in the internet of things: A review. *Proceedings - 2012 International Conference on Computer Science and Electronics Engineering, ICCSEE 2012*, 3, pp.648–651.

Wei, C. & Li, Y., 2011. Design of energy consumption monitoring and energy-saving management system of intelligent building based on the Internet of things. *2011 International Conference on Electronics, Communications and Control, ICECC 2011 - Proceedings*, pp.3650–3652.

Zigbee Alliance, 2006. Zigbee specification.

CP-Based Framework for Software Product Lines Engineering

Angela Villota-Gomez

Centre de Recherche en Informatique, Université Paris 1 Panthéon-Sorbonne
90, rue de Tolbiac
75013 Paris

angela-patricia.villota-gomez@malix.univ-paris1.fr

MOTS-CLÉS : *Lignes de produits, Ingénierie des lignes de produits, Programmation par contraintes, Solveurs de contraintes.*

KEYWORDS: *Product lines, Product line engineering, Constraint programming, Constraint solvers.*

ENCADREMENT: *Camille Salinesi (PR) et Raúl Mazo (MCF)*

1. Context

The Product Line Engineering (PLE) and Software Product Line Engineering communities employ the term constraint referring to relations between elements in a system, non-functional requirements, feature relations, etc. It is almost natural that some authors formalize these concepts as boolean satisfiability problems or constraint satisfaction problems. Moreover, in the past years, many different works have formalized variability concepts and product line preferences in the shape of logic formulas or constraint satisfaction problems to support PLE activities like analysis, testing, verification, etc. with the purpose of taking advantage of Constraint Programming (CP) approaches. However, there is no proposal integrating CP in all the development stages of a PLE in a consistent manner. In this research project, we aim to design and develop a generic framework specially designed for PLE. With this framework, we want to consolidate the constraints, domains, and solvers to propose a more suitable approach for supporting PLE.

2. State of the art

We combine two paradigms in this project: CP and PLE. CP is a programming paradigm to solve combinatorial problems modeled as a Constraint Satisfaction Problem (CSP). CSPs are defined in terms of variables, domains and constraints. A CSP may have one or more solutions, and they are produced employing one of the many consistency algorithms or by searching them using a constraint satisfaction tool called solver (Rossi *et al.*, 2006). On the other hand, a product line or system family is a collection of similar products sharing common characteristics and satisfying the requirements of a particular mission or market segment. Products in a product line are assembled from a common set of core assets in a prescribed way. There are previous proposals exploiting the CP paradigm in PLE by assisting activities such as: analysis, configuration, derivation, synthesis, testing, simulation, and verification of product lines in different contexts (Benavides *et al.*, 2005; Czarnecki *et al.*, 2005; Mazo *et al.*, 2015). Constraints are also used to represent product line variability. Most studies propose rules for transforming variability descriptions into constraint satisfaction problems. Nevertheless, works as (Salinesi *et al.*, 2011; Mazo *et al.*, 2011) consider constraint (logic) programming as an expressive method to describe variability. Moreover, the work of (Salinesi *et al.*, 2011) proposes a constraints language to describe product lines from a high-level meta-model general description. Additionally, Mazo et al. propose the use of abstract constraints to represent product lines with a high-level and unique notation that encompass different constraint languages (e.g., over Booleans, Integers, Reals, trees, lists, etc.) (Mazo *et al.*, 2011).

3. Problem

We have evidence of previous works that CP is a paradigm and a viable model for supporting a PLE process. However, there is no proposal integrating CP in all the development stages of a PL in a consistent manner. This may happen because the CP approaches are modeled or adapted for a particular objective or application. Instead, we want to design and develop a generic framework gathering constraints, domains, and constraint solvers specially designed for PL. Therefore, our framework will emerge as a suitable approach for supporting PLE consisting on: (i) a constraint language for representing PL models in a more accurate way, consolidating the constraints included in previous works, plus other not included yet. Moreover, the proposed constraint language will continue the proposal of (Mazo *et al.*, 2011) (ii) a solving mechanism that supports the proposed constraint language.

4. Actions taken

We apply the design science paradigm in our research project. This paradigm is one of the paradigms proposed to conduct research in information systems disciplines (Peffers *et al.*, 2007). According to above methodology, this project can be divided into four stages: solution design and development, demonstration, evaluation, and communication. Table 1 shows the objectives related to each stage.

As a first step, we conducted a systematic mapping study with 6 research questions over publications containing evidence of the application of the constraint programming paradigm in the developing of product lines. With this study, we aimed to provide an overview of the research on the intersection of PLE and CP subject. As results of our mapping study, we proposed a *Classification Framework* for CP-based approaches in

Stage	Objectives
Solution design and development	Objective 1: Elicitate the types of constraints considered relevant in the product lines engineering. The elicitation must be carried out by studying the literature and also by surveying stakeholder in the academic and industrial context Objective 2: Propose and develop a Generic Constraint System for modeling variability as a constraint satisfaction problem. Objective 3: Propose and develop a solving mechanism supporting the proposed constraint system.
Demonstration and evaluation	Objective 4: Validate this proposal with several case studies and benchmarks.
Communication	Objective 5: Publish and disseminate this project in conferences and index journals.

Table 1. Project stages and objectives

the context of PLE, and built a comprehensive collection of constraints for PLE. The proposed classification framework is a four-dimensional framework composed by four views: expressivity, translation, application, and support. Consequently, the proposed classification framework allows the publications characterization from four different points of view. The second contribution of our mapping study emerges as a consequence of the classification of constraints used in the PLE. To perform the classification and answer the question: *what is expressed as a constraint, and how?* we gather the constraints employed in the different publications regarding their semantics and their implementation. Therefore, regarding the semantics, we obtained two collections of constraints: constraints to document variability, and constraints to express product line preferences. Additionally, constraints in PLE are implemented using arithmetic constraints, boolean constraints, global constraints, and reified constraints.

One of the findings in our mapping study is the usage of different approaches for solving constraints problems. Furthermore, the utilization of specialized solvers for each approach. Therefore, we plan to include the different paradigms and solvers taking advantage of their strengths. In consequence, the first proposal for a CP-based general framework specially designed for PLE considers the integration of different paradigms for solving constraint problems such as Logic-Formula Satisfiability Problems (LSP), and CSP. The CP-based framework for PLE is a four-level framework, as shown in Figure 1. The first level, *constraints meta-model* contains a generic constraint language gathering the meta-model for constraints relevant in product lines engineering. The second level, *constraints instantiation* transforms a generic constraint into a constraint for a particular paradigm (i.e.: logic formulas, constraints) with the help of a compiler, and federator components. The third level, *solver paradigm meta-model* contains a component for translating a constraint (represented in a paradigm) into constraints to be used in a particular solver paradigm (e.g: SAT or BDD solvers for determine logic formula satisfiability). Finally, the fourth level, *solver implementation* transforms the constraints obtained in the third level into a program regarding the compelling a solver's implementation syntax. In consequence, the framework will include the strengths of different paradigms and solvers.

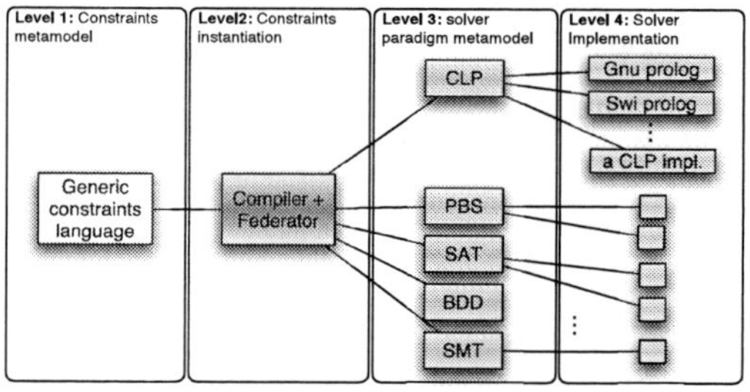

Figure 1. CP-Based Framework for Software Product Lines Engineering

5. Future Work

In this paper, we presented the proposal and first results of the research project to design and develop a CP-based general framework specially designed for PLE. In the first stages of our study, we conducted a systematic mapping study to examine the state of the art, and provide an overview of the application of CP in the PLE. Since we will further the proposal of the CP-based general framework specially designed for PLE described in section 4, the direction of our current and future work is threefold: the first step is to continue developing the collection of constraints for PLE. We built a collection of constraints for PLE as a result of our mapping study. Therefore, the next step is validate these constraints with the PLE community via a case study. The next step consist in the integration of the constraints with a solving mechanism. Currently, we consider the framework must include a mechanism to solve each problem with the most suitable paradigm and solver regarding the literature review. Finally, we plan to validate the integration constraints-solving mechanism with a case study from the industry, preferable.

6. References

Benavides D., Trinidad P., Ruiz-Cortés A., "Automated reasoning on feature models", *Advanced Information Systems Engineering*, Springer, pp. 491–503, 2005.

Czarnecki K., Kim C. H. P., "Cardinality-based feature modeling and constraints: A progress report", *International Workshop on Software Factories*, pp. 16–20, 2005.

Mazo R., Muñoz Fernández J. C., Rincón L., Salinesi C., Tamura G., "Variamos: an extensible tool for engineering (dynamic) product lines", *SPLC*, ACM, pp. 374–379, 2015.

Mazo R., Salinesi C., Diaz D., "Abstract Constraints: A General Framework for Solver-Independent Reasoning on Product Line Models", *INSIGHT-Journal of International Council on Systems Engineering (INCOSE)*, vol. 14, num. 4, pp. 22, 2011.

Peffers K., Tuunanen T., Rothenberger M., Chatterjee S., "A Design Science Research Methodology for Information Systems Research", *J. Manage. Inf. Syst.*, vol. 24, pp. 45–77, 2007.

Rossi F., Beek P. v., Walsh T., *Handbook of Constraint Programming*, Elsevier Science Inc., New York, NY, USA, 2006.

Salinesi C., Mazo R., Djebbi O., Diaz D., Lora-Michiels A., "Constraints: The core of product line engineering", *Research Challenges in Information Science (RCIS), 2011 Fifth International Conference on*, pp. 1–10, 2011.

Cross-Company Collaboration Analyzed Through Process Mining

A Method for Analyzing the Working Environment and Measuring Impacts of Change

Ornela Çela

Laboratoire d'informatique de Grenoble (LIG)

LIG - Bâtiment IMAG - CS 40700

38058 GRENOBLE CEDEX 9

Ornela.cela@imag.fr

KEYWORDS: *Process Mining, Software Process Mining, Bug tracker, Collaboration*

ENCADREMENT : *Agnes Front (MCF) et Dominique Rieu (PR)*

1. Context

Cross companies collaboration is considered nowadays a competitive advantage, so business entities attempt to use it for increasing their benefits. Nevertheless the economic benefits, this collaboration can cause lots of problems in the working environment. The non-uniform workload between users and the vagueness of user's functions and roles in the work schema are two of the main problems caused during the collaboration.

The goal of our project is to provide a way of analyzing the working environment and the collaboration between companies, by processing event log through process mining techniques. Our works will combine different aspects of process mining [1] in order to analyze the environment. We will propose a method which analyzes the cross collaboration hierarchy and introducing the idea of discovering a model of communication between the companies. Moreover the method will be enriched with the possibility of measuring the impact that possible changes in the hierarchical structure might have in the collaboration performance.

2. State-of-the-art

Process mining is a mean of extracting non trivial and useful information from process execution logs also called audit trails, or transaction logs [2]. The main perspective of process mining is the control flow perspective. The aim is creating a model of the business process using the event log files that are the starting point based on the traces left by the users in the information system supporting the activity. There are identified three main focuses of process mining as shown in figure 1:

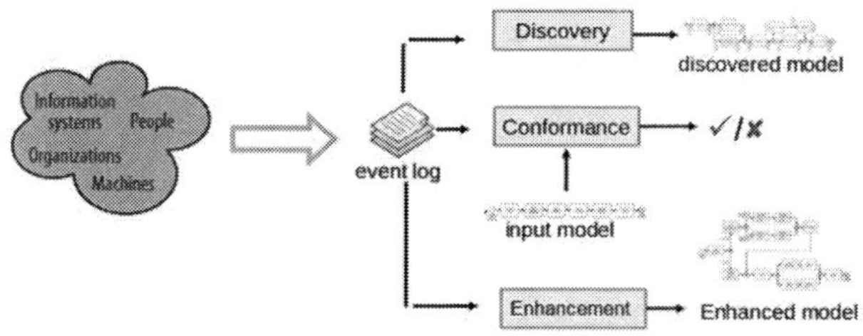

Figure 1: The main focuses of process mining.

1. Discovery aims to elaborate the event log and other data provided as input and to provide a model of the process.

2. Conformance targets the problems such as checking if the event log or reality processing is conform or not to the business model already available, or if the process model created by the analyst is respected into practice, and improving the model discovered into the first type of process mining.

3. Enhancement offers the user the possibility to play in, play out and replay the model. These actions make possible for the user to make recommendation, take decisions, analyze bottlenecks and make predictions based upon event logs.

Another perspective of process mining is the organizational and social perspective. The mains centers of attraction of this perspective are the resources, identifying the actors involved and how they are related between each other and to the tasks of the process.

3. Problematic

The main topic of our work is the usage of process mining into the environment of software development, which is defined as software process mining in [3]. The trend of applying software process mining has augmented, but to the best of our knowledge, there is no work done in this domain that takes into consideration the organizational and social perspective.

Our study is based on analyzing the collaboration between companies in the domain of software support providing. We are working on data provided from a software developing company which offers software support to its clients. This collaboration between the company and the client is coordinated through Mantis bug tracker software and there is a predefine schema of communication between the different services of each parties. Nevertheless this configuration, the parties complain over the time required to solve issues, the workload and the interaction between the companies.

Our goal is, through process mining techniques to analyze the working environment, identify problems and propose solutions for solving performance issues. At the moment this tasks are performed by analyzing the working environment manually, since the environment lacks in terms of providing in depth analysis. Our work will be to propose a method based on process mining technique as a mean to analyze this environment and measure the impact of future changes. The impact of future changes is going to be measured by combining simulation to process mining techniques as introduced in [4], in order to get a real view on the ongoing process and more realistic prediction.

4. Performed actions

We worked on a schema of collaboration between the parties: the client, the support provider and the finance consultant. We began to analyze a group of 203 closed issues derived from the Mantis Bug Tracker system. Based on the use of process mining techniques, we were able to provide ways for observing:

1. Models of workflow for the issues, which allow the detection of the tasks which are more time consuming and bottleneck in the process.
2. Reports of tasks performed over time in order to detect patterns of work gathering.
3. Models of communications between the services of the companies in order to see if communication is conform to the predefined communication schema and if there were deviations as shown in the figure 2, represent in dashed lines.

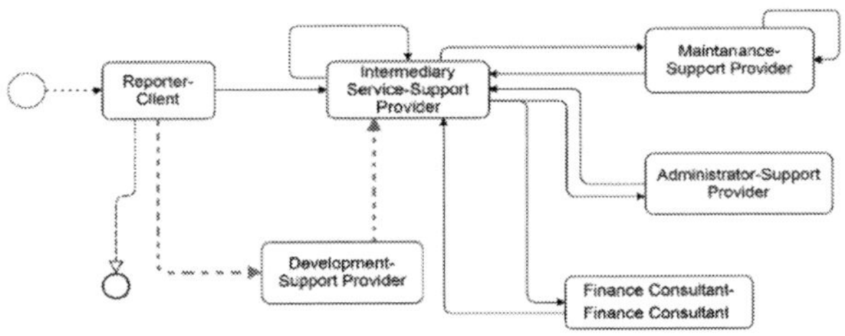

Figure 2: The model of communication between the services.

4. A model of user interactions in order to detect patterns of collaboration between resources.

As a final result, we propose the basis for a method which empowers performing a general analyze of the work environment and analyze the collaboration between companies. Finally we introduced the idea of measuring the impact of a change, giving so the opportunity to the decision maker to better analyze the impact of the proposed change. The method we proposed is composed of three parts: the general analyze, the cross company communication analyze and the measuring of the future impacts.

5. Future actions

Our future work aims to consolidate and design each one of the phases of the proposed method and their requirements:

- The general analyzing phase will provide reports generated through process mining tools which focus on the workflow of the process, group tasks over time, model of workload dispersion and also model of user collaboration pattern.
- The cross-company analyze phase will aim to analyze the collaboration between the services and put in evidence if the hierarchy of the companies is respected inside the collaborative environment.
- The measuring phase will aim to study the impact of changes thought the combination of process mining with simulation techniques. The fusion of this two disciplines allows testing of changes in the workflow of the process.

Once the method is consolidated, we are going to validate its usage. The validation will focus on evaluating the method's usage and utility. We also plan to focus in enriching our method with additional elements such as:

- prediction perspective: predicting the time required for the correction of an issue,
- estimating the usage of the method into other support providing environment different from the software support provider and also in the software development domain and other domains
- adding text mining techniques in order to analyze if there is or not sufficient input information when passing the issue to the next step,
- creating of an evolutionary model in order to analyze the people's way of working changes over time. This model provides a way of seeing how the model change over time and to provide a way of detecting possible causes of such changes.

6. References

Van der Aalst W.M.P., *Process Mining Discovery, Conformance and Enhancement of Business Processes*, ISBN 978-3-642-19344-6, 2011.

Rozinat A., Mans R.S., Song M., van der Aalst W.M.P., " Discovering simulation models ", *Journal Information Systems*, 2009.

Rubin V., Lomazova I., van der Aalst W.M.P, " Agile Development with Software Process Mining ", *International Conference on Software and System Process*, 2014.

Wynn M.T., Rozinat A., van der Aalst W.M.P., ter Hofstede A.H.M, Fidge C.J., " Process Mining and Simulation ", *Modern Business Process Automation*, 2010.

Etude des processus de vigilance pour la sécurité de systèmes décisionnels

Amal Chaker [1, 2]

[1] *Institut de Recherche en Informatique de Toulouse (IRIT), 118 Route de Narbonne, F-31062 Toulouse Cedex*
[2] *Trimane, 57 rue de Mareil, 78100 Saint-Germain-en-Laye*

amal.chaker@irit.fr

MOTS-CLÉS : Sécurité, Systèmes d'information, Systèmes décisionnels, « Big Data », Prévention des risques, Base de signatures.

KEYWORDS: Security, Information systems, Decision systems, Big Data, Risk prevention, Signature database.

ENCADREMENT (THESE CIFRE) : Gilles Zurfluh [1](PR) et Fatma Abdelhédi [1,2] (Directrice du laboratoire de recherche CBI² à Trimane).

1. Contexte

Grâce aux nouvelles technologies, les entreprises mettent en place des systèmes d'information de plus en plus sophistiqués pour répondre aux besoins d'information de différents acteurs : direction, employés opérationnels, clients, etc. Les systèmes d'information apparaissent donc comme le garant d'un fonctionnement efficace des entreprises au quotidien. Pour atteindre leurs objectifs, notamment pour garantir une continuité de service auprès des utilisateurs, ces systèmes doivent résister à divers éléments perturbateurs tels que les pannes, les atteintes à la confidentialité et les agressions volontaires ou involontaires provenant de l'entreprise et de son environnement.

Nos travaux de recherche s'inscrivent dans le cadre de la sécurité des systèmes d'information et nous nous intéressons plus particulièrement aux systèmes décisionnels. Ces systèmes facilitent le pilotage des plans d'actions par les décideurs de l'entreprise. Ils présentent des spécificités en matière de traitements et de données qui les rendent très vulnérables à différents risques qui peuvent toucher aux données sensibles des entreprises. Tout dysfonctionnement pourrait ainsi entrainer des conséquences néfastes pour la gouvernance de l'entreprise. D'autre part, les dernières évolutions, montrent que les systèmes d'information traitent de plus en plus des données massives associées aux principes du « Big Data » : volume, variété et vélocité (Gandomi et Haider, 2015). Ceci induit une complexité des traitements et des données qui rend la protection de ces systèmes et la prévention des risques particulièrement aléatoires et généralement peu efficaces.

La société Trimane est une ESN spécialisée dans le développement d'applications décisionnelles dans un environnement Internet. Nos travaux se focalisent sur la sécurité des sites web dédiés à la prise de décision. Ces sites présentent la particularité de recevoir des requêtes via des réseaux de communication internes ou externes à l'entreprise. Ils sont donc particulièrement vulnérables aux agressions extérieures qui ne cessent d'évoluer et s'avèrent très difficiles à prévenir.

2. État de l'art

De nombreuses solutions concernent la sécurité des systèmes d'information et se répartissent en deux grandes catégories : les systèmes de détection et les systèmes de prévention d'intrusions. Elles permettent de surveiller le trafic lié au système d'information dans le but d'identifier et d'empêcher les actes malveillants. Ces systèmes disposent de deux approches différentes : l'approche d'analyse comportementale et l'approche à base de signatures (Dagorn, 2006). Nous nous intéressons aux systèmes à base de signatures. Une signature est définie par un ensemble de règles décrivant une attaque connue. Le principe de ces systèmes consiste à rechercher dans le trafic, les correspondances avec les signatures connues. Cette approche n'est efficace que pour les attaques qui sont déjà répertoriées dans la base de signatures. Par conséquent, cette base doit être alimentée à chaque nouvelle attaque. Cependant, cette mise à jour est toujours pénalisée par un temps de retard qui est dû à la création manuelle de signatures considérée comme une tâche fastidieuse pour les experts.

Plusieurs travaux de recherche ont abordé le problème de l'automatisation de la mise à jour de la base de signatures lors de nouvelles attaques. L'article de (Esposito *et al.*, 2005) a proposé un processus de reconnaissance de signatures à partir d'un trafic d'attaques extrait manuellement du trafic global. Les auteurs de l'article (Hamdi *et al.*, 2012) ont proposé une autre approche basée sur la programmation logique inductive. Cette technique consiste à générer automatiquement des signatures à partir d'une classification du trafic en deux catégories : la classe du trafic appartenant à l'attaque et la classe du trafic complémentaire (ne contenant pas d'attaque). Cependant, dans les travaux de (Hamdi *et al.*, 2012), la classification est manuelle puisqu'elle nécessite l'intervention d'un expert. Récemment, l'article de (Godefroy *et al.*, 2014) a proposé une nouvelle approche qui consiste à décrire les attaques sous forme d'arbres et à établir des règles de corrélation à partir de ces arbres. Cependant l'intervention d'un expert reste, encore une fois, nécessaire pour la construction des arbres d'attaques.

Dans tous les travaux que nous venons de citer, l'évolution de la base de signatures repose généralement sur l'intervention d'un expert du domaine. Ceci provoque un décalage au niveau de la mise à jour de la base de signatures. Par conséquent, les solutions proposées jusqu'à présent s'avèrent insuffisantes pour assurer une sécurité efficace des systèmes d'information décisionnels.

3. Problématique

L'objectif de notre travail est d'améliorer la sécurité des systèmes d'information décisionnels sous forme de sites web. Comme souligné précédemment, plusieurs travaux ont tenté d'améliorer les performances des systèmes à base de signatures. Néanmoins, ils ont présenté certaines limites qui les rendent insuffisantes pour assurer la sécurité des systèmes d'information de façon satisfaisante. Nous souhaitons donc compléter et adapter les travaux proposés auparavant afin de protéger au mieux ces systèmes et mettre en place des protections pérennes contre les perturbations externes.

4. Actions réalisées

Je prépare mon doctorat dans le cadre d'une bourse CIFRE. L'entreprise m'a confié la mission d'administrer la sécurité de ses sites web. Ceci me permet de travailler au quotidien sur des cas concrets en relation avec la sécurité des systèmes d'information.

J'ai aussi réalisé une étude bibliographique qui s'articule autour de trois domaines :

- les systèmes décisionnels : les modèles, méthodes et outils décisionnels ;
- le Big data pour stocker et analyser en temps réel de gros volumes de données ; par exemple, les données de réseau et de communication, les activités du système d'information, le comportement des usagers.
- la cybersécurité : les méthodes et les techniques actuelles pour la sécurité des systèmes d'information, leurs atouts et limites ainsi qu'une comparaison entre les différentes méthodes.

J'étudie également la problématique de la cybersécurité appliquée aux systèmes d'information décisionnels. L'exploitation en <u>temps réel</u> de flux d'information (principalement des requêtes) contenant des signaux faibles d'attaques, nécessite des techniques de filtrage performantes. De plus, l'analyse de grandes masses de données permettant de prévenir des attaques futures, requiert de nouveaux outils d'aide à la décision qui pourraient reposer sur des techniques d'apprentissage.

5. Actions futures

Nous allons étendre certains travaux étudiés dans l'état de l'art, notamment ceux de (Hamdi *et al.,* 2012) et (Godefroy *et al.,* 2014). Nous envisageons de spécifier et mettre en place un processus pour corréler les menaces et automatiser la mise à jour de la base de signatures. Ensuite, il parait nécessaire d'évaluer l'efficacité de la base de signatures pour détecter les attaques futures. L'évaluation nécessite une phase d'expérimentation qui correspond à simuler un trafic sain et un trafic malveillant. Nous évaluons ainsi le comportement du système à base des signatures ajoutées face au trafic subi.

Dans un deuxième temps, nous aborderons le problème d'identification des nouvelles attaques. Nous envisageons de suggérer des solutions capables de répondre efficacement aux signaux faibles générés par la préparation des attaques. En effet, un verrou à résoudre est que des signaux détectés ne soient pas significatifs. Enfin, les méthodes proposées seront expérimentées et évaluées par des tests portant sur des applications réelles.

6. Bibliographie

Dagorn N., "Intrusion Detection for Web Applications (Short Version)", *International Conference on Security and Cryptography*, 2006, p. 32-39.

Esposito M., Mazzariello C., Oliviero F., Romano S. P., Sansone, C., "Evaluating Pattern Recognition Techniques in Intrusion Detection Systems", *PRIS,* 2005, p. 144-153.

Gandomi A., Haider M., "Beyond the hype: Big data concepts, methods, and analytics". *International Journal of Information Management,* 2015, vol. 35, n° 2, p. 137-144.

Godefroy E., Totel E., Majorczyk F., Hurfin M., "Génération automatique de règles de corrélation pour la détection d'attaques complexes", *9ème conférence sur la Sécurité des Architectures Réseaux et des Systèmes d'Information (SAR-SSI)*, 2014, p. 10.

Hamdi O., Maissa M., Krief F., "Génération automatique de signatures par apprentissage pour les systèmes de détection d'intrusions", *7ème Conférence sur la Sécurité des Architectures Réseaux et Systèmes d'Information*, Cabourg, 22-25 mai 2012.

Gestion adaptative des contenus numériques

Proposition d'un framework générique par apprentissage et scénarisation dynamique.

Damien Mondou

Laboratoire L3I
Faculté des Sciences & Technologies Avenue Michel Crépeau
17042 La Rochelle

damien.mondou@univ-lr.fr

MOTS-CLÉS : *Apprentissage, analyse de comportement, adaptation dynamique*

KEYWORDS: *Learning, behavior analysis, dynamic adaptation*

ENCADREMENT. *Arnaud Revel(PR) et Armelle Prigent(MCF)*

1. Contexte

L'analyse des comportements des visiteurs d'un site web ou des touristes au travers de l'utilisation d'une application mobile dédiée pose une problématique commune : l'extraction rapide d'un parcours type afin de remonter jusqu'à une caractérisation de profils d'utilisateurs et de leurs comportements afin de réaliser une adaptation dynamique du contenu au regard de ces comportements et du contexte spécifique de la navigation. Différents travaux ont permis de s'intéresser aux moyens d'acquérir et d'analyser dynamiquement les données de navigation dans les contenus.Deux méthodes permettent de répondre à cette problématique : l'une à base d'**apprentissage** (de type algorithme par renforcement) permettant d'extraire des informations représentatives sur la base de logs de navigations passées et l'autre à base d'**observation dynamique du comportement** de l'utilisateur. Nos travaux ont donc pour objectif de concevoir un cadre générique d'analyse des comportements des utilisateurs et d'adaptation dynamique des contenus utilisant une approche hybride mêlant apprentissage et observation temps réel. Le domaine d'application des travaux pour validation du modèle concerne principalement les expériences interactives dans les musées mais d'autres sujets sont étudiés (gestion de crise, narration interactive, pilotage de système multi-agents(SMA)).

2. État de l'art

Qu'il s'agisse de la narration dans l'univers des jeux vidéos, de la navigation web ou encore des outils mobiles pour les expériences pervasives (applications ludo-pédagogiques dans les lieux de patrimoine par exemple), l'adaptation dynamique est un atout majeur des systèmes pour garantir une expérience de qualité. Nous pouvons classer les différentes approches en trois grandes classes : **les approches scénarisées, les approches basées sur des agents** et **les approches hybrides**.

Les approches scénarisées (Vega *et al.*, 2003), (Delmas *et al.*, 2007) reposent sur un système expert contrôlant l'expérience de l'utilisateur. Elles génèrent la narration se rapprochant le plus des attentes de ce dernier au regard de l'observation qui en est faite. Cette génération dynamique nécessite un système d'observation et un système décisionnel. La modélisation d'une telle architecture est complexe car l'ensemble des chemins possibles pour l'utilisateur doit être défini par le concepteur. Les approches basées sur des agents permettent quant à elles une plus grande modularité dans la conception de l'expérience et des règles d'adaptation. Ces agents autonomes possèdent leurs propres comportements permettant d'interagir avec les autres agents et vers l'environnement dans lequel ils évoluent (Mateas *et al.*, 2003). Néanmoins, cette approche permet plus difficilement de maîtriser la qualité et la cohérence du modèle généré (chose que les approches scénaristiques garantissent par leur structure même). Pour palier aux manques des deux approches précédentes, les approches hybrides tentent de trouver le point d'équilibre entre liberté de l'utilisateur (et donc un niveau élevé d'adaptation) et respect de la trame du concepteur (c'est à dire de conserver une forme de scénario dans la diffusion). (Brian Magerko, 2003) propose un système de narration interactive, où l'auteur spécifie un cadre générique sans limiter les actions de l'utilisateur. Le contrôle de la qualité du système est réalisé par un gestionnaire qui analyse dynamiquement les comportements des utilisateurs, afin de détecter des comportements non prévus. Dans ce cas, le système modifie le comportement des personnages et l'univers dans lequel se déroule la scène pour encourager l'utilisateur à rester dans le cadre proposé par l'auteur.

Ces trois approches présentent des améliorations possibles. La difficulté majeure réside dans la représentation de l'ensemble des interactions possibles entre l'utilisateur et le système. Il convient de disposer d'un modèle garantissant un fort niveau de modularité, de réutilisabilité et suffisamment extensible pour répondre aux modifications potentielles. De plus, la vue que peut avoir le concepteur est susceptible de ne pas représenter l'ensemble des comportements possibles de l'utilisateur : l'observation pour l'adaptation ne doit pas se limiter à la détection du contexte mais doit prendre en compte les comportements propres de l'utilisateur (n'étant peut-être pas inclus dans le modèle). Nos travaux s'orientent donc vers une méthode basée sur un modèle haut niveau d'adaptation des contenus (approche hybride tel que cité précédemment) permettant d'intégrer de nouveaux comportements et de nouveaux profils par un apprentissage réalisé sur l'ensemble des observations.

3. Problématique

La question est donc la suivante, comment combiner au sein d'un même système la supervision, le pilotage de l'activité (approche **top-down**) et l'intégration dans le pilotage de règles déterminées sur la base de l'observation du comportement réel des utilisateurs (approche **bottom-up**) ?

L'approche **bottom-up** permet, à travers une phase d'apprentissage, d'extraire des informations pertinentes en analysant un système interactif pendant son exécution. Les techniques d'apprentissage par renforcement (Kaelbling *et al.*, 1996) offrent un processus itératif et exploitable tout au long de son exécution. Ces techniques ont pour but de trouver une séquence idéale pour atteindre un but dans un environnement donné. L'approche **top-down** vise quant à elle, à produire une représentation d'un système à partir d'un profil (utilisateur ou de contexte). (Wang *et al.*, 2010) proposent un nouveau langage, ADAM, pour spécifier les structures adaptatives. Celles-ci sont définies au travers de trois dimensions, spatiale, temporelle et adaptative (gestion des exigences d'adaptivités de langue, qualité et d'interaction), et seront utilisées pour générer un contenu en adéquation avec le profil de l'utilisateur. Également basé sur le profil utilisateur, (De Virgilio, 2012) propose un langage de modélisation, AML, pour la conception adaptative d'applications web au niveau conceptuel. Sur la base de primitives élémentaires, la réponse et la structuration de l'information apportée à l'utilisateur est adaptée au contexte d'exécution de l'application.

Ainsi, contrairement aux approches classiques visant à proposer une adaptation sur la base d'un modèle et d'un ensemble de règles de re-scénarisation de l'activité, nous souhaitons ici proposer une approche hybride basée sur un pilotage top-down combiné à une analyse bottom-up. L'objectif étant de faire converger ces deux approches et de proposer une boucle d'itération du modèle entre apprentissage et représentation formelle afin d'améliorer la connaissance et de l'intégrer dynamiquement au modèle par retour de pertinence.

Les différents domaines d'application présentent chacun des spécificités. Ainsi, si dans le cadre de la narration l'interaction entre entités est importante, l'application du modèle aux expériences interactives dans les lieux de culture nécessite d'augmenter le modèle pour la prise en compte de la dimension spatiale.

4. Actions réalisées

Nous reprenons les travaux de (Rempulski, 2013) (effectués au L3I) qui proposent une représentation à base d'automates à entrées sorties de systèmes complexes. Le modèle manipule de nombreuses entités, en proposant au concepteur une modélisation simplifiée à base de paradigmes tels que la modularité, le multiple-héritage et la réutilisation de composants. Sur cette base, nous développons actuellement une interface entre l'outil de modélisation (#Telling) issu de ces travaux et un SMA (GAMA (Taillandier *et al.*, 2012))Tout comme notre système, les SMA manipulent des agents autonomes interagissant entres eux sur la base d'un ensemble de comportements. Cette intégration proposera une approche adaptative des SMA, basée sur un outil de modélisation. De plus, des améliorations du modèle pour augmenter son expressivité ont été réalisées afin d'entamer les travaux de modélisation d'un serious-game dans les musées (mini-jeux proposés par des robots Nao pilotés par #Telling).

5. Actions futures

Nous souhaitons intégrer prioritairement l'approche bottom-up dans notre outil afin d'apprendre à notre modèle de nouveaux comportements, que l'on fera valider par le concepteur dans un premier temps. Nous souhaitons, à terme, intégrer les contraintes temporelles que ce soit au niveau de la détection du contexte ou de la prise de décision (intégration de la sémantique du temps des modèles UPPAAL (Larsen *et al.*, 1997) dans le modèle de (Rempulski, 2013)).

Une autre problématique est l'analyse des comportements au travers de modalités de navigation variées. L'objectif est de proposer un framework unifié d'observation et d'analyse des comportements sur un domaine de navigation dont le périmètre peut être modifié en fonction des besoins. Une suite des travaux à venir est d'extraire des traces d'exécutions à partir du modèle de pilotage. Pour conclure, l'intégration de l'approche top-down nous permettra d'aboutir à un système complet permettant également d'adapter le contenu à partir du profil utilisateur ou du contexte.

6. Bibliographie

Brian Magerko J. L., « Building an interactive drama architecture », 2003.

De Virgilio R., « AML : A modeling language for designing adaptive web applications », 2012.

Delmas G., Augeraud M., « Plot Monitoring for Interactive Narrative Games », p. 17–20, 2007.

Kaelbling L. P., Littman M. L., Moore A. W., « Reinforcement Learning : A Survey », 1996.

Larsen K. G., Pettersson P., Yi W., « UPPAAL in a Nutshell », 1997.

Mateas M., Stern A., Tech G., « Façade : An Experiment in Building a Fully-Realized Interactive Drama », 2003.

Rempulski N., « Synthèse dynamique de superviseur pour l ' exécution adaptative d ' applications interactives », 2013.

Taillandier P., Vo D.-a., Amouroux E., « GAMA : a simulation platform that integrates geographical information data , agent-based modeling and multi-scale control », 2012.

Vega S. N., L., « A Petri Net Model for the Analysis of The Ordering of Actions in Computer Games », *GAME ON 2003*, 2003.

Wang C., Wang D. Z., Lin J. L., « ADAM : An adaptive multimedia content description mechanism and its application in web-based learning », 2010.

Authentification de documents par la vérification des informations textuelles

Chloé Artaud

L3I (Laboratoire Informatique, Image, Interaction) et DGA
Avenue Michel Crépeau
17042 La Rochelle cédex 1

chloe.artaud@univ-lr.fr

MOTS-CLÉS : *recherche d'information, extraction d'information, ingénierie des connaissances, faux documents*

KEYWORDS: *Information Retrieval, Information Extraction, Knowledge Engineering, Fraudulent Documents*

ENCADREMENT : *Antoine Doucet (PR) et Jean-Marc Ogier (PR)*

1. Contexte

En 2015, 68% des entreprises françaises interrogées dans le cadre d'une étude de PricewaterhouseCoopers[1] déclarent avoir été victimes d'une fraude au cours des 24 derniers mois (changements de RIB, fraudes comptables, fraudes aux achats...) Dans un autre registre, les administrations publiques sont également victimes de fraudes à travers de fausses déclarations. La Sécurité sociale a ainsi détecté en 2013 un préjudice de 350,5 millions d'euros lié à la fraude aux prestations sociales[2]. Les institutions ne sont pas les seules à être victimes de fraudes : les particuliers eux-mêmes peuvent être victimes d'arnaques. Lors d'un achat de voiture, certains fraudeurs peuvent par exemple falsifier la carte grise en changeant la date de la voiture, pour l'achat d'une maison, les diagnostiques énergétiques…

Les documents frauduleux jouent souvent un rôle important dans les fraudes, quel que soit le domaine ou le type de document, et doivent donc être particulièrement contrôlés dans le cadre de la lutte contre les fraudes. Si des solutions existent pour sécuriser et contrôler les documents d'identité, les autres types de documents, qu'ils soient électroniques ou papier, souvent en format A4 et simplement imprimés, sont facilement modifiables. Le sujet de notre travail s'inscrit

[1] Global Economic Crime Survey 2016 "La fraude explose en France. La cybercriminalité au cœur de toutes les préoccupations", PwC

[2] http://www.securite-sociale.fr/La-fraude-sociale

donc dans ce contexte : il s'agit de détecter les documents faux ou falsifiés, notamment en vérifiant les informations qu'ils contiennent.

2. État de l'art

La détection des fraudes sur les documents est très peu étudiée, malgré des besoins importants. Nos recherches traversent donc plusieurs domaines, de l'analyse de document à l'ingénierie des connaissances en passant par l'analyse d'image, la recherche d'information et les *digital forensics* (que l'on pourrait traduire par « informatique légale », par analogie à « médecine légale »).

La plupart des travaux sur la détection des faux documents concernent des indices graphiques, comme la différence d'inclinaison, de taille, d'alignement ou de bruit d'un caractère par rapport aux autres (Bertrand *et al.*, 2013), la différence de police ou d'espacements des caractères au sein d'un mot (Bertrand *et al.*, 2015), le décalage d'une ligne par rapport aux marges (van Beusekom *et al.*, 2010) ou encore l'inclinaison différente des lignes les unes par rapport aux autres (van Beusekom *et al.*, 2009). Dans ces travaux, l'hypothèse de départ est que les fraudeurs doivent souvent modifier les éléments du document dans la précipitation et que la modification n'est donc pas toujours parfaite, ce qui permet de la détecter.

D'autres travaux en analyse d'image permettent de détecter ou de suspecter des modifications, comme une étude sur les imprimantes et scanners utilisés dans la fabrication du document (Elkasrawi *et al.*, 2014) ou la vérification des tampons (Micenková *et al.*, 2015). (Poisel *et al.*, 2011) dresse un état de l'art des recherches de fraudes sur les données multimédias, dont celles sur les images. Plus largement, de nombreux travaux existent sur les modifications des images de scènes naturelles.

Parallèlement à l'analyse d'image, nous nous intéressons aux informations contenues dans le document. Si les journalistes s'intéressent de plus en plus au *fact checking* (vérification des faits), il est difficile de trouver des travaux scientifiques sur la vérification d'information. Nous pouvons cependant citer (Goasdoué *et al.*, 2013) et leur outil FactMinder, à la croisée de l'extraction d'information, de la recherche d'information sur le Web et de l'ingénierie des connaissances. Nous pourrons également nous inspirer des travaux sur la détection de plagiat.

3. Problématique

Si la recherche sur les faux documents se concentre essentiellement sur des analyses graphiques, nous pensons qu'il est possible de lier leur détection à celle de faux contenus ou de contenus incohérents. En effet, le contenu d'un document est composé d'informations diverses, textuelles et graphiques, ayant toutes un sens. Ces informations sont liées sémantiquement les unes aux autres et peuvent être vérifiées, seules et collectivement. Par exemple, l'adresse d'une entreprise est liée à son nom, et souvent à un numéro de téléphone, un numéro de SIRET…

Aujourd'hui, lorsqu'une personne veut vérifier une information, son premier réflexe est de faire une recherche sur Internet, à l'aide de moteurs de recherche. Généralement, lorsque les mots de la requête sont bien choisis, la page de résultats (SERP, pour *Search Engine Results Page*) donne une idée de la véracité de l'information. Sinon, il faut explorer les liens ou reformuler la requête. Nous envisageons d'automatiser complètement ce processus afin de le simplifier et de l'intégrer à notre système de détection des faux documents. Nous pensons qu'il serait intéressant de créer un système capable d'extraire automatiquement les informations du document et de les comparer avec l'information accessible en ligne.

4. Actions réalisées

Nous avons élaboré le plan d'un processus qui permettrait de vérifier les informations simples. Il s'agit tout d'abord d'extraire les informations du document et de les annoter afin d'en peupler une ontologie. Nous pouvons pour cela créer des règles d'extraction pour chaque information récurrente des documents. Cette extraction peut se faire avec des outils comme Unitex.

Une fois les informations extraites et identifiées, il s'agit d'en faire des requêtes pour un moteur de recherche. Les requêtes peuvent être composées d'une seule information, qui correspondra alors à une instance de l'ontologie (comme « 12345678901234 », instance de la classe « numéro SIRET »), ou de plusieurs mots combinant instances et classes (comme « numéro SIRET Exentrep » qui associe la classe « numéro SIRET » et l'instance « Exentrep » de la classe « nom société »). Nous avons choisi d'utiliser une ontologie pour pouvoir justement associer des informations grâce aux propriétés.

Ces requêtes permettent de récupérer une SERP dont on peut extraire les informations, en utilisant les mêmes règles d'extraction que précédemment. Il faut ensuite vérifier que les informations extraites sont identiques en les normalisant. Si elles sont identiques, elles deviennent une information unique que nous pouvons comparer avec celle du document à vérifier. S'il y a plusieurs résultats différents, il faudra déterminer lequel est le plus fiable. On peut vérifier les différents résultats en les requêtant à leur tour et en analysant les résultats de la recherche. Nous pouvons ensuite comparer les informations du document et celles de la SERP en utilisant des méthodes de calcul de similarité et affecter un indice de fiabilité à chaque information.

5. Actions futures

Le processus proposé se fera en deux phases : nous chercherons d'abord à évaluer chaque étape en les réalisant manuellement, puis nous automatiseront intégralement le processus, si la première phase se révèle concluante. Il s'agira donc à terme d'automatiser le processus tout en laissant à l'utilisateur la possibilité de le superviser et d'intervenir pour corriger d'éventuelles erreurs. Il faudra également évaluer les performances de ce système en comparant les résultats avec ceux obtenus manuellement.

Nous pensons également explorer les liens proposés dans la SERP : nous pouvons pour des informations plus complexes avoir besoin de fouiller le web plus en profondeur. Ainsi, nous pouvons imaginer un système qui tenterait d'extraire les informations sur chaque page explorée et continuer à explorer les liens tant qu'il n'a pas trouvé suffisamment d'informations pertinentes.

Dans un dernier temps, nous chercherons à associer ces indices sémantiques aux indices graphiques décrits dans l'état de l'art pour réaliser un système de détection des fraudes complet où l'utilisateur n'aura qu'à entrer le document à vérifier pour que le système lui donne un taux de fiabilité pour ce document.

6. Bibliographie

Bertrand, R., Gomez-Kramer, P., Terrades, O. R., Franco, P., Ogier, J. M., " A system based on intrinsic features for fraudulent document detection ", *International Conference on Document Analysis and Recognition (ICDAR)*, 2013, p. 106-110.

Bertrand, R., Terrades, O. R., Gomez-Kramer, P., Franco, P., Ogier, J.-M., " A Conditional Random Field model for font forgery detection ", *13th International Conference on Document Analysis and Recognition (ICDAR)*, 2015, p. 576-580.

Elkasrawi, S., Shafait, F., " Printer Identification Using Supervised Learning for Document Forgery Detection ", *11th IAPR International Workshop on Document Analysis Systems*, 2014, p. 146-150.

Goasdoué, F., Karanasos, K., Katsis, Y., Leblay, J., Manolescu, I., Zampetakis, S., " Fact checking and analyzing the web ", *International Conference on Management of Data (SIGMOD '13)*, 2013, p. 997-1000.

Micenková, B., van Beusekom, J., Shafait, F., " Stamp verification for automated document authentication ", *Computational Forensics*, 2015, 8915, p. 117-129.

Poisel, R., Tjoa, S., " Forensics investigations of multimedia data: A review of the state-of-the-art ", *6th International Conference on IT Security Incident Management and IT Forensics (IMF 2011)*, 2011, p. 48-61.

van Beusekom, J., Shafait, F., Breuel, T., " Automatic Line Orientation Measurement for Questioned Document Examination ", *Computational Forensics*, 2009, 5718, p. 165-173.

van Beusekom, J., Shafait, F., Breuel, T. M., " Document inspection using text-line alignment ", *9th IAPR International Workshop on Document Analysis Systems*, 2010, p. 263-270.

Toward free spam social networks: detecting and tracking spammers in Twitter

Mahdi Washha

Institut de Recherche en Informatique de Toulouse
Avenue de l'étudiant
31400 Toulouse

Mahdi.Washha@irit.fr

MOTS-CLÉS : *Réseaux Sociaux, Spam, Utilisateurs Légitimes, Machine Learning, Temps.*

KEYWORDS: *Social Networks, Spam, Legitimate Users, Machine Learning, Time.*

ENCADREMENT. *Florence Sedes (PR)*

1. Context

Social networks are now so well established with playing an important role at communication level between people. However, the propagation of noisy information, so-called "spam", in social networks is growing up daily at unusual rates where unethical goals stand behind publishing spam information. The spreading of spam affects negatively in different aspects, summarized in : (i) polluting real-time search ; (ii) interfering on statistics computed by mining tools ; (iii) consuming significant resources from both humans and systems ; (iv) decreasing the performance of search engines that use explicitly social signals ; and (v) violating the privacy of user's which occurs because of viruses and phishing methods. Thus, this research aims at finding out solutions suitable for the applications that take social networks as a source of information. Also, we target to overcome the existing limitations in the current state of art solutions.

2. State of art

2.1. *Spam definition and spammers' goals*

The first appearance of spam problem has been in electronic messaging systems. Researchers have defined the spam as unsolicited and undesired messages sent to the systems users by unethical individuals, so called "spammers" (Qaroush *et al.*, 2012). However, spammers have extended their targets to include social networks area because of the huge volume of users, estimated at hundreds of millions.

Spammers have a set of goals, e.g. spreading advertisements to generate sales, disseminating pornography, viruses and phishing. They achieve their spamming behavior through exploiting the services that social networks provide such as hashtags and shorten URLs. Also, spammers leverage the availability of free APIs provided by social networks to automate the publishing of spam.

2.2. *Implicit solutions provided by social networks*

The social networks administrators have attempted to break up the spam phenomenon. Their attempts are centered around using users' reports, and defining general rules. Exploiting the users' reports can be viewed as a kind of manual collaboration. However, such an attempt needs a manual effort from both administrators (review sent reports) and users (send report about accounts). The rules concept can contribute in detecting spammers by suspending permanently upon violating the rules defined. However, the current social networks like Twitter use general rules such that spammers can easily bypass them.

2.3. *Automated spam detection solutions*

The limitations in the solutions of social networks have motivated researchers to propose more powerful methods. We classify their methods into two approaches based on the degree of automation in detecting spam content or spammers : (i) machine learning approach ; (ii) social honeypot approach. In this paper, we just mention the related work of machine learning approach as a fully automated one, because of the inefficiency of social honeypot based solutions.

The existing solutions use the concept of features combined with learning algorithms to automate the detection process. However, as main differences between the solutions, machine learning techniques have been employed at three levels of detection : (i) post-level ; (ii) user-level ; and (iii) campaign-level.

Post-level. At this level, Martinez-Romo and Araujo (Martinez-Romo *et al.*, 2013) applied probabilistic language models to determine the topic of the considered post. Then, they label the post as spam when it is too diverging from the potential topic. Benevenuto (Benevenuto *et al.*, 2010) identified spam tweet through extracting a set of features like number of words from each tweet individually. They applied then the Support Vector Machine (SVM) learning algorithm on manually annotated data-set to have a binary classifier.

User-level. The work investigated in (Benevenuto *et al.*, 2010) proposed features associated to the account, including number of followers, number of friends, similarity between tweets posted or re-tweeted by the user, ratio of URLs in tweets. Much more complex features related to the graph theory have been extracted at the user level as well. For example, (Yang *et al.*, 2011) examined the relation between users by using graph metrics as features, including local clustering, node betweenness, and bi-directional relation ratio. Song, Lee, and Kim (Song *et al.*, 2011) studied some relational features such as the distance and the connectivity between sender and receiver(s) of a given message. In the same level, user profiling methods and community clustering algorithms (Mezghani *et al.*, 2015) can contribute better than using abstract graph metrics. However, the time complexity issue in such methods prevents to exploit them in fighting spammers.

Campaign-level. Chu et al. (Chu *et al.*, 2012) clustered users' accounts based on the URLs retrieved from their posted tweets. Then, a set of features from the clustered accounts were extracted to be incorporated in identifying spam campaign. Indeed, this level is not applicable to detect individual spammers as well as spammers can lunch uncorrelated small campaigns to avoid detection.

3. Problem statement

State of art solutions are still not robust enough to adapt the changes of spammers' tactics in propagating spam information. More precisely, post-level methods are an inefficient solution to identify spammers because one post does not provide "informative" information to distinguish the spammers' behavior from the legitimate users' behavior. Therefore, relying on such way in detecting spam content is not a practical solution.

The user-level methods have critical limitations and major drawbacks derived from using features that are easy to manipulate. Thus, spammers can avoid the detection when using such features. As an example, the number of followers (i.e. the accounts that follow a user) is mainly used in detecting spammers as a feature. Based on the state of art conclusions, the small number of followers has high probability for being spammer. However, such a number can be easily increased by creating a huge number of recent accounts with letting each account to follow each other, and thus keep away from being classified as spammer. Also, although of graph features give high accuracy, but they remain incompatible with real time filtering. This incompatibility is because of the time complexity issue of graph metrics and the necessity to fetch all users of social network to get the metrics values.

At the campaign level, working at this level is effective to detect big campaigns only, not for individual spammers. Furthermore, spammers are intelligent enough to design spam campaigns such that the correlations between accounts are not detectable in easy ways.

With the negative impacts of spam on social networks and the limitations in the current state of art methods, our research problem is summarized in answering the following research questions :

– To what extent can the creation date of the account and the posting date of the post contribute in detecting spammers, as unmodifiable attributes by social networks users ?

– Is it possible to have few and robust features suitable for real-time spammers detection ?

– Instead of searching in the all users of social networks, is it possible to define a heuristic function such that it can predict the names of spam accounts, as a way to locate and track spammers ?

4. Work in progress

In addressing the problem of identifying spammers, we propose a design of new generic features suitable for real-time filtering. Our features are distributed between statistical features, behavioral features. The statistical ones incorporate explicitly both the time of posting tweet and the creation date of user's account. We choose the time and date attributes because they are unmodifiable attributes overtime. Indeed, this explains our motivation in leveraging them. The behavioral features can catch any potential posting behavior similarity over time between different instances (e.g. hashtags) available in the user's posts (e.g. correlation between different hashtags (#h1 and #h2) posting time). Our features are inspired by the following hypotheses : (i) spammers tend to create recent accounts ; (ii) spam accounts follow each other to boost up some critical attributes such as number of followers ; (iii) spammers have systematic and defined posting pattern.

We validate the generic features proposed using Twitter social network as an example. In doing so, we crawled a data-set consisting of 7,100 users from Twitter social network. Then, we annotated manually the crawled users by assigning a label (spammer or non-spammer) for each user. This forms a data set available as ground truth for other assessments. Using the annotated data-set, we employed machine learning algorithms to build a binary classifier using the crawled data-set and features designed. According to the experiments, our new features are able to classify correctly the majority of spammers with a detection rate higher than 93% when applying Random Forest as a classification algorithm. The results obtained outperform by 6% the detection rate of 70 state of art features proposed in (Benevenuto *et al.*, 2010). This work is going to be published as one contribution in spam detection area.

5. Future works and perspectives

The next steps will be dedicated to finding a simple and fast method to locate and track spammers in a social network. In doing so, we plan to study the correlation between spammers' names and the current occurring events in social networks. This may help in predicting the name of spam accounts, which forms an entry point to locate spammers. We motivate this correlation study based on a true observation found in our crawled data-set. The observation found states that spammers leverage often trending events to publish spam information using accounts having names inspired by the content and description of events.

6. References

Benevenuto F., Magno G., Rodrigues T., Almeida V., « Detecting spammers on twitter », *In Collaboration, Electronic messaging, Anti-Abuse and Spam Conference (CEAS*, 2010.

Chu Z., Widjaja I., Wang H., « Detecting social spam campaigns on twitter », *Applied Cryptography and Network Security*, Springer, p. 455–472, 2012.

Martinez-Romo J., Araujo L., « Detecting malicious tweets in trending topics using a statistical analysis of language », *Expert Systems with Applications*, vol. 40, n° 8, p. 2992–3000, 2013.

Mezghani M., On-at S., Peninou A., Canut M.-F., Zayani C. A., Amous I., Sedes F., *New Trends in Databases and Information Systems : ADBIS 2015, France, September 8-11, 2015. Proceedings*, Springer International Publishing, chapitre A Case Study on the Influence of the User Profile Enrichment on Buzz Propagation in Social Media : Experiments on Delicious, p. 567–577, 2015.

Qaroush A., Khater I. M., Washaha M., « Identifying spam e-mail based-on statistical header features and sender behavior », *Proceedings of the CUBE International Information Technology Conference*, ACM, p. 771–778, 2012.

Song J., Lee S., Kim J., « Spam filtering in twitter using sender-receiver relationship », *Recent Advances in Intrusion Detection*, Springer, p. 301–317, 2011.

Yang C., Harkreader R. C., Gu G., « Die Free or Live Hard ? Empirical Evaluation and New Design for Fighting Evolving Twitter Spammers », *Proceedings of the 14th International Conference on Recent Advances in Intrusion Detection*, RAID'11, Springer-Verlag, Berlin, Heidelberg, p. 318–337, 2011.

Intégration du contexte spatio-temporel et social pour l'analyse de sentiments sur Twitter

Ophélie Fraisier

IRIT, 118 route de Narbonne, 31062 Toulouse, France
CEA Tech Midi-Pyrénées, 135 avenue de Rangueil, F-31400 France

Ophelie.Fraisier@irit.fr

MOTS-CLÉS : *Analyse de sentiments, Analyse de médias sociaux, Synthèse d'information*

KEYWORDS: *Sentiment analysis, Social media analysis, Information synthesis*

ENCADREMENT. *IRIT : Mohand Boughanem, Guillaume Cabanac et Yoann Pitarch ; CEA : Romaric Besançon*

1. Contexte

L'analyse de sentiments est un domaine attirant beaucoup d'attention depuis quelques années. Ceci est notamment dû au fait que l'explosion des médias sociaux a permis à n'importe quelle personne disposant d'un accès au net de s'exprimer publiquement. Le domaine bénéficiant d'un transfert très rapide vers le monde industriel, de nombreuses entreprises sont apparues sur le marché (Viralheat, Brand24, Linkfluence, ...).

Les sentiments sont des « états privés », car ils ne sont pas observables et vérifiables de manière objective. De nombreuses méthodes ont néanmoins été développées pour détecter et catégoriser ces états privés à partir de textes, en utilisant des techniques de traitement automatique des langues, des lexiques spécialisés et des méthodes d'apprentissage automatique (Liu, 2012). Les données analysées sont souvent issues de microblogs, dont la plateforme la plus connue et la plus utilisée est Twitter. Les messages qui y sont publiés s'appellent des tweets et sont limités à 140 caractères.

Les sentiments d'une personne peuvent évoluer dans le temps et être influencés par de nombreux facteurs. Ma thèse porte donc sur la problématique de détection de sentiments à partir de tweets, tout en considérant des éléments contextuels tels que la localisation de l'auteur-e, l'horodatage des messages ou les relations sociales qu'il entretient avec les autres membres du réseau.

2. État de l'art

La recherche d'information est un domaine ayant toujours accordé une grande importance à l'évaluation des modèles développés. De nombreuses campagnes d'évaluation permettent de comparer son système de classification de sentiments à celui d'autres équipes de recherche sur des jeux de données communs. Parmi les campagnes d'évaluation internationales, les plus importantes sont SemEval et TREC (Ounis et al., 2006). Il existe également des campagnes francophones, telles que DEFT (Hamon et al., 2015).

Les approches de classification rencontrées dans ces campagnes peuvent se diviser en trois grandes familles : les approches lexicales basées sur des lexiques tels que SentiWordNet (Feldman, 2013), celles à base d'apprentissage utilisant des corpus annotés (Xia et al., 2011) et les approches distributionnelles définissant le sens d'un mot par rapport à son contexte (İrsoy & Cardie, 2014).

Certains travaux ont tentés d'enrichir leur analyse en mettant en relation les sentiments et le contexte dans lequel ceux-ci ont été émis. Allisio et al. (2013) ont notamment visualisé la répartition géographique des sentiments de leur corpus en les représentant sur une carte de l'Italie. Celli et Rossi (2012) ; Celli et Zaga (2013) ont pour leur part étudié l'influence de la personnalité de l'auteur-e sur ses sentiments et ses interactions avec les autres utilisateur-trice-s de Twitter. Pardo et Rosso (2013) ont eux mis en relation le sexe, les émotions et le style d'écriture de l'auteur-e.

Afin d'améliorer la prise en compte du contexte social d'un-e auteur-e, les liens d'abonnements entre utilisateur-trice-s – explicitement disponibles sur Twitter – peuvent être utilisés pour détecter des similarités. Shao et al. (2015) proposent notamment un algorithme se basant sur les distances entre nœuds du réseau pour étudier l'appartenance de l'auteur-e à une communauté.

3. Problématique

Les méthodes de classification présentées dans la section précédente se sont montrées efficaces mais ne prennent en compte que le contenu du tweet pour détecter le sentiment. Or, le sentiment éprouvé vis-à-vis de certains termes peut être intimement lié au point de vue de l'auteur-e (par exemple pour des termes tels que « capitalisme » ou « IVG »). L'hypothèse d'homophilie nous permet de considérer que les points de vue de personnes appartenant aux mêmes communautés sont similaires (Abbasi et al., 2014). Une analyse sociale – prenant en compte les relations de l'auteur-e, son âge, son sexe, le contexte spatio-temporel du message, etc. – pourrait donc apporter un éclairage nouveau sur certains messages. La problématique de ma thèse consiste donc à assembler « analyse de sentiments » et « analyse sociale » afin de proposer un résumé multi-factoriel s'appuyant sur ces différentes composantes.

4. Actions réalisées

Afin de me familiariser avec les méthodes d'évaluation du domaine, j'ai réalisé un état de l'art des campagnes d'évaluation. Ceci a également permis de repérer quelles tâches pourraient être intéressantes, qu'il s'agisse de tâches actuelles auxquelles il serait possible de participer dans le futur ou de tâches passées pour lesquelles les jeux de données et les résultats sont disponibles (Fraisier, 2016). L'étape suivante a été de définir le front de recherche actuel afin de savoir où situer mon travail dans le domaine (voir section 2).

J'ai effectué une première expérimentation pour découvrir les algorithmes classiques, avec une approche à base d'apprentissage supervisé sur une tâche de classification automatique de tweets en opinions positives/négatives/neutres. Les données d'évaluation proviennent de la tâche 2 de la campagne SemEval 2013 et sont composées de 9655 tweets d'entraînement et de 3813 tweets de test. Les résultats sont présentés dans le tableau 1. On constate que le classifieur le plus efficace est le SVM à noyau sigmoïde avec un score F1 de 0,60 (le score du meilleur participant étant de 0,69).

Classifieur	Score F1	Classifieur	Score F1
SVM à noyau sigmoïde	**0,60**	Forêt aléatoire	0,55
SVM à noyau linéaire	0,59	Arbre de décision	0,55
Bayésien naïf multinomial	0,57		

Tableau 1. *Résultats de mes expérimentations sur la classification des tweets de la tâche 2 de la campagne SemEval 2013*

5. Actions futures

Par la suite, je vais utiliser mes premières expérimentations pour mettre en œuvre un modèle plus performant, en intégrant plus de caractéristiques. Les premiers éléments rajoutés seront des éléments propres au tweet (présence de ponctuation, d'émoticône, négation, etc.), avant d'introduire le contexte – et notamment la notion d'homophilie – dans le modèle. Après cela, je me servirai des résultats obtenus pour déterminer quelles caractéristiques conserver et comment les assembler formellement afin d'avoir un modèle pertinent. Je déterminerai également comment évaluer les différentes composantes de ce nouveau modèle. Afin de comparer notre modèle à d'autres, une participation à une campagne d'évaluation est fortement envisagée. Il pourrait s'agir de la tâche « Sentiment Analysis in Twitter » de SemEval ou la nouvelle tâche TREC combinant « Microblog » et « Temporal Summarization ».

Remerciements : Ce travail a été réalisé grâce à l'obtention d'un financement Contrat Laboratoire – Entreprise numéro 14050975 soutenu par la Région Languedoc – Roussillon Midi-Pyrénées.

Références

Abbasi, M. A., Zafarani, R., Tang, J., & Liu, H. (2014). Am I more similar to my followers or followees ? : analyzing homophily effect in directed social networks. In *ACM-HT* (pp. 200–205). ACM. doi: 10.1145/2631775.2631828

Allisio, L., Mussa, V., Bosco, C., Patti, V., & Ruffo, G. (2013). Felicittà : Visualizing and Estimating Happiness in Italian Cities from Geotagged Tweets. In *ESSEM@AI*IA* (Vol. 1096, pp. 95–106). CEUR-WS.org.

Celli, F., & Rossi, L. (2012). The Role of Emotional Stability in Twitter Conversations. In *Proc. Workshop on Semantic Analysis in Social Media* (pp. 10–17). ACL.

Celli, F., & Zaga, C. (2013). Be Conscientious, Express your Sentiment ! In *ESSEM@AI*IA* (Vol. 1096, pp. 140–147). CEUR-WS.org.

Feldman, R. (2013). Techniques and applications for sentiment analysis. *Communications of the ACM*, *56*(4), 82. doi: 10.1145/2436256.2436274

Fraisier, O. (2016, février). Information Retrieval – Evaluation Campaigns. (IRIT/RR–2016–04–FR). Consulté sur `https://www.irit.fr/publis/IRIS/2016_R_F.pdf`

Hamon, T., Fraisse, A., Paroubek, P., Zweigenbaum, P., & Grouin, C. (2015). Analyse des émotions, sentiments et opinions exprimés dans les tweets : présentation et résultats de l'édition 2015 du défi fouille de texte (DEFT). In *Actes de deft*. Caen, France.

Liu, B. (2012). Sentiment Analysis and Opinion Mining. *Synthesis Lectures on HLT*, *5*(1), 1–167. doi: 10.2200/S00416ED1V01Y201204HLT016

Ounis, I., de Rijke, M., Macdonald, C., Mishne, G., & Soboroff, I. (2006). Overview of the TREC-2006 Blog track. In *Text Retrieval Conference*. Consulté sur `http://trec.nist.gov/pubs/trec15/papers/BLOG06.OVERVIEW.pdf`

Pardo, F. M. R., & Rosso, P. (2013). On the Identification of Emotions and Authors' Gender in Facebook Comments on the Basis of their Writing Style. In *ESSEM@AI*IA* (pp. 34–46).

Shao, J., Han, Z., Yang, Q., & Zhou, T. (2015). Community Detection Based on Distance Dynamics. In *ACM-SIGKDD* (pp. 1075–1084). doi: 10.1145/2783258.2783301

Xia, R., Zong, C., & Li, S. (2011). Ensemble of feature sets and classification algorithms for sentiment classification. *Information Sciences*, *181*(6), 1138–1152. doi: 10.1016/j.ins.2010.11.023

İrsoy, O., & Cardie, C. (2014). Opinion Mining with Deep Recurrent Neural Networks. In *EMNLP* (pp. 720–728).

Intégration aux modèles de capacité et de maturité de processus logiciel de méthodes, techniques et normes de l'IHM

Taisa Guidini Gonçalves

Université de Valenciennes et du Hainaut Cambrésis, LAMIH – UMR CNRS 8201
Le Mont Houy
F-59313 Valenciennes CEDEX 9- France

Taisa.guidinigoncalves@etu.univ-valenciennes.fr

MOTS-CLÉS : *Modèle de capacité et de maturité de processus de logiciel, Ingénierie de l'Interaction Homme-Machine, Amélioration du processus logiciel.*

KEYWORDS: *Software process capability and maturity model, Human-Computer Interaction Engineering, Software process improvement.*

ENCADREMENT : *Christophe Kolski (PR) et Kathia Marçal de Oliveira (HDR)*

1. Contexte

Cette étude concerne deux grands domaines : (1) le génie logiciel (GL), en particulier les modèles de capacité et de maturité de processus logiciel (CMPL), et (2) l'Ingénierie de l'Interaction Homme-Machine (IHM). Les modèles de CMPL fournissent un ensemble de lignes directrices intégrées et exhaustives pour le développement des produits et services, soutenant les organisations dans la définition et l'amélioration de leurs processus.

Le modèle CMPL le plus connu est CMMI-DEV (*Capability Maturity Model Integration for Development*) (CMMI Product Team, 2010). Ce modèle est composé d'un ensemble de domaines de processus qui, à leur tour, ont un ensemble d'objectifs spécifiques jugés importants en vue d'une amélioration significative dans ce domaine. Chaque objectif spécifique est composé de pratiques spécifiques qui définissent « quoi » faire, mais pas « comment » le faire (e.g., pour le domaine de processus **Développement d'exigences**, un objectif est « Développer les exigences client », et une des pratiques pour cet objectif est « Expliciter les besoins »).

En parallèle, l'Ingénierie de l'Interaction Homme-Machine (IHM) a connu de grands progrès ces dernières années concernant la définition de méthodes, techniques et normes pour appuyer la conception, la construction et l'évaluation des systèmes interactifs. Nous pouvons citer, par exemple, des méthodes d'analyse des tâches (par ex. MAD, DIANE+ ou CTT ; cf. Limbourg et Vanderdonckt, 2003) ou encore des techniques pour l'évaluation d'IHM (par ex. les tests d'utilisabilité ; cf. Dumas et Fox, 2009). De plus, des normes ont été également définies, telle la norme ISO/TR 18529 (2000).

Bien que le génie logiciel et IHM aient largement évolué ces dernières années, les deux domaines ont un impact différent dans la pratique. D'une part, des études montrent l'utilisation des modèles de GL dans la pratique (http://cmmiinstitute.com/resources/process-maturity-profile-july-2015) ; d'autre part, à notre connaissance, très peu de travaux signalent l'utilisation efficace et à large envergure de l'ingénierie de l'IHM dans l'industrie (cf. Bevan, 2009). Dans ce contexte, on considère que les modèles de CMPL contribuent largement à l'utilisation du GL dans l'industrie. Les professionnels utilisent les normes, modèles et méthodes de génie logiciel pour répondre aux objectifs et pratiques définis dans le CMPL. Cependant, on n'a pas le même constat avec les approches d'IHM.

2. État de l'art

À notre connaissance, il n'y a pas de travail qui intègre les pratiques d'IHM à des modèles de CMPL. Cependant, nous pouvons trouver plusieurs travaux relatifs à l'intégration du génie logiciel et de l'IHM, et également des modèles de maturité spécifiques pour l'utilisabilité.

Certaines propositions concernent la manière d'intégrer des techniques d'IHM dans le processus de développement de logiciel : Ferre *et al.* (2005) définissent un *framework* qui intègre les pratiques d'utilisabilité dans le processus logiciel. Fischer *et al.* (2011) proposent l'intégration de l'ingénierie de l'utilisabilité et de l'IHM à travers l'analyse des normes (ISO 12207 et ISO 9241-210). Le résultat de l'analyse présente des listes d'activités, des artefacts et des corrélations entre IHM et GL, qui ont été validées par des experts en IHM.

Plusieurs modèles de capacité et de maturité sont définis spécifiquement pour l'utilisabilité. Dans ce contexte, un *survey* (Jokela *et al.*, 2006) a présenté treize modèles de capacité et/ou de maturité d'utilisabilité. Ces modèles ont utilisé la structure du modèle CMMI-DEV (et sa version précédente) et de la norme ISO 13407. En général, ces modèles couvrent différents domaines organisationnels tels que : la performance des processus d'utilisabilité et la gestion des processus d'utilisabilité dans des projets de développement. Raza *et al.* (2012) ont proposé un modèle spécifique de maturité de l'utilisabilité pour le domaine des projets *open-source*, définissant onze facteurs pour l'utilisabilité. L'évaluation est effectuée pour tous les facteurs et l'estimation de l'organisation considère cinq niveaux de maturité.

3. Problématique

L'Ingénierie de l'IHM est intrinsèquement liée au GL car ce domaine s'occupe de l'ingénierie logicielle au sens large, et donc s'applique notamment aux systèmes interactifs. Donc, une question se pose : Pourquoi les approches d'IHM ne sont-elles pas utilisées dans la pratique en industrie comme le sont les approches de GL ?

Notre hypothèse est que les professionnels qui suivent les modèles CMPL, n'utilisent pas (ou très peu) les pratiques d'ingénierie d'IHM dans le développement de système interactif autant que les pratiques d'ingénierie logicielle parce qu'ils ne les connaissent pas (ou qu'insuffisamment) et/ou parce qu'ils ne savent pas comment les utiliser.

Dans ce contexte, un objectif de cette thèse est de définir des lignes directrices, portant sur la conception, la construction et l'évaluation des systèmes interactifs, qui puissent supporter les professionnels qui utilisent le modèle de CPML. Nous soutenons en effet que l'intégration de ces connaissances dans des modèles de CMPL peut contribuer à une meilleure utilisation dans l'industrie.

4. Actions réalisées

Pour répondre à l'objectif de cette thèse nous proposons les étapes illustrées sur la Figure 1. Ces étapes incluent (voir Figure 1) : une recherche bibliographique - **étape (i)** *l'étude des modèles* de CMPL ; des propositions pour répondre à l'objectif - **étape (ii)** *l'identification des approches d'IHM* intégrées aux modèles CMPL et **étape (vi)** *définition de lignes directrices* ; des validations avec des experts - **étape (iii)** *validation des approches* et **étape (vii)** validation des lignes directrices ; un ensemble d'enquêtes réalisées dans le monde académique et industriel - **étape (iv)** *enquête sur l'utilisation de l'ingénierie de l'IHM en milieu académique* (réalisée en deux itérations) et **étape (v)** *enquête sur l'utilisation de l'ingénierie de l'IHM en milieu industriel.* Nous avons déjà réalisé les **étapes (i), (ii), (iii), (iv)** (itération 1). Après un premier ensemble d'interviews avec 20 experts en IHM pour valider les approches (**étape iv**), nous avons réalisé une première enquête en milieu académique (itération 2) pour une partie de notre proposition. Un résultat partiel des **étapes (i), (ii) et (iii)** a été récemment accepté comme article long dans la conférence RCIS 2016.

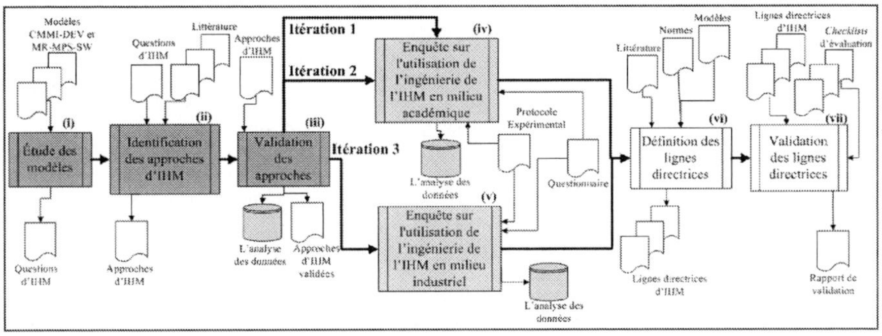

Figure 1. Méthodologie de Recherche

5. Actions futures

Nous travaillons actuellement sur la préparation de l'enquête qui sera effectuée en milieu industriel. Les actions futures concernent les **étapes (v), (vi) et (vii)**. En plus nous continuons l'enquête en milieu académique (**étape (iv)** - itération 2). La définition des lignes directrices sera basée sur des normes existantes pour le domaine de l'IHM et sur la littérature liée à l'ingénierie de l'IHM. Pour la validation des lignes directrices nous prévoyons une révision par les pairs (experts en GL et IHM).

6. Remerciements

Les auteurs tiennent à remercier CAPES - Programme Science sans frontières pour le soutien financier à ce travail.

7. Bibliographie

Bevan N., "International Standards for Usability Should Be More Widely Used", *Journal of Usability Studies*, 4 (3), 2009, p. 106-113.

CMMI Product Team. "CMMI® for Development (CMMI-DEV) V1.3", (CMU/SEI-2010th-TR-033 ed.). Pittsburgh, PA, USA: Carnegie Mellon University, 2010.

Dumas J. S., Fox J. E., "Usability testing: Current practice and future directions", *Human-Computer Interaction: Development Process*, A. Sears and J.A. Jacko (Eds.), CRC Press, 2009, p. 231-250.

Ferre X., Juristo N., Moreno A. M., "Which, when and how usability techniques and activities should be integrated," *Human-Centered Software Engineering - Integrating Usability in the Software Development Lifecycle, Human-Computer Interaction Series*, A. Seffah, J. Gulliksen, M. C. Desmarais (Eds.), Vol. 8. Springer Netherlands, 2005, p. 173-200.

Fischer H., Nebe K., Klompmaker F., "A Holistic Model for Integrating Usability Engineering and Software Engineering Enriched with Marketing Activities", *Proc. of International Conference on Human-Computer Interaction*, 2011, p. 28-37.

ISO/TR 18529, "Ergonomics of human-system interaction - Human-centred lifecycle process descriptions", 2000.

Jokela T., Siponen M., Hirasawa N., Earthy J., "A survey of usability capability maturity models: implications for practice and research", *Behaviour & Information Technology*, 25 (3), 2006, p. 263-282.

Limbourg Q., Vanderdonckt J., "Comparing Task Models for User Interface Design", *The Handbook of Task Analysis for Human-Computer Interaction*, D. Diaper and N. A. Stanton (Eds.), CRC Press, 2003, p. 135-153.

Raza A., Capretz L. F., Ahmed F., "An open source usability maturity model (OS-UMM)", *Computers in Human Behavior*, 28, 2012, p. 1109-1121.

Élasticité de l'exécution des processus métiers

Application à BonitaBPM

Guillaume Rosinosky

Bonitasoft / INRIA Nancy
32 rue Gustave Eiffel
38100 GRENOBLE

guillaume.rosinosky@bonitasoft.com

MOTS-CLÉS : élasticité, BPM, cloud

KEYWORDS: elasticity, BPM, cloud

ENCADREMENT. François Charoy (LORIA), Samir Youcef (LORIA)

1. Contexte

Pendant des années, les logiciels ont été installés sur des machines locales et gérées par des équipes IT ou par des utilisateurs finaux. L'arrivée du Cloud change ce paradigme en proposant des serveurs, plateformes ou services distants, payables à l'utilisation, par réservation ou à la demande. Ceci transfère la gestion de l'infrastructure à des fournisseurs, en permettant ainsi aux utilisateurs de payer seulement pour les services dont ils ont besoin.

Toutefois, pour pouvoir profiter totalement de ces avancées, des méthodes permettant le déploiement des logiciels de manière élastique sur les différents serveurs sont nécessaires. L'élasticité décrite ici correspond à l'adaptabilité d'une solution à pouvoir s'étendre avec le moins d'à-coups possibles lors de montées en charge (scalabilité), mais possédant également la capacité de se réduire quand la charge est moindre. Ce dernier point, moins important dans une architecture traditionnelle, est nécessaire pour limiter les coûts d'utilisation des ressources sous-traitées dans le Cloud.

Le BPM (Business Process Management) est le moyen de formaliser et de gérer les processus métier d'une entreprise. Un processus business est une séquence d'activités ayant une valeur pour une entreprise. Ainsi, les outils BPM, en permettant la représentation sous forme de graphes des processus internes des entreprises, en permettant aux utilisateurs de les exécuter, et de régler eux-mêmes leurs spécificités, leur permet ainsi entre autres d'avoir une solution « à la carte ». Nous partons du principe qu'en s'appuyant sur la structure interne des schémas BPM et sur leur utilisation, nous sommes capables d'évaluer de manière efficace les besoins réels des clients du service, pour ensuite les déployer sur une infrastructure suffisante pour respecter leurs besoins en qualité de service, et ce, au meilleur coût.

Nous souhaitons proposer des approches d'élasticité pour le gestionnaire d'un BPMaaS (BPM as a Service). Nous partons du postulat que chaque instance de la solution BPM est distribuée sur une ou plusieurs instances matérielles et fait appel à une base de données séparée. La solution proposée doit également être multi-tenant, c'est à dire capable de gérer de manière isolée plusieurs clients sur une même installation.

2. État de l'art

Les capacités d'élasticité mises à disposition par les fournisseurs IaaS (Infrastructure as a Service) sont en général basées sur un système de seuils comme dans les Auto Scaling Groups d'Amazon Web Services (`http://aws.amazon.com/`) où des ressources sont ajoutées (ou retirées) en fonction de certaines métriques et des seuils correspondants. Le problème de cette approche est qu'elle fonctionne seulement de manière réactive, sur des critères liés à la configuration matérielle (RAM, CPU, etc.), et ne prend pas en compte les variations d'utilisation du logiciel.

Dans le domaine de l'élasticité pour les moteurs BPM, plusieurs approches existent telles que celles décrites dans le panorama de (Schulte *et al.*, 2014). Celles-ci ne considèrent en général que l'élasticité du moteur BPM sans tenir compte de l'aspect multi-tenant. (Sellami *et al.*, 2014) propose une approche prenant en compte ce dernier mais ignore les coûts de migrations et ne considère pas la partie base de données.

3. Problématique

Nous souhaitons proposer ici des méthodes prenant en compte simultanément : des configurations industrielles dans leur totalité (serveurs d'application et bases de données séparées), l'aspect multi-tenant, la qualité de service du client, et le coût des migrations.

Une solution simple pour assurer une bonne qualité de service pour les clients, serait de mettre à disposition les configurations les plus puissantes pour éviter les dégradations de qualité. Cette approche, souvent utilisée par les administrateurs système est séduisante pour le client, mais s'avère souvent très chère. En effet, le problème ici est que les critères coût-qualité sont souvent antagonistes. Les instances les plus puissantes sont souvent les plus chères. Un point notable est que chaque client d'un service va voir son utilisation changer avec le temps, et l'ensemble de la puissance fournie par une configuration de taille maximale n'est pas nécessaire à chaque instant. En l'occurrence, plusieurs saisonnalités sont souvent constatées comme les horaires de bureaux, les variations jour-nuit, les week-end, etc. Une solution BPMaaS élastique doit être capable de fournir la puissance nécessaire au client au moment opportun, tout en réduisant l'empreinte financière pour le fournisseur.

4. Actions réalisées

Notre premier postulat est tout d'abord que les « migrations à chaud » des clients de l'outil sont possibles, et que celles-ci vont provoquer des ruptures de qualité de service comme l'indique (Das *et al.*, 2010) pour la migration des bases de données. Nous avons ainsi choisi comme premier axe l'optimisation du coût total des ressources *et* du nombre de migrations des différents tenants, sous contrainte de respect du débit de tâches BPM pour chacun d'entre eux. Ce débit, ainsi que la capacité et le prix des ressources doivent être préalablement établis. Nous considérons ici comme granularité temporelle l'heure, unité de facturation généralement utilisée par les fournisseurs de Cloud public. Un exemple de distribution de tenants et de ressources peut être observé en figure 1 .

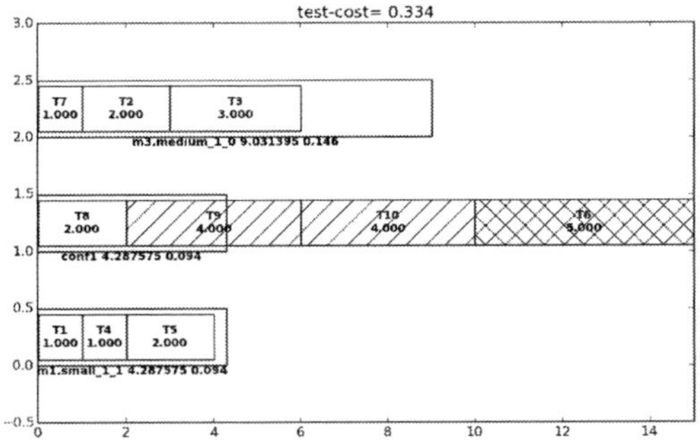

Cette distribution de tenants et de ressources représente un placement à un pas de temps t, et la charge attendue à t+1. Trois configurations contiennent dix tenants. Les boites externes représentes les configurations, les internes les tenants. Les tenants rayés ne peuvent pas rester sur leur configuration actuelle et devront obligatoirement être migrés. Les tenants non rayés peuvent rester sur leur configuration actuelle. Ici Il faudra migrer au minimum trois tenants.

Figure 1. *Exemple de distribution de tenants sur différentes configurations.*

Nous avons proposé une première heuristique, ainsi qu'une modélisation sous la forme d'un problème d'optimisation linéaire. Il s'agit ici d'un problème bi-objectif où nous cherchons à minimiser simultanément le nombre de migrations et le coût engendré par la location de ressources. Nous avons choisi le critère de Pareto pour déterminer l'ensemble des solutions envisageables. Le principe général de l'heuristique proposée est d'observer pour chaque nombre de migrations de client les ressources, qui, en les cumulant, contiennent précisément ce nombre de tenants, et de les considérer comme « supprimées ». Il s'agit ici d'un problème de somme de sous ensemble où pour chaque nombre de migrations nous obtenons une liste de tenants « orphelins » et de ressources supprimées. Nous lançons ensuite pour chaque possibilité, une phase de repacking où nous attribuons au mieux les tenants orphelins sur les configurations restantes de manière à minimiser l'espace disponible, suivie d'une étape de Variable Cost and Size Bin Packing basée sur les travaux de (Kang *et al.*, 2003).

Pour évaluer les performances de notre algorithme, nous avons comparé les performances et le temps de traitement de l'heuristique avec ceux d'un solveur sur le modèle décrit plus haut. La taille des configurations a été déterminée à l'aide de tests réalisés sur différentes configurations. Ces derniers ont été réalisés sur la solution BonitaBPM (`http://www.bonitasoft.com/`) (Charoy *et al.*, 2006) 7.0.3 Community avec le fournisseur Amazon Web Services. Les résultats obtenus montrent l'efficacité de notre approche. Des détails sur la méthode employée et les résultats obtenus sont retrouvables dans (Rosinosky *et al.*, 2016)

5. Actions futures

Une utilisation itérative de l'algorithme sur plusieurs pas de temps peut provoquer par exemple des migrations du même client à chaque heure, ce qui risque de poser des problèmes aux utilisateurs du service. Ainsi, nous travaillons actuellement sur un nouvel algorithme capable d'optimiser le coût et le nombre de migrations sur la base d'une journée, en prenant en compte un seuil maximum pour chaque tenant. En plus du nombre de tâches par client, d'autres critères pourront être également pris en compte, comme le nom du processus, le type de tâche (automatique ou manuelle) ou également la structure intrinsèque du schéma BPMN (BPM Notation) correspondant à chacun des processus.

6. Bibliographie

Charoy F., Guabtni A., Faura M. V., « A dynamic workflow management system for coordination of cooperative activities », *Business Process Management Workshops*, Springer, p. 205–216, 2006. 00024.

Das S., Nishimura S., Agrawal D., El Abbadi A., « Live database migration for elasticity in a multitenant database for cloud platforms », *CS, UCSB, Santa Barbara, CA, USA, Tech. Rep*, vol. 9, p. 2010, 2010.

Kang J., Park S., « Algorithms for the variable sized bin packing problem », *European Journal of Operational Research*, vol. 147, n° 2, p. 365–372, 2003. 00116.

Rosinosky G., Youcef S., Charoy F., « An Efficient Approach for Multitenant Elastic Business Processes Management in Cloud Computing environment », février, 2016, working paper or preprint.

Schulte S., Janiesch C., Venugopal S., Weber I., Hoenisch P., « Elastic Business Process Management : State of the art and open challenges for BPM in the cloud », *Future Generation Computer Systems*, 2014. 00011.

Sellami W., Kacem H. H., Kacem A. H., « Elastic Multi-tenant Business Process Based Service Pattern in Cloud Computing », IEEE, p. 154–161, décembre, 2014.

An approach towards strengthening consistency among multi-perspective business process models

Afef Awadid

Centre de Recherche en Informatique, Université Paris 1 Panthéon-Sorbonne
90, rue de Tolbiac
75013 Paris

Afef.Awadid@malix.univ-paris1.fr

MOTS-CLÉS : *modèles de processus métier, perspectives de modélisation, cohérence inter-modèles, modélisation multi-perspective projective, modélisation multi-perspective sélective.*

KEYWORDS: *business process models, modeling perspectives, inter-model consistency, projective multi-perspective modeling, selective multi-perspective modeling.*

ENCADREMENT : *Selmin Nurcan (MCF) et Sonia Ayachi Ghannouchi (MCF).*

1. Context

In the field of process modeling, a business process (BP) defined as a set of one or more linked activities that collectively realize a business objective within the context of an organizational structure, is usually regarded as a complex system. The notion of multi-perspective modeling consisting in capturing the latter from various and complementary perspectives (such as functional, behavioral and informational perspectives) is then introduced in order to master its complexity. However, this notion implies the peculiar challenge of consistency among the produced models. The overall goal of our work is to propose an approach favoring at once the multi-perspective modeling of business processes and the consistency among the captured modeling perspectives, in order to reach a coherent understanding of each BP under study. Such understanding is vital for the reuse of the BP models as well as their improvement.

2. State-of-the-art

The need for inter-model consistency has been mostly felt since the early 1990s, when well-known enterprise modeling methodologies such as CIMOSA (Vernadat, 1992) and Zachman (Sowa et al., 1992) emerged and introduced the concept of multi-perspective modeling as a major source of inconsistency among the produced models. Nevertheless, the business process modeling area includes two further sources of inconsistency; the variants of models depicting the same BP (using the same perspective and same formalism) and the merging of BP models. The former occurs for instance when models have been produced by different actors, or thorough the time by a same (or different) actor (s). Whereas, the latter arises for example when one seeks to obtain an overarching model from two fragments of BP models.

Based on the aforementioned sources of inconsistency, research works in this scope can be classified into three categories. A first category incorporates the approaches that deal with the consistency problems derived from multi-perspective modeling (Koubarakis et al., 2002), (Shunk et al., 2003), (Bork et al., 2014) and (Bork et al., 2015). A second category contains approaches with particular focus on inconsistency problems arising from the existence of multiple variants of the same BP (Hallerbach et al., 2010), (Pascalau et al., 2010) and (Weidlich et al., 2011), and a third one includes the approaches that shed light on the inconsistency problems resulting from the merging of BP models (Smirnov et al., 2010), (Gerth et al., 2010) and (Zemni et al., 2014).

Four major characteristics may effectively distinguish the first category from the two others: (1) the use of multiple modeling formalisms rather than a single one, (2) the subject of modeling which may refer to the enterprise as a whole instead of the BP only, (3) the scope of the approach which consists in a modeling method rather than a modeling formalism and (4) the type of multi-perspective modeling concerning only the first category and consisting in either projective multi-perspective or selective multi-perspective modeling. The former appears when one comprehensive overarching meta-model is given. All perspectives captured by all concerned modeling formalisms are defined as projections onto this central meta-model. One example of modeling standards adopting this type of multi-perspective modeling is UML which has, in its current version, the Meta Object Facility (MOF) as a common meta-model. All UML diagram types are specified by projections onto that MOF meta-model. However the latter appears when no central meta-model is given. Each perspective is captured by a distinct meta-model (Cicchetti et al., 2012).

3. Problematic

Although inter-model consistency issue has been widely tackled in the field of business process modeling, approaches dealing with this issue, focusing on a BP as the main subject of modeling and on the multi-perspective modeling as source of inconsistency are still very scarce. Furthermore, these few approaches put emphasis on the projective multi-perspective modeling, and hence on a particular modeling method or standard which limits their applicability outside of the investigated cases. To overcome these deficiencies, we intend to propose an approach to strengthening consistency among multi-perspective BP models.

This approach will be likely to respond to the following questions: How to enhance consistency among the multi-perspective BP models under study? How to guarantee the synchronization between these BP models when one of the business processes undergoes a change in order to ensure a consistent state of the business processes ecosystem? And how to provide a generalizable solution to the issue of consistency among multi-perspective BP models (i.e. regardless of the modeling formalism being used)?

4. Performed actions

Our attempt to answer the two first questions raised in the above section consists first in granting a special attention to the Enterprise Knowledge Development (EKD) method (Loucopoulos et al., 1997). In fact, EKD (1) advocates the multi-perspective modeling of complex business processes, as a valuable way for their better understanding, by offering a set of modeling formalisms, namely actor-role, role-activity and business objects formalisms, and (2) approaches and tools supporting the building and the evaluation of EKD BP models mastering the consistency issues are still missing.

In order to enhance the syntactic and semantic quality of EKD BP models, we have proposed a set of consistency rules controlling their dependencies. Semantic consistency rules are not identified that easy. Instead, one needs to have in depth knowledge of the semantics of the various perspectives. Thereby, as their definition is far from obvious, we have modeled and investigated a plethora of business processes (e.g. book lending, freight shipping and travel offer management processes) referring to different domains. A first validation of the proposed rules have been performed. Besides, our proposal is supported by a tool in order to promote an automated consistency handling, and hence to save the time and efforts of process modelers. However, the tool in its current state supports only the syntactic consistency rules, which were implemented at meta-modeling level, in order to allow modelers to automatically obtain BP models that are syntactically consistent.

5. Future actions

The actions, which have been performed, allow us to contemplate multiple research perspectives including preoccupations to be fulfilled in the near future, which lie mainly in (1) further validating the defined semantic consistency rules by referring to other independent modelers, (2) guiding modelers to comply with the semantic consistency rules. This allows them to cope with the difficulty in understanding the poor feedback that the consistency check may produce, since it is usually expressed within the scope of the technique chosen (for instance the formal technique used), and (3) enabling a synchronized state between the produced models when one of them undergoes a change.

Moreover, we intend to investigate the possibility of applying the defined consistency rules to other business process modeling methods or standards such as BPMN, UML and ARIS, by referring on one side to the notion of selective multi-perspective modeling and on the other side to the extensibility of meta-models, as an initial attempt to answer the last question posed in the above section 3. This idea embodies the cornerstone of our envisaged approach. Another future perspective consists in ensuring that the proposed approach will be likely to master the inter-model consistency in a scalable BPs ecosystem.

6. References

Vernadat F., CIMOSA-A European development for enterprise integration, Part 2: Enterprise Modelling, *Enterprise Integration Modeling, The MIT Press, Cambridge,* 1992.

Sowa J. F., Zachman J. A.,"Extending and formalizing the framework for information systems architecture", *IBM systems journal*, vol.*31*, n° 3, 1992, p. 590-616.

Koubarakis M., Plexousakis D., "A formal framework for business process modelling and design", *Information Systems*, vol.27, n° 5, 2002, p. 299-319.

Shunk D. L., Kim J. I., Nam H. Y., "The application of an integrated enterprise modeling methodology—FIDO—to supply chain integration modeling", *Computers & industrial engineering*, vol. *45*, n°1, 2003, p. 167-193.

Bork D., Karagiannis D., "Model-driven development of multi-view modeling tools the MuVieMOT approach". In *ICSOFT-PT,* IEEE, *Vienna, Austria, 2014*, p. IS-11.

Bork D., Buchman R., Karagiannis D., "Preserving Multi-view Consistency in Diagrammatic Knowledge Representation", In *Knowledge Science, Chongking, China, 2015,* p. 177-182.

Hallerbach A., Bauer T., Reichert, M., "Capturing variability in business process models: the Provop approach", *Journal of Software Maintenance and Evolution: Research and Practice*, vol. *22*, n° 6-7, 2010, p. 519-546.

Pascalau E., Awad A., Sakr S., Weske M., "On maintaining consistency of process model variants". In *Business Process Management Workshops, Springer, 2010,* p. 289-300.

Weidlich M., Mendling J., Weske M., "Efficient consistency measurement based on behavioral profiles of process models", *IEEE Trans,on Software Engineering*, vol.*37*, n° 3, 2011,p.410-429.

Smirnov S., Weidlich M., Mendling J.,"Business process model abstraction based on behavioral profiles", In *Service-Oriented Computing,* Springer, 2010, p. 1-16.

Gerth C., Luckey M., Kuster J. M., Engels G.,"Detection of semantically equivalent fragments for business process model change management", In *IEEE International Conference on Services Computing (SCC),Florida, USA, 2010*,p. 57-64.

Zemni M.A., Mammar A., Ben Hadj Alouane N., "A Behavior-Aware Systematic Approach for Merging Business Process Fragments",In *19th International Conference onEngineering of Complex Computer Systems (ICECCS), IEEE, Tianjin, China, 2014*, p. 194-197.

Cicchetti A., Ciccozzi F., Leveque T.,"A hybrid approach for multi-view modeling" ,*Electronic Communications of the EASST*, Berlin, Germany, 2012.

Loucopoulos P., Kavakli V., Prekas N, Rolland C, Grosz G., Nurcan S., "Using the EKD approach: the modelling component", ELECTRA Athena (projet ESPRIT IV), CRI, University of Paris 1 Pantheon-Sorbonne, July 1997.

Stream and Resource-Aware Elastic Stream Processing

Roland Kotto Kombi

INSA de Lyon - LIRIS
20 Avenue Albert Einstein
69100 Villeurbanne

roland.kotto-kombi@liris.cnrs.fr

MOTS-CLÉS : *flux de données, traitement distribué et parallèle, requête continue, optimisation dynamique, allocation d'opérateurs*

KEYWORDS: *data streams, distributed, parallel execution, continuous query, online optimization, operator scheduling*

ENCADREMENT. *Philippe Lamarre (PR) et Nicolas Lumineau (MCF)*

1. Context

At the era of Big Data, more and more data sources emit real-time information which require to be processed with acceptable end-to-end latency. Executing endless queries, called *continuous queries*, on data streams represents a challenge in terms of performance, scalability and robustness, in particular for complex queries (*e.g.* aggregative queries). Unlike disk-based data, data streams are potentially infinite and unpredictable sequences of items in terms of input rate and value distribution. Some *Data Stream Management Systems* (DSMS) have been developed on the last decade (Schneider *et al.*, 2009; Peng *et al.*, 2015; Xu *et al.*, 2016). They are able to execute continuous queries on a set of data streams in a distributed and parallel fashion. It allows to fit treatments to available resources.

In the context of the ANR project Socioplug[1], we suggest a platform of individual plugs for structured data stream processing. Plugs are grouped into subclusters, called communities. A community gathers plugs executing equivalent queries in order to compute each query result only once and in a parallel fashion. So, we aim at executing a variable number of continuous queries on a cluster of individual plugs with limited resources. It appears that the key feature of our approach is the ability to dynamically scale-in and scale-out and execute queries only on necessary resources. Actually, each continuous query may process greater volumes of data (unpredictability of data streams). Finally, new queries may be submitted to the system, increasing the global workload.

2. Related works

In our context, we consider that a stream is described by a schema and a potentially infinite and ordered set of timestamp. This schema is composed by attributes which describe each element. A single timestamp is associated to an element but many elements may share the same timestamp. For example, a data stream from Twitter can be composed of tuples with a schema S :<author,topic,message,retweets> and their timestamp would be the date of publication. Operators can process tuples in a chronological order thanks to their timestamps. More, many operators require to compute a result on a set of elements (*e.g.* aggregates or joins). This set of elements is defined by an interval of timestamp to consider and is denoted *computation window*.

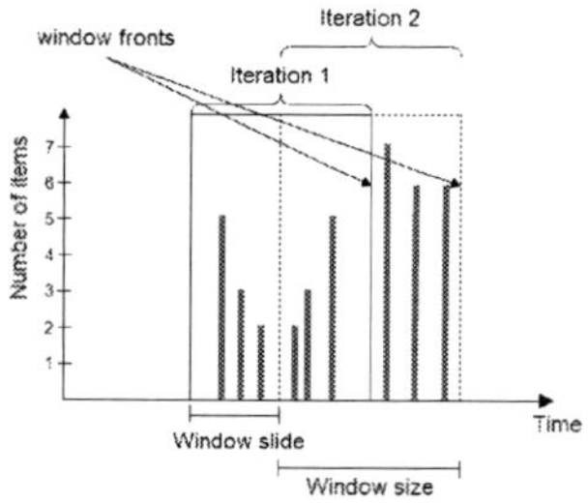

Figure 1 – Computation window

On those streams, users can define continuous queries which are represented as dataflow diagrams, called *workflows*. A workflow is a direct acyclic graph where vertices are operators and edges are data streams between operators. A topology on Twitter stream can be composed of an operator filtering tweets about a given topic and an other operator returning only tweets with more than a certain number of retweets. The main challenge is then to adapt workflow execution in order to scale-in or scale-out in order to handle to input stream variations. This adaptation, called *elastic stream processing*, aims at maintaining an acceptable end-to-end latency regardless of

1. `http://socioplug.univ-nantes.fr/index.php/SocioPlug_Project`

input stream variations. We distinguish two major steps in elastic stream processing : operator parallelization and operator scheduling. On one hand, many works (Schneider *et al.*, 2009; Xu *et al.*, 2016) looked after operator parallelization. Those solutions adapt dynamically the number of threads executing an operator in order to guarantee some properties on performance or global state of the execution support. For example, properties can be the total latency of the workflow or the average CPU load of the execution support. On the other hand, some scheduling algorithms (Peng *et al.*, 2015) have been suggested. They consider metrics which tend to optimize resource utilization (CPU, network traffic) at the scale of the cluster.

3. Issues

Given our context, we consider two complementary points of view. First, the system must deliver results to users with an acceptable end-to-end latency. More, we do not consider that users have information about the execution support and the global workload induced by other queries. So, solutions based on user expertise do not fit to this context. Then, the system can not predict how many resources are available for a specific query at any time. An acceptable tradeoff is then to use only necessary resources for a given query in order to respect latency constraint. Finding the optimal configuration for a workflow means solving two sub-problems. First, the definition , for each operator, of the appropriate number of threads in order to optimize the global latency. As presented in (Xu *et al.*, 2016), it is important to identify only relevant operators to fork. But, in opposition to existing approaches, we need to find an algorithm which avoid to test each degree of parallelism. More, users can not give indications on how many machines to allocate. Then, we have to identify the minimal subset of operator to reallocate in order to minimize reconfiguration overheads but guaranties an improvement of global performance. To achieve this goal, we need to take into account material and network constraints. In this context, the problem is then to define online mechanisms to dynamically scale in and scale out treatments without user guidance and a scheduling algorithm which minimize resource consumption.

4. Current works

First, we produced a survey (Kotto-Kombi *et al.*, 2015) which suggest a classification of representative DSMS. Then, we have deepened the two main aspects for online optimization of continuous queries. We consider that the parallelization of stateless operators can be defined with more accuracy after a learning phase. Actually, after a certain time, an average execution time can be computed. This average time allows to determine if the incoming stream rate will congest the operator. So, we can approximate how many forks are necessary to avoid a congestion. This approach is similar to what is suggested in (Xu *et al.*, 2016) but we do not consider that the parallelization is asked by users but is triggered automatically when the system detects a potential congestion. Then, we explicitly ask that the system releases an under-utilized machine after *n* consecutive observations in order to automatically scale-in treatments. Our scheduling approach remains close from the online resource-aware scheduler presented in (Peng *et al.*, 2015). Nevertheless, we replace user specifications by monitoring information. In our context, users have no control or feedback on the execution support so it is not relevant to ask them hints on how to optimize their queries. We implemented those modules into Apache Storm[2] because of its growing popularity and development. In a first time, we executed some tests to evaluate performance and deployment effort. It appears that Storm delivers best performance and offers great tuning opportunities. Then we implemented a first version of an online resource-aware scheduler over Storm. Preliminary results shows that it can outperforms Storm default's scheduler and use less resources. We are currently evaluating different parallelization approaches to determine the most adapted one.

5. Future Works

In parallel of our current works, we plan to define a parallelization algorithm dedicated to join operations. Actually, join operations are particularly frequent while querying structured data. They have the particularity to potentially emit more data than they receive. Some works (Vengerov *et al.*, 2015) suggest techniques and structures to estimate join result sizes from their inputs. It brings the opportunity to dynamically set the appropriate number of instances of a join operator in a pro-active manner. We also plan to find an heuristic which generalize the online resource-aware scheduler developed in (Peng *et al.*, 2015). Actually, we want to reschedule only critical operators. That means that we aim at automatically placing operators that have a large impact on global performance on machines that will decrease significantly the end-to-end latency.

6. Bibliographie

Kotto-Kombi R., Lumineau N., Lamarre P., Caniou Y., « Parallel and Distributed Stream Processing : Systems Classification and Specific Issues », octobre, 2015, working paper or preprint.

Peng B., Hosseini M., Hong Z., Farivar R., Campbell R. H., « R-Storm : Resource-Aware Scheduling in Storm », *Proceedings of the 16th Annual Middleware Conference, Vancouver, BC, Canada, December 07 - 11, 2015*, p. 149–161, 2015.

Schneider S., Andrade H., Gedik B., Biem A., Wu K.-L., « Elastic scaling of data parallel operators in stream processing », *Parallel Distributed Processing, 2009. IPDPS 2009. IEEE International Symposium on*, p. 1-12, May, 2009.

Vengerov D., Menck A. C., Zait M., Chakkappen S. P., « Join Size Estimation Subject to Filter Conditions », *Proc. VLDB Endow.*, vol. 8, n° 12, p. 1530–1541, août, 2015.

Xu, Peng G., « Stela : Enabling Stream Processing Systems to Scale-in and Scale-out On-demand », *Proc. IEEE International Conference on Cloud Engineering (IC2E), 2016*, 2016.

2. `http://storm.apache.org/`

Définition d'un modèle de système de Bases de Données Temps Réel pour les Systèmes d'Aide à la Conduite Coopératifs

Islam Elleuch

Faculté des Sciences Economiques et de Gestion de Sfax, Laboratoire MIR@CL
Route de l'Aéroport km 4, B.P. 1088, 3018 Sfax, Tunisie
elleuchislam@gmail.com

MOTS-CLÉS : *Systèmes d'aide à la conduite, VANET, Bases de données temps réel, Gestion de données.*

KEYWORDS: *Advanced driver assistance systems, VANET, Real time database, Data Management.*

ENCADREMENT : *Rafik Bouaziz (PR), avec le co-encadrement de Achraf Makni (MA)*

1. Contexte

Le nombre de véhicules circulant sur la route ne cesse d'augmenter, ce qui accroit le nombre d'accidents et les problèmes de sécurité routière. Pour pallier ces problèmes, les véhicules et l'infrastructure du réseau routier sont dotés de systèmes d'aide à la conduite (Advanced Driver Assistance Systems: ADAS) afin d'assister le conducteur dans sa tâche de conduite. Initialement, les systèmes ADAS sont autonomes. Ils se concentrent sur le comportement du véhicule à lui seul. Ainsi, le conducteur du véhicule effectue la perception de l'environnement, la décision et l'action. Il est basé uniquement sur ses propres informations et sa propre initiative, sans interagir avec d'autres véhicules. Afin d'améliorer la sécurité routière, des systèmes d'aide à la conduite coopératifs ont été proposés. Ces systèmes permettent d'échanger les données entre les véhicules ou entre les véhicules et l'infrastructure. Les véhicules en coopération peuvent partager et fusionner leur perception. Ils peuvent aussi partager leur intention de mouvement afin de coordonner leurs actions. Ainsi, un véhicule peut utiliser les données d'autres véhicules pour préciser sa localisation et pour détecter aussi la cartographie et les objets en mouvement. Nous nous intéressons dans notre thèse à la problématique de la gestion des données dans le cadre des ADAS coopératifs.

2. État de l'art

Les services fournis par les systèmes ADAS coopératifs sont basés essentiellement sur l'échange d'informations entre véhicules. Nous parlons dans ce cas d'un réseau ad hoc de véhicules (Vehicular Ad hoc Network ; VANET). Un réseau VANET est une particularité des réseaux *Mobile Ad hoc Network* (MANET) où les nœuds mobiles sont des véhicules intelligents avec des spécificités supplémentaires (Dahiya *et al.*, 2010). Le réseau VANET est constitué de véhicules capables de s'échanger des informations et de communiquer au sein d'un groupe de véhicules à portée les uns des autres (Vehicle To Vehicle ; V2V) et avec les équipements fixes de la route à portée (Vehicle To Infrastructure ; V2I) pour fournir des informations opportunes aux conducteurs et aux autorités intéressées (Elias *et al.*, 2016). Bien que le volume de données manipulé soit de plus en plus important, les systèmes ADAS coopératifs actuels utilisent peu les Bases de Données (BD). Ils sont généralement basés sur des calculs récursifs ou probabilistes pour réaliser une action coopérative. De ce fait, la plupart des travaux de recherches se sont concentrés sur les technologies de communication et sur les approches de diffusion des données. Ainsi, plusieurs technologies de communication ont été proposées dans les communications inter-véhicules (V2V et V2I). Les auteurs de (Papadimitratos *et al.*, 2009) ont comparé les technologies 802.11p WAVE (Wireless Access for Vehicular Environment), Wi-Fi, le système cellulaire et l'infrarouge, et montrent la distinction de WAVE. Egalement, plusieurs approches de diffusion de données dans le cadre de VANET ont été proposées (Ilarri *et al.*, 2015). Ces approches devraient tenter d'optimiser des métriques relatives à la surcharge du réseau, à la redondance, aux taux d'utilisation, à la latence, etc. Dans (Xu *et al.*, 2004), les auteurs ont proposé un mécanisme d'échange opportuniste, inspiré de l'épidémiologie, pour la dissémination d'informations entre des véhicules. Un véhicule en possession d'une information peut ainsi en contaminer d'autres rencontrés sur son trajet. Cependant, la pertinence de l'information devient faible avec le temps et il serait utile de la faire disparaître. Pour ce faire, (i) plusieurs objets détruisent l'information et (ii) peu d'objets ne la prennent dorénavant. L'approche de diffusion basée sur le contenu présentée dans (Cenerario *et al.*, 2011) adapte dynamiquement la zone de diffusion en fonction des besoins en tenant compte de la pertinence des événements pour les véhicules. L'avantage majeur de ce système est sa capacité à minimiser le nombre de transmissions redondantes, et de réduire ainsi la surcharge du réseau. Cependant, la latence dans ce système est élevée, car il introduit des temps d'attente à chaque saut du processus de diffusion.

3. Problématique

La coopération inter-véhicules est intéressante et permet aux systèmes d'aide à la conduite d'évoluer rapidement. Cependant, ces systèmes sont complexes. Ils comprennent de plus en plus de capteurs et de fonctionnalités, et traitent un grand volume de données. Ces dernières doivent être mises à jour régulièrement pour refléter l'état courant de l'environnement. Malgré cela, les études ont montré que les systèmes existants ne gèrent pas le stockage des données. Par conséquent, l'échange de données devient très couteux en temps, et le risque que les transactions ratent leurs échéances augmente. Ces systèmes sont confrontés à des problèmes relatifs à la manipulation de grandes quantités de données, ce qui peut engendrer des données perdues et des conséquences graves. Les données échangées entre les véhicules sont considérées comme des éléments à transmettre : une fois utilisées, elles sont considérées obsolètes et détruites.

Partant de ce constat, l'objectif de notre sujet de recherche est l'amélioration de la performance des ADAS coopératifs en utilisant les Bases de Données Temps Réel (BDTR). Le système à proposer doit permettre de manipuler efficacement un grand nombre de données et garantir également les contraintes temporelles relatives aux données et aux transactions. Nous cherchons à améliorer les résultats liés à l'estimation de l'état du véhicule, à la localisation coopérative et à la détection coopérative des objets en mouvement.

Les applications qui manipulent de grands volumes de données gagnent à être exploitées sous des Systèmes de Gestion de Bases de Données Temps Réel (SGBDTR). Ces applications nécessitent, en premier lieu, une modélisation des schémas des données temps réel et, en deuxième lieu, des mécanismes appropriés pour le respect des contraintes temporelles à travers la résolution des problèmes d'ordonnancement des transactions et de contrôle de concurrence. Le but final sera le maintien, l'utilisation et la mise à jour de l'état de l'environnement pour tous les véhicules.

4. Actions réalisées

L'étude de l'état de l'art, concernant (i) les systèmes d'aide à la conduite, (ii) les métriques et les approches de diffusion de données, (iii) les protocoles dans le cadre de VANET et (iv) le respect des contraintes de temps sur les données et les transactions dans les systèmes de BDTR, nous a permis d'affiner la définition de la problématique à traiter et à aborder la recherche de solutions. Nous avons commencé par proposer un modèle de système de BDTR permettant de maintenir et partager l'état courant des véhicules.

A cet effet, nous avons défini la structure des données par des triplets $d = (d_{valeur}, d_{timestamp}, d_{durée})$ où d_{valeur} représente la valeur réelle de la donnée, $d_{timestamp}$ est l'instant où cette valeur est mise à jour et $d_{durée}$ désigne la durée de validité d'une donnée. Dans les systèmes de BDTR, ces éléments sont nécessaires pour vérifier qu'une donnée n'est pas obsolète ($d_{timestamp} + d_{durée} <$ instant courant). Nous avons aussi modélisé chaque véhicule par un nœud caractérisé par sa position (X, Y), sa vitesse ($V_{x,y}$) et son sens de circulation. Cette modélisation permet de présenter l'information liée à l'aspect coopération entre véhicules. Ainsi, au niveau de chaque nœud, un état de l'environnement proche est maintenu. En plus, et comme les véhicules sont en forte mobilité (ils peuvent rapidement rejoindre ou quitter le réseau en un temps très court), des nœuds peuvent être ajoutés et d'autres supprimés de la BDTR concernée. Ceci permet de réduire la quantité des données stockées. Le réseau des nœuds aide aussi à prévoir les cas d'accidents et d'éviter les collisions même si deux véhicules ne se voient pas. Ceci est assuré à travers l'échange de données et le maintien de l'état de l'environnement proche par chaque nœud. Par ailleurs, le maintien de l'état courant et la définition des cas d'accidents permettent de réduire la surcharge du réseau. En effet, chaque nœud peut choisir le nœud cible ainsi que l'instant approprié pour l'envoi d'information, contrairement aux systèmes existants où les données sont diffusées à tous les autres nœuds.

5. Actions futures

Nous allons explorer et proposer des voies de solution aux autres problèmes posés, comme (i) l'estimation du degré d'importance d'une donnée, (ii) la définition de transactions qui respectent au mieux les échéances Temps Réel (TR) et la validité de données, (iii) l'ordonnancement des transactions et (iv) le contrôle de concurrence. Afin de réduire la complexité liée à la conception des ADAS coopératifs reposant sur l'utilisation des systèmes de BDTR, nous avons également à étudier l'apport des patrons de conception spécifiques à ces systèmes (Marouane *et al.*, 2012). Nous devons aussi évaluer les avantages conséquents de l'intégration d'un système de BDTR dans les ADAS coopératifs à l'aide du simulateur NS2. Enfin, nous comptons positionner nos contributions par rapport aux systèmes existants.

6. Bibliographie

Cenerario N., Delot T., and Ilarri S., "A content-based dissemination protocol for VANETs: Exploiting the encounter probability ",*IEEE Transactions on Intelligent Transportation Systemss*, vol. 12, n° 3, 2011, p. 771-782.

Dahiya A., Chauhan R., "A comparative study of manet and vanet environment ", *Journal of computings*, vol. 2, n° 7, 2010, p. 87-92.

Elias C., Si-Jing Z., En-Jie L., Joy E., "Advances in Vehicular Ad-hoc Networks (VANETs): Challenges and Road-map for Future Development ",*International Journal of Automation and Computinge*, vol. 13, n° 1, 2016, p. 1-18.

Ilarri S., Delot T., Trillo R., "A Data Management Perspective on Vehicular Network ", *IEEE IEEE Communications Surveys & Tutorials*, vol. 17, n° 4, 2015, p. 2420 - 2460.

Marouane H., Makni A., Bouaziz R., Duvallet C., Sadeg B., " A Real-Time Design Pattern for Advanced Driver Assistance Systems ", *Proceedings of the 17th Conference on Pattern Languages of Programs EuroPLoP'2012* , Irsee Monastery, 11-15 Juillet 2012, Germany, p. C6 :1-C6 :11.

Papadimitratos P., de La Fortelle A., Evenssen K., Brignolo R., Cosenza S., " Vehicular communication systems: Enabling technologies, applications, and future outlook on intelligent transportation ", *IEEE Communications Magazine*, vol. 47, n° 11, 2009, p. 84-95.

Xu B., Ouksel A. M., Wolfson O., " Opportunistic resource exchange in inter-vehicle ad-hoc networks", *Fifth International Conference on Mobile Data Management MDM'04*, Berkeley, 19-22 janvier 2004, USA, IEEE Computer Society, p. 4-12.

Vers une Suite Décisionnelle dédiée aux Données de Tests

Lahcène BRAHIMI

Laboratoire d'Informatique et d'Automatique pour les Systèmes LIAS/ISAE-ENSMA
1 Avenue Clément Ader, 86360 Chasseneuil France

lahcene.brahimi@ensma.fr

MOTS-CLÉS : *Base de Données, SGBD, Entrepots de Données, Banc d'essai, Apprentissage automatique.*

KEYWORDS: *Database, DBMS, Data Warehouse, Benchmarks, Machine Learning.*

ENCADREMENT: *Ladjel Bellatreche (PR)*

1. Contexte

Actuellement, nous vivons dans l'ère de la diversité qui a touché le monde des bases de données. Il y a quelques années, il y avait une dizaine de Systèmes de Gestion de Base de Données (SGBD) que les entreprises et les organismes d'enseignement se partageaient pour développer des applications liées aux bases de données. Aujourd'hui, nous assistons à une prolifération de nouveaux SGBD développés pour répondre aux besoins d'analyse motivés par l'ère des Big Data. Le site de BD-engines[1] offre une classification de **303** SGBD selon des métriques liées à l'usage et les retours des utilisateurs. Cependant, nous avons identifié l'absence d'outils quantitatifs dédiés aux tests de performance des SGBD. La communauté des bases de données depuis des années, effectue des tests des solutions proposées. Ces dernières couvrent la performance des requêtes, le choix des plateformes de déploiement, le choix des données, etc. Nous trouvons ces tests soit dans les articles de recherche soit dans les sites Web d'organismes comme le TCP (Transaction Processing Council)[2]. Récemment,

1. `http://db-engines.com/en/`
2. `http://www.tpc.org`

un nombre important de chercheurs comme Jens Dittrick[3], a montré la difficulté auprès des chercheurs de reproduire des résultats de certains travaux[4], ce qui remet en cause leur transparence et leur fiabilité.

Dans cet article, nous expliquons tout d'abord l'importance et la transparence des tests dans le domaine des bases de données. Puis, nous proposons la conception d'un référentiel dédié à stocker l'environnement et les résultats des tests.

2. État de l'art

Les différentes solutions des bases de données doivent satisfaire des besoins non fonctionnels comme la performance. Ce besoin est souvent lié à la phase physique de cycle de vie de conception des bases de données. Durant cette phase, un nombre de structures d'optimisation est sélectionné pour réduire le temps de réponse d'une charge de requêtes. Cette sélection est souvent contrainte par l'espace de stockage, le coût de maintenance des structures sélectionnées, etc. (Khouri, 2013). L'évaluation des algorithmes répondant aux besoins non fonctionnels et aux contraintes nécessite une batterie de tests sur un ou plusieurs environnements. Ces tests nécessitent un schéma d'une base de données, des instances, une plateforme de déploiement, un SGBD, etc. Souvent, les informations sur les données sont récupérées à partir des bancs d'essais Linear Road (pour les systèmes de gestion de flux de données), les TPC, YCSB (cloud), BerlinMOD (Düntgen *et al.*, 2009) (les systèmes spatiaux temporels) and GenBASE (domaine de la biologie et de santé) (Taft *et al.*, 2014).

Par ailleurs, le TPC BenchmarkH (TPC-H)[5], largement utilisé, est un test de performance des solutions d'entreposage de données. Ce banc d'essai a été conçu pour les systèmes décisionnels. Il mesure à la fois la vitesse et la capacité des solutions de bases de données. Il représente un schéma de huit tables relationnelles et une charge de travail de *22 requêtes* en lecture seule (Poess *et al.*, 2000).

3. Problématique

Actuellement, tester une application de base de données représente un enjeu important. Cela est dû à la complexité et la multiplicité des phases de son cycle de vie. Ce dernier comporte les phases suivantes (Khouri, 2013) : la collecte des besoins, la modélisation conceptuelle, la modélisation logique, la phase de déploiement, la phase physique et la phase d'exploitation. Il est à noter que chaque phase a ses propres besoins fonctionnels et non-fonctionnels à évaluer vu le déluge des données.

Les tests dans le cadre du développement d'applications de base de données peut avoir trois principales formes : (i) *tester une base de données en tant que produit final*,

3. `https://infosys.uni-saarland.de/people/dittrich.php`
4. `https://www.youtube.com/watch?v=O7Qgo6RSzmE,àpartirdela20ièmeminutesdecettevidéo`
5. http ://www.tpc.org/tpch/

(ii) *tester l'interaction entre les applications et leurs bases de données* et (iii) *tester toutes les phases du cycle de vie de la conception de base de données.*

La littérature en rapport avec les activités de tests de la troisième catégorie tente de répondre à la question suivante : comment sont-ils testés ?

Deux méthodes de test existent pour répondre à cette question : *La simulation* et *l'expérimentation matérielle*. Pour la simulation, les chercheurs utilisent principalement des modèles de coûts mathématiques et des méthodes formelles avec des paramètres d'entrée qui sont liés à plusieurs composantes des bases de données telles que le schéma, la plateforme, les requêtes, les SGBD, les structures d'optimisation (par exemple index), etc. (van der Veen *et al.*, 2012). L'expérimentation matérielle est la méthode la plus privilégiée pour les grandes entreprises telles que GAFA (Google, Apple, Facebook et Amazon) qui possèdent des ensembles de données et plateformes avancées. Comme cité dans (Haftmann *et al.*, 2007), Microsoft consacre 50% de ses coûts de développement sur les tests. Un autre exemple, le cycle de sortie des produits SAP fait 18 mois dont six mois sont utilisés uniquement pour exécuter des tests. La question que nous nous posons dans cette thèse est la suivante : *comment exploiter les données de tests et les rendre plus accessibles et surtout plus transparentes ?* L'activité de tests représentant un coût important (argent et énergie), nous proposons dans ce papier un référentiel de test qui joue le rôle d'un entrepôt de données contenant toutes les activités des tests : les ensembles de données, les métriques utilisées, la plateforme, la charge de travail, les algorithmes, etc. Ce référentiel permet ainsi de stocker tout l'environnement des tests et de simuler des résultats des tests exprimés par l'utilisateur.

4. Actions réalisées

Nous avons conçu un référentiel de test DW_TESTS dont le but est de stocker tout l'environnement des tests avec les résultats obtenus (temps de réponses des requêtes, énergie consommée, etc.). Le but est de prédire des résultats de tests en utilisant des environnements exprimés par l'utilisateur ou par des experts. La conception d'un entrepôt de données nécessite l'identification de ses dimensions. Dans notre contexte, ces dimensions comprennent : *Dim_Platform*, *Dim_Deployment*, *Dim_DBMS*, *Dim_OS*, *Dim_Dataset*, *Dim_Query*, *Dim_AccessMethods*, *Dim_Algorithms*, *Dim_Hypothesis*, *Dim_Metrics* et deux dimensions d'information : *Dim_Laboratory* and *Dim_Time*. La table de faits couvre différentes mesures utilisées par les concepteurs telles que le coût CPU, le coût IO et le coût de l'énergie. Notre entrepôt peut facilement être modélisé en utilisant un schéma en étoile, comme le montre la figure 1.

5. Actions futures

Actuellement, nous sommes en train de développer une suite décisionnelle contenant notre entrepôt de tests, sur lequel des opérations de type OLAP et reporting sont définies. Cette suite pourrait compléter l'outil *BD-engines* (cf. Contexte). Sur

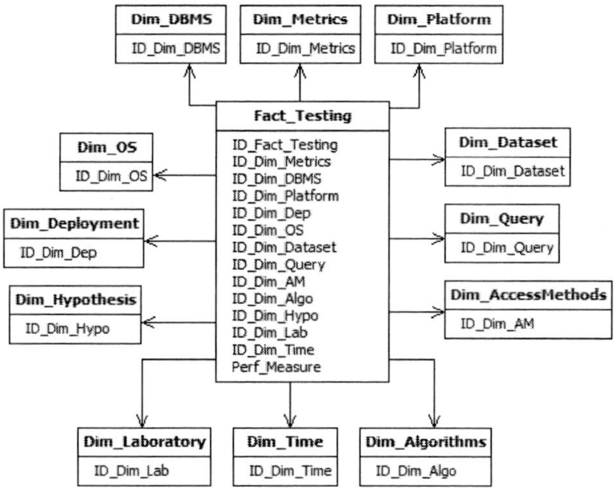

Figure 1. *Entrepôt de données DW_TESTS*

cette suite, un système de recommandation est en cours de finalisation. Il conseille les concepteurs/développeurs sur certains choix stratégiques liés aux SGBD, plateformes, les données, les requêtes, etc. Ce système utilise intensivement des techniques d'apprentissage automatique, tels que la régression sur les données de l'entrepôt.

6. Bibliographie

Düntgen C., Behr T., Güting R. H., « BerlinMOD : a benchmark for moving object databases », *The VLDB Journal*, vol. 18, n° 6, p. 1335–1368, 2009.

Haftmann F., Kossmann D., Lo E., « A framework for efficient regression tests on database applications », *The VLDB Journal—The International Journal on Very Large Data Bases*, vol. 16, n° 1, p. 145–164, 2007.

Khouri S., Cycle de vie sémantique de conception de systèmes de stockage et de manipulation de données, PhD thesis, ISAE-ENSMA Ecole Nationale Supérieure de Mécanique et d'Aérotechique-Poitiers, 2013.

Poess M., Floyd C., « New TPC benchmarks for decision support and web commerce », *ACM Sigmod Record*, vol. 29, n° 4, p. 64–71, 2000.

Taft R., Vartak M., Satish N. R., Sundaram N., Madden S., Stonebraker M., « Genbase : A complex analytics genomics benchmark », *Proceedings of the 2014 ACM SIGMOD international conference on Management of data*, ACM, p. 177–188, 2014.

van der Veen J. S., van der Waaij B., Meijer R. J., « Sensor data storage performance : Sql or nosql, physical or virtual », *Cloud Computing (CLOUD), 2012 IEEE 5th International Conference on*, IEEE, p. 431–438, 2012.

Ingénierie des processus ETL pour les Big Data

Hana Mallek
Université de Sfax
MIRACL (Multimedia, Information Systems and Advanced Computing Laboratory)
Le pôle technologique de Sfax, Sakiet Ezzit SFAX-Tunisie
BP 242-3021
mallekhana@gmail.com

MOTS-CLÉS : *Données Massives, Les entrepôts de données, Extraction-Transformation-Chargement (ETC), Les systèmes décisionnels, Modélisation des processus, Qualité de données.*

KEYWORDS: *Big Data, Data warehouse, Extraction-Transformation-Loading (ETL), Business Intelligence, Process Modeling, Data quality.*

ENCADREMENT : *Lotfi Bouzguenda (MCF-DR) et Faiza Ghozzi (MA).*

1. Contexte

Dans le cadre de l'analyse décisionnelle, les managers sont face à l'apparition des données massives, hétérogènes et évolutives. Ce phénomène est le résultat de la croissance exponentielle de nouvelles sources de données telles que le Web, les réseaux sociaux, les applications ubiquitaires (Smartphones, GPS,...), etc. Dans ce contexte, la quantité gigantesque de données donne naissance à la notion de "Big Data". Cette dernière est souvent définie par les 4 V : Volume, Vélocité, Variété et Véracité (Dong et Srivastava, 2013). L'apparition du Big Data avec des technologies d'intégration avancées comme Hadoop, MapReduce (Dean et Ghemawat, 2008) présente une nouvelle opportunité d'analyse pour les systèmes décisionnels. Ainsi, les Entrepôts de Données (ED), notamment les processus d'extraction, de transformation et de chargement (ETL: Extract, Transform et Load) doivent s'adapter aux nouveaux composants et architectures du Big Data afin de supporter le déluge de différentes formes et structures de données. L'intérêt de la modélisation des processus ETL est de (i) réduire les coûts de mise en œuvre d'un ED et (ii) de produire des informations pertinentes pour l'aide à la décision. En outre, la véracité présente une nouvelle caractéristique de Big Data. Elle concerne l'exactitude des données constituant le support des décisions stratégiques dans les systèmes décisionnels. Cependant, les sources de données (même du même domaine) sont de différents niveaux de qualités avec des écarts significatifs dans la couverture, l'exactitude et l'actualité des données fournies.

2. État de l'art

Nous présentons dans cette section quelques travaux abordant la conception des processus ETL et les architectures Big Data les plus représentatifs de l'état de l'art. Plus précisément, nous distinguons principalement deux approches: une approche traitant les données métiers et l'autre qui aborde les Big Data.

Dans la première approche, les travaux de (Vassiliadis et al., 2002) ont proposé la modélisation des processus ETL en adoptant des notations spécifiques. Le travail avec les nouvelles constructions conceptuelles, s'avère être notable, mais la non standardisation reste toujours une limite. En effet, l'adoption d'un standard reste un atout essentiel au niveau de la modélisation. (Trujillo et al., 2003) a considéré que le langage UML en tant que standard présente une solution de modélisation privilégiée à travers le diagramme de classes. Aussi, (Muñoz et al., 2008) a proposé d'élaborer une modélisation conceptuelle utilisant les diagrammes d'activités qui vérifient les besoins comportementaux. Suivant le même principe, la modélisation BPMN, issue du domaine Business Process Management (BPM), est apparue avec (Akkaoui et al., 2012) qui considèrent que les processus ETL peuvent être un type particulier d'un processus métier.

Pour la deuxième approche qui considère le Web comme source de données, de nombreux travaux ont été également proposés. En effet, ces travaux ont pris en considération l'apparition du Big Data, ce qui donne naissance à de nouvelles technologies (Hadoop, MapReduce, etc.) traitant généralement le niveau physique d'intégration. D'autres travaux de l'état de l'art ont abordé l'aspect décisionnel. Plus précisément les auteurs dans (Liu et al., 2011) ont proposé une approche qui se focalise sur la performance des processus ETL et qui traite les données volumineuses et adopte le paradigme MapRduce. Aussi, (Liu et al., 2013) a défini un Framework appelé CloudETL qui supporte la schématisation en étoile d'ED. (Bala et al., 2014) a proposé un Framework P-ETL qui présente un ETL proposant de paralléliser les opérations ETL à travers le paradigme MapReduce. Ce travail traite l'aspect d'intégration mais il néglige la structuration multidimensionnelle qui est une phase primordiale pour les opérations d'analyses ultérieures.

En conclusion, ces travaux ont couvert un large éventail de problématiques reliées à la modélisation physique des processus ETL. De plus, ils se sont basés sur des modèles de programmation assez complexes. En effet, la modélisation des processus ETL doit couvrir le niveau conceptuel à l'échelle des Big Data tout en faisant recours aux opérations de base des processus ETL et la structure multidimensionnelle.

3. Problématique

L'adaptation des processus ETL, au contexte Big Data, constitue une piste de recherche prometteuse (Bala et al., 2014 ; Liu, 2014). Elle pose de nombreux problèmes qui sont liés aux 4V et qui doivent être pris en considération au niveau de la modélisation des processus ETL. En effet, le volume et la vélocité sont traités généralement par l'intégration de nouvelles technologies (MapReduce, Hive, Hadoop,...) dans les processus ETL (Bala et al., 2014 ; Liu et al., 2013) afin d'ajouter la notion de parallélisme aux différents processus.

En outre, afin d'améliorer les résultats des opérations d'analyse OLAP (On-Line Analytical Processing), il faut garder la structure multidimensionnelle d'un entrepôt de données (Fait, dimensions). Or, la majorité des travaux ont négligé cette structuration. Par conséquent, notre but est de supporter la modélisation des processus ETL adaptés au contexte Big Data tout en considérant les 4V clés mentionnés ci-dessous. Nous résumons notre problématique à travers les deux questions suivantes :

- Comment modéliser les processus ETL, tout en intégrant les nouvelles technologies de Big Data (Hadoop, MapReduce, . . .), pour supporter la construction d'un entrepôt de données ayant une structure multidimensionnelle ?

- Comment conserver la qualité de grandes sources de données hétérogènes, lors de l'enchaînement des processus ETL proposés ?

4. Actions réalisées

Pour pallier aux problèmes d'intégration, nous nous sommes focalisés sur l'adaptation des processus d'intégration (ETL) classiques dans le contexte des Big Data. Nous visons à augmenter la performance et le temps de réponse des processus ETL en redéfinissant les opérations ETL sous le paradigme MapReduce. Ainsi, nous avons proposé une modélisation conceptuelle des opérations ETL de base (union, jointure, projection, nettoyage...) utilisant ce paradigme tout en conservant l'aspect multidimensionnel de l'ED. L'approche d'intégration que nous proposons est baptisée BigDimETL (Big Dimensional ETL). Cette approche présente les processus d'intégration conventionnels et qui s'exécutent en parallèle à travers le paradigme Map-Reduce. Notre but est de construire la structure multidimensionnelle dès la phase d'extraction des processus ETL. En effet, notre processus de traitement commence par une étape d'extraction et de partitionnement vertical de la source pour garantir la correspondance entre la structure des données et les éléments de notre schéma multidimensionnel. Cette étape réalise, ainsi, le partitionnement des données en affectant chaque dimension à une partition. Ceci permet de réduire le nombre de jointures entre les différentes partitions tout en évitant de disperser et de réassembler les dimensions. Puis, une étape de structuration est mise en place, elle consiste à structurer les données de manière à les adapter au paradigme Map-Reduce. Le traitement des dimensions est réalisé par la fonction Map qui regroupe les différentes opérations nécessaires pour chaque partition indépendamment des autres partitions, afin de préparer les données de sortie sous la forme (clé, valeur). Par conséquent, la phase suivante consiste à faire appel à différentes fonctions d'agrégation et de réduction (SUM, MAX, AVG). En effet, cette phase est responsable de construire les tables de fait qui regroupent les différentes dimensions traitées dans la phase précédente.

5. Actions futures

Après l'établissement de l'étude bibliographique, et la définition des différents composants de notre architecture BigDimETL, nous envisageons d'aborder en profondeur la modélisation conceptuelle avec une évaluation des différentes phases de notre approche par rapport les travaux existants.

Aussi, nous prévoyons de traiter la deuxième partie relative à l'identification et la résolution des problèmes reliés à l'assurance de la qualité de grandes sources de données hétérogènes (Big data), au cours de l'enchaînement des processus ETL proposé.

6. Bibliographie

Bala M., Boussaid O., Alimazighi Z., Bentayeb F.“PF-ETL : vers l'intégration de données massives dans les fonctionnalités d'etl“, *CongrèsINFORSID*, 2014, p. 61–76.

Dean J. et Ghemawat S., “MapReduce: simplified data processing on large clusters“, Magazine Communications of the ACM Vol. 51, 1, 2008, p. 107-113

Dong X. L. and Srivastava D.. “Big data integration“. *Very Large Data Bases*, Vol. 6, No. 11, 2013, p. 1188–1189.

El AkkaouiZ., MazònJ., VaismanA., ZimànyiE. “Bpmn-based conceptual modeling of ETL processes“. *In Data Warehousing and Knowledge Discovery*, 2012, p. 1–14.

Liu X.et, ThomsenC., Pedersen T. B.. “Etlmr: A highly scalable dimensional etl framework based on mapreduce“, *Data Warehousing and Knowledge Discovery* – vol.8, 2013 p. 96-111.

Liu X., ThomsenC., PedersenT. B. “Cloudetl: scalable dimensional ETL for hive“.2014 P. 195–206.

Vassiliadis P., Simitsis A., Skiadopoulos S. “Conceptual modeling for ETL processes“, *Data Warehousing and OLAP*, 2002 p. 14-21.

Muñoz L., Mazón J.N., et al., “Modelling ETL processes of data warehouses with UML activity diagrams“. *Move to Meaningful Internet Systems*, vol 5333, 2008, p. 44-53.

Trujillo J., Luján-Mora S., “A UML Based Approach for Modeling ETL Processes in Data Warehouses“, *ER*, vol 2813, 2003 p. 307-320.

Développement d'une application Analytics pour les ressources humaines : approche orientée problèmes dans un contexte multi-clients

Lynda Atif

PSL, Université de Paris Dauphine/ Talentsoft
LAMSADE UMR CNRS 7243,
Place du Maréchal de Lattre de Tassigny,
75016, Paris

latif@talentsoft.com

MOTS-CLÉS : *SIAD, Processus de décision RH, Approche orientée problèmes, développement collaboratif*

KEYWORDS: *DSS, HR decision making, problem-driven approach, collaborative design*

ENCADREMENT : *Camille Rosenthal Sabroux (PR) et Michel Grundstein (Chercheur-Associé)*

1. Contexte

A l'heure du numérique et de la concurrence accrue, les éditeurs informatiques développent des milliers de logiciels pour aider les organisations dans la gestion de leurs activités internes. La conception de ces systèmes informatiques passe par une phase amont du cycle de vie de développement logiciel appelée « phase d'analyse». Cette phase a pour objectif de mettre en lumière les exigences du système à développer pour satisfaire les utilisateurs finaux.

Depuis de nombreuses années, diverses études se sont penchées sur les raisons d'échec et de réussite des projets de développement de systèmes informatiques. Le rapport CHAOS du Standish Group de 1994 fait partie des plus connus. Régulièrement mis à jour depuis la première publication en 1994, les résultats de 2002, 2006, puis de 2013, montrent que la phase analyse est l'un des facteurs clés de la réussite ou d'échec d'un projet informatique. De même pour les systèmes interactifs d'aide à la décision (SIAD), plusieurs études ont pu démontrer que la cause principale d'échec de projets de leur développement était relative à cette phase. Nous focalisons notre recherche sur les SIAD orientés données appelés aussi « Application Analytics ».

2. État de l'art

Le Système Interactif d'Aide à la Décision (SIAD) est un concept complexe. Sa complexité est liée en grande partie au nombre croissant de décisions de diverses natures que peut supporter ce système, à l'évolution rapide des technologies ou encore à l'émergence de nouvelles pratiques managériales. De nombreuses définitions existent dans la littérature (Gorry & Morton, 1971) et toutes concourent à dire que le système doit aider un décideur dans la résolution de problèmes non programmés et mal structurés. De la même manière que les définitions varient en fonction des auteurs, il n'existe pas de typologie standard des systèmes interactifs d'aide à la décision. On peut s'appuyer sur différentes typologies. Selon Rosenthal-Sabroux (1996) *« un système interactif d'aide à la décision peut prendre des formes extrêmement diverses selon l'importance que prennent des caractéristiques telles que : orientation données ou modèles, décision unique ou répétitive structurée ou non structurée, environnement statique ou dynamique et enfin décisions individuelles ou collectives»*.

Le champ d'études des SIAD a vu apparaitre des méthodes de développement spécifiques et adaptées à chaque contexte contrairement au domaine des systèmes d'information numérique de gestion où on retrouve des méthodes de conception à visée généralistes. La plupart de ces méthodes citées dans la littérature se focalisent sur la modélisation de données. Les méthodes sont spécifiques à des outils : entrepôts de données, cubes, requêteurs, etc., et restent très centrées sur les phases aval de conception. De plus, la majorité minimise la phase d'analyse d'exigences à l'amont du projet de développement voire l'occultent. Notons que les termes exigence et besoin sont parfois considérés comme synonymes dans la littérature, parfois employés systématiquement ensemble. Les approches d'analyse des exigences pour l'aide à la décision, en particulier pour les SIAD orientés-données, sont souvent classées selon trois grandes catégories: l'approche dirigée par les données, l'approche dirigée par les besoins et enfin l'approche dirigée par les buts. Ces approches restent encore non probantes à ce jour (STA, 2015). Selon nous, les principales raisons sont :

- la non-spécification des liens entre les problèmes de décision auxquels font face les différents utilisateurs finaux et celles du SIAD développé en aval. Soulignons aussi que si, dans la majorité des approches, les problèmes sont regardés comme préexistants au processus d'analyse des exigences, ils ne sont cependant pas considérés comme nécessaire à être extraits ou élicités,
- . On sait aussi qu'*« un problème bien posé est un problème dont le caractère crucial vient d'une estimation produite collectivement et d'une formulation estimée acceptable par toutes les parties »* (Soubie & de Terssac, 91).

3. Problématique

Notre recherche part alors du postulat que développer un SIAD en particulier pour aider les décisions peu ou non structurées, ne peut se faire sans s'intéresser aux problèmes de décision qui se posent aux différents utilisateurs finaux, à la façon de les représenter collectivement, au contenu des décisions, à leur sens et au processus de prise des décisions. On pose ainsi la problématique du domaine dans une perspective pluridisciplinaire : Pourquoi et comment pratiquer une approche par les problèmes pour développer un SIAD ?

La perspective générale est ici celle de l'ingénierie des systèmes, non pas dans le but de décrire en détail telle ou telle méthode ou tel ou tel outil technique, mais pour s'arrêter sur les questions à se poser au cours du processus d'ingénierie, et en particulier sur l'impact des choix faits par les différentes parties prenantes du système à l'amont du cycle de développement.

Nous avons noté que le terme « décision » renvoie aux actions et processus de résolution de problèmes : un problème qui se pose à un individu ou à une organisation (Lévine, 1989). Il existe selon Longueville (2003) cinq types de problèmes de décision distincts :

- Description : problèmes associés à la caractérisation réelle de l'état courant de l'organisation;
- Investigation : problèmes associés aux relations entre deux ou plusieurs éléments de données ou phénomènes ;
- Explication : problèmes associés à l'établissement d'une relation cause à effet ;
- Prédiction : problèmes associés à la projection future basée sur des données historiques ;
- Prescription : problèmes associés à la projection normative basée sur des données historiques.

À ce titre, notre approche orientée problèmes pour développer un SIAD se base sur une catégorisation des problèmes que se posent les utilisateurs finaux à l'amont du processus de développement puis la conception en miroir de la solution Analytics à l'aval. Il en ressort une nouvelle typologie de SIAD que nous proposons : Descriptif Analytics, Diagnostic Analytics, Explicatif Analytics, Predictif Analytics, Prescriptif Analytics.

4. Actions réalisées

Nos travaux de recherche se déroulent dans le cadre industriel de la société Talentsoft dans le cadre d'une bourse CIFRE. Une société spécialisée dans le développement de progiciel de gestion de ressources humaines (RH) en Saas à destination de différentes entreprises clientes. Afin d'apporter plus de valeur ajoutée, Talentsoft a décidé de concevoir un SIAD orienté données (une application Analytics) en complément du progiciel de gestion des ressources humaines afin d'aider les RH dans la résolution de leurs problèmes de décision non structurés (de description, d'investigation, d'explication, de prédiction et de prescription) qui se posent dans chacun de leur processus de gestion : Le recrutement, l'évaluation des collaborateurs, la formation et le processus d'administration.

Nous avons sollicité cinq clients de tailles différentes pour faire partie de l'équipe projet jusqu'à la mise en production du SIAD puis nous avons appliqué notre approche de développement qu'on peut synthétiser en cinq étapes :

- La compréhension du domaine et l'explicitation collective des problèmes de décision qui se posent aux différents utilisateurs finaux du même profil mais d'entreprises différentes ;
- Formalisation et validation des problèmes de décision à traiter ;
- Traduction des problèmes de décision en spécifications fonctionnelles, et la négociation entre les parties prenantes pour parvenir à une solution acceptable ;
- La spécification des caractéristiques du système à construire et leur documentation ;
- La vérification et la validation de l'adéquation entre la solution Analytics développée et les problèmes de décision qui se posaient aux utilisateurs finaux dans ce processus RH.

5. Actions futures

Notre approche est toujours en cours de validation sur le terrain. L'identification des problèmes et l'élaboration de la solution s'effectuent en interaction, on doit alors procéder à de nombreuses transformations des représentations associées à l'artefact afin de construire une représentation de plus en plus détaillée du but à atteindre.

6. Bibliographie

Annoni E., Éléments méthodologiques pour le développement des systèmes décisionnels dans un contexte de réutilisation, Thèse de doctorat, Université de Toulouse I, 2010.

Arnott D., Dodson G., " Decision Support Systems Failure ", *Handbook on Decision Support Systems*, Berlin Heidelberg, Springer Verlag, 2008, p. 763-790.

Giorgini P., Rizzi S., Garzetti M., " GRAnD: A goal-oriented approach to requirement analysis in data warehouses ", *Decision Support Systems*, 45, 2008, p. 4-21.

Gorry G.A., Scott Morton M., " A framework for management information systems ", *Sloan Management Review*, vol. 13, n° 1, 1971, p. 50-70.

Lamsweerde A.V., " Requirements Engineering in the Year 00, A Research Perspective ", *International Conference on Software Engineering*, 2000.

Lévine P., Pomerol J.-C., *SIAD et systèmes experts*, Paris, Editions Hermès, 1989.

Longueville B. and Gardoni M., " A survey of context modelling: approaches, theories and use for engineering design researches ", *ICED 03*, Stockholm, Sweden, 2003.

Rosenthal-Sabroux C., Contribution méthodologique à la conception de systèmes d'information coopératifs, HDR, Université Paris Dauphine, 1996.

Standish Group, Chaos Report, Standish Group Report, 2015.

Recherche d'Information Contextuelle en Temps-Réel dans les Microblogs

Cas particulier de données Twitter

Thomas Palmer

Institut de Recherche en Informatique de Toulouse
118 Route de Narbonne
F-31062 TOULOUSE CEDEX 9

Thomas.Palmer@irit.fr

MOTS-CLÉS : *Recherche d'Information - RI Contextuelle - Temps-Réel - Microblogs*

KEYWORDS: *Information Retrieval - Contextual IR - Real-Time - Microblogs*

ENCADREMENT : *Gilles Hubert (MCF) et Karen Pinel-Sauvagnat (MCF)*

1. Contexte

Nos travaux se situent dans le contexte de la Recherche d'Information (RI) en flux de données, et plus particulièrement dans les plateformes de micro-blogging telles que Twitter. Dans ce cadre, contrairement à la RI traditionnelle, la collection est constamment en évolution : de nouveaux documents arrivent en continu et en grande quantité pendant que d'autres peuvent être supprimés. Cette nature évolutive de la collection implique, pour de nombreuses tâches de RI, un traitement en temps-réel. Nos travaux se focalisent sur le filtrage temps-réel de tweet suivant un profil utilisateur, soit un (ou plusieurs) centre(s) d'intérêt(s). Une spécificité des tweets est leur limitation à 140 caractères, restreignant leur exploitation thématique. En revanche, ce type de documents apporte des éléments supplémentaires utilisables, que nous qualifions de contexte d'un tweet. Ces éléments de contexte concernent l'utilisateur qui a posté le message, mais aussi l'utilisation de composants spécifiques comme des images, des liens URL, ou encore des entités comme les hashtags.

2. État de l'art

Dans le domaine de la RI en flux de données, de nombreux travaux utilisent des données Twitter. En effet, leur accès est facile et fournit dans le même temps un certain nombre de caractéristiques contextuelles. Ces informations autour du document en lui-même (le contenu du tweet donc) sont capitales dans de nombreuses approches, et leur utilité dans un système de RI a été montrée à maintes reprises. Au niveau des données relatives à l'utilisateur, Ben Jabeur *et al.* (2011) se sont intéressés à l'influence du bloggeur et à l'importance de la structure du réseau social afin de dégager une pertinence thématique et sociale. D'autres travaux (Damak *et al.*, 2013) se sont concentrés entre autres sur la prise en compte primordiale d'URL dans le tweet. La structure même du tweet nous donne également accès à des formats très particuliers d'information au sein du document comme les *hashtags* ou les *mentions*. Certains travaux se sont concentrés sur cette particularité en montrant l'efficacité de leur prise en considération en recherche d'information de type hashtags (Efron, 2010) ou encore dans le domaine de la détection d'événements (Guille *et al.*, 2014). Cheng *et al.* (2013) ont combiné plusieurs de ces caractéristiques tout en mettant en œuvre un véritable traitement temps-réel du flux de tweets.

Par ailleurs, d'autres approches favorisent l'utilisation d'information externes notamment pour : l'expansion de requête (Liang *et al.*, 2012) afin de palier les problèmes de vocabulaire de Twitter, l'enrichissement de profils utilisateurs en amont mais aussi au fur et à mesure du processus (Gaglio *et al.*, 2015), ou encore l'expansion du document lui-même grâce au contenu du lien URL (Liang *et al.*, 2012).

3. Problématique

Notre problématique est de fournir aux utilisateurs un ensemble optimal de tweets répondant à leurs centres d'intérêt. Cette problématique est notamment celui de certains comptes Twitter, dont les administrateurs sont chargés de sélectionner de l'information à destination d'une population d'utilisateurs bien précise, sans jamais poster de messages personnels (Zhao *et al.*, 2014). Différents problèmes spécifiques apparaissent lorsqu'on cherche à automatiser ce principe. Tout d'abord, il faut relayer l'information « la plus pertinente » et donc fortement restreindre le nombre de tweets transmis pour ne pas surcharger l'utilisateur. La nouveauté de l'information doit être considérée, l'utilisateur ne souhaitant, en général, pas recevoir plusieurs fois la même information. L'obsolescence des messages transmis à l'utilisateur est également importante, le système doit donc identifier les tweets à relayer dans un temps très restreint. De plus, il peut arriver que pendant une certaine durée aucune notification ne doivent être transmise car aucune information pertinente n'est présente (notion de « période vide »). Dans ce cas, il faut être en mesure de déterminer si les tweets considérés pertinents le sont suffisamment pour être relayés. Enfin, comme tout système temps-réel, un problème récurrent est celui du démarrage à froid. Concrètement, le système prend du temps à intégrer certains aspects des profils utilisateurs s'il n'est pas entrainé en amont.

4. Actions réalisées

Pour répondre à cette problématique, nous avons proposé une approche prenant en compte le contexte d'un tweet, en plus du contenu du message lui-même, tout en privilégiant la vélocité du filtrage. L'approche cherche à exploiter les caractéristiques liées au tweet, ce que nous qualifions de contexte, pour améliorer les résultats retournés. Elle suppose également de disposer des centres d'intérêts utilisateurs produits en amont et qui vont représenter les profils utilisateurs. Cependant, cet aspect tout comme la présentation du résultat à l'utilisateur sortent du cadre des travaux réalisés.

Pour privilégier la vélocité du filtrage, nous avons choisi une approche incrémentale consistant à intégrer différents processus en veillant à conserver la dimension temps-réel du système global. L'approche proposée peut être divisée en deux parties. La première partie filtre les messages suivant la similarité entre leurs contenus textuels et les points d'intérêt utilisateur (profil utilisateur). La seconde partie repose sur un modèle de score intègre les différentes caractéristiques du contexte de tweet, relatives au contenu du message en lui-même (par exemple, qualité du langage et nombre de mots réels), aux données de l'utilisateur (par exemple, nombre de followers), et enfin aux entités du tweet (par exemple, hashtags et mentions). Le modèle calcule un score global pour chaque tweet en totalisant les points attribués pour chacune des caractéristiques. Un nombre de points est attribué à chaque caractéristique qui dépasse le seuil fixé pour celle-ci. Le démarrage à froid est ici corrigé par des expérimentations préalables visant à fixer les différents seuils. Les tweets dont le score global dépassent le seuil final sont notifiés à l'utilisateur.

Nous avons confronté notre approche à un jeu de données issu de la tâche TREC Microblog 2015 (Chellal *et al.*, 2015). Les différentes expérimentations menées montrent des résultats encourageants et des possibilités d'améliorations au regard des mesures d'évaluation définies pour cette tâche. Lors de ces expérimentations, nous avons entre autre fait varier les seuils de sélection. Nous avons pu constater une nette évolution des résultats, jusqu'à une amélioration de 30%.

5. Actions futures

Les actions futures seront, dans un premier temps, d'intégrer un processus d'enrichissement des profils utilisateurs par un ensemble de mots connexes. Ces mots pourront être extraits de ressources externes telles que les tops documents retournés par la Web API de Google pour chaque profil. Ceci vise à réduire davantage le démarrage à froid et ainsi augmenter la précision globale.

L'ajustement dynamique (Zhao *et al.*, 2014) des différents seuils utilisés, au fur et à mesure du processus, sera une des actions suivantes. Jusqu'à présent, ils étaient fixés en amont (issus d'expérimentations préalables) pour toute la durée de l'évaluation. Ils seront recalculés et mis à jour après un certain laps de temps (une journée par exemple) à partir de l'analyse des données des précédentes exécutions.

L'intégration d'un fenêtrage temporel (Gaglio *et al.*, 2015; Zhao *et al.*, 2014) est également projeté. Il s'agit de découper la période de sélection de tweets en fenêtres de durées régulières pour récupérer les tops tweets par fenêtre et ensuite sélectionner parmi eux ceux qui seront transmis aux utilisateurs.

Enfin, une des problématiques présentées, qui devra être abordée, concerne la nouveauté. Le but sera de vérifier que le document sélectionné fournit bien une information supplémentaire à ce qui a été renvoyé jusqu'à présent. Dans le même temps, une dernière problématique soulevée lors de la participation à TREC Microblog concerne les périodes vides, dont le bon traitement est indispensable à la satisfaction des utilisateurs.

6. Bibliographie

Ben Jabeur L., Tamine L., Boughanem M., « Un modèle de recherche d'information sociale dans les microblogs : cas de Twitter », *Conférence sur les Modèles et l'Analyse des Réseaux : Approches Mathématiques et Informatique (MARAMI), Grenoble*, octobre, 2011.

Chellal A., Jabeur L. B., Soulier L., Moulahi B., Palmer T., Boughanem M., Pinel-Sauvagnat K., Tamine L., Hubert G., « IRIT at TREC Microblog 2015 », *34th Text REtrieval Conference (TREC 2015)*, 2015.

Cheng F., Zhang X., He B., Luo T., Wang W., « A Survey of Learning to Rank for Real-time Twitter Search », *Proceedings of the 2012 International Conference on Pervasive Computing and the Networked World*, ICPCA/SWS'12, p. 150–164, 2013.

Damak F., Pinel-Sauvagnat K., Boughanem M., Cabanac G., « Effectiveness of state-of-the-art features for microblog search », *Proceedings of the 28th Annual ACM Symposium on Applied Computing*, ACM, p. 914–919, 2013.

Efron M., « Hashtag retrieval in a microblogging environment », *Proceeding of the 33rd International ACM SIGIR Conference on Research and Development in Information Retrieval, SIGIR 2010, Geneva, Switzerland, July 19-23, 2010*, p. 787–788, 2010.

Gaglio S., Lo Re G., Morana M., « Real-time detection of twitter social events from the user's perspective », *Communications (ICC), 2015 IEEE International Conference on*, IEEE, p. 1207–1212, 2015.

Guille A., Favre C., « Mention-anomaly-based event detection and tracking in twitter », *Advances in Social Networks Analysis and Mining (ASONAM), 2014 IEEE/ACM International Conference on*, IEEE, p. 375–382, 2014.

Liang F., Qiang R., Yang J., « Exploiting Real-time Information Retrieval in the Microblogosphere », *Proceedings of the 12th ACM/IEEE-CS Joint Conference on Digital Libraries*, JCDL '12, ACM, New York, NY, USA, p. 267–276, 2012.

Zhao X., Tajima K., « Online Retweet Recommendation with Item Count Limits », *Proceedings of the 2014 IEEE/WIC/ACM International Joint Conferences on Web Intelligence (WI) and Intelligent Agent Technologies (IAT) - Volume 01*, WI-IAT '14, IEEE Computer Society, Washington, DC, USA, p. 282–289, 2014.

Conférences Invitées

Session Modélisation de Données No-SQL

Document-oriented data warehouses: models and extended cuboids

Modèle orienté-document et cuboïdes étendus

Max Chevalier[1], Mohammed El Malki [1,2] Arlind Kopliku, Olivier Teste, Ronan Tournier

1. Université de Toulouse, IRIT (UMR 5505, www.irit.fr), Toulouse, France
prenom.nom@irit.fr

2. Capgemini (www.capgemini.com) Toulouse France
prenom.nom@capgemini.com

Article accepté et présenté à la conférence internationale RCIS, co-localisée avec INFORSID 2016 à Grenoble. La version longue de l'article, en anglais, est disponible dans les actes de RCIS

ABSTRACT. Within the Big Data trend, there is an increasing interest in Not-only-SQL systems (NoSQL). These systems are promising candidates for implementing data warehouses particularly due to the data structuration/storage possibilities they offer. In this paper, we investigate data warehouse instantiation using a document-oriented system (a special class of NoSQL systems). On the one hand, we analyze several issues including modeling, querying, loading data and OLAP cuboids. We compare document-oriented models (with and without normalization) to analogous relational database models. On the other hand, we suggest improvements in order to benefit from document-oriented features. We focus particularly on extended versions of OLAP cuboids that exploit nesting and arrays. They are shown to work better on workloads with drill-down queries.

KEYWORDS: NoSQL, document-oriented system, big data warehouse, OLAP cuboid.

RESUME: Parmi les nouvelles technologiques du Big Data, il y a un intérêt croissant pour les systèmes Not-Only-SQL (NoSQL). Ces derniers sont des candidats prometteurs pour l'implantation d'entrepôts de données grâce aux possibilités qu'ils offrent en termes de stockage et de structuration des données. Dans ce papier, nous étudions l'instanciation d'entrepôts de données avec les systèmes orientés document, une des catégories les plus répandues des systèmes NoSQL. Dans un premier temps, nous étudions les enjeux primaires des entrepôts tels que la modélisation, l'interrogation, le chargement des données, et les cuboïdes OLAP. Dans un deuxième temps, nous proposons des améliorations qui sont spécifiques aux systèmes orientés document. En particulier, nous proposons des versions étendues des cuboïdes OLAP qui exploitent l'imbrication et les tableaux. Nous montrons que ces cuboïdes répondent plus rapidement à des charges de travail composées de requêtes OLAP de type "drill-down ».

MOTS CLES: NoSQL, système orienté-document, entrepôts de données big data, cuboïde OLAP

Processus de transformation MDA d'un schéma conceptuel de données en un schéma logique NoSQL

Fatma ABDELHEDI (1) et (3), Amal AIT BRAHIM (1), Faten ATIGUI (2), Gilles ZURFLUH (1)

1. IRIT - Université Toulouse Capitole - France
<prenom.nom>@irit.fr
2. CEDRIC – CNAM Paris – France
<prenom.nom>@cnam.fr
3. CBI² - Sté TRIMANE Saint Germain en Laye – France
<prenom.nom>@gmail.com

RESUME : La transformation digitale des entreprises et plus largement celle de la société, entraine une évolution des bases de données vers le Big Data. Nos travaux s'inscrivent dans cette mutation et concernent plus particulièrement les mécanismes d'implantation d'une base de données sur une plateforme NoSQL. Pour automatiser ce processus d'implantation, nous avons utilisé l'architecture MDA qui offre un cadre formalisé aux mécanismes de transformation des schémas. A partir d'un schéma conceptuel décrivant une base d'objets complexes, nous proposons des règles de dérivation pour générer, in fine, un schéma d'implantation destine à une plateforme NoSQL orientée colonnes. Nous introduisons un schéma intermédiaire de niveau logique afin de limiter les impacts liés aux évolutions techniques des plateformes NoSQL. Une expérimentation du processus de transformation a été réalisée sur une application médicale.

ABSRACT: Recent years have seen a real explosion of volume of data available in business and on the web. In this paper, we consider the automatic transformation of Big Data conceptual schema within NoSQL systems. For this, we use the Model Driven Architecture (MDA) that provides a framework for models automatic transformation. Starting from a conceptual model that describes a set of complex objects, we propose transformation rules to generate, ultimately, two NoSQL models: columns-oriented model and documents-oriented model. To ensure efficient automatic transformation, we use a logical model that limits the impacts related to technical developments of NoSQL platforms. We provide experiments of the QVT model transformations in the context of health area.

Mots-clés : Big Data, systèmes NoSQL, transformation de schémas, architecture MDA.

Keywords: Big Data, NoSQL systems, schema transformation, MDA.

1. Introduction

Pendant trois décennies, les systèmes relationnels ont représenté l'outil majeur pour l'exploitation des bases de données. Mais le modèle relationnel connaît des limites face aux nouvelles applications qui apparaissent sur le Web. Ces dernières années ont connu une véritable explosion du volume des données disponibles dans les entreprises et sur le Web. Ces nouvelles problématiques sont désignées par l'expression « Big Data » [5] et caractérisées par la règle dite des « 3V » [10]. Il s'agit du Volume (des masses considérables des données à gérer), de la Variété (des données complexes) et de la Vélocité (en référence à la collecte et au traitement en temps-réel de ces données). Les approches classiques basées principalement sur le paradigme relationnel, ne peuvent pas répondre à ces objectifs et exigent de nouvelles approches de stockage et de manipulation des données. Regroupées sous le terme NoSQL [8], ces approches permettent une plus grande adaptabilité dans des contextes fortement distribués, ainsi qu'une gestion performante des données complexes [7]. Les développeurs d'applications Big data se trouvent notamment confrontés à la problématique du stockage des données avec des systèmes NoSQL. L'objectif de nos travaux est donc de faciliter le processus d'implantation de bases d'objets sur des plateformes NoSQL. En raison de la complexité des schémas des bases de données à implanter et de la spécificité des modèles NoSQL, nous proposons un processus de transformation des modèles basé sur l'approche de l'Ingénierie Dirigée par les Modèles [3].

Dans la section 2 suivante, nous présentons l'application médicale qui justifie l'intérêt de nos travaux. La section 3 décrit le contexte de notre étude ainsi que notre problématique de recherche visant à implanter des données sur une plateforme NoSQL. La section 4 présente notre contribution qui consiste à formaliser avec MDA le processus de transformation d'un schéma conceptuel de données en un schéma logique NoSQL. La section 5 décrit une expérimentation du processus proposé à partir de notre application médicale. Enfin, la section 6 positionne nos travaux par rapport à l'état de l'art.

2. Cas d'étude

Pour illustrer nos travaux, nous utilisons un cas extrait d'une application médicale dont la base de données est représentée dans le formalisme UML. Cet exemple nous permettra de montrer comment transformer un diagramme UML en un schéma NoSQL. Il s'agit de la mise en place de programmes nationaux ou internationaux pour le suivi de cohortes de patients atteints de pathologies graves. L'objectif majeur d'un tel programme est de collecter des données sur l'évolution temporelle d'une pathologie particulière, d'étudier les interactions de la pathologie avec des maladies opportunes et d'évaluer l'influence des traitements et médications à court et moyen termes. La durée d'un programme est décidée lors de son lancement et peut atteindre trois ans. Les données collectées par plusieurs établissements dans le cadre d'un programme pluriannuel, présentent les caractéristiques généralement admises pour le Big Data (les 3 V). En effet, le volume des données médicales recueillies quotidiennement auprès des patients, peut atteindre, pour l'ensemble des établissements et sur trois années, plusieurs téraoctets. D'autre part, la nature des données saisies (mesures, radiographie, scintigraphies, etc.) est diversifiée et peut varier d'un patient à un autre selon son état de santé. Enfin, certaines données sont produites en flux continu par des capteurs ; elles doivent être traitées quasiment en temps réel car elles peuvent s'intégrer dans des processus sensibles au temps (mesures franchissant un seuil qui impliqueraient l'intervention d'un praticien en urgence par exemple). Le suivi des patients exige le stockage de données variées telles que l'enregistrement des consultations effectuées par les praticiens, des résultats d'examens, des prescriptions de médicaments et de traitements spécifiques. L'extrait de diagramme UML de la figure 1 montre quelques classes pour un programme médical associé au suivi des patients atteints d'une pathologie particulière.

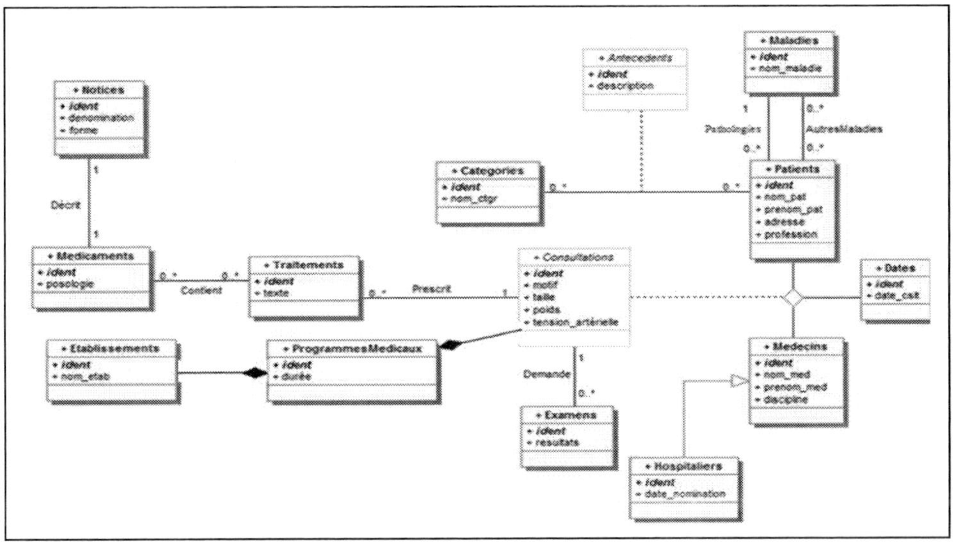

Figure 1. Extrait d'un schéma des données

3. Contexte et Problématique

Notre objectif est de partir d'un schéma de bases de données tel que celui de la figure 1 et de le transformer en un schéma NoSQL. Nous présentons dans cette section le contexte de notre étude en abordant les principes généraux de l'approche IDM. Nous décrivons ensuite la problématique de recherche traitée dans le cadre de cet article.

3.1. Ingénierie Dirigée par les Modèles (IDM)

Pour faire face à la complexité des applications informatiques, l'IDM [3] consiste à adopter les modèles comme éléments centraux dans le processus de développement d'une application et à automatiser la transformation de ces modèles afin d'aboutir au code source. L'Architecture Dirigé par les Modèles (MDA pour Model Driven Architecture) [9] proposée par l'Object Management Group[1] (OMG) est un mécanisme dérivé de l'IDM. MDA propose de décrire séparément les spécifications fonctionnelles et les spécifications d'implantation d'une application sur une plateforme donnée. Parmi les modèles proposés, nous retenons (1) le modèle d'analyse et de conception (Platform Independent Model – PIM) qui décrit les données en faisant abstraction des aspects techniques liés aux systèmes informatiques et (2) le modèle de code (Platform Specific Model – PSM) qui représente les données en tenant compte des caractéristiques d'une plateforme de stockage particulière.

Dans la suite de l'article, nous considérons deux sortes de PIM : le PIM conceptuel qui décrit les données sous ses seuls aspects métier et le PIM logique qui tient compte en plus du type d'organisation des données choisi. Le passage entre deux modèles MDA se fait via une succession de transformations. Une transformation correspond à l'application d'un ensemble de règles qui décrit comment dériver un modèle cible à partir d'un modèle source. Pour la transformation de modèles, l'OMG a défini le standard QVT[2] (Query/View/Transformation) qui propose des langages d'expression de règles.

3.2. Problématique

Notre problématique consiste à définir des mécanismes permettant d'implanter une base de données de type Big data sur une plateforme NoSQL. A partir d'un diagramme de classes UML décrivant des données complexes, nous devons spécifier les transformations nécessaires à l'élaboration d'un schéma NoSQL. Parmi les principaux types de systèmes NoSQL (Clé-valeur, Colonne, Document, Graphe) [1], nous avons choisi d'implanter les données sur un système orienté colonnes. Ce choix a été dicté par les besoins de nos applications basés sur des requêtes multicritères faisant intervenir simultanément plusieurs attributs. Or les systèmes orientés colonnes offrent des techniques de stockage qui sérialisent les valeurs des colonnes et permettent ainsi d'accélérer l'accès aux données. Le problème consiste donc à passer d'un schéma conceptuel de base de données (DCL – Diagramme de Classes d'UML) vers un schéma physique NoSQL qui fera l'objet d'une implantation. Mais plusieurs systèmes NoSQL orientés colonne coexistent ; les plus connus sont BigTable [6], HBase[3], Cassandra[4] et Accumulo[5]. Ils présentent des spécificités techniques propres qui relèvent essentiellement des techniques d'implantation. Pour faire abstraction de ces spécificités, nous intègrerons le niveau logique dans le processus de transformation des schémas. Autrement dit, nous considérerons les transformations successives : Conceptuel→ Logique puis Logique → Physique. Au niveau logique, le schéma décrit l'implantation des données en faisant abstraction de considérations techniques propres à tel ou tel système NoSQL.

3.3. Etat de l'art

Une base de données de type Big data contient des données variées, c'est-à-dire des données de types non standard qualifiés généralement d'objets complexes : textes, graphiques, documents, séquences vidéo. Aujourd'hui, le modèle de données d'UML

[2] http://www.omg.org/spec/QVT/1.2/PDF/.
[3] https://hbase.apache.org/.
[4] http://cassandra.apache.org/.
[5] https://accumulo.apache.org/.

représente une sorte de référence en matière de représentation de schémas de bases de données complexes [2]. Ce modèle conceptuel, permettant de décrire la sémantique des objets métiers dans une application, peut donc être appliqué à la description des bases de données de type Big data.

En ce qui concerne les processus permettant d'implanter des bases de données sur des systèmes NoSQL, plusieurs études ont porté sur la transformation des schémas. Ainsi, dans le contexte des entrepôts de données, les travaux de Chevalier et al. [11] ont défini des règles pour traduire un modèle multidimensionnel en étoile, en deux modèles physiques NoSQL, un modèle orienté colonnes et un modèle orienté documents. Les liens entre faits et dimensions ont été traduits sous la forme d'imbrications. L'article de Li [4] a étudié l'implantation d'une base de données relationnelle dans le système HBase. La méthode proposée est basée sur des règles permettant la transformation d'un schéma relationnel en un schéma HBase ; les relations entre les tables (clés étrangères) sont traduites par l'ajout des familles de colonnes contenant des références. D'autres travaux ont étudié la transformation d'un diagramme de classes UML en un schéma de données HBase avec l'approche MDA [14]. L'idée de base est de construire des méta-modèles correspondant au diagramme de classes UML et au modèle de données orienté colonne HBase puis de proposer des règles de transformation entre les éléments des deux méta-modèles construits. Ces règles permettent de transformer un DCL directement en un schéma d'implantation spécifique au système HBase. Cet état de l'art montre que peu de travaux ont étudié la transformation d'un modèle conceptuel de données complexes vers un modèle NoSQL. Dans l'étude [14] la plus proche de notre problématique, les règles de transformation de schémas qui ont été adoptées, ne sont pas indépendantes d'une plateforme technique.

4. Transformation des schémas

Nos travaux visent à transformer un schéma conceptuel décrivant une source Big data en un modèle NoSQL orienté colonnes. Pour ce faire, nous proposons une approche dirigée par les modèles (MDA) qui fournit des métamodèles et des règles de transformation permettant le passage automatique du niveau conceptuel au niveau physique. La figure 2 montre un aperçu de notre contribution. D'une manière générale, une approche MDA repose sur les modèles CIM, PIM et PSM ainsi que les transformations automatiques entre ces modèles. Cependant, chaque approche présente ses propres caractéristiques, notamment le nombre et le type des modèles et des transformations [13]. Notre approche repose donc sur les deux niveaux PIM et PSM.

- le niveau PIM comporte deux niveaux différents ; le premier niveau présente le modèle conceptuel (Diagramme de classes UML) et le second présente le modèle logique (Modèle NoSQL orienté colonnes).

- le niveau PSM décrit les modèles physiques correspondants aux plateformes HBase et Cassandra.

Le passage d'un niveau à un autre se fait automatiquement grâce aux transformations M2M (Model-To-Model) formalisées en QVT[6] comme le montre la figure 2.

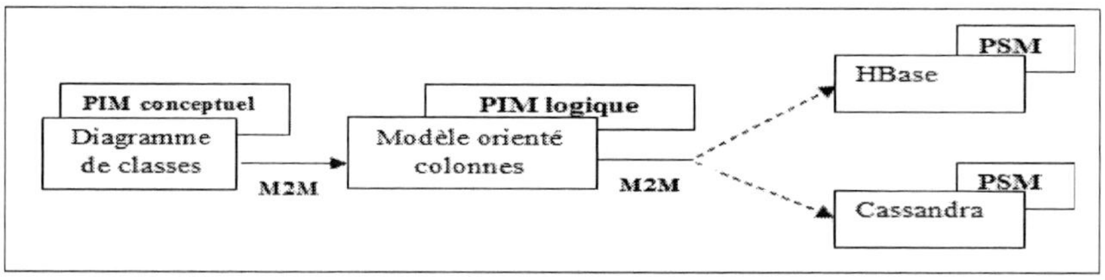

Figure 2. Les niveaux de modélisation

4.1. PIM conceptuel

UML étant le modèle reconnu par la communauté des bases de données pour représenter des objets complexes, nous décrivons le PIM conceptuel sous la forme d'un DCL. Avant d'assurer un passage automatique d'un DCL vers un modèle logique, nous devons préalablement formaliser les concepts présents dans le modèle de données d'UML. Un DCL contient un ensemble de classes. Chaque classe représente des objets ayant une sémantique et des propriétés communes ; elle est définie par son nom, ses attributs et ses opérations (dans cet article, nous prenons en compte uniquement la partie structurelle à l'exclusion des opérations). On distingue principalement quatre types de liens entre les classes : l'association, l'agrégation, la composition et l'héritage. A partir du métamodèle d'un DCL défini par l'OMG [15] et adapté à notre PIM conceptuel, nous présentons ces différents concepts à travers un métamodèle (Figure 3) que nous avons implanté sur la plateforme Eclipse Modeling Framewok[7] (EMF).

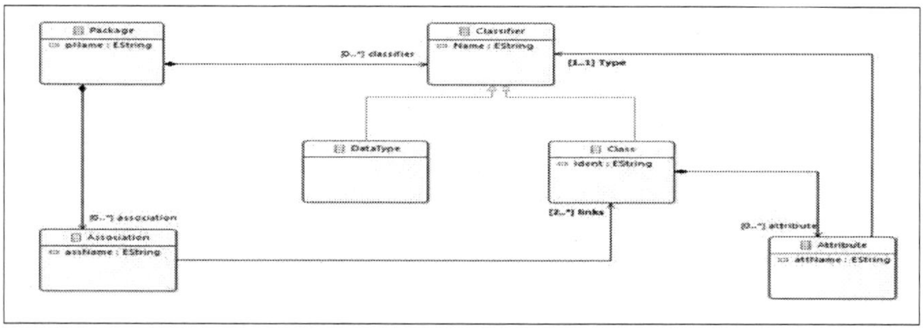

Figure 3. Méta-modèle source

4.2. Transformation automatique

4.2.1. PIM logique

4.2.1.1. Définition d'un modèle orienté colonnes

[6] http://www.omg.org/spec/QVT/1.2/PDF/.
[7] http://www.eclipse.org/modeling/emf/

Dans le niveau logique de description d'une base de données, les choix d'implantation ne sont pas complètement spécifiés. Les principes d'organisation des données sont précisés mais il est fait abstraction du SGBD utilisé pour implanter la base (ce choix se fait au niveau physique) ; seul le type du SGBD est pris en compte. Nous avons retenu un système NoSQL de type orienté colonnes. Selon ce modèle, une base de données (BD) est constituée d'un ensemble de tables. Une table permet de regrouper des objets de taille variable sous forme de lignes ; chacune d'elles est identifiée par un identificateur unique dont le type est noté clé-ligne. Généralement, on regroupe dans une table les objets fortement liés ; par exemple les employés, les services auxquels ils appartiennent et les projets auxquels ils participent. Par défaut, nous stockerons la base de données dans une table unique. Cette table, notée T, est associée à un ensemble de familles de colonnes F : $\{f_1, \ldots, f_p\}$. Une famille regroupe un nombre variable de colonnes f : $\{cl_1, \ldots, cl_q\}$ chacune d'elles est composée d'un nom, d'un type, d'une valeur et d'un horodatage (Timestamp) pour stocker plusieurs versions de la même donnée. Dans cet article, nous ne considérons pas l'horodatage des données. Nous présentons les concepts du PIM logique orienté colonnes à travers le métamodèle de la figure 4.

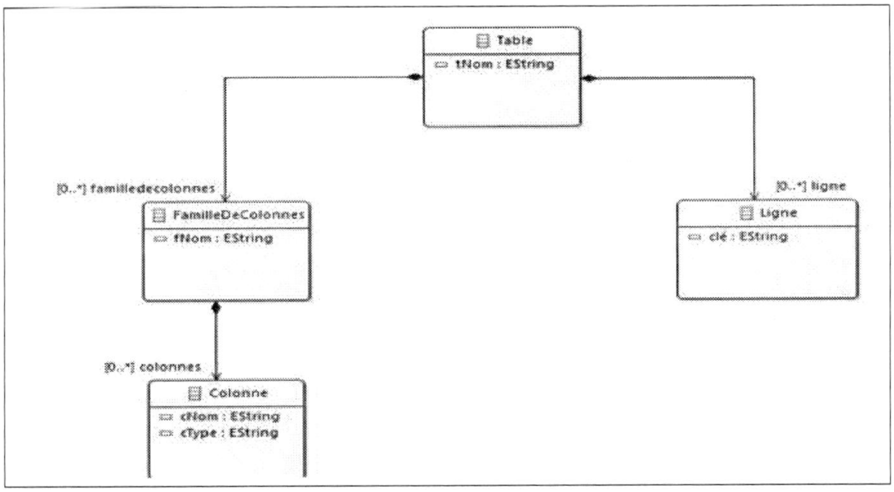

Figure 4. Méta-modèle cible

4.2.1.2. Règles de transformation

Nous proposons les règles suivantes en mettant en vis-à-vis un schéma conceptuel UML et sa traduction dans le PIM logique. Plusieurs solutions de transformation en PIM logique sont parfois possibles ; nous avons opté pour celles qui s'adaptent le mieux aux manipulations prévues dans notre application médicale.

- R1 : Package → Table, par défaut, les objets fortement liés sont regroupés dans une table ; c'est par exemple le cas des patients, des consultations médicales et des traitements prescrits par les médecins. Par analogie, la notion de Table est ici à rapprocher du concept de paquetage dans UML qui permet de regrouper des éléments (classes, associations, composants, etc.) dans le but de constituer des ensembles d'objets sémantiquement liés.

- R2 : Class → ColumnsFamily, les attributs de la même classe sont regroupés dans une seule famille ; le nom de la famille correspond au nom de la classe d'origine. Le stockage des données orienté colonnes sur le disque étant organisé par famille de colonnes, cette solution privilégie les requêtes qui utilisent simultanément les attributs de la classe.

- R3 : Oid →clé-ligne, les lignes décrites par une famille de colonnes représentent des objets (instances) de la classe correspondante. Ainsi, un identificateur de type « Oid » qui permet d'identifier les objets d'une classe est traité comme un identificateur de type « clé-ligne » qui permet d'identifier les lignes décrites par une famille de colonnes.

- R4 : Classe-Associations → ColumnsFamily, comme toute classe, une classe d'association est transformée en une famille de colonnes ; chaque colonnes correspond à un attribut de la classe soit à un attribut de type « Oid » qui référence une des classes liées.

- R5 : Association →ColumnsFamily, chaque lien d'association n-aire se traduit par une nouvelle famille de n colonnes. Chaque colonne est associée à un type clé-ligne : une telle colonne référence une famille cible (classe liée). Ce principe de transformation s'applique à tout lien d'association quel que soit son degré (nombre de classes participantes) et quel que soit ses cardinalités. Nous avons eu ici le souci de généraliser le processus de traduction des liens d'association.

Exemple :

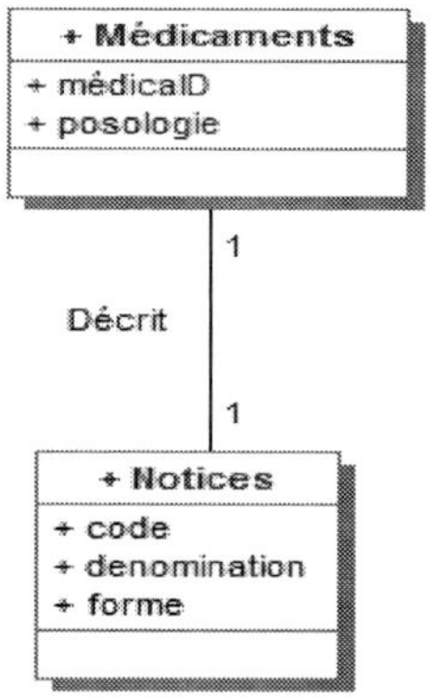


```
f[Médicaments] {
        cl[medcaID :clé-ligne],
        cl[posologie : text]  }
f[Notices] {
      cl[code : clé-ligne],
      cl[denomination :text],
      cl[forme : text]  }
f[Décrit] {
      cl[Médicaments_Ref : clé-ligne],
      cl[Notices_Ref : clé-ligne]  }
```

- R6 : Composition →NewColumn, une relation de composition est traduite soit par une imbrication soit par l'utilisation d'une référence. Comme le modèle orienté colonnes ne permet pas la présentation des données imbriquées (par exemple une colonne contenant d'autres colonnes), nous avons choisi l'utilisation des références. La composition/agrégation associe une classe composite et des classes composantes, tel que toute classe composante appartient à une et une seule classe composite. C'est donc une association 1..* (voire 1..1), nous la transformons alors comme suit : Tout lien de composition ou d'agrégation entre une classe composite et des classes composantes se traduit par l'ajout d'une nouvelle colonne de type « set clé-lignes » référençant les classes composantes dans la famille correspondante à la classe-composite.

Exemple :

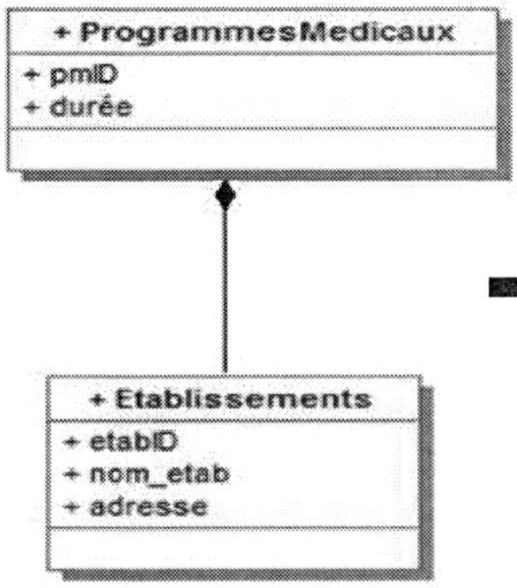


```
f [Etablissements] {
        cl[etablID :clé-ligne],
        cl[nom : text],
        cl[adresse :text]  }
f [ProgrammesMedicaux] {
  cl[pmID :clé-ligne]
  cl[Durée : Integer],
  cl[Etablissements_Ref : set<clé-ligne>] }
```

- R7 : Héritage → NewColumn, nous proposons de transformer chaque lien d'héritage par l'ajout d'une nouvelle colonne de type « clé-ligne » dans la famille correspondante à la sous-classe ; cette colonne a pour rôle de référencer la super-classe.

Exemple :

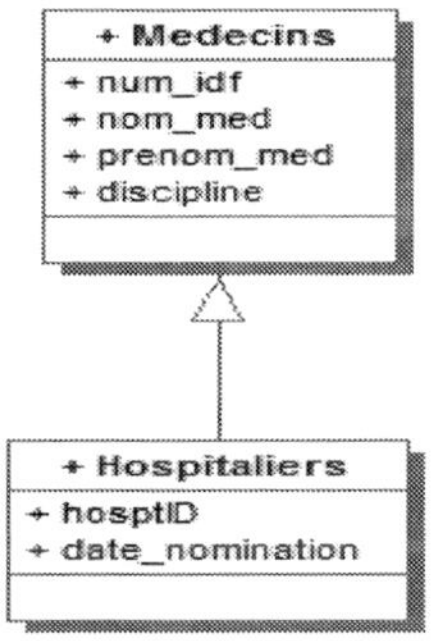


```
f [Medecins]
  {
    cl[num_idf:clé-ligne],
    cl[nom_med:text],
    cl[prenom_med:text],
    cl[discipline :text],
  }
f [Hospitaliers]
  {
    cl[hosptID : clé-ligne],
   cl[date_nomination:date],
    cl[Medecins_Ref: clé-ligne],
  }
```

La formalisation des règles précédentes avec QVT (Query/View/Transformation) permet un passage automatique entre le schéma conceptuel et le schéma logique de notre démarche. QVT est un langage déclaratif standardisé par l'OMG. Une transformation QVT entre deux modèles candidats est spécifiée grâce à un ensemble de relations. Chaque transformation est composée des éléments suivants : « Domains », « Relation Main », une clause « When » et une clause « Where ». Nous présentons ci-dessous les principales règles de transformation en QVT graphique.

Relation « Main ». Cette relation est le point d'entrée du processus de transformation. La partie gauche de la figure 4 montre les éléments du modèle source (uml : UML) transformés en éléments du modèle logique Orienté Colonne (OC : OrientéColonne) présenté par la partie droite de la figure. Un package est transformé en une table de même nom. La clause "where" spécifie que les classes et les associations sont transformées en familles de colonnes.

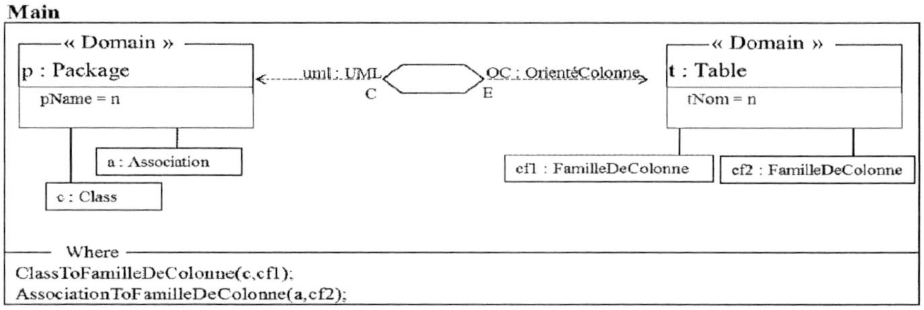

Figure 5. Relation Main de la transformation du PIM conceptuel en PIM logique

Relation « Classe en Famille de colonnes ». Une classe est transformée en une famille de colonnes dont le nom correspond au nom de la classe. Tous les attributs de la classe sont transformés en colonnes de la famille de colonnes en appliquant la relation « AttributeToColonne ». Les associations auxquelles participe la classe sont transformées en famille de colonnes.

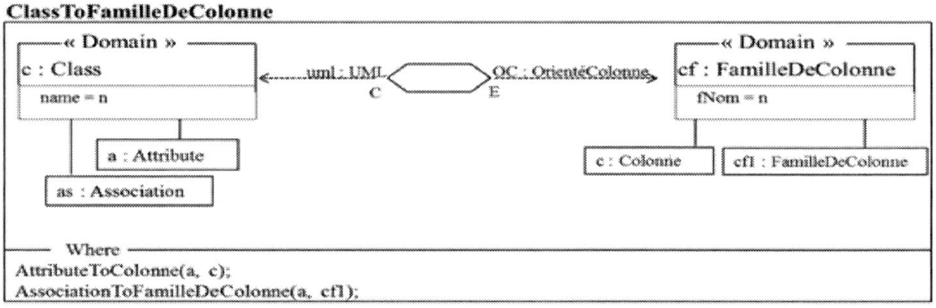

Figure 6. Relation de transformation de classe en famille de colonnes

Relation « Attribut en colonne ». Après avoir transformé les classes en familles de colonnes (relation "ClassToFamilleDeColonne" de la clause when), tous les attributs de cette classe sont transformés en colonnes de la famille ayant le même nom. Les types de ces attributs correspondent aux types des colonnes.

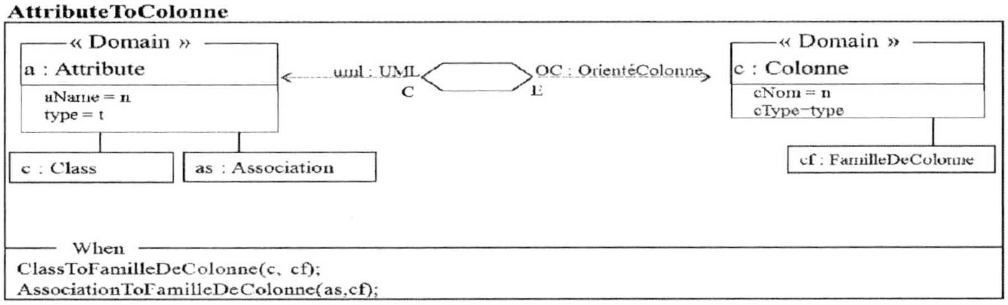

Figure 7. Relation de transformation d'attributs en colonnes

Relation « Associations en Famille de colonnes ». Une fois les classes qui participent à l'association transformées en famille de colonnes (la précondition « ClassToFamilleDeColonne » de la clause « When »), l'association est convertie en une famille de colonnes ayant le même nom. Les classes qui participent à cette association sont par la suite traduites en colonnes de la nouvelle famille de colonne correspondant à l'association (relation "ClassToColumn" de la clause "Where"). De même, les attributs de l'association sont aussi convertis en colonnes de la famille de colonnes.

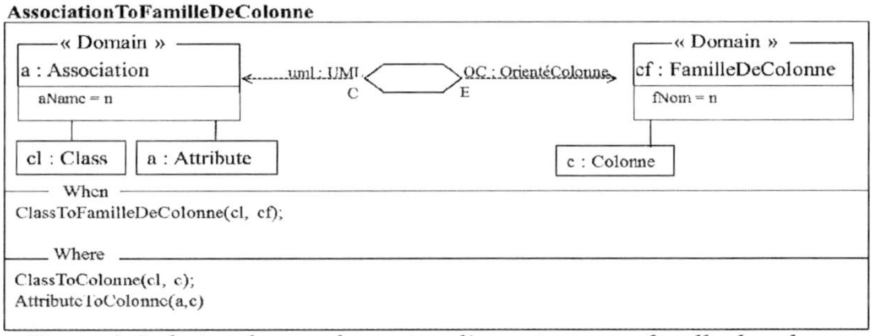

Figure 8. Relation de transformation d'association en famille de colonnes

4.2.2. Modèles physiques

Un PIM logique permet de générer plusieurs PSM associés à des plateformes distinctes ; ce principe assure l'indépendance du niveau logique face aux spécificités techniques des systèmes NoSQL ainsi qu'à leurs évolutions. Nous présentons brièvement les deux plateformes d'implantation : Cassandra et HBase, qui sont compatibles avec le PIM logique proposé. Mais, dans la mesure où cet article est consacré à la transformation du PIM conceptuel vers le PIM logique, nous ne décrivons pas le passage du PIM logique vers les PSM.

4.2.2.1. PSM HBase

HBase est un système NoSQL orienté colonnes et développé au-dessus du système de fichiers HDFS (Hadoop Distributed File System) de la plateforme Hadoop [12]. Une base de données HBase est par défaut composée d'une seule table notée HTable (l'administrateur peut modifier ce paramètre pour créer plusieurs tables). Une HTable est associée à un nombre fixe de familles de colonnes devant être spécifiées à la création de la HTable. Seul le nom de la famille est précisé sans mention des noms de colonnes. Chaque famille est un regroupement logique de colonnes qui seront ajoutées au moment de l'insertion des données. Chaque ligne (ou enregistrement) au sein d'une HTable est identifiée par une clé notée RowKey et choisie par l'utilisateur. Au triplet (RowKey, famille de colonnes, colonne) correspond une cellule unique qui contiendra une valeur.

4.2.2.2. PSM Cassandra

Cassandra est un SGBD NoSQL orienté colonnes, initialement basé sur le modèle BigTable de Google, mais qui emprunte également des caractéristiques au système Dynamo d'Amazon[8]. Une base de données Cassandra est par défaut composée d'un seul conteneur de données noté KeySpace. Ce dernier est associé à une ou plusieurs familles de colonnes, chacune d'elles est un regroupement logique de lignes. Une ligne est composée d'un ensemble de colonnes et est identifiée par une clé notée PrimaryKey. Chaque colonne est représentée par un quadruplet correspondant à un nom, un type, une valeur et un timestamp.

Les concepts « Table » et « colonne de type clé-ligne » vont correspondre respectivement aux concepts HTable et RowKey sous HBase et par KeySapce et PrimaryKey sous Cassandra.

5. Implantation

Dans cette section, nous décrivons les techniques que nous avons utilisées pour mettre en œuvre la démarche présentées dans la figure 2. Etant donné que notre approche est dirigée par les modèles, nous avons utilisé un environnement technique adapté à la modélisation, la métamodèlisation et la transformation des modèles. Nous avons eu recours à la plateforme Eclipse Modeling Framework (EMF) qui utilise Ecore pour créer et manipuler les modèles. La figure 9 illustre les métamodèles Ecore utilisés par notre module de transformation : PIM conceptuel (a), PIM logique (b) et PSM Cassandra (c).

[8] https://aws.amazon.com/fr/documentation/dynamodb/

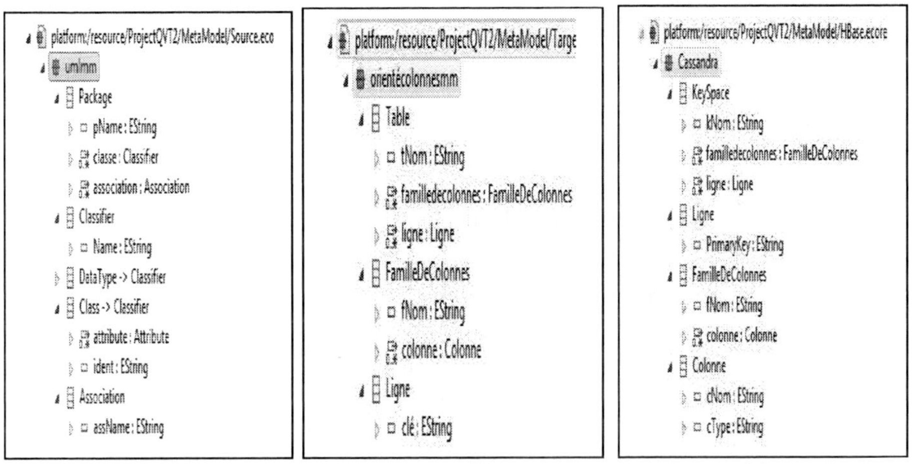

(a) ***(b)*** ***(c)***

Figure 9. Métamodèles implantés avec Ecore

Notre choix du langage de transformation a été fondé sur des critères spécifiques à notre démarche. En effet, l'outil doit être intégré dans l'environnement EMF pour qu'il soit utilisé aisément avec les outils de modélisation et de métamodélisation. Ainsi, nous avons utilisé le langage QVT opérationnel. La figure 10 montre un extrait de code QVT assurant la génération du PIM logique et du PSM Cassandra à partir du PIM conceptuel ; les commentaires figurant dans le code précisent les règles utilisées.

```
modeltype UML uses "http://umlmm.com";
modeltype OrientéColonnes uses "http://orientécolonnesmm.com";
transformation TransformationUmlToNoSQL(in Source: UML, out Target: OrientéColonnes);

main() {
Source.rootObjects()[Package] -> map PackageToTable();
}

mapping Package::PackageToTable():Table{
tNom := self.pName;

familledecolonnes:=self.classes -> map toColumnFamilyC();

familledecolonnes:=self.association -> map toColumnFamilyA();
} -- Transformation de Package en Table

 mapping UML::Class::toColumnFamilyC():OrientéColonnes::FamilleDeColonnes{
     fNom:=self.Name;
     colonne:=self.attribute -> map toColumnC();
}
 mapping UML::Attribute::toColumnC():OrientéColonnes::Colonne{
     cNom:=self.attName;
     cType:=self.attType;
} -- Transformation de Classes en Familles de colonnes

mapping UML::Association::toColumnFamilyA():OrientéColonnes::FamilleDeColonnes{
     fNom:=self.assName;
     colonne := self.links -> toColumnA()
}
mapping UML::Class::toColumnA():OrientéColonnes::Colonne{
     cNom:=self.Name + ".Ref";
     cType:="clé-ligne";
} -- Transformation d'Associations n-aire en Familles de colonnes
```

Figure 10. Extrait du code QVT

L'étape suivante vise à instancier le métamodèle du PIM conceptuel ; un exemple de cette instance est présenté dans la figure 11.

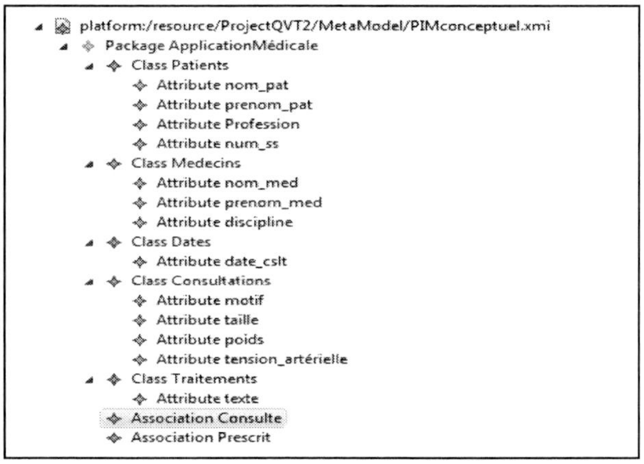

Figure 11. PIM conceptuel entré par l'utilisateur

La figure 12 montre le PIM logique (a) et le PSM Cassandra (b) obtenus par transformation du PIM conceptuel.

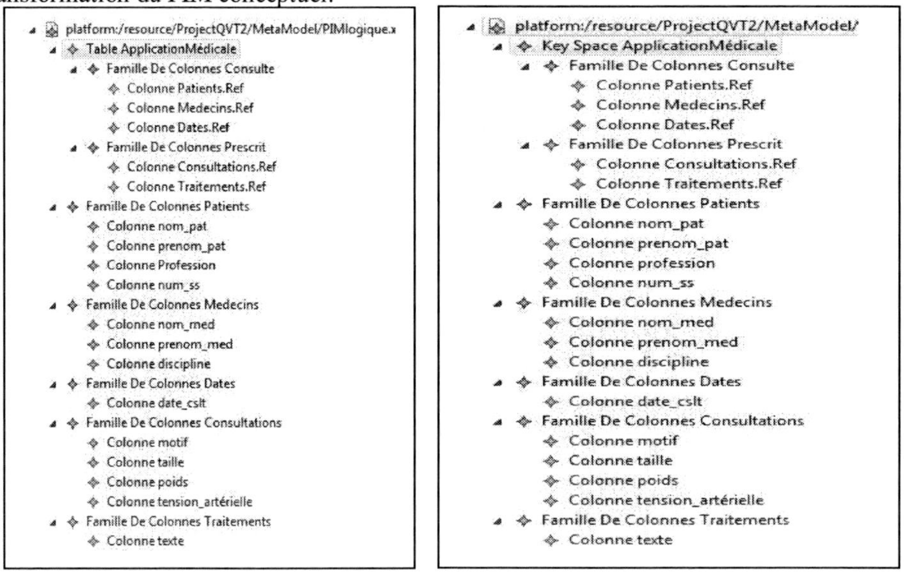

(a) *(b)*

Figure 12. Modèle générés par le système : PIM logique (a) et PSM Cassandra (b)

6. Positionnement de nos travaux

Nos travaux traitent de la transformation d'un schéma conceptuel des données, représenté par un DCL d'UML, en un schéma NoSQL orienté colonnes. Nous positionnons nos travaux au regard de trois articles de recherche dont les problématiques et/ou les solutions proposées sont proches des nôtres. L'article de Chevalier et al. [11] s'inscrit dans le contexte de l'entreposage des données puisqu'il étudie les règles de passage d'un schéma multidimensionnel en un schéma physique ; deux plateformes NoSQL ont été retenues : le système orienté colonne HBase et le système orienté document MongoDB. Bien que le point de départ du processus (un schéma multidimensionnel) se situe au niveau conceptuel, ce schéma ne présente pas les mêmes caractéristiques qu'un DCL d'UML ; notamment, il comporte exclusivement des classes Faits et Dimensions et un type de lien unique entre ces deux classes. L'article de C. Li [4] traite de la transformation d'un schéma relationnel en un schéma orienté colonne HBase. Ces travaux répondent bien aux attentes concrètes des entreprises qui, face aux évolutions récentes de l'informatique, souhaitent stocker leurs bases de données actuelles dans des systèmes NoSQL. Mais la source du processus de transformation, ici un schéma relationnel, ne présente pas la richesse sémantique que l'on peut exprimer dans un DCL (notamment grâce aux différents types de liens entre classes : agrégation, composition, héritage, ...). Les travaux de Y. Li et al. présentés dans [14] ont pour objet de spécifier un processus de transformation MDA d'un schéma conceptuel (DCL) vers un schéma physique HBase. Ce processus ne propose pas un niveau intermédiaire (le niveau logique) qui permettrait de rendre le résultat indépendant d'une plateforme particulière.

7. Conclusion

Nos travaux s'inscrivent dans le cadre de l'évolution des bases de données vers les Big Data, ceci pour prendre en compte le volume, la variété et la vélocité des données présentes dans les nouvelles applications liées à la transformation digitale des entreprises. Nos études portent actuellement sur les mécanismes de stockage des données dans des systèmes NoSQL. Dans cet article, nous avons traité du processus de transformation d'un schéma conceptuel représenté par un DCL d'UML en un schéma physique NoSQL orienté colonne. Pour automatiser ce processus, nous avons utilisé l'approche MDA pour créer des transformations successives entre un DCL, un schéma logique NoSQL et un schéma physique spécifique à une plateforme NoSQL. Selon notre approche, le schéma logique constitue un niveau intermédiaire qui fait abstraction de considérations techniques propres aux plateformes d'implantation et qui apparaîtront uniquement dans le schéma physique ; ce principe permet de rendre le niveau logique indépendant des évolutions technologiques des plateformes. Le point de départ du processus de transformation MDA est un métamodèle de DCL proposé par l'OMG. Les règles de transformation basées sur ce métamodèle et qui permettent de produire un schéma logique NoSQL, ont été exprimées en langage QVT. Nous avons expérimenté notre démarche et nos modèles sur une application du domaine médical qui porte sur des programmes pluriannuels de suivi de pathologies. Nous avons automatisé le processus de transformation d'un DCL décrivant une base de données en un schéma NoSQL orienté colonne. Ce schéma a été implanté sur les systèmes HBase et Cassandra. Actuellement, nous poursuivons nos travaux en prenant en compte les spécificités du modèle de données dans les systèmes NoSQL orientés graphes.

Bibliographie

[1] Abhinay B. Angadi, Akshata B. Angadi, Karuna C. Gull. "Growth of New Databases & Analysis of NOSQL Datastores". International Journal of Advanced Research in Computer Science and Software Engineering. 2013.

[2] A. Tanasescu, O. Boussaïd, F. Bentayeb. "Preparing Complex Data for Warehousing". 3rd ACS/IEEE International Conference on Computer Systems and Applications (AICCSA 05). Cairo, Egypt, January 2005.

[3] B.Combemale. "Ingénierie Dirigée par les Modèles (IDM) - Etat del'art" .2008.

[4] C. Li. "Transforming relational database into HBase : A case study". In International Conference on Software Engineering and Service Sciences (ICSESS), pp. 683–687. IEEE.2010.

[5] C. L. P. Chen, C. Zhang. "Data-intensive applications, challenges, techniques and technologies: A survey on Big Data". Inf. Sci., 275, 2014.

[6] F. Chang, J. Dean, S. Ghemawat, W.C. Hsieh, D.A. Wallach, M. Burrows, T, Chandra, A. Fikes, R.E. Gruber. "Bigtable: a distributed storage system for structured data,". ACM Trans. Comput. Syst. 26(2), 2008.

[7] J. Darmont, O. Boussaid, J. Ralaivao, K. Aouiche. "An Architecture Framework for Complex Data Warehouses". 7th International Conference on Enterprise Information Systems (ICEIS 05), Miami, USA, May 2005.

[8] J.Han, E. Haihong, G. Le, J. Du."Survey on NoSQL Database". Pervasive Computing and Applications (ICPCA), 6th International Conference on, 2011.

[9] J. Miller, J. Mukerji. Model Driven Architecture (MDA) 1.0.1 Guide. Object Management Group, Inc., June 2003.

[10] META Group (devenu Gartner). "3D Data Management: Controlling Data Volume, Velocity, and Variety". February 2001.

[11] M. Chevalier, M. El Malki, A. Kopliku, O. Teste, R. Tournier. "Entrepôts de données multidimensionnelles NoSQL". EDA 2015, 161-176.

[12] M. Grover, T. Malaska, J. Seidman, G. Shapira. "Hadoop Application Architectures". O'Reilly, 2015.

[13] X. Blanc, O. Salvatori "MDA En Action : Ingénierie Logicielle Guidée Par Les Modèles". Paris : Eyrolles, 2005.

[14] Yan Li, Ping Gu, Chao Zhang. "Transforming UML Class Diagrams into HBase Based on Meta-model. Information Science". Electronics and Electrical Engineering (ISEEE), 2014.

[15] http://www.omg.org/spec/QVT/1.1/.

Session Processus Métier

Gestion Intégrée du Changement des Modèles de Processus Métier

Mourad Bouneffa, Adeel Ahmad, Henri Basson

Université du Littoral Côte d'Opale
Laboratoire d'Informatique Signal et Image de la Côte d'Opale
50, rue Ferdinand Buisson - BP 719, 62228 CALAIS CEDEX, *FRANCE*
bouneffa,ahmad,basson@lisic.univ-littoral.fr

RÉSUMÉ. *Ces dernières années, les modèles de processus métier ou BPM, ont été utilisés comme des entités servant dans la spécification des différents processus d'une organisation. Des ateliers existent, permettant même de générer des systèmes informatiques exécutables sur des plates-formes distribuées à partir de modèles de processus métier. Ceci a été facilité par la généralisation de la notion d'architectures orientées service ou SOA. Nous proposons une approche à base de graphes et de systèmes de réécriture de graphe pour à la fois modéliser et simuler la propagation de l'impact du changement des différents constituants d'une application basée sur la mise en oeuvre des modèles de processus métier. Nous adoptons également l'utilisation des ontologies dans le but de représenter la sémantique des relations reliant les différents constituants de ce type d'applications. Cette connaissance sémantique sera alors utilisée par un algorithme permettant de générer des règles de réécriture de graphes implémentant la propagation de l'impact du changement de ce type d'applications.*

ABSTRACT. *For the past few years, the Business Process Models or BPMs, have been largely used to specify the different processes of an organisation. The existing frameworks, may also generate executable information systems, deployed on distributed platforms, from the instantiation of business process models. This has been facilitated by the generalization of the so called Service-Oriented Architecture (SOA). We propose a graph-based approach, along with the graph re-writing system, for the modeling and simulation of the change impact propagation among the different constituents of the instantiated business process models. We use ontologies for the semantic representation of the relations linking the different constituents of such applications. This semantic knowledge is then used by an algorithm that may generate the graph re-writing rules to incorporate the change impact propagation in such applications.*

MOTS-CLÉS : *Modèles de Processus Métier (BPM), Propagation de l'impact du changement, Systèmes de réécriture de graphe, Ontologies.*

KEYWORDS: *Business Process Model (BPM), Change impact propagation, Graph re-writing systems, Ontology.*

Congrès INFORSID, 34ème édition, Grenoble, 31 mai – 3 juin 2016

1. Introduction

Les modèles de processus métier (Business Process Models ou BPMs) ont servi, dans un premier temps, comme formalisme dans le cadre du management des organisations et plus particulièrement dans le cadre de la réingénierie des processus métier (Business Process Reengeneering) (Reijers *et al.*, 2016). La dernière décennie a vu l'extension de l'utilisation de ces formalismes au domaine du développement et du déploiement des applications collaboratives souvent distribuées. Ainsi les BPMs sont passés au stade d'abstractions de haut niveau ayant un lien avec des composants informatiques exécutables les implémentant et les déployant sur des plates-formes souvent distribuées. Ceci a fortement été encouragé par l'émergence des architectures dites orientées service (SOA). Ainsi, on assiste à l'emergence d'approches et d'outils pour le développement de logiciels d'entreprise distribués dans lesquels les BPMs sont transformés en entités exécutables. Dans ces approches, les BPMs sont spécifiés à l'aide de notations standards telles que BPMN (Business Process Model Notation) [1] et XPDL [2]. Ils sont, par la suite, transformés en programmes exécutables déployés sur des plates-formes distribuées en forme d'applications multi-tiers (Java J2EE, .NET, etc.). Ces programmes exécutables sont également souvent construits comme des macro-programmes implémentant ce qui est communément appelé *the programming in the large*. Ces programmes contiennent des invocations de services web (Gottschalk *et al.*, 2002) fournis par diverses applications déployées à l'intérieur et parfois à l'extérieur des frontières du système d'information concerné. BPEL (Business Process Execution Language) (Juric, 2006) est l'un des langages les plus connus en matière de *programming in the large.* Il permet la composition ou plutôt l'orchestration de services web dans le but de réaliser une fonctionnalité donnée pouvant correspondre aux actions formant une activité d'un BPM. Ce type d'approches peut contribuer à l'élimination du gap existant entre les BPMs et leur implémentation ou déploiement en termes de composants IT (Information Technology). Il devient alors possible d'imaginer une gestion intégrée des changements d'un BPM en répercutant les effets de ces changements sur les composants IT correspondant et inversement.

La notion de changement est intrinsèquement liée aux applications basées sur le BPM. Comme nous le montrerons dans la section 2, le cycle de vie de ces applications est une succession d'itérations ayant pour but l'amélioration de critères de qualité et de performance formant le tableau de bord des décideurs aussi bien au niveau fonctionnel que technique. Cette question est donc centrale et a conduit à de nombreux travaux reposant généralement sur la notion de patterns ou patrons de changement des BPMs (Kim *et al.*, 2007). Dans ce papier, nous nous intéressons à un problème particulier qui est l'analyse et à la propagation de l'impact du changement de ce type d'applications. Nous privilégions l'utilisation des règles de réécriture de graphes dans le but de pouvoir automatiser leur génération et donc d'automatiser le processus d'identification de l'impact du changement. Les graphes et plus spécifiquement les graphes

1. http://www.omg.org/spec/BPMN/2.0
2. http://www.xpdl.org

typés et attribués ont, depuis longtemps, servi comme structures de prédilection dans le cadre de la gestion de l'évolution du logiciel. Cela est dû à la nature du logiciel qui est constitué d'une grande collection d'artefacts de différents types (représentables par des nœuds) reliés par divers types de relations. Dans ce cadre, les systèmes de réécriture de graphes ont également été expérimentés depuis de nombreuses années aussi bien dans la problématique de propagation de l'impact du changement (Rajlich, Gosavi, 2004 ; Maweed *et al.*, 2005) qu'à celui du refactoring de modèles (Folli, Mens, 2007 ; Mens, 2005), etc. Ces systèmes fournissent un outil de raisonnement, de spécification et de mise en oeuvre visuelle (donc simplifiée) des différentes tâches rentrant dans le cadre de l'évolution du logiciel et nécessitant une prise en compte des différents liens inter-artefacts. Ils permettent, entre autres, d'éviter le phénomène *d'impedence mismatch* qui est généré par une utilisation de structures hétérogènes pour la manipulation des artefacts logiciels. C'est le cas notamment quand ces artefacts sont stockés dans des bases de données relationnelles, transformés après en faits pour être manipulés par un système d'inférence et en graphes pour être visualisés. Notre choix des systèmes de réécriture de graphes pour la gestion de l'évolution d'applications reposant sur les processus métier s'inscrit dans ce cadre. Notre but est également d'assurer une certaine inter-opérabilité entre les travaux que nous avons déjà menés dans le cadre de l'évolution du logiciel et ceux concernant plus spécifiquement les applications basées sur les processus métier. Nous avons donc expérimenté la faisabilité de l'utilisation des systèmes de réécriture de graphes dans le cadre de l'analyse *a priori* et la propagation de l'impact du changement des applications orientées BPM (Bouneffa, Ahmad, 2013b ; 2013a). Dans le but d'une automatisation de la génération des règles de réécriture de graphes et donc d'une automatisation de la génération du processus d'analyse et de propagation du changement, nous avons été confrontés à une limitation des systèmes de réécriture de graphes. En effet, pour une telle automatisation il était nécessaire d'expliciter des connaissances d'ordre sémantique sur les artefacts et plus particulièrement sur les relations inter-artefacts. Pour cela, nous avons introduit, dans ce papier, une ontologie qui explicite certaines connaissances utiles telles que la manière dont une relation conduit l'impact d'un changement, etc. Bien que la notion d'impact soit étroitement liée à la violation de propriétés de cohérence des processus métier, dans ce papier, nous n'abordons pas de façon approfondie la problématique de vérification des propriétés des processus que nous avons déjà traitée dans (Kherbouche *et al.*, 2013).

La suite du papier est organisée comme suit : la section 2 décrit les principaux constituants des applications centrées BPM. La section 3 décrit le méta modèle associé aux BPMs et BPEL et qui est basé sur l'utilisation de la notion de graphes attribués et typés enrichis par des connaissances sémantiques explicités par une ontologie. En effet, notre approche étant basée sur l'utilisation des systèmes de réécriture de graphes pour la mise en oeuvre et l'analyse de l'impact des changements des applications centrées BPM, il était évident que le méta modèle emprunte le vocabulaire issus de ces systèmes et repose sur l'utilisation des types de graphes. La section 4 décrit les opérations de changement, leur exécution et le processus d'identification et de propagation de l'impact de ces changements à l'aide des règles de réécriture de graphes. Elle décrit également l'utilisation des ontologies dans le cadre de la mise en oeuvre d'un algorithme automatisant la génération des règles de réécriture de graphes pour la propagation de l'impact du changement. La section 5 illustre l'intégration de notre approche dans le cadre d'un atelier que nous développons depuis de nombreuses années et qui est dédié à la gestion de l'impact des applications distribués. La dernière section conclut le papier en faisant le bilan des résultats obtenus et en y esquissant ses perspectives.

2. Les applications centrées sur le BPM

Le cycle de vie des applications développées et déployées comme une instantiation exécutable de BPMs est une succession d'itérations formées chacune de quatre principales phases : *la modélisation, le déploiement, l'exécution et le monitoring* et *l'amélioration.* La phase de modélisation du BPM en termes de tâches ou activités est un préalable à l'implémentation d'un processus. Elle explicite, entre autres, l'ordre d'exécution des tâches, les acteurs humains et éventuellement les données nécessaires à l'accomplissement de ces tâches. Plusieurs modèles ou notations ont été introduits pour la représentation des processus métier. Les premières notations étaient destinées à produire des modélisations utilisables dans le cadre des projets de réingénierie des processus métier (BPR : Business Process Reingineering). Dans ce papier, nous considérons particulièrement les modèles utilisés dans le cadre de l'automatisation des processus métier. En d'autres termes, nous nous plaçons dans le cadre de l'utilisation des BPMs comme une abstraction de haut niveau destinée à être transformée en une application déployable sur une architecture informatique distribuée. Nous avons choisi le langage qui semble être reconnu comme un standard en la matière, en d'autres termes BPMN (Business Process Model Notation). FIGURE 1 montre un exemple de processus métier exprimé selon la notation BPMN et représentant une partie d'une chaîne de vente. La figure met en évidence deux principaux acteurs de cette chaîne et qui sont le *Client* et le *Processus de gestion de commande.* Au démarrage, un événement de début *(start event)* associé au client permet de considérer l'activité *Place Order* comme la première activité démarrant le processus. Cette activité génère une commande qui est transmise par courrier ou message à l'activité *Check Availability* qui vérifie la disponibilité du produit commandé. Cette dernière est reliée à un nœud de type *GateWay* ou passerelle qui selon le résultat de l'activité réalise un branchement vers l'activité *Check Payment* (dans le cas où le produit commandé est disponible) ou l'activité *Cancel Order* dans le cas contraire. L'activité *Check Payment* est elle même reliée en sortie à un nœud GateWay qui aiguille respectivement vers les activités *Confirm Order* ou *Cancel Order* selon que le paiement soit validé ou pas. Ces deux dernières activités sont reliées chacune à un événement de type *Message* mais également terminal (représenté en gras).

Le développement et le déploiement des applications centrées BPM sont deux activités séparées pouvant être effectuées de façon manuelle, semi-automatique ou automatique. En principe ces deux activités peuvent être comme des opérations classiques de génération et de déploiement de code où le BPM joue le rôle de conception dé-

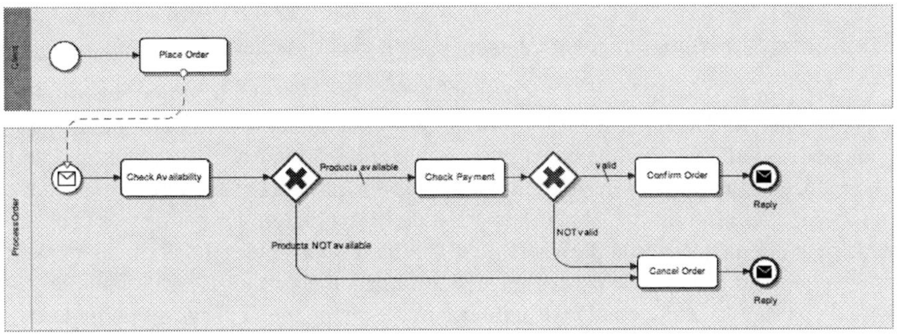

FIGURE *1. Exemple de processus métier en notation BPMN*

taillée et où le code est matérialisé par une application généralement déployée en forme d'application Web. Il existe, depuis quelques années, des outils automatisant le déploiement de ce type d'applications. C'est le cas notamment de Bonita [3], Intalio [4], BizAgi [5] et Barium Live! [6], etc. Ces outils permettent, à partir d'un BPM, la génération d'une application web de façon automatique et quasi transparente. Ces applications sont constituées de pages web dynamiques pouvant être des pages JSP, des ASP.NET, etc. Indépendamment de la question de l'automatisation de la génération de l'application implémentant un BPM, il existe des langages ayant pour but la mise en oeuvre sous la forme d'un programme *in the large*, d'orchestrations de services concourant à la réalisation effective de ce qui est modélisé dans le BPM. C'est le cas notamment du langage BPEL (Business Proces Execution Language) (Juric, 2006). Dans (Bouneffa, Ahmad, 2013a), nous décrivons une implantation de l'exemple de FIGURE 1 à l'aide d'une orchestration de services web BPEL contenant principalement des invocations de services web qui constituent les activités de base et des structures représentant des séquences d'invocations, ou des strutures conditionnelles et itéartives, etc.

L'exécution d'un BPM permet de recueillir certaines informations concernant les temps d'exécution, la consommation de ressources, etc. Ces données présentent un intérêt dans le cadre de l'étude des performances et en général de la qualité des processus mis en oeuvre. D'un autres côté, les experts métier mettent en place un certain nombre d'indicateurs de performance ou KPI (Key Performance Indicators). Cela permet de renseigner sur, par exemple, le temps moyen d'attente avant l'accomplissement d'une tâche donnée, etc. Certaines données concernant les KPI peuvent être obtenues par un

3. Bonita Open Solution url: http://www.bonitasoft.com/
4. IntaliolBPMS : http://www.intalio.com/
5. Bizagi BPM Suite : http://www.bizagi.com/
6. Barium Live! : http://www.bariumlive.com/

profiling de l'exécution de l'application (Ahmad *et al.*, 2009). D'autres informations ne peuvent être fournies que manuellement par un expert métier.

L'amélioration du BPM est un terme générique se référant à la notion d'évolution des processus du BPM. En réalité, l'amélioration attendue est le résultat de changements pouvant affecter chaque constituant d'une application centrée BPM et qui peut aussi bien être un élément du modèle de processus qu'un service web ou tout autre artefact logiciel rentrant dans la composition de l'application. Le but de tels changements peut être la correction d'erreurs ou d'anomalies constatées, un alignement avec des changements affectant le processus métier (changement de réglementation, réingénierie du processus, etc.), etc. Dans la littérature, le changement est vu du point de vue du processus métier et concerne très rarement la composante logicielle implémentant ces processus.

3. Un méta modèle de BPM et de BPEL à base de graphes

Nous proposons un méta modèle représentant les concepts impliqués dans la définition des BPMs en utilisant la notion de graphes attribués et typés et les ontologies. L'utilisation des graphes typés et attribués est une conséquence de l'adoption dans tous nos travaux de la notion de graphes pour représenter tous les artefacts logiciels et leurs différents liens sémantiques et cela quelle que soit la nature de ces artefacts (programmes, schémas de bases de données, BPMs, etc.). Cela est également rendu nécessaire par le fait que nous préconisons l'utilisation des systèmes de réécriture de graphes pour l'implémentation des règles régissant l'identification et la propagation de l'impact du changement. L'utilisation des ontologies est arrivée comme une conséquence d'un besoin en matière d'explicitation de connaissances sémantiques supplémentaires et nécessaires, notamment, à la mise en œuvre d'un processus de génération automatique de règles de propagation de l'impact. Dans ce papier, nous nous sommes cantonnés à des connaissances concernant la conductivité de l'impact par les différentes relations reliant les artefacts d'une application basée BPM en utilisant le langage OWL [7] et la plate-forme *Protégé* [8]. Nous avons donc profiter du fait que OWL permette une hiérarchisation des relations par le lien ISA (FIGURE 2) pour définir 5 sous-types de relations selon le sens dans lequel ces relations conduisent l'impact à savoir : de la source ou domaine vers la destination ou co-domaine pour les relations *ForwardImpact* et inversement pour les relations *InverseImpact*. Nous avons également considéré le fait que l'impact soit certain ou conditionnel et également le fait qu'il n'y ait pas d'impact. Ces types de relations ne sont pas tous disjoints. Cela veut dire qu'une relation peut être de type *ForwardImpact* et *InverseImpact*. Une relation peut également être de type *ForwardImpact* et *CertainImpact* comme elle peut être *InverseImpact* et *ConditionalImpact*. Par exemple, une relation qu'on appellera *ImplementedBy* entre un BPM et le BPEL l'implémentant est aussi bien *ForwardImpact*

7. https://www.w3.org/2004/OWL
8. http://protege.stanford.edu

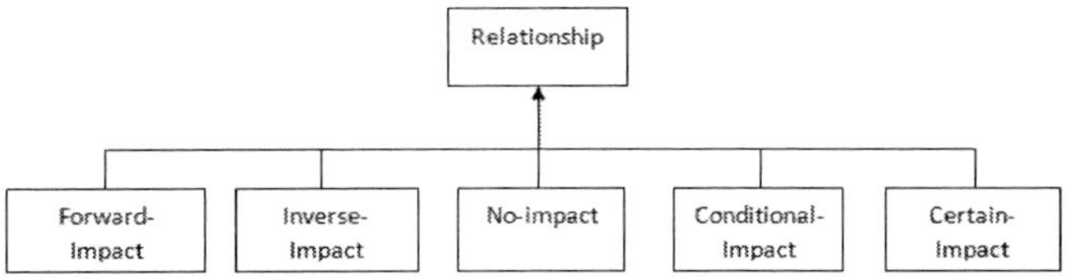

FIGURE 2. *Hiérarchie des classes de relations selon la propagation de l'impact*

que *InverseImpact*. En effet, le changement affectant un BPM peut affecter le BPEL l'implémentant. Il en est de même du changement affectant un BPEL par rapport au BPM correspondant. Cependant cette relation est *ConditionalImpact* puisque le changement d'un BPM ne conduit pas forcément à un changement affectant le BPEL correspondant et inversement.

Le méta modèle à base de graphes typés et attribués a été formalisé dans le cadre de la plate-forme AGG [9] dédiée à la transformation ou réécriture de graphes. Cette méta-modélisation est schématisée par FIGURE 3 qui présente les principaux concepts introduits par la notation BPMN. Le concept de *Processsus* représente les processus métier qui peuvent contenir des objets de flots. Ces derniers peuvent être des *tâches* ou activités, des *sous-processus* ou macro tâches raffinées par des processus, des *passerelles* (gateways), des *événements* ou des artefacts utilisés par les tâches tels que les documents, les données, etc. Un processus est associé à un acteur qu'on appellera *owner* représentant un ou plusieurs utilisateurs l'ayant défini et ayant le droit de le changer. Un processus est implémenté par une application pouvant héberger une ou plusieurs instances d'exécution de ce processus. Chaque instance fait intervenir des acteurs qui interagissent avec les différentes tâches exécutées durant le cycle de vie de l'instance. Le formalisme à base de graphes typés et attribués peut être vu comme un moyen permettant, entre autres, la vérification de la consistance des artefacts d'un BPM qui sont eux même formalisés par des graphes. Parmi les relations intéressantes notamment pour l'analyse de l'impact du changement, on considèrera les relations *input* et *output* associées à des objets de flots. En effet la relation *input* spécifie les objets de type *Tâche*, *Sous Processus* ou *Passerelle* qui constituent les entrées ou objets en amont d'un objet donné alors que la relation *output* spécifie les objets en sortie d'un objet donné. Ainsi, lors du changement d'un objet, on pourra, par le biais de la relation *output* , retrouver les objets en aval au niveau du flot de contrôle et par *input*, identifier les objets en amont de l'objet qui vient d'être modifié.

Le méta-modèle de FIGURE 3 représente la couche processus. Dans notre travail d'analyse de l'impact du changement nous avons également comme objectif la propagation de l'impact au niveau des artefacts d'un processus exprimé en BPMN vers

9. http://user.cs.tu-berlin.de/~gragra/agg/

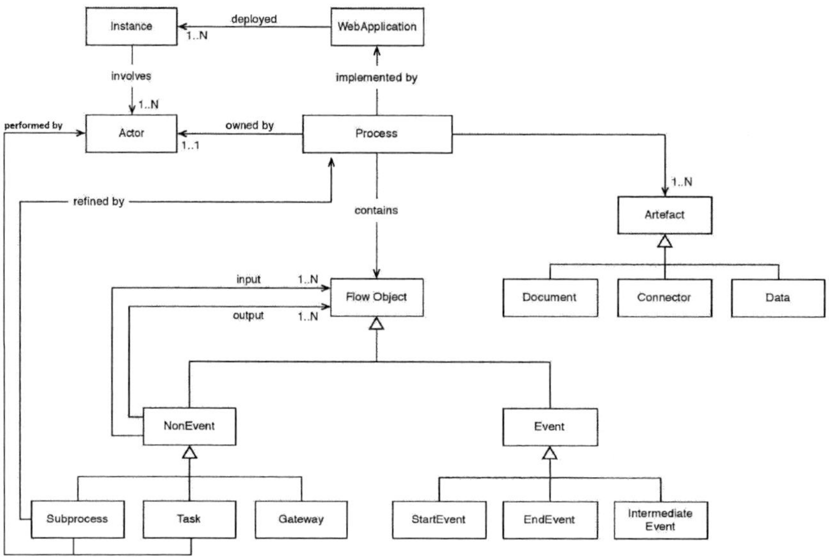

FIGURE 3. *Métamodélisation des BPMs à base de graphes typés et attribués*

ceux de la couche service constitués d'orchestrations de services web. Le méta modèle de BPEL représente un processus BPEL comme étant composé d'activités qui peuvent être simples (*Basic Activity*) ou composites (*Structured Activity*). Une activité simple correspond à une invocation d'un service web (*Invoke*), l'attente de la réception d'un message (*Receive*), la sortie du processus (*Exit*) ou une activité vide (*Empty*) consistant à ne rien faire. Une activité composite consiste généralement en une orchestration d'activités simples ou composites et cela par le biais de structure telle que *Sequence* qui consiste à ordonnancer l'exécution de plusieurs activités en séquentiel, *Flow* qui correspond à une exécution parallèle de plusieurs activités, *Switch* qui est une exécution conditionnelle, etc. Dans ce papier, nous ne traitons pas du processus de transformation d'un BPMN en BPEL, mais nous partons du fait que des mappings existent et nous les matérialisons par deux relations appelées *mappedTo* et *ImplementedBy* et que nous exploitons dans le processus d'analyse et de propagation de l'impact qu'on appelle vertical et qui se propage d'une couche plus abstraite d'une application vers sa concrétisation ou implémentation et inversement. Ces relations s'expriment au niveau des graphes représentant les processus par un arc de type *ImplementedBy* dont la source est un artefact BPMN et la destination un artefact de BPEL et un lien inverse de type *mappedTo*. Un mapping peut exister entre un processus BPMN et un processus BPEL, entre une tâche BPMN et une activité BPEL, etc. En effet, plusieurs stratégies ont été proposées dans la littérature ayant conduit à différentes approches et algorithmes de transformation de BPMN en BPEL et *vice versa* (Ouvans *et al.*, 2006 ;

Mazanek, Hanus, 2011 ; Doux *et al.*, 2009). Ce qui est notable dans ces différents travaux est que ces transformations ne sont pas forcément évidentes et cela est du au fait que le BPMN est orienté graphe alors que le BPEL est orienté bloc et structuration de blocs.

4. Exécution des opérations de changement et analyse de l'impact du changement par un système de réécriture de graphes

La méta-modélisation de la section précédente nous permet de dresser une taxinomie des opérations de changement en considérant le critère de la granularité des constituants à modifier et la couche de l'application à laquelle ce constituant appartient. Nous avons ainsi considéré la couche BPM et la couche BPEL ou service et nous avons considéré chaque type de nœuds et d'arcs. Nous déterminons ainsi des opérations atomiques du changement telles que la création et la suppression d'une tâche d'un BPM, d'une activité d'un BPEL, etc. Nous définissons également des opérations composites telles que la fusion de deux activités, le remplacement d'une activité de base par une activité composite, etc. Une description plus détaillée de ces opérations a été effectuée dans (Bouneffa, Ahmad, 2013a). Bien entendu, nous sommes conscient qu'il serait plus judicieux de reprendre les taxinomies déjà existantes et particulièrement celles découlant de la définition de patterns de changement et du refactoring des processus métier. Cependant la limitation de la taille du papier nous contraint à réduire voir simplifier la taxinomie. L'objectif principal du papier étant plus la présentation du mécanisme de propagation de l'impact.

L'exécution des opérations de changement est formalisée par des règles de réécriture de graphes. Une règle de réécriture de graphe est en réalité une règle de production *LHS* $\longrightarrow$ *RHS* dans laquelle les deux termes *LHS (Left Hand Side)* et *RHS (Right Hand Side)* sont deux graphes. L'application d'une telle règle sur un graphe *G* dit graphe *Hôte*, consistera à remplacer les sous-graphes de *G* correspondant à *LHS* par *RHS*. En d'autres termes, cette règle consiste à trouver un morphisme *m* permettant d'établir une correspondance entre *LHS* et une partie *g* de *G* (*m(g)=LHS*) puis remplacer *g* par *RHS* dans *G*. *LHS* est appelée la pré condition de la règle et *RHS* la post condition. Il existe également des expressions qu'on appellera *NAC* ou pré conditions négatives qui stipulent que la règle ne peut être appliquée s'il existe dans le graphe hôte *G*, un sous graphe qui correspond à *NAC*. Ces règles sont souvent exprimées de façon visuelle. C'est notamment le cas du système *AGG* que nous utilisons. Ainsi, FIGURE 4 montre une règle correspondant à l'insertion d'une nouvelle tâche. Cette règle énonce comme pré condition à la création d'une tâche, l'existence d'un nœud de type *Process*. En d'autres termes, une tâche ne peut être créée que si elle est reliée à un processus existant. La pré condition négative énonce le fait que le processus apparaissant dans la pré condition ne doit pas contenir une tâche du même nom. Les numéros préfixant les deux nœuds de types processus, celui apparaissant dans la *LHS* et celui apparaissant dans la *NAC*, permettent de faire la liaison entre les deux processus et de stipuler qu'ils désignent le même processus.

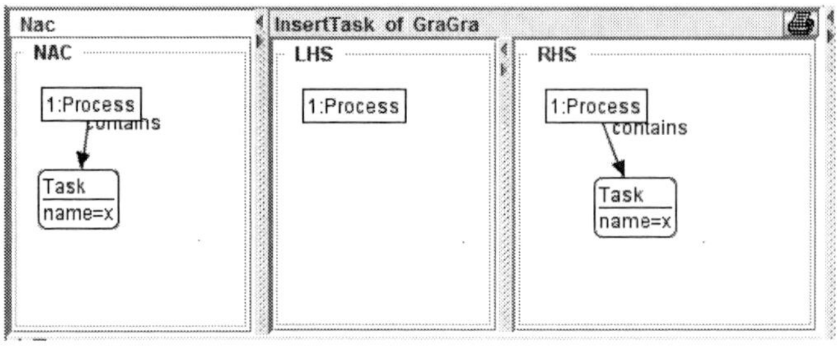

FIGURE 4. *Règle de réécriture de graphe implémentant la création d'une tâche*

4.1. L'analyse de l'impact du changement

Dans le but d'analyser l'impact d'une opération de changement, nous considérons deux principales fonctionnalités : la génération et la propagation de l'impact. La génération de l'impact consiste à détecter les effets de bord d'un changement alors que la propagation de cet impact consiste à déterminer les artefacts qui sont directement ou indirectement liés aux artefacts qui viennent d'être changés et pour lesquels un impact a été généré. Pour ce faire, nous nous basons sur l'utilisation des règles de réécriture de graphes.

4.1.1. Génération de l'impact du changement

Comme nous l'avons déjà montré, chaque opération de changement est matérialisée par une règle de réécriture de graphes constituée de trois éléments : une pré condition (*LHS*), une post condition (*RHS*) et une pré condition négative (*NAC*). En général, la pré condition négative sert à éviter l'exécution d'une opération qui peut provoquer un effet de bord indésirable ou impact. En effet, une *NAC* empêche l'exécution d'une opération si cette exécution provoque la violation de différentes règles de cohérence matérialisée par les *NAC*. C'est le cas notamment dans FIGURE 4 où la *NAC* empêche la création d'une tâche portant le même nom qu'une tâche déjà existante. Dans notre approche, la génération de l'impact consiste à définir des opérations de réécriture ne contenant pas de *NAC*. En d'autres termes, on permet l'exécution de changements pouvant provoquer des incohérences. Cependant, nous ajoutons aux postconditions (*RHS*), un nœud représentant l'impact et des arcs le reliant aux nœuds qu'il affecte. En plus, ce nœud est attribué par une chaîne de caractères explicitant la cause de l'impact. FIGURE 5 représente l'opération de suppression d'une tâche reliée à deux autres tâches par un arc de type *outputs* (ces deux tâches se situent à la sortie de la tâche qui vient d'être supprimée). Dans ce cas, la pré condition négative aurait interdit cette suppression. Au lieu de cette interdiction, nous avons défini une *RHS* qui réalise la suppression et contient un nœud de type *Impact* qui est relié aux nœuds représentant les tâches affectées par cette suppression. Ce nœud contient un attribut appelé *explanation* dont la valeur est une chaîne de caractères représentant l'explication de l'origine de l'impact. Une opération de suppression peut conduire à l'écriture de plusieurs règles de générations d'impact. En d'autres termes, il peut y avoir plusieurs noeuds de type *Impact* correspondant chacun à la violation d'une règle de cohérence du BPM ou du BPEL. Cela peut être fastidieux et surtout répétitif pour le gestionnaire du changement à qui incombe l'écriture de ces règles. Nous avons donc proposé (voir section 4.2), un algorithme permettant d'automatiser la génération des règles de génération et de propagation de l'impact du changement.

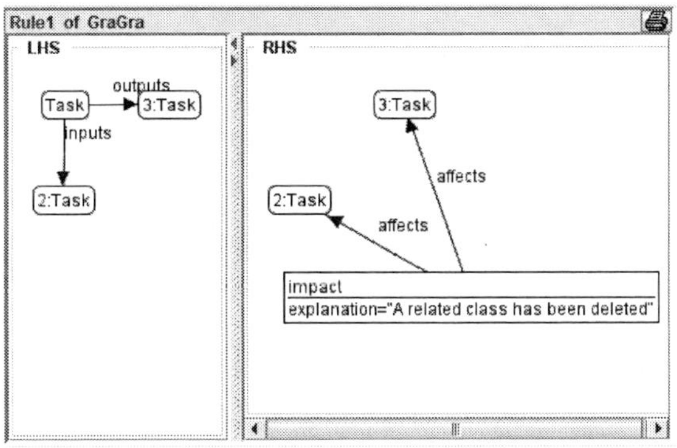

FIGURE 5. *Génération d'un impact suite à la suppression d'une tâche*

4.1.2. Propagation de l'impact du changement

La propagation de l'impact d'un changement est un processus permettant d'identifier tous les nœuds indirectement affectés par l'impact de ce changement. Cette propagation est conduite par les différents liens ou relations reliant les nœuds en question. En effet, selon le type de relation et de changement, il est possible que l'impact soit propagé dans un sens ou un autre (de l'origine vers la destination de la relation ou de la destination vers l'origine) ou pas du tout. FIGURE 6 montre la propagation de l'impact affectant une tâche sur l'auteur exécutant cette tâche et cela par le biais de la relation *performs* qui relie un auteur aux tâches qu'il exécute. Nous avons défini un type d'arc appelé *inducedBy* matérialisant une relation de causalité entre impacts et permettant de visualiser la propagation ou effet de vague d'un impact.

Nous considérons deux principaux types de propagation d'impact du changement :

– La propagation horizontale consistant à propager l'impact à travers une relation reliant deux entités appartenant à la même phase du cycle de vie de l'application. En ce qui nous concerne cela revient à propager l'impact entre des constituants appartenant à la phase de modélisation du BPM ou à ceux appartenant à des artefacts appartenant à la couche service (BPEL).

– La propagation verticale consistant à propager l'impact d'un artefact appartenant à une phase du cycle de vie vers un autre artefact appartenant à une phase située en amont ou en aval. C'est le cas notamment de la propagation de l'impact entre une tâche du BPM et l'activité ou les activités BPEL qui participent à son implémentation (utilisation de la relation *ImplementedBy*) et inversement (utilisation de la relation *mappedTo*).

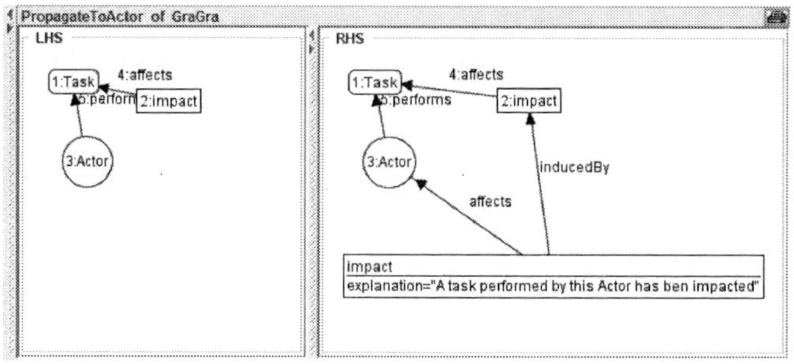

FIGURE 6. *Une règle de propagation de l'impact du changement*

Nous considérons également une deuxième classification de la propagation de l'impact selon un autre critère qui est la stratégie d'exécution du processus. Ainsi, nous considérons les trois types de stratégie d'exécution suivante :

– La propagation totale qui consiste à simuler un changement, identifier l'impact de ce changement et le propager à tous les artefacts concernés à travers les différentes relations conductrices de l'impact.

– La propagation sélective qui consiste à propager l'impact à travers un nombre restreint de types de nœuds ou de relations.

– La propagation de type Change-And-Fix (Rajlich, Gosavi, 2004) qui consiste à simuler un changement et identifier l'impact aux seuls voisins directement liés au nœud qui vient d'être affecté par le changement.

La mise en œuvre de ces trois stratégies est simplifiée par l'utilisation d'un système de réécriture de graphes. En effet, ces systèmes proposent plusieurs manières d'exécuter les règles qui se distinguent par la façon de réaliser les morphismes ou mappings entre une *LHS* d'une règle et les parties du graphe *Hôte*. Dans le cas d'une propagation totale, on optera pour l'option d'exécution automatique qui laisse au système le soin de trouver lui même tous les morphismes possibles et donc toutes les règles exécutables. Dans le cas d'une exécution sélective, un regroupement des différentes règles par ensembles homogènes est préalable. Il suffira alors de déclencher le ou les ensembles de règles désirées. Dans le cas du Change-And-fix il faudra choisir l'option qui permet à l'utilisateur de choisir lui même les morphismes à chaque pas d'exécution. En effet, on peut demander au système de détecter les règles applicables à chaque pas d'exécution et choisir celle qu'on veut appliquer.

Listing 1 – Algorithme impactGeneration(artefact:a change:c)

```
R is a set of relationships having a as source or destination artefact
forAll Ri in R {
    if Ri.forwardImpact then
        if Ri.CertainImpact then
            forAll d in Ri.destination {
                Ri.generateImpact('certainImpact', d)
                }
        else
            forAll d in Ri.destination {
                Ri.generateImpact('conditionalImpact', d)
                }
        endif
    endif

    if Ri.inverseImpact then
        if Ri.CertainImpact then
            forAll s in Ri.source {
                Ri.generateImpact('certainImpact', s)
                }
        else
            forAll s in Ri.source {
                Ri.generateImpact('conditional', s)
                }
        endif
    endif
}
```

4.2. Automatisation de la génération des règles de propagation de l'impact

L'utilisation des règles de réécriture de graphes est un moyen de mise en œuvre flexible des processus d'analyse et propagation de l'impact du changement des applications centrées BPM. Ces règles peuvent servir comme un moyen de validation des processus de mise en oeuvre du changement. Les règles sont essentiellement basées sur une formalisation des différents constituants ou artefacts d'une application en forme de graphes et leur application est basée sur des morphismes essentiellement syntaxiques. Il est donc nécessaire de définir manuellement toutes les règles nécessaires à la propagation de l'impact en considérant chaque type de relations. Nous avons estimé qu'il serait nécessaire de simplifier ce processus en permettant son automatisation. Cela consiste à mettre en place un algorithme qui a pour entrée les artefacts à changer et le changement désiré et qui génère automatiquement des règles de propagation de l'impact à travers les différents types de relations. Il n'est malheureusement pas possible de mettre en oeuvre ce type d'algorithme sur des bases essentiellement syntaxiques. Cela montre donc la nécessité d'une explicitation de la sémantique par des langages et outils issus du web sémantique comme OWL. En utilisant l'explicitation d'une partie de la sémantique des relations par rapport à la conduction de l'impact, nous avons défini un algorithme permettant la génération de règles de propagation de l'impact (Listing 1). L'algorithme fait appel à la fonction *generateImpact(ImpactType:String, AffectedNode: Node)* dans laquelle *AffectedNode* est la source ou la destination d'une relation *Ri*. Cette fonction génère une règle dans laquelle la *LHS* est un sous graphe contenant *AffectedNode* avec l'arc correspondant à

Ri et toutes les extrémités de cet arc. La *RHS* contient *AffectedNode* non directement liée par l'arc correspondant à *Ri* et un nœud de type *ImpactType* est créé et est lié à *AffectedNode*.

5. Prototype d'implémentation

Le prototype que nous avons développé pour la l'implémentation de notre approche est constitué de deux parties. La première partie concerne l'utilisation du système de réécriture de graphe (*AGG*) et de l'outil *Protégé* pour l'élaboration de l'ontologie. Cela nous a permis de mettre en œuvre un prototype flexible permettant une formalisation exécutable des concepts que nous introduisons. Cet outil sert essentiellement dans un environnement de recherche et les utilisateurs sont des personnes capables de maîtriser les concepts issus de la réécriture de graphes et du web sémantique (notamment le langage OWL). Partant de la spécification opérationnelle de notre approche à l'aide des outils *AGG* et *Protégé*, nous avons intégré les processus d'analyse d'impact dans un atelier intégré appelé *Architect* (Ahmad *et al.*, 2013) que nous avions déjà développé et utilisé dans le cadre de l'analyse d'impact du changement des applications distribuées. Cet atelier se présente comme un ensemble de plugins Eclipse permettant des fonctionnalités incluant le parsing de code sources multi-langages (Java, C++, fichiers de configuration spring et J2EE, schémas de bases de données, etc.); le stockage des différents artefacts dans une base de données en forme de graphes au

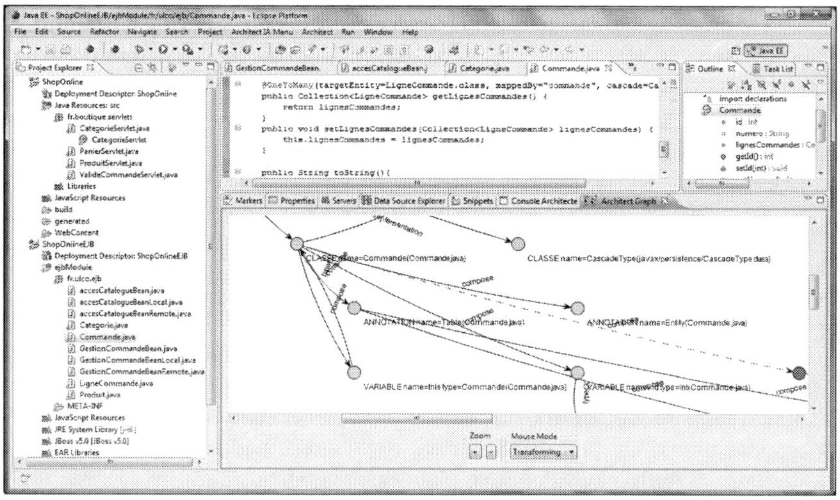

FIGURE 7. *Scénario de la propagation de l'impact dans l'atelier* Architect

format *GXL* [10]; la définition de règles d'analyse et de propagation de l'impact du changement en utilisant le moteur de règle *Drools* [11] et la visualisation et la manipulation à base de graphes des différentes artefacts ainsi que la visualisation de l'impact du changement en utilisant la librairie *Java Universal Network/Graph (JUNG)* [12].

Dans *Architect* (FIGURE 7), les règles de réécriture de graphes ont été transcrites en règles *Drools*. Nous avons donc transcrit chaque règle en explicitant sa pré condition et sa post condition en termes constitués d'objets Java représentant les noeuds et les arcs des sous graphes associés aux pré et post conditions.

6. Conclusion

Nous avons présenté une approche basée sur une méta-modélisation à base de graphes typés et attribués des constituants d'une application centrée BPM et sur les systèmes de règles de réécriture de graphe pour une mise en œuvre flexible de l'analyse et la propagation de l'impact du changement. Nous avons considéré la propagation horizontale de l'impact entre constituants appartenant à la même phase du cycle de vie d'une application centrée BPM et la propagation verticale entre des constituants appartenant à des phases différentes de ce cycle de vie. L'utilisation d'un langage d'ontologies nous a également permis d'expliciter la sémantique des relations inter-constituants en matière de conduction de l'impact du changement. Cela nous a permis de mettre en œuvre un algorithme générique permettant la génération de règles de propagation de l'impact. Les idées émergeant de notre approche ont été validées à l'aide d'un système de réécriture de graphes mais nous avons également mis en œuvre ces mêmes idées dans le cadre d'un atelier intégré que nous développons depuis de nombreuses années et qui est dédié à l'analyse et la propagation de l'impact dans le cadre des applications distribuées incluant, notamment, les applications web multi-tiers.

Nous continuons actuellement notre travail d'explicitation de la sémantique en tentant d'établir des liens de traçabilité entre les besoins des utilisateurs (experts métier) et les BPMs. Le but étant de permettre à un expert d'exprimer les changements au niveau des besoins exprimés en utilisant le vocabulaire de son domaine et d'analyser les impacts sur l'application. Nous avons commencé la mise en oeuvre de cette approche dans le cadre des applications d'optimisation de la chaîne logistique (Hendi *et al.*, 2016).

Bibliographie

Ahmad A., Basson H., Deruelle L., Bouneffa M. (2009, May). A knowledge-based framework for software evolution control. In *Actes du xxviième congrès inforsid*, p. 111-126. Toulouse, France, IRIT Press (www.irit.fr).

10. http://www.gupro.de/GXL/
11. http://www.jboss.org/drools/
12. http://jung.sourceforge.net/

Ahmad A., Bounefa M., Basson H. (2013). *Multi-modélisation de l'évolution du logiciel distribué et hétérogène (french edition).* Allemagne, Éditions Universitaires Européenes.

Bouneffa M., Ahmad A. (2013a). The change impact analysis in bpm based software applications: A graph rewriting and ontology based approach. In *Enterprise information systems*, p. 280–295. Springer.

Bouneffa M., Ahmad A. (2013b, July). Change management of bpm-based software applications. In *15th international conference on enterprise information systems (iceis 2013)*, p. 37-45. Angers, France, Springer.

Doux G., Jouault F., Bézivin J. (2009). Transforming bpmn process models to bpel process definitions with atl. In *5th international workshop on graph-based tools.*

Folli A., Mens T. (2007). Refactoring of UML models using AGG. *ECEASST*, vol. 8.

Gottschalk K., Graham S., Kreger H., Snell J. (2002, April). Introduction to web services architecture. *IBM Syst. J.*, vol. 41, p. 170–177.

Hendi H. I., Bouneffa M., Ahmad A., Fonlupt C. (2016). Ontology based reasoning for solving passenger train optimization problem. In *Proceedings of aic-mitc 2016. to appear.* IEEE Computational Intelligence Society.

Juric M. B. (2006). *Business process execution language for web services bpel and bpel4ws 2nd edition.* Packt Publishing.

Kherbouche O. M., Ahmad A., Basson H. (2013). Using model checking to control the structural errors in BPMN models. In *IEEE 7th international conference on research challenges in information science, RCIS 2013, paris, france, may 29-31, 2013*, p. 1–12.

Kim D., Kim M., Kim H. (2007). Dynamic business process management based on process change patterns. In *Convergence information technology, 2007. international conference on*, p. 1154–1161.

Maweed Y., Bouneffa M., Basson H., Sack P. O. (2005). Vers une implémentation flexible des activités de maintenance et d'évolution du logiciel. In *Actes du xxiiième congrès inforsid, grenoble, france, 24-27 mai, 2005*, p. 201–216.

Mazanek S., Hanus M. (2011). Constructing a bidirectional transformation between bpmn and bpel with a functional logic programming language. *Journal of Visual Languages & Computing*, vol. 22, nº 1, p. 66 - 89. (Special Issue on Visual Languages and Logic)

Mens T. (2005). On the use of graph transformations for model refactoring. In *Generative and transformational techniques in software engineering, international summer school, GTTSE 2005, braga, portugal, july 4-8, 2005. revised papers*, p. 219–257.

Ouvans C., Dumas M., Hofstede A. ter, Aalst W. van der. (2006, Sept). From bpmn process models to bpel web services. In *Web services, 2006. icws '06. international conference on*, p. 285-292.

Rajlich V., Gosavi P. (2004). Incremental Change in Object-Oriented Programming. *IEEE Softw.*, vol. 21, nº 4, p. 62–69.

Reijers H., Vanderfeesten I., Aalst W. van der. (2016). The effectiveness of workflow management systems: A longitudinal study. *International Journal of Information Management*, vol. 36, nº 1, p. 126 - 141.

Session Exigences, Justification et Raisonnement

Vers une modélisation et une analyse des exigences spatio-temporelles

Mounir Touzani [1], **Christophe Ponsard** [2], **Anne Laurent** [1,3], **Thérèse Libourel** [1,3,4], **Joël Quinqueton** [1,5]

1. *LIRMM - Université de Montpellier, CNRS, Montpellier, France*
   touzani@lirmm.fr
2. *CETIC - Centre de recherche, Gosselies, Belgique*
   christophe.ponsard@cetic.be
3. *Université de Montpellier (UM), Montpellier, France*
   laurent@lirmm.fr
4. *Espace-Dev (UM, UAG, UR, IRD), Université de Montpellier, Montpellier, France*
   therese.libourel@umontpellier.fr
5. *Université Paul-Valéry (UPVM), Montpellier, France*
   jq@lirmm.fr

RÉSUMÉ. *L'Ingénierie des Exigences (IE) est une étape clef dans tout projet d'évolution d'un système d'information (SI). Les développements actuels, sur les systèmes mobiles par exemple, impliquent de facto une dimension spatio-temporelle, souvent réservée aux SI géographiques (SIG). Ceci nécessite des méthodes plus systématiques pour capturer et raisonner sur des exigences de nature spatio-temporelle. Cet article propose un cadre de référence permettant de systématiser l'identification, la structuration et le raisonnement sur ce type d'exigences. Ce cadre proposé intègre des contributions dans les domaines de l'IE et de la géomatique. Nous l'avons outillé et nous l'illustrons à travers une étude de cas de fusion de deux universités.*

ABSTRACT. *Requirements Engineering (RE) is a key step in any project aiming at evolving an information system (IS). Current developments, on mobile systems for example, involve a spatial and temporal dimension, often reserved to geographic IS (GIS). This requires more systematic methods for capturing and reasoning about the spatial and temporal nature of requirements. This paper proposes a framework for systematically identifying, structuring and reasoning about such requirements. This proposed framework includes contributions in the fields of RE and geomatics. We illustrate it through a case study: the merger of two universities.*

MOTS-CLÉS : *Ingénierie des Exigences, Exigences spatio-temporelles, Raffinement par les buts*

KEYWORDS: *Requirements Engineering, spatio-temporal requirements, goal-driven refinement*

Congrès INFORSID, 34ème édition, Grenoble, 31 mai - 3 juin 2016

1. Introduction

L'Ingénierie des Exigences (IE) est le processus qui a pour objet d'établir et de maintenir un accord avec les parties prenantes sur les exigences du système à construire (ISO29148, 2011). Il s'agit de dégager des responsabilités qui seront confiées à différents agents : des êtres humains, des dispositifs matériels ou des systèmes d'information. La collaboration de ces agents permet de réaliser des objectifs du système dans son ensemble. De tels objectifs peuvent être identifiés, structurés, analysés et documentés à l'aide de méthodes d'IE orientées buts (Lamsweerde, 2009).

L'IE est une étape cruciale pour le succès d'un projet : de nombreuses études montrent qu'omettre celle-ci est une cause majeure d'échecs de projets (Hughes *et al.*, 2015). Des méthodes ont été développées afin d'assurer des propriétés clés de complétude, précision, non-ambiguïté et testabilité. Ces méthodes peuvent être de nature très générique (classification d'exigences, listes de contrôles, techniques de raffinements de buts) ou très spécifiques à des domaines (exemple de critères de sécurité). Les premières sont utiles mais n'apportent que des garanties limitées, tandis que les secondes permettent une grande précision mais ne s'appliquent que sur des domaines pointus. Il est donc intéressant de considérer des classes de propriétés intermédiaires partagées par de nombreux systèmes et permettant un bon compromis entre leur applicabilité et leur apport. Plus précisément, on s'intéresse ici aux propriétés liées aux caractéristiques physiques spatiales et temporelles du système analysé.

Les propriétés temporelles ont été largement étudiées dans le cadre de l'analyse de systèmes à base de logiciels, notamment au niveau de systèmes réactifs et temps réels pour lesquels, des logiques spécifiques ont été proposées(Manna, Pnueli, 1992). A l'inverse, les propriétés spatiales ont été abordées de manière assez restreinte en IE (Touzani *et al.*, 2015) et ont surtout été étudiées au niveau de l'analyse de système d'information géographique (SIG), notamment sur la base de formalismes objets (Kosters *et al.*, 1996) et conceptuels/graphiques (Bédard, Larrivée, 2008 ; Pinet, 2012).

Ceci devient limitatif pour la spécification d'un nombre croissant de systèmes reposant de plus en plus intensivement sur un logiciel toujours plus fortement ancré et connecté avec le monde réel. On peut citer les systèmes mobiles, cyber-physiques, l'internet des Objets et des champs d'applications comme les villes intelligentes, les usines du futur ou la logistique. Ces systèmes nécessitent de disposer d'une perception précise du monde réel et donc des exigences spatiales et temporelles sur celui-ci.

Notre proposition est centrée autour de la prise en compte de la dimension spatio-temporelle (ST). Dans le cadre de cet article, nous restons focalisé sur des systèmes d'information géographique, en particulier au niveau de l'étude de cas présentée. Notre priorité est la définition de notations simples mais avec un bon pouvoir d'expression mais sans lui associer de sémantique formelle à ce stade. Le point d'ancrage est une approche d'IE orientée buts, répondant déjà aux questions du "POUR-QUOI/COMMENT" (les buts et leur raffinement en exigences), du "QUOI" (les opérations) et du "QUI" (les agents). Nous abordons ici plus précisément et de manière liée, les questions du "QUAND" et du "OÙ". Nous utilisons pour ceci deux axes de recherche : d'une part, nous explorons la dualité dimensions spatiales/temporelles, afin de transposer à la dimension spatiale des techniques d'IE déjà définies. D'autre part, nous prenons en considération des notations largement utilisées dans les SIG, et ce, afin de les intégrer dans les primitives d'IE et faciliter ainsi la capture d'exigences spatio-temporelles. Nous avons utilisé le référentiel KAOS d'IE orienté buts (Lamsweerde, 2009) et avons réalisé un prototype à l'aide de l'outil Objectiver (Respect-IT, 2005). Cependant, nos résultats peuvent être appliqués à d'autres référentiels et des domaines plus large que la pure information géographique.

Ce travail a pour fil conducteur une étude de cas concrète et riche en termes d'exigences spatiales et temporelles : il s'agit de la fusion de deux établissements universitaires bien connus des auteurs. Les effets de cette fusion créent une dynamique dans l'espace et une évolution dans le temps, mettant en évidence le mouvement des personnes en tant qu'entité de l'espace ainsi que tout l'aspect organisationnel entraînant des changements ST majeurs au niveau des différentes composantes et directions déjà existantes des deux universités.

Cet article est organisé comme suit : dans la section 2 nous dressons un état de l'art autour de la dimension spatio-temporelle et des spécificités de l'information géographique (IG), des formalismes de représentation des objets ST et quelques concepts de l'ingénierie des exigences, et plus spécifiquement de la méthode orientée buts KAOS servant de cadre de base pour ce travail. La section 3 présente l'étude de cas de fusion de deux universités, qui sera utilisée pour illustrer notre propos tout au long de l'article. La section 4 présente le cadre de référence unifié en termes de notations ainsi qu'une proposition d'extensions aux différentes dimensions de la modélisation des exigences, afin de faciliter la capture des dimensions ST. Ensuite, la section 5 propose des extensions méthodologiques permettant de raisonner qualitativement sur celles-ci. Enfin, la section 6 conclut par une analyse critique des apports de notre contribution, de ses limitations et propose quelques perspectives.

2. État de l'art

Dans cette section, nous passons en revue les approches spatio-temporelles en pointant les principaux types de relations spatiales et temporelles ainsi que les formalismes qui ont été développés pour les représenter. Nous décrivons également les mécanismes d'IE pour identifier, structurer et raisonner sur des exigences en termes d'espace et de temps.

2.1. L'approche spatio-temporelle

2.1.1. Spécificités de l'information géographique

Selon (Becker, al, 23-27 juillet 1990), l'information géographique (IG) décrit un objet, un phénomène ou encore une action du monde réel. Elle fournit, pour chaque objet concerné, des informations sur le nom, le type, les caractéristiques thématiques, la forme, la localisation géographique ou même des informations relatives à des objets en relation de proximité.

L'IG est devenue la matière première qui a permis le développement des Systèmes d'Information Géographique (SIG) (Laurini, Thompson, 1992). Les SIG sont cependant restés confinés à ce domaine et souvent réservés à des utilisateurs avertis.

Les logiciels SIG sont, quant à eux, spécifiques à des travaux d'analyse spatiale et de cartographie tandis que le cadre plus large des SI envisagés demande de pouvoir prendre en compte certaines informations qualitatives relatives à des données géographiques et induisant des descriptions particulières. Par exemple : *cette personne travaille à côté du point de rassemblement de la cafétéria.*

2.1.2. Relations spatio-temporelles

L'analyse spatio-temporelle introduit concomitamment les notions d'espace et de temps. L'espace fait référence aux informations géographiques de localisation et permet de définir des relations spatiales entre les objets. Ces relations sont aussi importantes que les entités elles-mêmes (Papadias, Kavouras, 1994 ; Clementini, 2009 ; Egenhofer, Franzosa, 1991). Beaucoup de directions ont été prises pour les définir en trois classes : topologiques (Randell *et al.*, 1992) (p.ex. adjacence : la pharmacie est collée au laboratoire d'analyses), métriques (distance) (Pullar, Egenhofer, 1988) (p.ex. la ville est située à 5 km de la plage) ou par projection (orientation) (Zimmermann, Freksa, 1996 ; Ligozat, 1998) (p.ex. Paris est au nord de Toulouse). La figure 1 représente les relations spatiales qui peuvent exister entre deux objets.

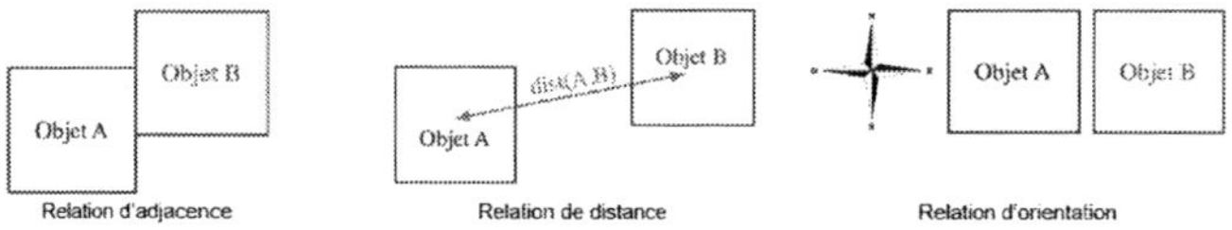

Figure 1. Relations spatiales entre deux objets

L'introduction du temps vise la dimension temporelle (Allen, Yabushita, 1984), (Frank, 1994) qui peut correspondre à des événements se produisant soit à un instant ou à une période, soit à des changements sur plusieurs instants voire périodiques.

La perception des relations entre objets dans l'espace d'une part, et objets dans le temps d'autre part, montre une forte analogie. (Le Parc-Lacayrelle, Al, 2007) a décrit dans son article trois types de relations : l'adjacence (p.ex. autour du 15 novembre 2015), l'inclusion (p.ex. au milieu de l'année) et la distance (p.ex. deux semaines avant la fin de l'année). La figure 2 représente les relations temporelles qui peuvent exister entre deux objets.

Les notions ST peuvent bien sûr être toutes considérées simultanément. La notion du "mouvement" reste à notre sens la plus évidente, représentant une succession de localisations spatiales qui évoluent dans le temps. Un exemple d'événement ST est "Le camion entre dans la zone d'approche d'un dépôt". Des configurations spatiales peuvent aussi évoluer au cours du temps. Un exemple parlant est la récente fusion des

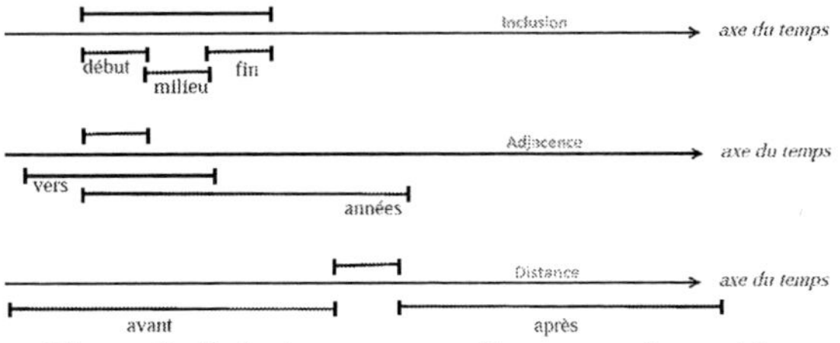

Figure 2. Relations temporelles entre deux objets

régions en France. Des typologies complètes de concepts ST pouvant être combinées sont détaillées notamment dans (Claramunt, Jiang, 2001 ; Mathian, Sanders, 2014).

2.1.3. Formalismes de représentation des objets spatio-temporels

En termes de modélisation, l'objectif des chercheurs a toujours été de rendre l'IG moins complexe (Zoghlami, 2013), d'où le besoin de formaliser les propriétés spatiales et temporelles, et ce, afin de rendre facile la description de la géométrie (dimension, position, taille, forme et orientation) ainsi que la temporalité pour une meilleure communication.

Par exemple, une route peut être considérée comme un objet linéaire au sein d'un graphe si le but est de gérer le trafic ou comme un volume si le but est de gérer la répartition de réseaux d'eau et de gaz. Deux modes de représentation interne existent selon la perception de l'IG : le mode raster (ensemble de pixels, généralement utilisés pour représenter une variable continue telle que la température) et le mode vecteur (ensemble de points, lignes et polygones, généralement utilisés pour décrire des objets avec une géométrie).

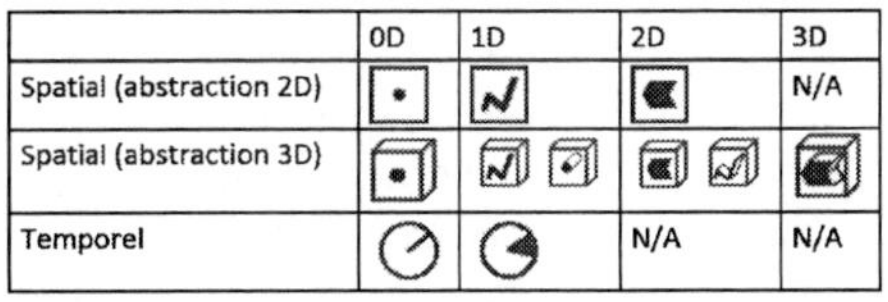

Figure 3. Exemples de pictogrammes spatiaux et temporels

La représentation des objets spatiaux nécessite une modélisation adaptée aux phénomènes spatio-temporels. En ce sens, des formalismes de représentation spatio--temporelle, via l'utilisation de pictogrammes spatiaux et temporels dans les modèles, ont été proposés et affinés par Bédard depuis Modul-R puis PVL (Plugin for Visual Language) (Bédard, Larrivée, 2008) et son évolution plus récente PictograF[1]. De nombreux formalismes de type entité-relation ou orienté objet, ont été aussi proposés par d'autres auteurs afin de faciliter la modélisation de l'information spatiale et les aspects temporels associés. Une étude exhaustive est disponible dans le mémoire de (Pinet, 2012). La figure 3 présente des pictogrammes spatiaux et temporels.

1. http://pictograf.scg.ulaval.ca

2.2. *L'ingénierie des exigences*

Une **exigence** peut être définie comme étant une condition ou capacité dont l'utilisateur a besoin pour résoudre un problème ou parvenir à un objectif. Elle doit être satisfaite par un système ou un composant d'un système pour satisfaire un contrat, une norme, une spécification, ou autres documents formellement imposés (IEEE1990, 1990).

Pour structurer les besoins relatifs aux systèmes à développer, un processus d'IE peut être décomposé en quatre étapes de développement: élucidation, analyse, spécification et validation. Ces étapes sont coordonnées par un processus de gestion des exigences. Nous nous limiterons ici aux étapes d'élucidation et d'analyse.

Parmi les méthodes d'IE existantes, les méthodes orientées buts se démarquent par les garanties de complétude et de précision qu'elles peuvent apporter (Rolland, Salinesi, 2005). Un **but** est un objectif que le système considéré devrait atteindre. Les formulations de buts se réfèrent à des propriétés destinées à être assurées (Lamsweerde, 2009). Les buts peuvent être exprimés à différents niveaux d'abstraction, depuis des buts stratégiques de haut niveau, comme "réaliser la fusion des universités avec succès" jusqu'à des buts opérationnels tels que "planifier l'affectation des amphithéâtres pour les cours du semestre" (voir figure 5). Les buts de haut niveau peuvent être progressivement raffinés en buts plus concrets et finalement opérationnels au moyen de relations liant un but parent à plusieurs buts fils, avec des conditions de satisfaction différentes soit "ET" (tous les fils nécessaires) soit "OU" (un des fils suffisant : c.-à-d. des alternatives possibles). A partir d'un but donné, la question du « POURQUOI » permet d'identifier le but père, tandis que la question du « COMMENT » permet d'identifier un ensemble de buts fils permettant d'atteindre ce but. La décomposition s'arrête quand on atteint un but contrôlable par un **agent**, c.-à-d. qui répond à la question « QUI » déterminant la responsabilité. Ils correspondent soit à des **exigences** sur le logiciel soit à des **attentes** sur le comportement d'agents de l'environnement. Un exemple d'exigence concret est le contrôle d'accès à un bâtiment de l'université: "Le système autorise l'ouverture d'un point d'accès à tout utilisateur disposant du droit d'accès". Des propriétés du domaine peuvent également entrer en ligne de compte pour justifier un raffinement. De telles propriétés sont intrinsèquement valables. Un exemple est la propriété spatio-temporelle suivante : "un objet physique ne peut se trouver qu'à un endroit à un instant donné".

La figure 4 représente l'articulation de ces concepts au sein du méta-modèle KAOS, [2]. Il est composé des quatre sous-modèles suivants: Le **modèle des Objets** décrit le domaine (entités, relations, événements) utilisé pour exprimer les buts. Leur représentation se base sur les diagrammes de classe UML.

Le **modèle des Buts** structure les buts fonctionnels et non-fonctionnels que le système doit atteindre par la coopération d'agents. Il permet aussi d'identifier et raisonner

2. KAOS : Keep All Objectives Satisfied

sur les conflits entre les buts ainsi que des obstacles susceptibles de bloquer leur réalisation. Il est représenté graphiquement par un arbre de buts.

Le **modèle des Agents** identifie les agents du système, les informations échangées (interfaces) et les exigences sous leurs responsabilités. Ces responsabilités sont reprises dans les arbres de buts. Des flux entre agents peuvent aussi être représentés.

Le **modèle des Opérations** décrit comment les agents coopèrent fonctionnellement afin d'assurer la réalisation des exigences qui leur sont confiées ainsi que les buts du système. Nous utilisons ici le diagramme de flux fonctionnel.

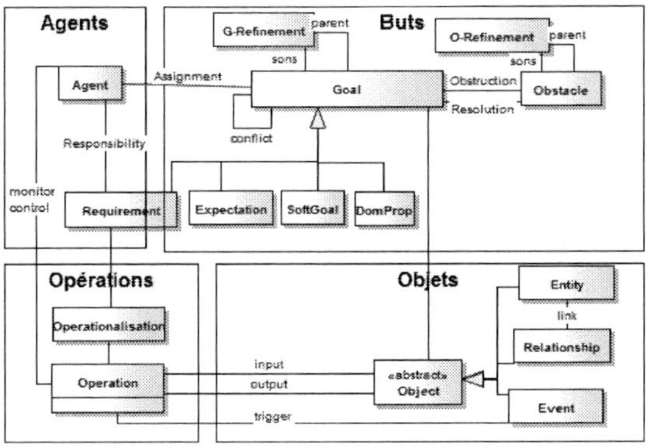

Figure 4. Le méta-modèle KAOS

Seule la dimension temporelle est explicitement traitée par les méthodes d'IE orientées buts, KAOS en particulier. Elle est présente sous les aspects suivants :

– les propriétés temporelles d'un but peuvent être exprimées en utilisant des mots-clefs spécifiques comme "toujours", "finalement", "avant une échéance", "tant que", etc. Une quantification temporelle peut être également utilisée pour représenter la durée pendant laquelle une propriété temporelle ou son échéance doit être respectée. Ces *patterns* ont été répertoriés par (Dwyer *et al.*, 1999). Sur cette base, (Mahaux, 2004) a proposé un système de spécification allégée, basée sur un ensemble structuré de patrons de formulation. Cela encadre et guide la spécification de contraintes temporelles de façon cohérente, non-ambiguë, expressive et qui reste aisée à comprendre.

– la logique temporelle peut être utilisée pour donner une sémantique mathématique précise, permettant de mettre en œuvre des outils de vérification automatique ou de preuve de modèles. Dans ce travail, nous ne prenons pas en considération ce niveau formel très précis mais peu aisé à comprendre et qui peut être "occulté" par les patrons décrits au point précédent. A titre d'exemple, l'exigence de contrôle d'accès peut s'exprimer ainsi : $\forall u : User, c : AccessControl \cdot \square(authorised(u,c) \rightarrow \bullet open(c))$. Les différents prédicats sont des entités, relations ou attribut du modèles objets. Ils peuvent être combinés à des opérateurs temporels : $\square$ signifie "tout le temps" et $\bullet$ indique que l'ouverture se produit à l'état suivant.

– des patrons de raffinements basés sur le temps peuvent être utilisés pour structurer les buts. Le patron le plus connu est le "jalon temporel" qui décompose une propriété devant être "finalement" atteinte en plusieurs étapes intermédiaires. Ces patrons sont prouvés une fois pour toutes et permettent typiquement de découvrir des sous-buts manquants. Une bibliothèque très élaborée de raffinements a été proposée par (Darimont, Lamsweerde, 1996).

3. Description de l'étude de cas : fusion de deux universités

Notre étude de cas est largement inspirée de la fusion récente des Universités de Montpellier 1 et 2. Il s'agit d'un processus initié en 2012 (Cholley-Gomez, 2015) et qui a abouti à la naissance de l'université de Montpellier en janvier 2015 [3]. Ce processus est encore en cours en 2016.

Pour une raison d'abstraction et de simplification, nous considérons deux établissements universitaires indépendants et situés dans une même région mais pas à proximité immédiate. Les objectifs stratégiques auquel la fusion répond est de renforcer l'offre de formation, d'augmenter le potentiel de recherche par de multiples synergies entre les laboratoires et d'accroître le rayonnement international, sur cette base des buts plus précis de regroupement de services, unification de l'infrastructure et d'intégration des programmes de cours sont définis et illustrés à la figure 5. Certains de ces buts seront raffinés par la suite.

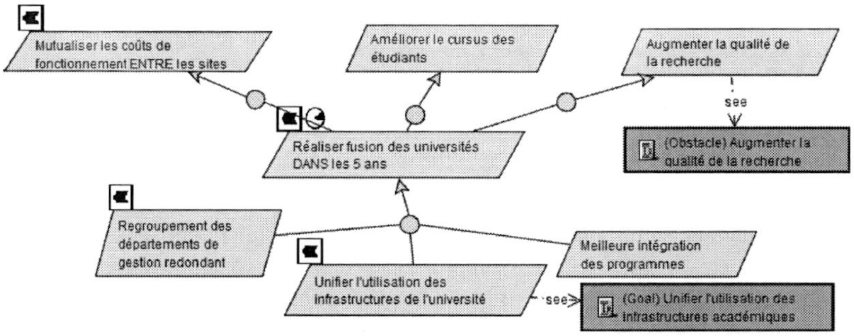

Figure 5. Buts stratégiques de la fusion illustrés dans l'outil Objectiver étendu

La distance qui sépare les établissements, de l'ordre d'une dizaine de kilomètres, est suffisamment faible pour permettre une mobilité mais suffisamment élevée pour nécessiter de repenser les affectations géographiques et la mobilité des personnes dans la cadre de la fusion. Les grandes questions qui émergent sont :

– La nécessité du rapprochement de certains services (administratifs, financiers et de gestion de ressources humaines,...) ayant des missions similaires et qui devront mettre en commun leurs activités, voire réunir leurs compétences en un seul lieu.

3. A noter que d'un point de vue spatio-temporel, l'université de Montpellier a existé de manière unifiée entre 1289 et 1793, puis entre 1896 et 1970. Il s'agit donc d'une renaissance.

– L'amélioration de l'organisation et la planification de la circulation des étudiants sur le nouveau campus commun : deux cours qui se suivent ne peuvent pas se dérouler dans deux salles distantes de plus de 500 mètres par exemple, ou encore un local de recherche en biologie doit être situé à proximité de salles avec des paillasses pour les travaux pratiques, etc.

4. Enrichissement des modèles d'IE avec des notations spatiales et temporelles

Dans cette section, nous présentons les extensions ST aux modèles des objets et des buts de la méthode KAOS. Ces extensions ont été implémentées et expérimentées à l'aide de l'outil "Objectiver" offre des possibilités d'extension à la fois de son méta-modèle et des visualisations par l'utilisation de connecteurs (ou plugins). Le plugin développé est disponible en ligne [4].

4.1. Extension du modèle objet

Pour introduire les notions spatiales et temporelles dans le modèle objet, nous nous sommes basés sur le système de notations "PictograF". Ces notations développées depuis une vingtaine d'années ont atteint un bon niveau de maturité et de standardisation, notamment au niveau de leur intégration au moyen de stéréotypes UML. Leur valeur ajoutée au niveau de l'IE est de permettre de capturer facilement et systématiquement des propriétés du domaine qui seraient spécifiées de manière textuelle et généralement ponctuelle à des raffinements au sein du modèle. Ces propriétés seront utiles pour mener la démarche de raffinement de buts et vérifier leur cohérence et complétude.

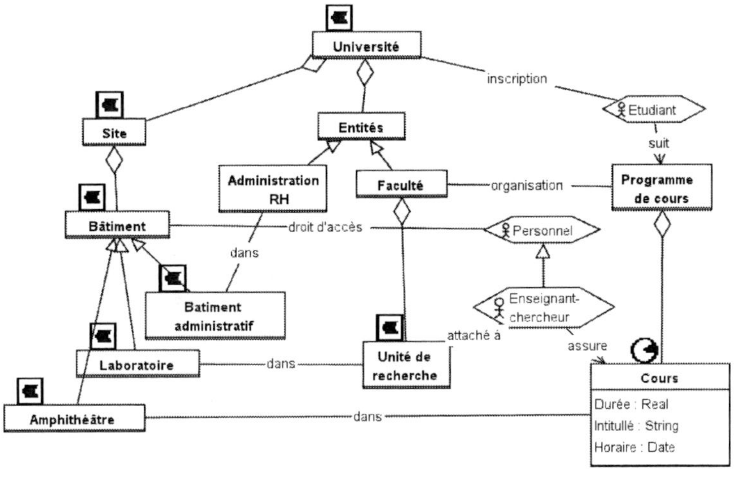

Figure 6. Modèle objet du domaine

4. Le plugin est téléchargeable depuis : http://www.objectiver.com/packages/plugins/STPlugin.jar

La figure 6 illustre l'application de ces notations à notre exemple. La partie gauche du diagramme représente une structure de décomposition d'entités de nature spatiale (site, bâtiment, amphithéâtre, etc.). A noter que la relation d'agrégation prend également un sens spatial quand elle est associée à des entités de cette nature. La partie centrale représente des structures de l'organisation (facultés, unités de recherches, etc.) situé dans ces espaces. Enfin la partie de droite présente les agents humains "étudiant" et "enseignant-chercheur" ainsi que les relations qu'ils entretiennent via les activités de cours. Ces dernières ont une dimension temporelle (durée) mais ont un lien direct avec la dimension spatiale via l'amphithéâtre dans lequel elles sont assurées.

4.2. Extension du modèle des buts

Les notations "PictograF" peuvent se généraliser aux buts : un but pourra être marqué comme ayant une dimension spatiale et/ou temporelle spécifique si :

– des éléments spatiaux et temporels qu'il référence ont ces dimensions. Il s'agit d'une règle de cohérence entre les annotations du modèle objet et celui des buts. Ainsi, un but référençant un bâtiment aura la dimension spatiale correspondante.

– des exigences propres à ce but sont de nature spatiale ou temporelle. On peut rappeler ici l'exigence "Deux cours qui se suivent ne peuvent pas se dérouler dans deux salles distantes de plus de 500 mètres" (bien que la notion de salle apporte déjà la dimension spatiale dans ce cas). Au niveau temporel, on pourrait l'exprimer par : "un enseignant-chercheur ne passera pas plus de 3h en déplacement entre différents sites".

Au niveau spatial, nous nous sommes limité à un sous-ensemble de notations PictograF. Par simplicité, l'idée est de rester le plus souvent possible sur une abstraction 2D. Par exemple, à ce stade, nous n'avons pas considéré le cas des éléments linéaires dans un monde 3D. Au niveau temporel, par contre, nous avons ressenti le besoin d'étendre les notations PictograF sur base de la mise en correspondance avec les patrons de formulation déjà définis :

– Les buts de progrès "**Achieve**" expriment généralement l'occurrence d'un événement spécifique qui peut être exprimé par un pictogramme d'événement ponctuel mais de nombreux systèmes peuvent également exprimer une répétition pour laquelle nous avons introduit un pictogramme de fréquence ⊛. On pourra ainsi exprimer une exigence telle que "Les dispositifs de contrôles d'accès doivent faire l'objet d'une maintenance TOUS les ans".

– Les buts d'assurance "**Maintain**" quant à eux expriment une propriété qui doit être vraie tout le temps ou de manière plus précise sur une durée bien déterminée (p.ex. "Aucun accès aux étudiant n'est autorisé entre 22h et 7h du matin"). Le second cas est couvert par le pictogramme de durée. Pour le premier cas qui est important pour exprimer des propriétés de sûreté de fonctionnement, nous avons introduit un cercle "plein" qui est son extension naturelle ●. A noter que ce symbole ne doit pas être confondu avec le celui utilisé au sein des formules de logique temporelles qui signifie lui "l'instant d'après". Le contexte d'utilisation est cependant différent.

Des patrons de formulation peuvent être introduits pour aider à formuler des exigences spatiales. Certains principes de dualité peuvent être appliqués pour les mettre en évidence. Le tableau 1 illustre les principes que nous avons identifiés.

Tableau 1. Dualité entre les primitives temporelles et spatiales

	Domaine temporel	Domaine spatial
Dimension	1	0, 1, 2 ou 3
Quantificateur existentiel	Une fois (dans le passé, le futur)	A un endroit (dans une direction/dimension donnée)
Quantificateur universel	Tout le temps (dans le passé, le futur)	Partout (dans une direction/dimension donnée)
Mesure absolue	Temps "universel"	Coordonnées "GPS"
Mesure relative	Temps par rapport à un événement de référence	Distance, surface, volume d'un objet référencé
Fréquence	Périodicité temporelle (ex. toutes les secondes)	Notion de régularité spatiale (ex. tous les X mètres, à tous les étages, etc.)
Raisonnement qualitatif	Positions relatives d'événements, d'intervalles	positions relatives d'objets (topologie)
Raisonnement quantitatif	Comptage d'événements métiers dans un intervalle donné	Capacité d'un espace en termes de métier

5. Raisonnement sur les exigences spatiales et temporelles

L'enrichissement des modèles d'IE avec les notations ST décrites dans la section précédente, permet d'en améliorer la **précision**. Il permet aussi d'envisager de nouvelles formes de raisonnement apportant des bénéfices supplémentaires en termes de **complétude** pour guider dans la découverte systématique d'exigences via des techniques de raffinement de buts spécifiques. Par ailleurs, ceci permet aussi d'aider à spécifier un système qui sera **robuste** face à des risques liés aux propriétés ST (exemple : une échéance peut causer un risque de retard, une contrainte de capacité peut causer un risque d'indisponibilité). Enfin on considérera aussi dans cette section des stratégies de **délégation de responsabilité d'agents** prenant en compte des contraintes ST.

5.1. Raffinement de buts guidé par les exigences spatio-temporelles

On peut considérer un raffinement dirigé par la dimension spatiale et/ou temporelle, avec des interactions possibles entre ces deux dimensions. Les principales stratégies suivantes ont pu être identifiées pour tirer partie de nos extensions ST :

– **L'application de patrons de raffinement temporels et spatiaux**. Des schémas de décomposition de buts ont déjà été proposés (Darimont, Lamsweerde, 1996; Lamsweerde, 2009). Le plus connu est le patron "jalon" ("milestone" en anglais), qui décompose un but à accomplir en étapes logiques intermédiaires. Ces étapes peuvent être temporelles, par exemple : décomposer une tâche d'une durée d'une heure en trois étapes successives de 20 minutes. Au niveau spatial, ces "jalons" peuvent se traduire par une progression spatiale unidimensionnelle ou en 2 voire 3 dimensions. On peut par exemple, définir des exigences sur un transport de marchandises, sur un processus d'évacuation progressive d'un bâtiment ou encore définir une stratégie de rénovation d'un site pour assurer une certaine continuité des services. La figure 7 illustre un jalon

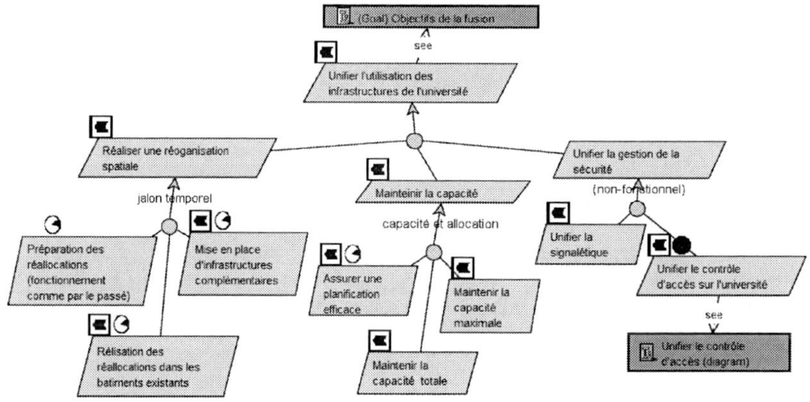

Figure 7. Raffinement du but d'unification de l'utilisation des infrastructures

temporel au niveau du raffinement du but "réaliser une réorganisation spatiale". Celui-ci est composé de trois étapes successives dans le temps : une première étape "immédiate" de planification, où le fonctionnement est comme par le passé, une deuxième "à moyen terme", où une réorganisation se fait dans les infrastructures existantes utilisables en l'état, et une troisième étape "à plus long terme" qui demande de rénover, voire construire de nouvelles infrastructures.

– **La propagation d'une exigence spatiale ou temporelle sur une structure du domaine**. La figure 8 illustre cette propagation plus concrètement sur le sous-but d'unification de la sécurité.

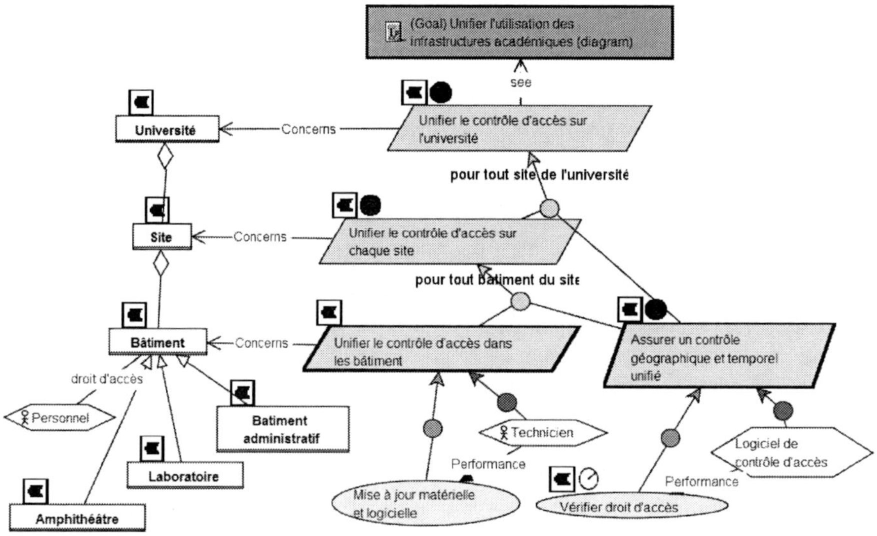

Figure 8. Propagation d'une exigence temporelle sur une structure spatiale

La figure montre comment différents sous-buts sont liés à des structures de nature spatiale. Des raisonnements quantitatifs sont également possibles. Par exemple, l'exigence de capacité d'accueil totale de l'université doit être préservée par la fusion. La capacité peut se calculer (récursivement) comme une *somme* des capacités de toutes les sous-entités de cette entité (en faisant l'hypothèse d'un attribut *capacité*). On peut aussi raisonner sur la capacité maximale et plus généralement imaginer d'autres opérateurs arithmétiques. Des algorithmes de propagation sont disponibles pour réaliser de tels calculs et peuvent être mis en œuvre (Darimont, Ponsard, 2015).

– **La transformation d'exigences spatiales en exigences temporelles.** Par exemple pour des déplacements, les distances spatiales sont généralement plus pertinentes à exprimer de manière temporelle parce qu'elles sont liées à d'autres contraintes (comme un rendez-vous, une tolérance maximale sur un temps acceptable). La conversion entre distance et temps peut faire apparaître des alternatives, par exemple liées au mode de déplacement considéré, voire des contraintes de planning (éviter les heures de pointe). Un exemple est présent dans la figure 9.

5.2. Analyse d'obstacles selon des critères spatio-temporels

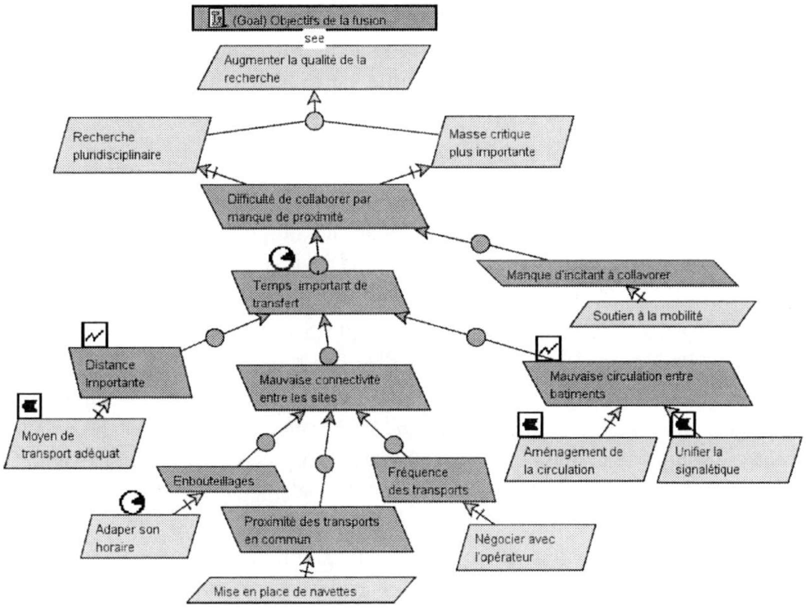

Figure 9. Analyse d'obstacles spatiaux et temporels

Les buts sont souvent formulés de manière trop idéalisée. Afin de les raffiner en exigences robustes. Il faut les mettre à l'épreuve de conditions adverses (risques) qui peuvent empêcher leur réalisation. Des techniques d'IE ont été définies pour générer des obstacles à des buts en commençant par des obstacles monolithiques puis en permettant de les décomposer en causes élémentaires, pouvant alors être contrôlées (Lamsweerde, Letier, 2000). Parmi les techniques de raffinement d'obstacles, les techniques heuristiques se révèlent les plus utiles en pratique. Celles-ci s'appuient sur des altérations des contraintes exprimées par l'exigence, telle que l'altération d'une information reçue pour différentes causes et qui peuvent être explorées (par exemple en lien avec sa transmission, son stockage, son traitement, etc.). La présence de contraintes ST permet de générer des obstacles spécifiques. Il en découle une modélisation des exigences ST plus réaliste.

La figure 9 illustre plusieurs heuristiques utilisées pour générer des obstacles relatifs à des contraintes ST : un délai peut être causé par un temps de déplacement à une vitesse inférieure à celle planifiée, un temps d'attente (bouchon, attente d'une connexion), la nécessité de faire un détour, etc. Au niveau spatial, le terme d'obstacle peut reprendre son sens premier : l'absence de connexion physique entre deux bâtiments ou des caractéristiques les rendant impraticables pour des personnes à mobilité réduite (pente trop forte, escalier, etc.) (Ponsard, Snoeck, 2006).

6. Conclusion et perspectives

Sur la base d'un attirail de notations et de méthodes qui existent déjà autour de la dimension ST et répertoriées dans notre état de l'art, notre contribution propose d'établir des fondations pour un cadre unifié de modélisation d'exigences spatio-temporelles. Nous mettons en œuvre des notations graphiques parlantes ainsi qu'une formulation basée sur des mots clefs spécifiques aux exigences spatiales et temporelles. Le tout est guidé par une série de règles méthodologiques permettant de produire des exigences plus précises, complètes et robustes. Notre travail se situe dans un cadre de référence d'ingénierie des exigences orienté but, qui permet déjà de spécifier le "QUOI" et de justifier le "POURQUOI". Nous proposons de l'étendre pour mieux traiter le "QUAND" et le "OÙ". Nous gardons l'utilisateur au cœur d'un processus de développement des exigences en favorisant une bonne communication entre les parties prenantes via une vision explicite et graphique.

Nos travaux ont été appliqués à une étude de cas concrète et sont supportés par un outil pointu du domaine. Ce travail ne prétend cependant pas être exhaustif : à ce stade, il s'est principalement centré sur la définition d'un cadre unifié et sa validation. Afin d'être utilisable systématiquement, nos travaux se poursuivent dans les directions suivantes :

– Au niveau des notations, des patrons ST spécifiques peuvent également être identifiés pour le modèle des responsabilités et des opérations, afin d'apporter une guidance supplémentaire.

– Le cadre proposé doit être valable dans d'autres domaines d'application que les "SIG", notamment des systèmes mobiles et cyber-physiques. Ceci permettra de déterminer le niveau de généralité et la nécessité éventuelle de définir des règles ou patrons plus spécifiques à un domaine d'application. Cette démarche est soutenue par des études de cas supplémentaires.

– Une sémantique formelle peut-être envisagée à la fois pour les logiques temporelles (p.ex. logique temporelle linéaire) et spatiales (p.ex. algèbre d'Allen). Ceci permettrait de réaliser des vérifications automatiques ou des transformations vers des notations plus spécifiques à un domaine (p.ex. pour configurer un SIG). Le défi est cependant d'arriver à "cacher" ces logiques complexes derrière notre système de notations graphiques et patrons de formulation.

– Enfin, nous considérons l'adaptation des notations à d'autres outils, en particulier libres, tels que StarUML et ArgoUML qui disposent déjà d'extensions spécifiques, respectivement à l'IE et à l'IG.

Remerciements

Ce travail a été financé en partie par le projet PIT de la Région wallonne (conv. nr. 7481). Nous remercions Respect-IT pour la mise à disposition du SDK de son outil.

Bibliographie

Allen A., Yabushita S. (1984). On galaxy interactions during violent relaxation of clusters. *The Astrophysical Journal*, vol. 278, p. 468–468.

Becker R., al. (23-27 juillet 1990). Network visualization. *4th International Symposium on Spatial Data Handling, Zurich, Switzerland.*

Bédard Y., Larrivée S. (2008). Modeling with pictogrammic languages. *Shekar S, Xiong, H. (ed(s)), Encyclopedia of Geographic Information Sciences*, p. 716–725.

Cholley-Gomez M. (2015, 24 Janvier). *Nouvelle Université de Montpellier : une fusion réussie.* http://www.lenouveaumontpellier.fr/nouvelle-universite-montpellier-fusion-reussie.

Claramunt C., Jiang B. (2001). An integrated representation of spatial and temporal relationships between evolving regions. *Journal of Geographical Systems*, vol. 3, nº 4, p. 411–428.

Clementini E. (2009). *A Conceptual Framework for Modelling Spatial Relations.* Thèse de doctorat en informatique, INSA Lyon.

Darimont R., Lamsweerde A. van. (1996). Formal refinement patterns for goal-driven requirements elaboration. In *Proceedings of the 4th acm sigsoft symposium on foundations of software engineering*, p. 179–190. New York, NY, USA, ACM.

Darimont R., Ponsard C. (2015). Supporting quantitative assessment of requirements in goal orientation. In *23rd IEEE International Requirements Engineering Conference.*

Dwyer M. B., Avrunin G. S., Corbett J. C. (1999). Patterns in property specifications for finite-state verification. In *Proc. of the 21st int. conf. on soft. eng.* ACM.

Egenhofer M. J., Franzosa R. D. (1991). Point-set topological spatial relations. *International Journal of Geographical Information Systems*, vol. 5, nº 2, p. 161–174.

Frank A. U. (1994). Qualitative temporal reasoning in gis - ordered time scales. *In Waugh, T. C. et (eds.), R. C. H., éditeurs : Proc. of the 6th Int. Symposium on Spatial Data Handling..*

Hughes D. L., Dwivedi Y. K., Simintiras A. C., Rana N. P. (2015). *Success and failure of is/it projects: A state of the art analysis and future directions* (1re éd.). Springer Int. Publishing.

IEEE1990. (1990). *Standard glossary of software engineering terminology.*

ISO29148. (2011, Dec). Systems and software engineering – life cycle processes –requirements engineering. *ISO/IEC/IEEE 29148:2011(E)*, p. 1-94.

Kosters G., Pagel B.-U., Six H.-W. (1996). Geoooa: object-oriented analysis for geographic information systems. In *Proc. of the 2nd int. conf. on requirements engineering*, p. 245-253.

Lamsweerde A. van. (2009). *Requirements engineering - from system goals to UML models to software specifications.* Wiley.

Lamsweerde A. van, Letier E. (2000, octobre). Handling obstacles in goal-oriented requirements engineering. *IEEE Trans. Softw. Eng.*, vol. 26, n° 10, p. 978–1005.

Laurini R., Thompson D. (1992). *Fundamentals of geographic information systems.* Academic Press Limited. 0-12-438380-7.

Le Parc-Lacayrelle A., Al. (2007). *Entreposage de documents et données semistructurées.* Hermes, Lavoisier.

Ligozat G. (1998). Reasoning about cardinal directions. *Journal of Visual Languages and Computing*, vol. 9, n° 1, p. 23 - 44.

Mahaux M. (2004). *Vers une Spécification Allégée pour l'Analyse des Besoins Orientée-Objectifs.* Mémoire de fin d'étude, EPL, Université catholique de Louvain.

Manna Z., Pnueli A. (1992). *The temporal logic of reactive and concurrent systems.* New York, NY, USA, Springer-Verlag New York, Inc.

Mathian H., Sanders L. (2014). *Objets géographiques et processus de changement.* London, ISTE.

Papadias D., Kavouras M. (1994). Acquiring, representing and processing spatial relations. In *Presented at sixth international symposium on spatial data handling.* Taylor Francis.

Pinet F. (2012, juillet). Entity-relationship and object-oriented formalisms for modeling spatial environmental data. *Environ. Model. Softw.*, vol. 33, p. 80–91.

Ponsard C., Snoeck V. (2006, July). Objective accessibility assessment of public infrastructures. In *Computers helping people with special needs, 10th int. conf. linz, austria*, p. 314–321.

Pullar D. V., Egenhofer M. J. (1988). Towards the defaction and use of topological relations among spatial objects. *In Proc. of the 3rd Int. Symposium on Spatial Data Handling.*

Randell D., Cui Z., Cohn A. (1992). A spatial logic based on regions and connection. In *Proc. 3rd int. conf. on knowledge representation and reasoning.* San Mateo, Morgan Kaufmann.

Respect-IT. (2005). *Objectiver Requirements Engineering Tool.* http://www.respect-it.com.

Rolland C., Salinesi C. (2005). Engineering and managing software requirements. In A. Aurum, C. Wohlin (Eds.),, p. 189–217. Berlin, Heidelberg, Springer Berlin Heidelberg.

Touzani M., Anne L., Libourel T., Quinqueton J. (2015, avril). Towards Geographic Requirements Engineering. In *KMIKS'2015.* Hammamet, Tunisia.

Zimmermann K., Freksa C. (1996). Qualitative spatial reasoning using orientation, distance, and path knowledge. *Applied Intelligence*, vol. 6, p. 49–58.

Zoghlami A. (2013). *Modélisation et conception de systèmes d'information géographique gérant l'imprécision.*

La Validation dans le Processus de Développement

Imen Sayar — Jeanine Souquières

LORIA – CNRS UMR 7503 – Université de Lorraine
Campus Scientifique, BP 239
F-54506 Vandœuvre lès Nancy cedex
{Firstname.Lastname}@loria.fr

RÉSUMÉ. *L'amélioration de la qualité d'un logiciel commence par l'expression de ses exigences en langage naturel. Notre objectif est de combler l'écart entre le cahier des charges, celui du client, et la spécification formelle, celle de l'informaticien. Dans ce papier, nous abordons la validation tout au long du processus de développement, en tenant compte des exigences et la spécification en Event-B du logiciel. La vérification peut aussi détecter des incohérences dans les exigences. La place des outils, notamment avec la plateforme Rodin, est importante au long de ce processus, améliorant sa qualité et sa documentation. Notre approche est illustrée par l'étude de cas d'un système de contrôle du train d'atterrissage d'un avion.*

ABSTRACT. *The amelioration of the quality of a system begins by the requirements elicitation. Our goal is to bridge the gap between requirements, those of the client, and the specification, this of the computer scientist. In this paper, we talk about the validation all along the development of a system, taking into account its requirements and its Event-B specification. The verification may also detect incoherences in the requirements. The Rodin platform is important all along to improve the quality and the documentation of the system, both of its specification and its development process. We illustrate our approach on the case study of an aircraft landing system.*

MOTS-CLÉS : *exigences, spécification, raffinement, validation, vérification, outils*

KEYWORDS: *requirements, specification, refinement, validation, verification, tools*

1. Introduction

Un travail de recherche sur l'ingénierie des exigences présenté dans (van Lamsweerde, 2008) insiste sur deux activités à résoudre : l'analyse du domaine et la modélisation des exigences. Le groupe Standisch a conduit des études par l'interview d'entreprises dans le domaine du logiciel. Il a récemment publié une dernière version du Rapport CHAOS dont le premier date de 1994 [1] : l'une des principales causes des difficultés dans le développement de systèmes réside dans la prise en compte des exigences. Ces exigences sont souvent très pauvres (Abrial, 2009), voire inexistantes.

Le processus de développement de systèmes à l'aide du raffinement utilisé dans Event-B est comparable au processus de la cascade : le modèle initial précise son invariant que le système doit garantir et chaque raffinement est à nouveau prouvé par son invariant. Cette approche assume les propriétés suivantes : 1) toutes les exigences sont explicitées pour décrire le modèle initial ; 2) le modèle initial est une description formelle répondant aux exigences de sécurité et fonctionnelles et 3) toutes les décisions prises lors d'un raffinement doivent être mémorisées relativement à une exigence. En réalité, peu de développements décrivent entièrement ces propriétés. Les exigences évoluent avec le développement, toutes les exigences ne sont pas forcément exprimées dans le modèle initial, de nombreux raffinements introduisent de nouvelles informations dans le modèle (Abrial, 2006).

Les activités de validation et de vérification sont utilisées à chaque étape du développement. Parmi les techniques de validation de modèles, leur exécution est plus attrayante, particulièrement dans le cadre de la modélisation à base de modèles Event-B. La plus grande difficulté vient du non-déterminisme de la plupart des modèles raffinés. En fait, il est recommandé de réduire l'abstraction et le non-déterminisme pas-à-pas. Tandis que des outils actuels, tels que ProB (Leuschel *et al.*, 2003), peuvent animer des modèles avec un non-déterminisme modéré, ils ne peuvent pas toujours traiter l'ensemble des problèmes soulevés. Des stratégies d'exploration exhaustives tombent rapidement dans l'explosion combinatoire.

Dans notre approche, nous mémorisons le cahier des charges, nous prenons en compte ses différentes mises à jour et nous explicitons sa place dans le processus de développement (Abrial, 2009). Pour cela, un ensemble de liens, ou relations, entre exigences et spécifications a été identifié et réalisé avec la plateforme Rodin. Ces liens sont mis à jour tout au long du processus du développement, depuis le cahier des charges jusqu'à la spécification terminée. Différentes actions entre l'évolution des deux "mondes" sont présentées, voir figure 1. Le choix d'une ou plusieurs exigences nous amène à la spécification en cours de développement. Depuis la spécification, les actions modifiant les exigences permettent :
- d'ajouter des termes formels dans une exigence,
- d'ajouter, supprimer et mettre à jour une exigence,
- de valider et vérifier la spécification vis-à-vis des exigences à l'aide des outils disponibles.

La spécification est en cours de développement et décrite pas à pas. L'ensemble des outils disponibles, tels que les outils de validation et de vérification, sont utilisés tout au long de ce développement, et non seulement lorsque la spécification est terminée.

1. Rapport CHAOS du Standish Group (http ://www.standishgroup.com)

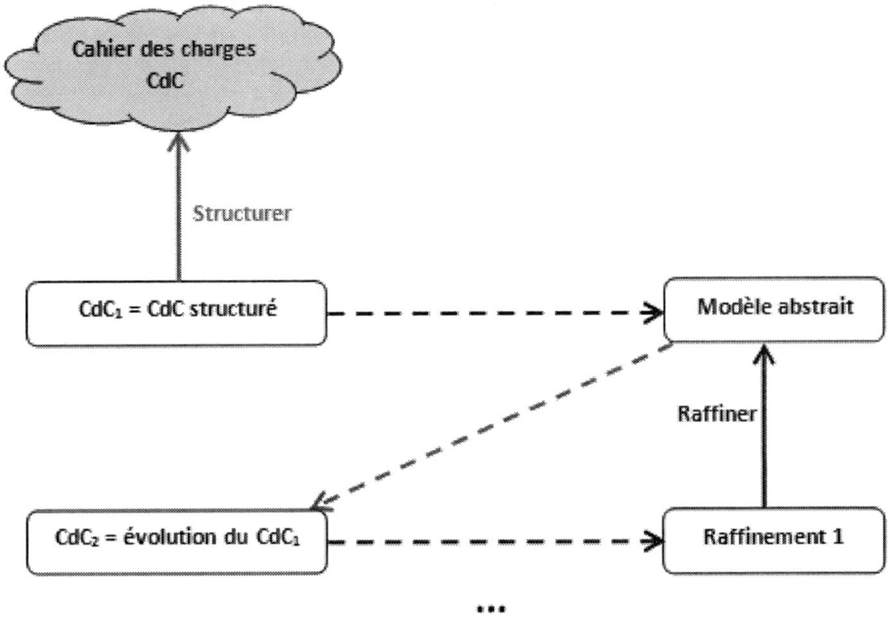

Figure 1. *Notre approche*

Dans la suite de cet article, la partie 2 présente brièvement la méthode Event-B, la plateforme Rodin et l'outil ProR pour prendre en compte les besoins informels en lien avec la spécification en Event-B. La partie 3 décrit la prise en compte de la validation dès la première étape du processus de développement, celle de l'expression de ses exigences en langage naturel. La partie 4 aborde la détection d'incohérences dans les exigences en liaison avec la vérification. Notre approche est illustrée par l'étude de cas d'un système de contrôle du train d'atterrissage d'un avion (Boniol *et al.*, 2014). L'état de l'art sur le sujet est abordé dans la partie 5. Une conclusion est proposée dans la partie 6 avec nos travaux futurs.

2. Cadre formel et outils support

2.1. *La méthode Event-B*

Event-B est une méthode formelle pour spécifier et modéliser des systèmes complexes à partir de la notion de machines abstraites et du raffinement (Abrial, 2010). Une spécification est décomposée en deux parties : (1) le contexte pour décrire la partie statique du modèle à l'aide des ensembles énumérés, des constantes et des axiomes ; (2) la machine pour décrire la partie dynamique à l'aide des variables et des événements. Event-B permet de modéliser un système et son environnement à travers la notion d'observation des événements.

– Description du système. Il est modélisé par un état ou une fonction associant des noms à des valeurs, et contraint par un invariant qui circonscrit l'ensemble des valeurs licites que peut prendre cet état. L'invariant est une formule logique du premier ordre portant sur les valeurs des variables et des constantes. Un événement est une substitution gardée sur l'état. La garde est un prédicat du premier ordre sur l'état. La structure générale d'une machine en Event-B est la suivante :

MACHINE <*Machine_identifier*>	**EVENTS**
REFINES <*Abstract_machine_identifier*>	*Event* < *event_identifier* >
SEES < *Context_identifier_list* >	**REFINES**
	< *abstract_event_identifier* >
VARIABLES	**WHEN**
< *variable_identifier_list* >	<label>: <*predicate*>
	THEN
INVARIANTS	<label>: <*action*>
<label>: <*predicate*>	**END**
...	**END**

– Sémantique. Elle est liée à la notion de correction. Le modèle doit être réalisable, l'ensemble des états licites n'est pas vide et les événements relient des états licites. L'invariant est préservé lorsqu'un événement est déclenché depuis un état licite. Le raffinement maintient l'invariant abstrait : il existe une fonction d'abstraction reliant l'état du modèle concret au modèle abstrait, et chaque événement concret maintient l'invariant abstrait. Les propriétés de chaque modèle ainsi que celles des raffinements sont données par un ensemble d'obligations de preuve, appelées POs.

– Développement. Le développement de spécifications Event-B s'effectue par une approche générale progressive. Il s'agit du raffinement ou relation qui lie deux modèles par l'enrichissement de l'un par un autre. La correction des raffinements est définie par les POs qui garantissent que les invariants de la machine précédente sont préservés par le raffinement.

2.2. *La plateforme Rodin*

Rodin [2] est une plateforme autour d'Event-B développée avec Eclipse. Elle est étendue à l'aide de "plug-ins" et fournit un soutien pour le raffinement et la preuve mathématique. Elle permet d'éditer, animer, prouver et contre-prouver les modèles. Parmi les plug-ins, deux outils complémentaires à la preuve sont indispensables pour la validation des modèles Event-B. Il s'agit d'un animateur permettant de détecter un ensemble de problèmes comme l'inter-blocage ou des comportements non autorisés. Le deuxième outil est un contre-prouveur qui aide à la preuve interactive avec ProB pour trouver des contre-exemples, via un accès direct aux obligations de preuve.

ProR est un plug-in de Rodin pour exprimer une structure hiérarchique des exigences (Jastram, 2010). L'approche proposée commence par l'élicitation des exigences initiales et les hypothèses du domaine. Elle ne propose pas de notation particulière mais un classement des artefacts. Elle s'exprime de la manière suivante :

2. http ://wiki.event-b.org

ID	Description
FUN-G	The landing system's goal is maneuvring gears and their associated doors
FUN-G-1	Maneuvring gears consists on extending or retracting them and reversing their mouvement

Elle est basée sur le modèle de référence WRSPM (Gunter *et al.*, 2000). Elle crée manuellement les liens entre exigences et éléments du modèle Event-B en cours de construction, ces liens pouvant être annotés. Pour gérer la traçabilité entre exigences et modèles formels, ProR permet de :

- définir manuellement des liens depuis la spécification Event-B vers les exigences texte sous ProR. Initialement, les exigences sont informelles,
- insérer des éléments formels dans les exigences de ProR, ces éléments étant issus de la spécification Event-B.

Cet outil enregistre des informations importantes pour les activités de validation et de vérification.

3. Validation

Nous abordons la validation tout au long du développement. Un premier travail commence par la compréhension des exigences et à les re-structurer, si nécessaire. Au fur et à mesure du développement de la spécification sous Rodin et en utilisant ProR, les exigences structurées sont mises à jour pour :

- ajouter des liens entre exigences et éléments formels de la spécification en cours,
- introduire des termes formels dans les exigences structurées, termes issus de la spécification. Ces termes entre crochets [] sont distingués du reste de l'exigence.

3.1. *Structuration des exigences*

La structuration du cahier des charges (CdC) a pour objectif l'obtention d'un document lisible et accessible par toutes ses parties prenantes. Dans notre étude de cas, celui d'un système de contrôle du train d'atterrissage d'un avion, le CdC est compréhensible en l'état. Par conséquent, notre activité consiste à ré-écrire ce document sous forme de phrases étiquetées, en utilisant la proposition de (Abrial, 2010). La validation est prise en compte dès la structuration du CdC et tout au long du processus de développement du système. Elle concerne les futurs modèles formels en Event-B par rapport aux exigences du client. Ces exigences s'expriment sous forme des :

- données du futur système (notées Fact dans la suite de ce document),
- fonctionnalités attendues (Functionality),
- comportements (Behavior) ou séquences de fonctions prévues ou non autorisées,
- conditions (Obligation) avec lesquelles le système fonctionne sous forme de pré-conditions et post-conditions (Hoare, 1969).

Cette phase du développement concerne les deux étapes suivantes :

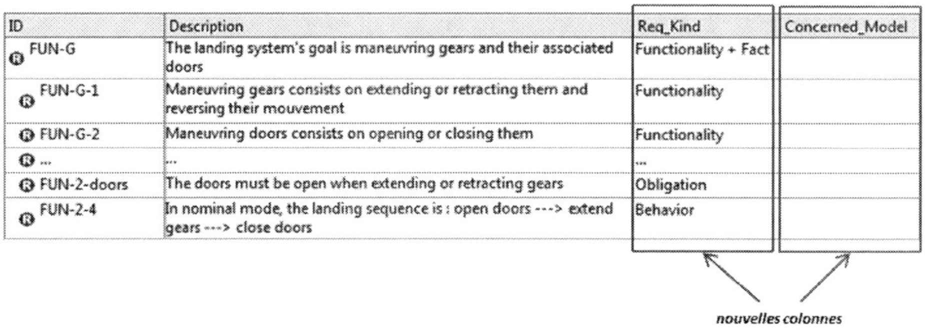

ID	Description	Req_Kind	Concerned_Model
FUN-G	The landing system's goal is maneuvring gears and their associated doors	Functionality + Fact	
FUN-G-1	Maneuvring gears consists on extending or retracting them and reversing their mouvement	Functionality	
FUN-G-2	Maneuvring doors consists on opening or closing them	Functionality	
...	...	...	
FUN-2-doors	The doors must be open when extending or retracting gears	Obligation	
FUN-2-4	In nominal mode, the landing sequence is : open doors ---> extend gears ---> close doors	Behavior	

Figure 2. *Prise en compte de la validation avec ProR*

Req_Kind	Extracted element	ID
Fact	- gears - associated doors	FUN-G FUN-G
Functionality	- maneuvring gears and doors - maneuvring gears : extend gears, retract gears, reverse gears mouvement - maneuvring doors : open doors, close doors	FUN-G FUN-G-1 FUN-G-2
Behavior	- landing sequence : open doors –> extend gears –> close doors	FUN-2-4
Obligation	- *pre-condition* doors = open - *post-condition* extend gears, retract gears	FUN-2-doors

Tableau 1. *Eléments pour la validation*

1) La première consiste à ajouter des paramètres au document structuré avec ProR. La structure du CdC dispose de deux nouvelles colonnes contenant des informations relatives à la validation :

- La colonne *Req_Kind.* Un élément de cette colonne indique les catégories de l'exigence correspondante : *Fact, Functionality, Behavior* ou *Obligation.*
- La colonne *Concerned_Model.* Un élément de cette colonne fait le lien entre l'exigence et le nom du modèle Event-B correspondant, via des machines et des contextes.

Exemple. La figure 2 est décrite à l'aide de ProR. Elle contient ces deux nouvelles colonnes du CdC structuré. Le travail de spécification n'a pas encore commencé ; donc, nous n'avons pas encore introduit de modèles lors de cette étape.

2) La deuxième consiste à extraire les éléments destinés à la validation du futur modèle formel, présents dans les exigences du client. Ces éléments de type *Fact, Functionality,* et *Obligation* sont extraits en se posant certaines questions :

- Quelles sont les données présentes dans le futur système ?

- Quelles sont ses fonctionnalités attendues ?
- Sous quelles conditions le système devra fonctionner ?

Les comportements extraits du CdC sont décrits en termes de scénarios de validation. Ces scénarios décrivent les différents états du modèle Event-B en animant des évènements. Ils apparaissent dans le CdC structuré sous forme de phrases décrivant un enchaînement d'actions.

Exemple. Les éléments de validation extraits de la figure 2 sont présentés dans le tableau 1, relativement à chaque catégorie des exigences.

3.2. *Évolution des exigences et de la spécification*

Cette partie est illustrée par l'étude de cas à l'aide des différentes sortes d'exigences proposées dans la partie 3.1. Nous introduisons la machine `Gears_M0` et son contexte `Gears_Ctx0`. La colonne Concerned_Model introduite dans la figure 2 est mise à jour par les deux nouveaux noms de modèles `Gears_Ctx0` et `Gears_M0`. Ces noms correspondent au `context` et à la `machine` d'Event-B liés aux deux exigences FUN-G et FUN-G-1. L'état du développement est présenté dans la figure 3. La spécification Event-B en cours est proposée dans l'annexe.

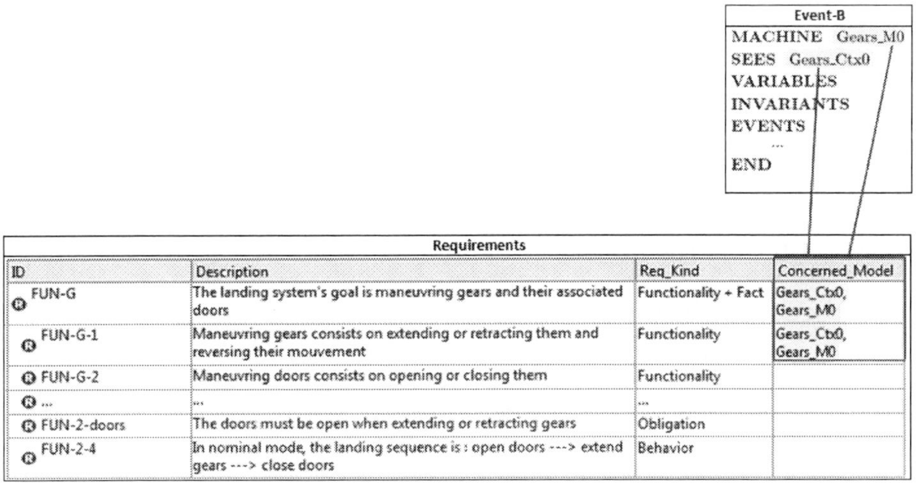

Figure 3. *Introduction d'une machine et son contexte*

3.2.1. *Introduction d'une donnée*

L'introduction de la variable `gears_pos` dans la machine `Gears_M0` se répercute dans la description des exigences : le terme informel `gears` dans les exigences FUN-G et FUN-G1 est remplacé par le terme formel `[gears_pos]` issu de la spécification `Gears_M0`. Les liens entre la spécification Event-B et les besoins sous ProR sont mis à jour. La figure 4 montre l'introduction de la variable `gears_pos`.

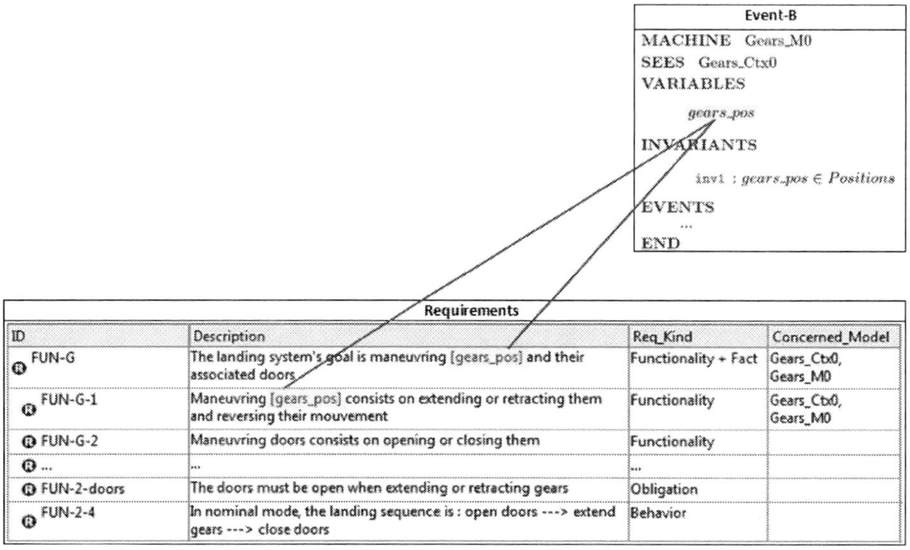

Figure 4. *Introduction d'une donnée*

3.2.2. *Introduction d'une fonctionnalité*

La figure 5 présente l'introduction de l'événement `open_doors` dans la spécification existante et dans le texte des exigences FUN-G-2 et FUN-2-4. La mise à jour du développement concerne :

- la spécification avec un nouvel événement,
- les nouveaux éléments formels dans les exigences,
- les liens entre eux, via ProR.

3.2.3. *Introduction d'une condition*

La figure 6 présente l'introduction de la garde `doors = open` pour les deux événements `extend_gears` et `retract_gears` dans la spécification existante. La mise mise à jour de l'exigence FUN-2-doors concerne :

- une garde dans deux événements existants dans la spécification,
- une nouvelle variable, `doors_pos`,
- les nouveaux éléments formels dans les exigences,
- les liens entre eux, via ProR.

3.3. *Validation de la spécification relativement au CdC*

Afin de valider chacun des modèles Event-B en cours de développement, relativement aux éléments de validation issus lors de la phase de structuration du CdC, nous procédons aux deux étapes suivantes.

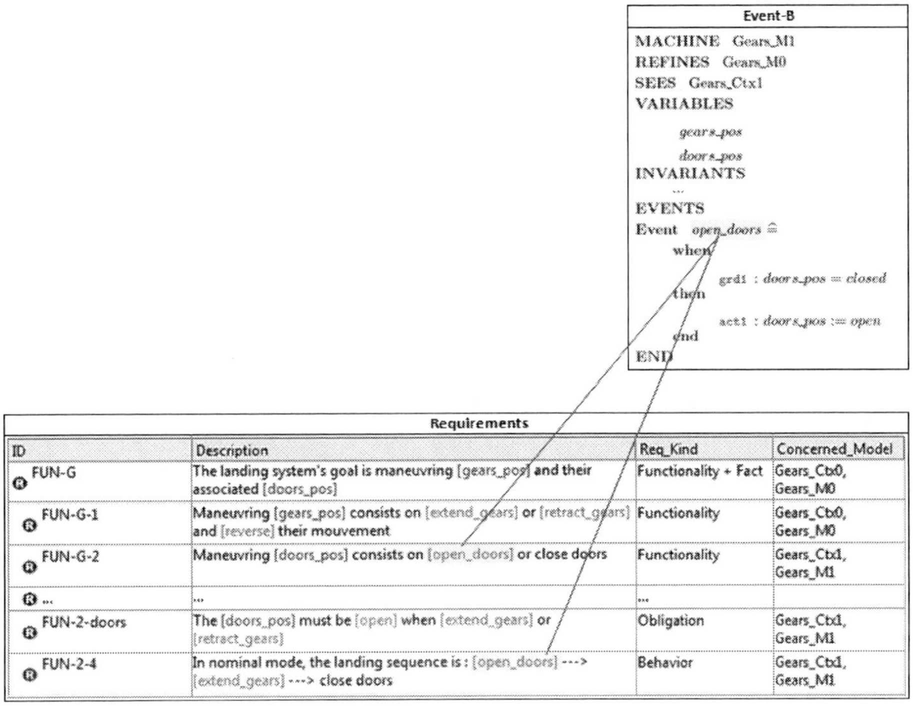

Figure 5. *Introduction de la fonction open_doors*

- Étape 1. Recherche d'éléments de types Fact, Functionality et Obligation dans le modèle décrit précédemment.

  Exemple. Dans la machine `Gears_M1`, les deux variables `gears_pos` et `doors_pos` correspondent aux éléments extraits de type Fact du tableau 1. Concernant la validation des éléments de type Functionality,

  - l'élément *maneuvring gears and doors* n'a pas été modélisé par notre choix de stratégie de développement,
  - les autres éléments de type Functionality ont été pris en compte.

  Ce résultat est présenté dans le tableau 2. L'élément de type Obligation a été modélisé par une garde nommée `grd_FUN2-2-doors` (voir la figure 6).

- Étape 2. Validation par animation du comportement du modèle exprimé par les éléments de type Behavior. L'animation est réalisée avec ProB en utilisant des scénarios.

  Exemple. Pour animer le modèle `Gears_M1` par rapport au scénario décrit dans le tableau 1, nous avons simulé la séquence d'événements Event-B suivante :

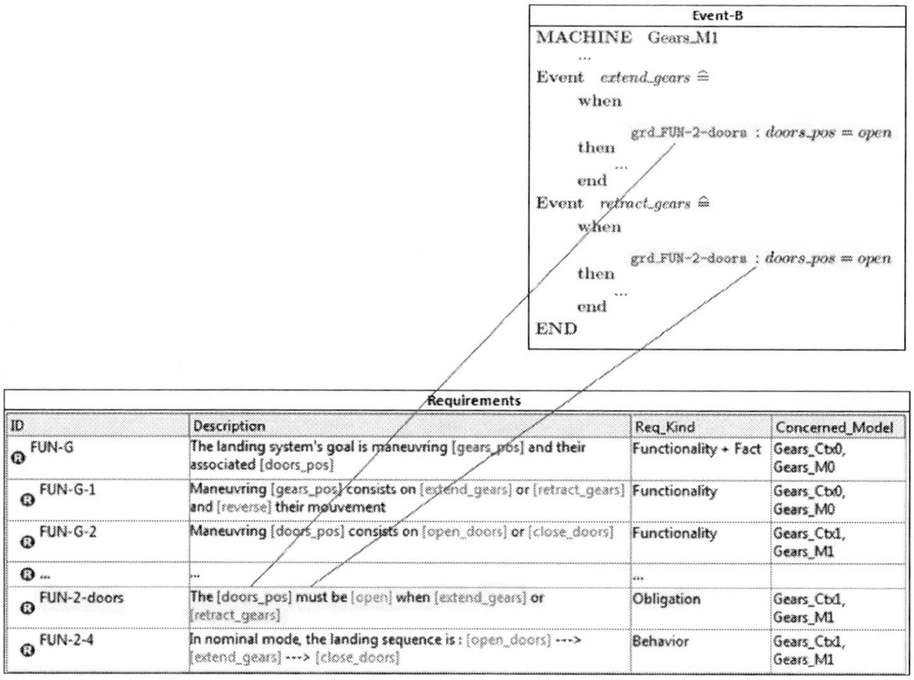

Figure 6. *Introduction d'une condition dans un événement*

Functionality	**Event-B element**
maneuvring gears and doors	non modélisé (choix de développement)
extend gears	event `extend_gears`
retract gears	event `retract_gears`
reverse gears mouvement	event `reverse`
open doors	event `open_doors`
close doors	event `close_doors`

Tableau 2. *Prise en compte des éléments de type Functionality*

```
INITIALISATION -> open_doors -> retract_gears -> close_doors
```

3.4. *Scénarios de validation pour l'animation*

Le CdC peut contenir plusieurs scénarios décrivant les comportements du futur système. Cependant, ces scénarios ne sont pas suffisants pour couvrir tous les comportements possibles. Afin de définir de nouveaux scénarios non prévus dans le CdC,

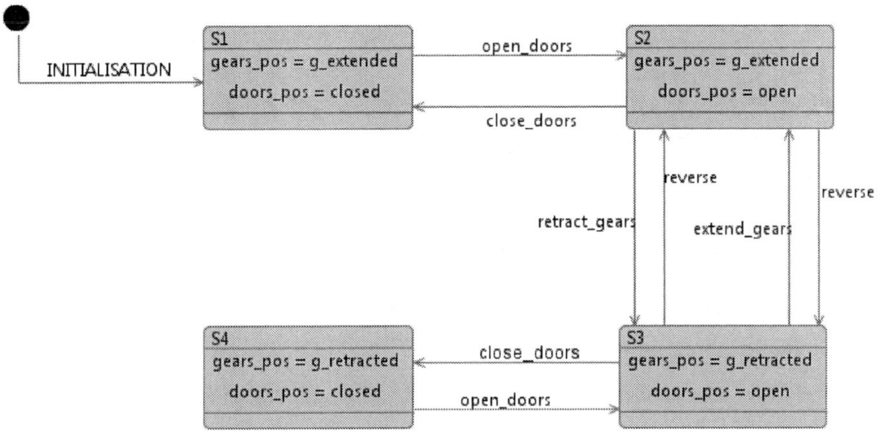

Figure 7. *Une sous-machine à états de* `Gears_M1`

nous utilisons les machines à états, State Machine SM, et une recherche de scénarios non permis par le futur système.

3.4.1. *Utilisation des machines à états*

Afin de construire la SM correspondante à une machine Event-B, nous utilisons Event-B Statemachines [3], un plugin de la plateforme Rodin. A chaque modèle, une SM est associée :

- chaque état représente une valeur donnée à chacune des variables Event-B,
- chaque transition entre deux états représente un événement.

Exemple 1. La figure 7 présente la SM correspondante à la machine Event-B `Gears_M1` de la figure 8. Cette SM décrit la séquence de rétraction et d'extension des trains. Ses états sont décrits par les valeurs de ses variables `gears_pos` et `doors_pos`. Le passage de l'état **S1** à l'état **S2** s'effectue par l'événement `open_doors` ; la variable `doors_pos` passe de `closed` à `open`.

Exemple 2. A partir de la figure 7, de nouveaux scénarios sont proposés dans lesquels des enchaînements d'états ne sont pas autorisés :

- *initialisation -> retract gears* : ce scénario passe de **S1** à **S3**. Il est interdit car il n'est pas possible de rétracter les trains sans ouvrir les portes.
- *initialisation -> close doors* : il n'y a pas de passage immédiat entre un état de trains étendus (état **S1**) à un autre un état de trains pliés (état **S4**) sans passer par la séquence de rétraction.

3. http ://wiki.event-b.org/index.php/Event-B_Statemachines

- *initialisation -> open doors -> retract gears -> retract gears -> close doors* : il n'est pas possible de rétracter les trains plus d'une fois dans la même séquence.

Ces scénarios ne sont pas permis par la machine `Gears_M1` lors de son animation avec ProB.

3.4.2. *Scénarios non autorisés*

A partir de la compréhension des exigences, nous introduisons une action décrivant un comportement non souhaité dans un scénario décrivant un comportement existant.

Exemple. A partir du scénario de validation décrit dans le tableau 1,

open doors –> extend gears –> close doors,

l'action *open doors* est introduite à nouveau avant que la porte soit fermée. L'objectif de ce scénario est de vérifier si l'ouverture des portes des trains d'atterrissage se réalise une deuxième fois dans une séquence d'extension des trains. Ce scénario a la forme suivante :

open doors –> extend gears –> ***open doors*** *–> close doors*

La machine `Gears_M1` a interdit l'animation de ce scénario, à l'aide de ProB. La garde de l'événement `open_doors` interdit sa simulation lorsque les portes sont déjà ouvertes.

4. Vérification

L'activité de vérification permet de découvrir des incohérences dans les exigences. Celles-ci peuvent correspondre à des contradictions, des répétitions ou des oublis. Dans l'étude de cas, nous avons ajouté l'exigence suivante :

ID	Description	Req_Kind
FUN-i	The gears can move only if doors are closed	Obligation

Cette exigence appelée FUN-i est modélisée en Event-B par l'invariant suivant :

```
gears_moving = TRUE => doors_pos = closed
```

Dans cet invariant, `gears_moving` est une variable booléenne qui indique si les trains sont en déplacement ou non (voir figure 8).

Avant l'ajout de cet invariant, le modèle en Event-B était mathématiquement correct. Après l'introduction de cet invariant, les prouveurs de Rodin ont donné lieu à un ensemble d'obligations de preuve non déchargées. Une de ces obligations de preuve a précisé que l'événement `extend_gears` ne respecte pas ce nouvel invariant :

- Une contradiction entre la garde et cet invariant :
  - garde : `doors_pos = open`
  - invariant : `gears_moving = TRUE => doors_pos = closed`

- Cette garde et cet invariant modélisent deux exigences du CdC. Une contradiction entre ces exigences est détectée à l'aide des prouveurs de Rodin.

5. Etat de l'art

Les documents des exigences utilisés dans l'industrie sont souvent pauvres et difficiles à comprendre (Abrial, 2006). Dans (Su *et al.*, 2011), les auteurs recommandent de ré-écrire ce document sous la forme de deux textes différents. L'un est destiné à la compréhension du problème et l'autre contient les définitions et les besoins en termes de phrases courtes dans un langage naturel.

Notre approche commence par la re-structuration du document des exigences proposée par Abrial pour exprimer les liens entre les exigences et les spécifications ; nous ajoutons pas-à-pas des liens avec les modèles Event-B en cours de développement. La première étape de structuration est celle proposée par Abrial. Les autres étapes utilisent l'outil ProR (Jastram, 2010). Nous proposons une évolution de la structure des exigences avec la préparation de l'activité de la validation. De plus, nous ajoutons de nouveaux liens entre la spécification Event-B et les exigences.

Dans l'approche présentée dans (Heisel *et al.*, 1999), les exigences et la spécification sont clairement identifées. Un guide méthodologique détaillé pour ces deux activités est proposé et n'introduit pas de nouveaux langages ou formalismes. Le processus d'élicitation des besoins est indépendant du langage de spécification utilisé. Un lien de traçabilité entre les exigences et la spécification est maintenu via les agendas. Notre approche est une évolution liée à l'utilisation de la plateforme Rodin et l'outil ProR.

L'approche KAOS (van Lamsweerde, 2009) est orientée buts ; elle permet de les identifier et de les raffiner progressivement jusqu'à l'obtention des contraintes. La méthode associée propose de dériver les besoins en termes d'objets et d'actions. Un modèle multi-vues intègre tous les concepts du langage utilisé, pour articuler les exigences et les spécifications (van Lamsweerde, 2008). A partir de plusieurs applications industrielles décrites à l'aide de KAOS, la présentation de (Ponsard *et al.*, 2015) considère les interactions entre les artifacts des exigences ; des outils supports sont nécessaires. Dans notre approche, les exigences doivent être comprises avant de les structurer. Dans l'approche proposée dans (Ponsard *et al.*, 2015), les auteurs utilisent plusieurs sortes de diagrammes pour aider à comprendre les exigences.

L'évolution des besoins est prise en compte (Hallerstede *et al.*, 2014). Cela signifie que les exigences doivent être fréquemment changée et incorporée incrémentalement dans la spécification formelle. Dans notre approche, nous mémorisons les liens entre exigences et spécifications tout au long du développement avec les actions qui les font évoluer.

(Driss, 2014) propose un modèle pivot basé sur une ontologie, pour faire le lien entre exigences et spécifications formelles. Dans notre approche, nous utilisons les liens offerts par ProR et la plateforme Rodin pour relier les exigences avec le modèle formel en cours de développement.

Les outils d'aide à la validation de modèles Event-B (Mashkoor *et al.*, 2016a; Mashkoor *et al.*, 2016b) ont mis en évidence la possibilité de définir des sémantiques mathématiques qui garantissent la correction de modèles exécutables. Ils ont esquissé une extension de la notion de raffinement en tant qu'étape dans le processus de développement. Suite à ce travail, notre approche propose une meilleure intégration entre le formel et le semi-formel dans le processus de développement.

Dans l'approche décrite dans (Alkhammash *et al.*, 2015), des structures semi-formelles sont utilisées pour combler l'écart entre les exigences et les modèles Event-B. Cette approche conserve la trace entre les exigences et les modèles Event-B. Dans une première étape, les exigences sont classées et affectées à des composants Event-B. Dans la deuxième étape, des détails sont introduits graduellement dans les modèles formels. La troisième étape est d'utiliser l'outil UML-B et l'outil de décompostion atomique pour générer des modèles Event-B. Une différence entre notre présentation et celle-ci concerne le fait que notre approche n'est pas seulement pour des modèles Event-B, mais elle est basée sur la combinaison des exigences évolutives alternativement avec les étapes de raffinement des modèles Event-B.

Dans (Hallerstede *et al.*, 2011), un algorithme en ProB a été décrit pour l'animation du raffinement de plusieurs niveaux simultanés. Cette animation permet de détecter une variété d'erreurs introduites avec le raffinement. Ces résultats sont empiriques ; la preuve et l'animation se complètent relativement à la validation. Nous utilisons cette proposition pour raisonner tout au long du développement en utilisant le raffinement.

6. Conclusion et perspectives

Dans ce papier, nous avons pris en compte la validation tout au long du processus de développement, depuis la structuration des exigences jusqu'à la spécification en Event-B d'un logiciel. Mémoriser les exigences implique sa mise à jour et sa place dans le processus de développement (Abrial, 2009). Nous avons utilisé la plateforme Rodin et illustré notre approche par l'étude de cas d'un système de contrôle du train d'atterrissage d'un avion [4]. Nous avons aussi développé une étude de cas d'une machine d'hémodialyse (Mashkoor, 2015).

La validation est prise en compte dès la première étape du processus de développement, celle de l'expression de ses exigences en langage naturel. Nous ré-écrivons ces exigences sous forme de phrases étiquetées. Nous ajoutons de nouveaux paramètres au document structuré avec ProR et décrivons des scénarios de validation.

Dans les étapes suivantes, nous ajoutons des termes formels dans les exigences à partir de la spécification Event-B. La mise à jour des exigences est prise en compte. La préparation à la validation est guidée par les types des éléments formels. L'animation et l'aide à la validation sont guidées par la définition de nouveaux scénarios dans lesquels des enchaînements d'actions ne sont pas autorisés ou non précisés dans les exigences. La vérification permet de détecter des incohérences dans les exigences.

Aujourd'hui, la compréhension et l'utilisation directe du cahier des charges, lorsqu'il existe, n'a pas encore atteint la maturité suffisante pour proposer une démarche de développement. L'évolution des outils disponibles, comme par exemple la plateforme Rodin permettant d'éditer, animer, prouver et contre-prouver les modèles, apporte un point de vue important pour combler l'écart entre ces deux mondes, celui

4. Ce développement est accessible à l'adresse http ://dedale.loria.fr

des exigences et celui des spécifications formelles. Si nous regardons notre approche présentée dans la figure 1, le raffinement utilisé en Event-B pourrait être généralisé à l'ensemble des couples (besoins, spécifications) et des liens entre eux. Une partie du développement pourrait être outillée, voire automatisée.

La notion de liens introduite dans ce papier est importante dans le processus de développement d'un logiciel et dans sa validation. A ce jour, ces liens sont extraits des différents documents disponibles, qu'ils soient formels ou informels. Ils sont utilisés manuellement dans le processus. Cette notion doit être clarifiée. Concernant la validation, un travail sur des outils manuels et semi-automatiques est nécessaire en lien avec les différentes catégories des exigences.

7. Bibliographie

Abrial J.-R., « Formal Methods in Industry : Achievements, Problems, Future », *in* L. J. Osterweil, H. D. Rombach, M. L. Soffa (eds), *28th International Conference on Software Engineering, Shanghai, China*, ACM, p. 761-768, 2006.

Abrial J.-R., « Faultless Systems : Yes We Can ! », *IEEE Computer*, vol. 42, n° 9, p. 30-36, 2009.

Abrial J.-R., *Modeling in Event-B : System and Software Engineering*, Cambridge University Press, 2010.

Alkhammash E., Butler M., Fathabadi A. S., Cirstea C., « Building Traceable Event-B Models from Requirements », *Science of Computer Programming (Special Issue on Automated Verification of Critical Systems, AVoCS 2013)*, vol. 111, Part 2, p. 318-338, 2015.

Boniol F., Wiels V., « Landing Gear System case Study », *ABZ Conference, Communications in Computer and Information Science, Springer*, vol. 433, p. 1-18, 2014.

Driss S., From natural language specifications to formal specifications via an ontology as a pivot model, Theses, Université Paris Sud - Paris XI, June, 2014.

Gunter C. A., Gunter E. L., Jackson M., Zave P., « A Reference Model for Requirements and Specifications- Extended Abstract », *Proceedings of the 4th International Conference on Requirements Engineering*, IEEE Software, p. 17 : 37-43, 2000.

Hallerstede S., Jastram M., Ladenberger L., « A Method and Tool for Tracing Requirements into Specifications », *Sciences Computer Program*, vol. 82, p. 2-21, 2014.

Hallerstede S., Leuschel M., Plagge D., « Validation of Formal Models by Refinement Animation », *Sci. Comput. Program.*, vol. 78, n° 3, p. 272-292, 2011.

Heisel M., Souquieres J., « A Method for Requirements Elicitation and Formal Specification », *Proc. 18th Int. Conference on Conceptual Modeling, ER'99*, n° 1728 in *LNCS Springer-Verlag*, p. 309-324, 1999.

Hoare C. A. R., « An Axiomatic Basis for Computer Programming », *Commun. ACM*, vol. 12, n° 10, p. 576-580 & 583, 1969.

Jastram M., « ProR, an Open Source Platform for Requirements Engineering based RIF », *SEISCONF*, 2010.

Leuschel M., Butler M. J., « ProB : A Model Checker for B », *in* K. Araki, S. Gnesi, D. Mandrioli (eds), *International Symposium of Formal Methods Europe, Pisa, Italy, Proceedings*, vol. 2805 of *LNCS*, Springer, p. 855-874, 2003.

Mashkoor A., The Hemodialysis Machine Case Study, Technical report, Tecnical report SCCH-TR-1542, Austria : Software Competence center Hagenberg GmbH, 2015.

Mashkoor A., Jacquot J.-P., « Validation of Formal Specifications through Transformation and Animation », *Requirements Engineering, Springer Verlag, 16 pages*, 2016a.

Mashkoor A., Yang F., Jacquot J.-P., « Refinement-based Validation of Event-B Specifications », *Software and Systems Modeling, Springer Verlag, 33 pages*, 2016b.

Ponsard C., Darimont R., Michot A., « Combining Models, Diagrams and Tables for Efficient Requirements Engineering : Lessons Learned from the Industry », *Actes du XXXIIIème Congrès INFORSID, Biarritz, France, May 26-29*, p. 235-250, 2015.

Su W., Abrial J.-R., Huang R., Zhu H., « From Requirements to Development : Methodology and Example », *13th International Conference on Formal Engineering Methods, Durham, UK*, p. 437-455, 2011.

van Lamsweerde A., « Requirements Engineering : from Craft to Discipline », *Proceedings of the 16th ACM SIGSOFT International Symposium on Foundations of Software Engineering, Atlanta, Georgia, USA*, p. 238-249, 2008.

van Lamsweerde A., *Requirements Engineering - From System Goals to UML Models to Software Specifications*, Wiley, 2009.

A. Annexe

```
MACHINE Gears_M1
 REFINES Gears_M0
 SEES Gears_Ctx1
 VARIABLES
   gears_pos
   doors_pos
   gears_moving
 INVARIANTS
   inv1 : doors_pos ∈ Doors_Positions
   FUN−i_inv: gears_moving = TRUE
                 ⇒ doors_pos = closed

 EVENTS
  INITIALISATION
   BEGIN
     act1 : gears_pos := g_extended
     act2 : doors_pos := closed
   END
  Event extend_gears
   REFINES
     extend_gears
   WHEN
     grd1 : gears_pos = g_retracted
     grd_FUN−2−doors: doors_pos = open
   THEN
     FUN−G−1: gears_pos := g_extended
   END
```

```
 Event retract_gears
   REFINES
     retract_gears
   WHEN
     grd1 : gears_pos = g_extended
     grd_FUN−2−doors: doors_pos = open
   THEN
     FUN−G−1: gears_pos := g_retracted
   END
 Event reverse
   REFINES
     reverse
   THEN
     ...
   END
 Event open_doors
   WHEN
     grd1 : doors_pos = closed
   THEN
     FUN−G−2: doors_pos := open
   END
 Event close_doors
 ...

END
```

Figure 8. *Machine* `Gears_M1`

Approches de Design Rationale

Cadre de Référence

Salim Fathy[1], Elena Kornyshova[2]

1. CEDRIC, Conservatoire National des Arts et Métiers
2, rue Conté, 75003, Paris, France
salim.fathy.90@gmail.com

2. CEDRIC, Conservatoire National des Arts et Métiers
2, rue Conté, 75003, Paris, France
elena.kornyshova@cnam.fr

RESUME. Le rôle des systèmes d'information s'élargissant de plus en plus, ils doivent être conçus d'une manière organisée, suivant une logique bien réfléchie avec une argumentation des décisions prises claire et justifiable. Le Design Rationale (DR) est une discipline qui répond à cette exigence car elle comprend la conception et la modélisation des raisons pour lesquelles des décisions de conception des systèmes d'information ont été prises. Plusieurs travaux sont menés autour de Design Rationale. Cependant, il n'existe pas d'état de l'art permettant d'avoir un aperçu des approches de DR, de les comparer et de guider la sélection des approches dans des cas concrets. Le but de ce papier est de présenter un cadre de référence qui atteint ces objectifs et d'appliquer ce cadre sur quelques approches de DR les plus connues. Le cadre de référence proposé comporte quatre vues et treize critères organisés dans ces vues.

ABSTRACT. The role of Information Systems is growing constantly. They should be elaborated in an organized way following a well-defined logic using a clear and justifiable argumentation of the decision made. Design Rationale (DR) is a discipline responding to this requirement as it includes the design and modeling of the reasons justifying the decisions made during the design of information systems. Many works are done in the Design Rationale domain. However, a structured state-of-the-art allowing to have an overview of the DR approaches, to compare them and to guide the selection of the DR approaches in concrete situations does not exist. The goal of this paper is to present a comparison framework meeting these goals and to apply this framework to several most well-known DR approaches. A comparison framework contains four views and thirteen criteria organized into these views.

MOTS-CLES : Design Rationale, Cadre de référence, Etat de l'art

KEYWORDS: Design Rationale, Comparison framework, State-of-the-Art

Congrès INFORSID, 34ème édition, Grenoble, 31 mai – 3 juin 2016

1. Introduction

A l'ère de l'informatique, les systèmes d'information deviennent de plus en plus demandés par les entreprises, les administrations et d'autres institutions. Le besoin ne cesse d'augmenter et les clients deviennent de plus en plus exigeants vis à vis de ces systèmes. Pour répondre à ces demandes, les systèmes doivent être conçus d'une manière organisée, suivant une logique bien réfléchie avec une argumentation des décisions prises qui soit claire et justifiable. Pour aboutir à ces résultats, les concepteurs doivent exploiter les expériences précédentes pour décider, faire leurs choix et apporter des améliorations à ce qui a été déjà réalisé.

Pour ce faire, il faut tracer dans chaque projet la logique suivie lors de la phase de conception. Il faut conserver les questions posées, les discussions échangées entre concepteurs "Designers" et les propositions de chaque membre avec les arguments qui défendent chaque solution (proposition). Ce traçage est nommé le Design Rationale (DR). Le Design Rationale est une discipline qui comprend la conception et la modélisation des raisons pour lesquelles des décisions de conception des systèmes ont été prises. Le but de DR est d'avoir un historique réutilisable de ces décisions et raisonnements ainsi que les arguments/interprétations qui vont avec, de la façon la plus réaliste et la moins coûteuse. En effet, les concepteurs devraient conserver toute réflexion ou action qui mène à un résultat concluant lors de la conception des systèmes. Les discussions entres concepteurs, les prises de notes lors des réunions, les modélisations fonctionnelles et techniques, les choix effectués, les décisions prises sont tous des éléments importants qui alimentent le Design Rationale.

Concernant la discipline de DR, on trouve dans la littérature bon nombre d'approches et/ou méthodes qui proposent plusieurs façons d'implémentation du Design Rationale. Chaque approche a ses caractéristiques, ses particularités et ses outils. Ces approches ont aussi plusieurs points en commun, notamment l'objectif global qui est d'assurer la traçabilité des décisions prises. Malgré la présence de certains travaux de recherche présentant l'état de l'art (Regli et al., 2000) (Tang, 2007) (Tang et al., 2006), nous n'avons pas trouvé d'état de l'art structuré du domaine de DR dans la littérature. En effet, le travail de (Regli et al., 2000) décrit la comparaison des outils de DR par rapport aux méthodes de capture, de représentation et d'extraction, à l'approche technique (orientée processus ou bien orientée paramètres) et au domaine de conception. Les auteurs se concentrent donc sur les outils et omettent les méthodes de DR non outillées. De plus, la liste des critères de comparaison est limitée dans leur proposition. A. Tang (Tang, 2007) décrit huit groupes d'approches de DR, mais n'effectue pas de comparaison entre ces approches. (Tang et al., 2006) décrit les résultats d'une étude de la perception de la valeur de DR et des façons dont les professionnels utilisent et documentent leurs décisions de conception.

L'objectif de ce papier est de proposer un cadre de référence permettant de comparer les approches Design Rationale existant dans la littérature et d'appliquer ce cadre aux approches les plus utilisées et connues chez les concepteurs et la communauté de chercheurs de DR. Ceci pour répondre aux questions suivantes :

– Quels sont les critères de comparaison des différentes approches de DR ?

– Comment une approche peut-elle être décrite à l'aide du cadre de référence ?

Les résultats de ce papier pourraient dans le futur : être complétés pour prendre en compte un plus grand nombre d'approches de DR ; aider à proposer un guide de sélection des approches de DR et générer des idées pour créer de nouvelles approches de DR.

La section suivante décrit la notion du Design Rationale, présente les principales approches de DR et explique la sélection d'une sous-partie de ces approches pour être comparées lors de notre étude. La section 3 décrit le cadre de comparaison entre les approches Design Rationale. Dans la section 4, nous analysons les approches DR choisies par rapport au cadre de comparaison. Nous terminons dans la section 5 par une présentation des conclusions et des questions ouvertes ainsi que des perspectives qui vont élargir notre recherche.

2. Le Design Rationale, définitions et sélection des approches à comparer

L'origine du Design Rationale est assignée à Kunz et Horst Rittel à travers leurs travaux et au développement de l'approche IBIS (Issue-Based Information System) en 1970. Cette approche a été exploitée par la suite par plusieurs chercheurs. La première version présentée à la communauté Design Rationale après l'IBIS est l'approche PHI (Procedural Hierarchy of Issues) décrite par Ray McCall lors de sa thèse. Ensuite, le langage de représentation des décisions DRL (Decision Representation Language) orienté vers l'ingénierie des logiciels a été proposé par Potts et Bruns. Puis le QOC (Questions, Options and Criteria) comme méthode d'analyse et de choix entre plusieurs alternatives (Lewkowicz et Zacklad, 1998).

Ces approches sont la base principale du Design Rationale et c'est à partir d'elles que d'autres chercheurs ont pu développer et présenter leurs propres approches. Ces dernières sont très nombreuses dans la littérature de DR. Chaque chercheur ou groupe de chercheurs, et ce depuis la naissance de DR, a apporté sa vision et sa perception de DR ce qui a permis d'enrichir les connaissances dans ce domaine.

2.1 Définitions du Design Rationale

Dans la littérature, on trouve plusieurs définitions du Design Rationale. Nous présentons ci-dessous quelques versions de ces définitions qui permettent de mieux comprendre ce concept.

– Le Design Rationale est la conception et la modélisation des raisons pour lesquelles des décisions de conception des systèmes ont été prises. L'objectif est d'avoir un historique réutilisable de ces décisions et raisonnements ainsi que les arguments/interprétations qui vont avec, de façon la plus réaliste et la moins coûteuse (Lewkowicz et Zacklad, 1998).

– Le Design Rationale est le raisonnement et l'argumentation qui conduit à la décision finale de la façon dont la réflexion de conception est réalisée. Cette réflexion de conception est l'effet attendu ou le comportement que le concepteur vise pour remplir la fonction souhaitée (Sim et Duffy, 1994).

– Le Design Rationale est composée des informations qui expliquent pourquoi un artefact est structuré d'une certaine façon et a un certain comportement (Conklin et Burgess-Yakemovic, 1995).

Pour résumer, le DR peut être défini comme une activité qui consiste à modéliser les questions, les propositions, les arguments et les décisions prises lors de la conception des systèmes. Ce processus de décisions est souvent réutilisé lors de la modélisation de nouveaux systèmes; d'où son utilité.

2.2 Approches du Design Rationale

La littérature propose plusieurs approches, méthodes et langages de DR. Chacun possède ses propres caractéristiques et propriétés, mais souvent ces approches partagent de nombreux points en commun.

Parmi les approches existantes, les plus connues sont :

– IBIS (Issue-Based Information System) (Ebadi et al., 2009) avec son outil gIBIS (Graphical IBIS) (Conklin et Begeman, 1988) et les variantes d'IBIS : PHI (Procedural Hierarchy of Issues) (Fischer et al., 1989), REMAP (Representation and MAintenance of Process knowledge) (Ramesh et Luqi, 1995) ;

– DRL (Decision Representation Language) (Lee, 1990) ;

– QOC (Questions Options and Criteria) (Lewkowicz et Zacklad, 1998) et ses variantes : ABRICO (Accord, But, pRoposition, Interprétation en Conception) (Lewkowicz et Zacklad, 1998), QUIMERA (Métamodèle de qualité pour l'amélioration du Desin Rationale) (García Frey et al., 2011), TEAM (Traceability, Exploration and Analysis Model) avec son outil DREAM (Design Rationale Environment for Argumentation and Modelling) (Lacaze et Palanque, 2007), une extension de QOC par les critères et les facteurs ergonomiques (Farenc et Palanque, 1999).

Il existe d'autres approches DR qui sont moins connues : FBS (Fonction, Behaviour, Structures) (Kannengiesser et Gero, 2010), REMIS (Rationale-driven Evolution and Management Information System) (Ocampo et Münch, 2007), Kuaba (Approche de mise en relation avec ingénierie d'exigences), DIPA (Données, Interprétations, Propositions, Accord) (Roy, 2012). Le Design Rationale peut également être exprimé en utilisant les modèles de variabilité (feature models) (Schlee et Vanderdonckt, 2004), les méthodes d'évaluation (Farenc et al., 1995) ou encore les méthodes issues du domaine décisionnel telles que les arbres de décision (Kast, 2002) ou la méthode AHP – Analytic Hierarchy Process (Saaty, 1980).

2.3 Sélection des approches DR à comparer

Plusieurs sources citent les approches IBIS, DRL et QOC (Lewkowicz et Zacklad, 1998) (Farenc et Palanque, 1999) (Lacaze et Planque, 2007) (Tang, 2007). Pour comparer les approches DR dans un premier temps et tester l'applicabilité de notre cadre de référence, nous avons sélectionné ces trois approches et quelques approches dérivées : PHI et REMAP pour IBIS et ABRICO et QUIMERA pour QOC. En effet, les approches d'origine (comme IBIS et QOC) proposent souvent des fonctionnalités limitées, il est donc judicieux de compléter l'analyse par des variantes plus développées des approches de base. Ensuite, nous avons ajouté à notre étude l'approche FBS car cette dernière est orientée fonction, c'est-à-dire elle part des fonctionnalités prévues par le système pour élaborer les décisions de conception.

3. Présentation du cadre de référence

Afin de comparer les approches de DR nous utilisons un cadre de référence inspiré des travaux de (Jarke et al., 1992). Ce cadre de référence comportant quatre vues (ou quatre mondes) : Sujet, System, Utilisation et Développement a été utilisé dans plusieurs domaines : l'ingénierie des systèmes d'information (Jarke et al., 1992), l'ingénierie des exigences (Jarke et al., 1993), l'ingénierie des processus de développement des systèmes d'information (Rolland, 1998), l'ingénierie des méthodes (Rolland, 1997) (Kornyshova, 2011). Le cadre de référence à quatre mondes a démontré son efficacité pour la compréhension de différentes disciplines (Rolland, 1998).

Dans le cadre de référence initial conçu pour le domaine de l'ingénierie des SI (Jarke et al., 1992), les quatre vues sont décrites comme suit :

– ***La vue Sujet*** est consacré aux connaissances clés du domaine pour lequel le SI donné est conçu. Il représente les objets du monde réel qui feront l'objet de la modélisation du système.

– ***La vue Système*** comprend les spécifications du système à différents niveaux de détail. Il comprend les modèles des entités, des événements, des processus etc., ainsi que les liens entre les spécifications de conception et leur implémentation.

– ***La vue Usage*** décrit l'environnement organisationnel du SI, c'est-à-dire, les objectifs et les activités des agents, ainsi que comment le système est utilisé pour atteindre les objectifs, y compris ceux des parties prenantes telles que les propriétaires et les utilisateurs.

– ***La vue Développement*** est orienté sur les entités et les activités qui correspondent au processus même de l'ingénierie.

Dans le contexte des approches de DR, nous définissons les vues (mondes) de la façon suivante. La vue Sujet est celui des décisions prises lors de la conception des SI. La vue Système détaille les différentes facettes de représentation utilisées dans les approches de DR : formalisation, granularité, etc. La vue Usage nous permet d'étudier les utilisations de DR selon les différentes approches. Et, enfin, la vue Développement détaille les différents processus permettant de construire et de tracer les décisions prises.

Nous considérons que cette séparation en quatre vues nous permettra de mieux comprendre les différentes approches de DR et de faciliter leur comparaison. Notre version des critères de comparaison qui composent les quatre vues est détaillée dans les sous-sections suivantes.

3.1 Vue Sujet

La vue Sujet correspond aux décisions de conception (appelées en anglais « design decisions ») étudiées dans les approches de Design Rationale. Il importe donc d'étudier à ce niveau les différents composants des décisions de conception (les attributs de décision). Nous appelons le critère correspondant 'Notation'.

Critère 1 : Notation. Venant du domaine d'aide à la décision la définition d'une décision comporte les éléments suivants : problématique (sélection, tri, classement) (Roy, 2005) ; alternatives, critères, évaluations des alternatives par rapport aux critères (Roy, 1996) (Vincke, 1995). Cependant, dans le domaine de DR qui fait partie du celui de conception des SI, ces notions sont exprimées souvent différemment. Par exemple, on retrouve les termes 'Positions' (IBIS (Ebadi et al., 2009), PHI (Fischer et al., 1989)) et 'Options' (QOC (Lewkowicz et Zacklad, 1998), QUIMERA (García Frey et al., 2011)) pour désigner les alternatives, ou encore le terme 'Arguments' pour un équivalent des critères (IBIS (Ebadi et al., 2009), PHI (Fischer et al., 1989)). Nous définissons par conséquent un ensemble d'attributs de décisions de conception pour chaque approche de DR pour comparer le contenu principal de ces approches.

3.2 Vue Système

Si la vue Sujet est focalisée sur les décisions de conception, la vue Système détaille la façon dont ses décisions sont représentées dans les différentes approches de DR. Cette vue inclut quatre critères : degré de formalisme, granularité, type statique ou dynamique et ouverture.

Critère 2 : Degré de formalisme. Ce critère montre le niveau de formalisation des décisions dans une approche DR (Kannengiesser et Gero, 2010). En effet, en fonction de l'approche, la décision peut être formalisée de façon plus ou moins complète. Les valeurs possibles de ce critère sont : formelle pour les approches décrites et documentées complètement, semi formelle pour les approches qui sont peu documentées et non formelle pour les approches non documentées.

Critère 3 : Granularité (Rolland, 1998). Ce critère définit le niveau de détail de l'argumentation des décisions préconisé par une approche DR. Le niveau peut être très fin (très détaillé), moyennement détaillé ou peu détaillé. Le critère de granularité est important dans la comparaison des approches DR car l'utilisateur pourra sélectionner celle qui correspondra mieux aux besoins du projet.

Critère 4 : Type (Statique/Dynamique) (Rolland, 1998). Il s'agit d'un critère pour affirmer la présence ou l'absence d'échanges entre les acteurs et les parties prenantes de DR. Dans notre cas il s'agit de mettre en évidence le niveau d'échanges existant dans chaque approche. Ce critère peut prendre comme valeur : statique s'il n'y a pas d'échanges entre les acteurs (designers, client, AMOA,..) ou bien dynamique lorsque les échanges et le partage d'informations entre ces acteurs existent.

Critère 5 : Ouverture. L'ouverture d'une approche est la prise en compte de plusieurs points de vue utilisateurs dans la construction de DR (Atwood et Horner, 2007). Pour répondre à ce critère, il suffit d'affirmer ou de nier la présence des acteurs et parties prenantes qui peuvent participer à la construction du Design Rationale à travers une approche définie. Ce critère permet aux designers de distinguer les approches qui prennent en compte les différents acteurs lors de la construction du Design Rationale, de ceux qui n'en tiennent pas compte. Ce critère est complémentaire au critère précédent.

3.3 Vue Usage

Cette vue permet de décrire les situations types pour lesquelles les approches DR ont été développées. La vue Usage comporte trois critères : domaine d'utilisation, orientation et évolutivité. L'analyse des critères correspondants permettra de compléter les vues Sujet et Système par les éléments du contexte d'application des approches DR.

Critère 6 : Domaine d'utilisation (Rolland, 1998). Le domaine d'utilisation définit les situations dans lesquelles l'application d'une approche DR est efficace. Un domaine d'utilisation peut être, par exemple : les systèmes complexes à concevoir, les systèmes à fortes exigences, les systèmes avec une fréquence de changements élevée, etc.

Critère 7 : Orientation. Ce critère indique si l'approche est orientée processus ou fonction. Cette distinction a été mentionnée dans l'article (Regli et al., 2000). En effet, une approche orientée processus est une approche qui définit des étapes successives et ordonnancées. Par conséquent, ce sont ces étapes (le processus) qui définissent le but final. Alors que dans une approche orientée fonction, c'est la fonction (ou but final) qui oriente les étapes à réaliser pour construire le Design Rationale. Autrement dit, quel que soit l'ordonnancement des étapes à suivre, l'objectif est d'atteindre la fonction finale. Ce critère permet de bien définir l'orientation des approches afin d'aider les designers à choisir l'approche qui correspond à leur méthode de travail et à l'orientation du système à concevoir.

Critère 8 : Evolutivité. L'évolutivité d'une approche concerne la prise en compte des changements et des évolutions des besoins par une approche DR. Les évolutions peuvent être déclenchées par un changement dans le cahier de charge ou par l'apparition d'une nouvelle exigence (Santos et Pereira de Medeiros, 2011). De cette façon, une approche peut être adaptée ou bien inadaptée à l'utilisation dans un contexte changeant. Pour répondre à ce critère, nous détaillons comment les changements sont pris en compte dans une approche DR, par exemple : par changement des fonctions, en modifiant les hypothèses, en ajoutant des problèmes.

3.4 Vue Développement

La vue Développement ajoute un nouveau point de vue sur la comparaison des approches DR, à savoir les différentes étapes du processus sous-jacent à l'application des approches DR : capture d'informations, élaboration de la décision, enregistrement des informations, ainsi que la publication des résultats et le temps nécessaire à l'élaboration de la décision. Ces cinq critères détaillent les aspects pratiques d'application des approches DR en complément de l'analyse des éléments statiques et orientés contexte présents dans les trois vues précédentes.

Critère 9 : Capture d'informations. C'est le mécanisme avec lequel on capture l'information à utiliser et à exploiter dans une approche DR (Regli et al., 2000). Les informations de DR sont souvent capturées lors des réunions et des discussions entre les acteurs. Ceci se fait en répondant aux questions et en justifiant les propositions de chaque membre. La capture d'information peut être soit orale soit par écrit.

Critère 10 : Elaboration de la décision. C'est un enchainement d'étapes suivies pour élaborer une décision de conception. Dans notre cas, les valeurs de ce critère sont des tâches à effectuer pour construire le DR. Exemple: Définir les problèmes, Exprimer les opinions, Présenter les arguments, Définir les questions, Présenter les alternatives, Proposer les objectifs, etc.

Critère 11 : Enregistrement d'informations. C'est le mécanisme d'enregistrement et d'historisation d'informations dans une approche DR (Regli et al., 2000). Une fois les informations initiales sont exploitées et traitées et les décisions sont prises, elles doivent être enregistrées. Les différentes méthodes d'enregistrement peuvent être : dans des rapports écrits, dans les bases de données informatiques ou encore dans les schémas de développement. Ce critère permet de savoir où l'on stocke les informations et les résultats atteints pour des utilisations futures.

Critère 12 : Publication/Outillage. Le critère de publication/affichage des résultats définit le système dans lequel sont affichés les résultats atteints au cours de l'exécution d'un processus (Rolland, 1998). Dans notre étude comparative les résultats sont les décisions prises lors de l'application d'une approche Design Rationale au cours de la conception d'un système. Les décisions sont publiées souvent soit dans des rapports écrits, soit dans des outils associés aux approches.

Critère 13 : Temps de prise de décision (Kannengiesser et Gero, 2010). Le temps de prise de décision permet de déterminer le temps nécessaire que l'on met avec une approche afin de prendre une décision. Les valeurs de ce critère décrivent de manière générale le temps mis dans une approche DR : long, moyen ou court. Ce critère peut être utile lors de la conception des systèmes avec des fortes exigences en termes de délai.

4. Application du cadre de référence aux approches de DR

4.1 Analyse de la Vue Sujet

Critère 1 : Notation. Ce critère permet de décrire les concepts utilisés dans une approche de DR. Nous avons identifié les attributs suivants pour chaque approche :

– IBIS : Issue (problème) ; Positions ; Arguments.

– PHI : Issue (problème) ; Positions ; Arguments ; Positions ; Arguments.

– REMAP : Issue (problème), Position, Argument ; Exigence, décision contrainte et hypothèse.

– DRL : Question ; Alternative ; Objectif.

– QOC : Question ; Options ; Critères.

– ABRICO : But ; Interprétations ; Propositions ; Accord.

– QUIMERA : Question ; Options ; Critères : Formules de calcul.

– FBS : Fonction ; Comportements ; Structure.

La structure des approches n'est pas figée, elle peut changer selon la situation de conception, mais l'ensemble des concepts clés doit toujours être présent dans l'implémentation de chaque approche.

4.2 Analyse de la Vue Système

Critère 2 : Degré de formalisme. Les approches sont réparties par degré de formalisme en deux catégories :

– Les approches formelles : QOC, ABRICO, QUIMERA, DRL, REMAP.

– Les approches semi-formelles : FBS, IBIS, PHI.

Les approches DR sélectionnées sont toujours accompagnées de documentation qui contient au moins l'historique des décisions prises.

Critère 3 : Granularité. Le niveau de détails dans les arguments diffère d'une approche à une autre. Le résultat de cette comparaison est le suivant :

– IBIS : Argumentation très fin. Le modèle peut s'affiner autant que souhaité.

– PHI : Argumentation très fin. Même les questions peuvent être détaillées.

– REMAP : Peu détaillé. Ce sont les exigences qui orientent les arguments.

– DRL : Argumentation très détaillée.

– QOC : Argumentation avec un niveau fin. On peut atteindre le niveau de détail désiré.

– ABRICO : Le niveau d'argumentation est variable. La granularité dépend des acteurs.

– QUIMERA : Peu d'arguments. Basé sur le calcul.

– FBS : Argumentation très détaillée.

Il est à noter que le niveau d'argumentation peut différer dans une même approche. L'interactivité des concepteurs et des différentes parties prenantes jouent un rôle important dans le niveau d'argumentation.

Critère 4 : Type (Statique/Dynamique). Pour le critère de dynamisme des approches, la plupart des approches sont dynamiques et permettent un échange entre les acteurs DR. Les approches statiques sont: QOC, QUIMERA et une variante du modèle d'ABRICO (donc les approches de la famille QOC).

Critère 5 : Ouverture. Les approches ouvertes (tenant compte des points de vue différents en plus de celui des concepteurs) sont : IBIS, PHI, REMAP, DRL et ABRICO. Les approches QOC, FBS et QUIMERA ne sont pas ouvertes aux acteurs externes. Elles permettent juste de choisir entre plusieurs possibilités (QOC et QUIMERA) ou bien de compléter un DR déjà existant (FBS).

4.3 Analyse de la Vue Usage

Critère 6 : Domaine d'utilisation. Les domaines d'utilisation diffèrent selon les approches DR. Par rapport à ce qui est défini dans chaque approche, nous résumons ces situations comme suit :

– IBIS : Pour les systèmes complexes, qui nécessitent plusieurs échanges et débats avant chaque décision.

– PHI : Pour les systèmes complexes, avec des constructions d'artefacts.

– REMAP : Pour des grands projets.

– DRL : Pour des projets en équipe avec beaucoup de détails fonctionnels.

– QOC : Pour les situations de conceptions où les concepteurs sont amenés à faire des choix entre plusieurs options.

– ABRICO : Pour les systèmes complexes et pour les systèmes avec plusieurs parties prenantes.

– QUIMERA : Pour les situations où l'on désire mesurer et évaluer les critères de choix dans les décisions ; également, lorsque la qualité est exigée.

– FBS : Dans des systèmes orientés fonction ; nécessité d'adaptation.

Critère 7 : Orientation. Les approches orientées processus sont : QOC, ABRICO, QUIMERA, IBIS, PHI, DRL et REMAP. L'approche FBS est la seule approche orientée fonction parmi les approches étudiées.

Critère 8 : Evolutivité. Un des critères les plus importants dans le choix de l'approche à implémenter pour construire un DR est la capacité d'évolution et d'implémentation des changements dans le cahier des charges des systèmes. Pour suivre ces changements, les approches prennent en comptes ces modifications de différentes façons :

– IBIS : En ajoutant des Issues (problèmes), Positions (réponses) et les Arguments.

– PHI : Même chose que l'approche IBIS.

– REMAP : En modifiant les contraintes et les hypothèses.

– DRL : En ajoutant des Questions, Alternatives, Objectifs.

– QOC : En ajoutant des nouvelles questions, options et critères

– ABRICO : Par ajout d'acteurs dans le diagramme dynamiques.

– QUIMERA : L'impact est sur les formules de calculs.

– FBS : Par changement des fonctions.

Toutes les approches permettent d'implémenter les éventuelles évolutions que peuvent subir les systèmes au cours de leur vie. Ceci est une bonne chose, par contre aucune approche n'a prévu d'implémenter un module de prédiction qui peut signaler les possibles chemins d'évolution d'un système dès la phase de conception.

4.4 Analyse de la Vue Développement

Critère 9 : Capture d'informations. Pour appliquer une approche DR, la première étape consiste à capturer les informations. Il existe plusieurs façons de faire :

– IBIS : Soit à travers l'édition dans un outil, soit en répondant aux questions (Issues) oralement et/ou par écrit.

– PHI : A travers l'outil Janus.

– REMAP : En éditant dans l'outil.

– DRL : En répondant aux questions par des alternatives. Les réponses sont éditées soit dans le schéma DRL ou bien dans l'outil SYBIL.

– QOC : En répondant aux questions, en groupe ou individuellement.

– ABRICO : A travers l'échange et la communication verbale et/ou écrite.

– QUIMERA : En se posant des questions, en énumérant les options possibles et en valorisant les critères.

– FBS : A partir de l'historique des DR existants.

La capture d'information est la source de DR. Pour cette raison, elle doit être organisée, claire et permettre d'identifier les bons éléments qui serviront à développer la solution et pousser l'analyse.

Critère 10 : Elaboration de la décision. L'enchainement d'étapes pour construire un DR diffère aussi d'une approche à l'autre. Les étapes essentielles pour chaque approche se résument comme suit :

– IBIS : 1- Définir les problèmes (issues) 2-Proposer les solutions (positions), 3-Présenter les arguments.

– PHI : Même processus que IBIS avec plusieurs itérations.

– REMAP : 1- Etablir le processus d'IBIS, 2- Alimenter par les exigences, 3-Prendre les décisions, 4- Déterminer les contraintes et hypothèses liées aux décisions prises.

– DRL : 1- Définir les Questions, 2- Présenter les alternatives, 3- proposer les objectifs.

– QOC : 1-Définir les questions, 2- Proposer plusieurs options, 3- Lister les critères de choix.

– ABRICO : 1- Définir le But, 2- Attendre l'interprétation du But, 3- Recevoir et émettre des propositions.

– QUIMERA : 1- Définir les questions, 2- Proposer plusieurs options, 3- Etablir les formule de calcul de la qualité.

– FBS : 1- Identifier la Fonction à construire, 2- Définir son comportement future, 3- Définir son point final et sa structure.

L'enchainement de ces étapes n'est pas obligatoire, mais il permet de mieux s'organiser et de prendre une décision de conception selon les bonnes pratiques définies par les créateurs de ces approches.

Critère 11 : Enregistrement d'informations. Quand les informations sont capturées, traitées, analysées puis les décisions sont prises, il faut les enregistrer pour garder la trace de ces décisions. Les approches de DR procèdent de différentes manières :

– IBIS : Dans la base de données de l'un des outils ou dans des rapports écrits.

– PHI : Dans la base de données de l'outil Janus.

– REMAP : Dans la base de données de l'outil.

– DRL : Dans des schémas écrits ou dans la base de données de l'outil.

– QOC : Prise de décision en choisissant les solutions proposées dans un schéma formel QOS ; par rédaction.

– ABRICO : Les accords (décisions) sont enregistrés dans le schéma choisi pour le modèle ; par rédaction.

– QUIMERA : Par un schéma formel avec des formules de choix des critères.

– FBS : En modifiant par écrit le modèle exploité ; par rédaction.

Les deux formats qui sont souvent utilisés pour enregistrer les informations de DR sont soit par écrit soit par insertion dans la base de données. Les approches informatisées sont celles qui possèdent des bases de données de stockage.

Critère 12 : Publication/Outillage. Quand les décisions sont prises, il faut les afficher et publier sous différentes formes :

– Par des rapports écrits : QOC, ABRICO, FBS, QUIMERA, IBIS, PHI, REMAP.

– Par des outils informatique : IBIS, PHI, REMAP, DRL.

– Par le code informatique : DRL.

Dans la plupart des travaux les chercheurs mettent l'accent sur la clarté des résultats à afficher indépendamment de leurs formes. Ceci fait partie des bonnes pratiques de développement du Design Rationale.

Critère 13 : Temps de prise de décision. Le temps de prise de décision à travers les approches est un facteur important dans la sélection d'une approche par les designers afin d'implémenter un DR. Les approches qui ont un temps de réponse court sont : QOC, FBS et QUIMERA. Les autres approches sont tous longues dans le temps de prise de décision. En effet, le facteur qui ralenti le temps d'exécution de l'approche et par suite le temps de prise de décision est la fréquence d'échange et de discussion entre les acteurs de DR. Puisque le QOC et QUIMERA sont statiques, alors il est logique d'avoir le temps de réponse court. Lors de l'implémentation de FBS, on ne démarre pas du zéro ; il s'agit d'exploiter l'existant pour élaborer des nouvelles décisions. Cela constitue la principale raison pour laquelle le temps de réponse est court.

Les résultats de l'application du cadre de référence aux approches de DR sélectionnées sont résumés dans l'Annexe.

5. Conclusions, questions ouvertes et perspectives de recherche

Aujourd'hui, le Design Rationale est devenue une priorité de la communauté des concepteurs, surtout avec l'évolution des systèmes et leurs niveaux de complexité qui ne cessent d'augmenter. Pour avoir une meilleure maitrise de la conception et du développement des systèmes, le traçage des décisions prises et des réflexions effectuées lors des projets demeure très utile à moyen et à long terme.

D'après l'analyse comparative des principales approches DR, nous avons pu tirer les conclusions suivantes :

– Les approches historiques, les plus utilisées et exploitées dans la recherche, sont : IBIS, PHI et DRL ; à un moindre niveau QOC, ABRICO et REMAP.

– Toutes les approches permettent l'échange entre différents acteurs à part QOC, QUIMERA et une variante d'ABRICO.

– Toutes les approches partagent les étapes de capture d'informations, d'échange d'informations, d'enregistrement de décisions prises et de discussions échangées pour des futures exploitations.

– L'absence de schéma intégral et commun entre toutes les approches de DR.

– Le choix d'une approche doit se faire selon le cadre de référence et les contraintes de chaque système à concevoir. Dans ce point, on pourrait noter l'absence d'un référentiel qui guiderait et orienterait les développeurs dans le choix des approches DR.

– Les outils informatique de DR facilitent l'usage des approches mais ne sont pas suffisants sans un support méthodologique.

– Les outils informatiques de DR présents sur le marché sont tous liés à une approche spécifique ce qui confirme un manque de solution intégrale.

– Les approches de DR doivent être capables de prendre en compte les évolutions et les changements que connaissent les systèmes. Or, ce n'est pas le cas de toutes les approches DR existantes dans la littérature.

– Il manque une étape de fouille dans les bases de données de DR. En effet, il n'y a pas d'algorithmes ou de méthodes qui permettent d'interroger rapidement le DR.

– Absence de module de prédiction des éventuelles évolutions pour les systèmes à concevoir.

En nous basant sur ces conclusions, nous avons défini les perspectives de recherche suivantes. Dans un premier temps, nous allons approfondir la comparaison des approches de DR afin d'inclure un plus grand nombre d'approches et de constituer un état de l'art complet de ce domaine, ainsi que de compléter le cadre de référence par un guide de sélection des approches. Dans un deuxième temps, nous allons étudier la possibilité de proposer un modèle décisionnel de DR qui prendrait en compte un plus large ensemble de concepts utilisés dans ce domaine ; développer les aspects de fouille de données appliquée à DR ; améliorer l'évaluation des décisions prises dans le cadre de DR et analyser les impacts potentiels entre le domaine de DR et le domaine de BI (Business Intelligence).

Bibliographie

Atwood M.E. et Horner J., Redesigning the Rationale for Design Rationale, *Human-Computer Interaction*, pp 11-19, 2007.

Conklin E. J. et Begeman M.L., GIBIS: A Hypertext Tool for Exploratory Policy Discussion, in *ACM Transactions on Office Information Systems* 6(4), pp. 303–331, 1988.

Conklin E. J. et Burgess Yakemovic K. C., A Process-Oriented Approach to Design Rationale, in *Design Rationale Concepts, Techniques, and Use*, T. Moran and J. Carroll, eds., Lawrence Erlbaum Associates, Mahwah, NJ, pp. 293-428, 1995.

Ebadi T., Purvis M. et Purvis M., A collaborative web-based Issue Based Information System (IBIS) framework, *Information Science Discussion Papers Series*, 2009.

Farenc Ch. et Palanque Ph., Exploitation des notations de Design Rationale pour une conception justifiée des applications interactives, In *11ème conférence francophone Interaction Homme-Machine,* Montpellier, France, 1999.

Farenc Ch., Palanque Ph. et Vanderdonckt J., User Interface Evaluation: is it Ever Usable? *In Proceedings of 6th International Conference on Human-Computer Interaction HCI International'95,* Amsterdam, Netherlands, pp. 329-334, 1995.

Fischer G., Mccall R. et Morch A., JANUS: Integrating Hypertext with a Knowledge-based Design Environment, In *Proceeding of the second annual ACM conference on Hypertext*, 1989.

García Frey A., Céret E., Dupuy-Chessa S. et Calvary G., QUIMERA: A Quality Metamodel to Improve Design Rationale, In *Proceedings of the 3rd ACM SIGCHI symposium on Engineering interactive computing systems*, 2011.

Kast R., *La théorie de la decision*, Nouv. éd. Paris : Découverte, 2002.

Kannengiesser U. et Gero G. S., A Framework for Constructive Design Rationale, In *Design Computing and Cognition* 10, 2010.

Lacaze X. et Palanque Ph., DREAM & TEAM: A Tool and a Notation Supporting Exploration of Options and Traceability of Choices for Safety Critical Interactive Systems, In *Proceedings of INTERACT 2007*, Part II, pp. 525 – 540, 2007.

Lee J., SIBYL: A Tool for Managing Group Decision Rationale, In *Proceedings of the 1990 ACM conference on Computer-supported cooperative work*, 1990.

Lewkowicz M. et Zacklad M., La capitalisation des connaissances tacites de conception à partir des traces des processus de prise de décision collective, *In Proceedings of Ingénierie des Connaissances 1998*, pp. 177-188, 1998.

Ocampo A. et Münch J., The REMIS Approach for Rationale-Driven Process Model Evolution, *Software Process Dynamics and Agility*, 2007.

Ramesh B. et Luqi, An Intelligent Assistant for Requirements Validation, *Journal of Systems Integration*, Volume 5, Issue 2, 1995.

Regli W. C., Hu X., Atwood M. et Sun W., A Survey of Design Rationale Systems: Approaches, Representation, Capture and Retrieval, *Engineering with Computers*, pp. 209-235, 2000.

Rolland C., A Primer for Method Engineering, in Proceedings of the Conference INFORSID'1997, Toulouse, France, 1997.

Rolland R., A Comprehensive View of Process Engineering, In *Proceedings of the 10th International Conference on Advanced Information Systems Engineering*, 1998.

Roy B., *Multicriteria Methodology for Decision Aiding*, Dordrecht, Kluwer Academic Publishers, 1996.

Roy, B., Paradigms and challenges, Book chapter, *In Multiple Criteria Decision Analysis - State of the Art Survey*, Springer. editor(s) J. Figueira, S. Greco, M. Ehrgott, pp. 3-24, 2005.

Roy R., Industrial Knowledge Management: A Micro-level Approach, *Springer Science & Business Media*, 2012.

Saaty T.L., *The Analytic Hierarchy Process*, NY, McGraw Hill, 1980.

Santos E. G. et Pereira de Medeiros A., Design Rationale Representation in Requirements Engineering using the KAOS meta-model, *In WER*, 2011.

Schlee M. et Vanderdonckt J., Generative Programming of Graphical User Interfaces, *In proceedings of the ACM Conference on Visual Interfaces AVI'2004*, Gallipoli, Italy, 2004.

Sim S. et Duffy, A., A New Perspective to Design Intent and design Rationale, in *Artificial Intelligence in Design Workshop Notes for Representing and Using Design Rationale*, 15-18 August, pp. 4-12, 1994.

Tang A., Ali Babar M., Gorton I. et Han J., A survey of architecture design rationale, *Journal of Systems and Software*, Volume 79, Issue 12, pp. 1792-1804, December, 2006.

Tang A., *A Rationale-based Model for Architecture Design Reasoning*, PhD thesis, Swinburne University of Technology, 2007.

Vincke Ph., A short note on a methodology for choosing a decision-aid method, *Advances in Multicriteria Analysis*, Kluwer Academic Publishers, Netherlands, pp. 3-7, 1995.

Annexe. Tableau récapitulatif de l'application du cadre de référence aux approches de DR.

Approche	Axe Sujet	Axe Système				Axe Usage			Axe Développement				
	Notation	Degré de formalisme	Granularité	Type (Statique/ Dynamique)	Ouverture	Domaine d'utilisation	Orientation	Evolutivité	Capture d'informations	Elaboration de la décision	Enregistrement d'informations	Publication / Outillage	Temps de prise de décision
IBIS	Issue(problème) ==>Positions ==> Arguments.	Semi Formelle. Composé de questions, réponses et arguments qui peuvent être représenté selon le contexte.	Très fin. Le modèle peut s'affiner autant que voulu.	Dynamique.	OUI	Pour les systèmes complexes, qui nécessitent plusieurs échanges et débats avant chaque décision.	Orienté Processus.	En ajoutant des Issue(problème), Positions (réponses) et les Arguments.	Soit à travers l'édition dans l'un des outils. Soit en répondant aux questions (ISSUES) oralement et/ou par écrit.	1- Définir les Issue 2- Proposer les positions, 3- Présenter les arguments.	Dans une base de données de l'un des outils ou dans des rapports écrits.	Sur l'un des outils.	Long. Demande l'implication de l'ensemble des Designers
PHI	Issue(problème) ==>Positions ==> Arguments ==> Positions==>Arguments ,...	Semi Formelle. Comporte que des question, sous questions et des arguments.	Très fin. Même les questions peuvent être détaillés.	Dynamique.	OUI	Pour les systèmes complexes, avec des constructions d'artefacts.	Orienté Processus.	Meme chose que IBIS.	A travers l'outils JANUS.	Le même processus que IBIS avec plusieurs itérations.	Dans la base de données de l'outils.	Sur l'un des outils.	Long. Demande l'implication de l'ensemble des Designers
REMAP	ISSUE, Position Argument (IBIS), ==> Exigence, décision contrainte et hypothèse.	Formelle, il est schématisé avec des liaisons entre les composants.	Peu détaillé. C'est les exigences qui orientent les arguments.	Dynamique.	OUI	Pour des grands projets ou les exigences sont nécessaires à atteindre.	Orienté Processus.	En modifiant les contraintes et hypothèses.	En éditant dans l'outil. Ce dernier est primordiale si on veut utiliser le modèle REMAP	1- Etablir processus d'IBIS, 2- Alimenter par les exigences, 3- Prendre les décisions, 4- Déterminer les contraintes et hypothèses liées aux décisions prises.	Dans la base de données de l'outils.	Sur l'un des outils.	Long. Demande des itérations jusqu'à l'obtention d'un consensus sur l'exigence.
DRL	QUESTION ==> ALTERNATIVE==> OBJECTIF.	Formelle, il est schématisé avec des relation d'héritage pour les question et Objectifs.	Très détaillé.	Dynamique.	OUI	Pour des projets en équipe avec beaucoup de détail fonctionnelle.	Orienté Processus.	En ajoutant des QUESTIONS, ALTERNATIVES, OBJECTIVES.	En répondant aux questions par des alternatives. Les réponses sont édités soit dans le schéma DRL ou l'outil SYBIL.	1- Définir les Questions, 2- Présenter les alternatives, 3- proposer les objectifs	Dans les schémas écrits ou la base de l'outils.	Par un code informatique. (Algorithme)	Long. Demande un niveau de détails très fin.
QOS	Forme : Question==> Options ==>Critères.	Formelle (Schéma QOS)	Niveau fin. On peut atteindre le détail désiré.	Statique	NON	Les situations de conceptions ou les concepteurs sont amené **à faire des choix** entre plusieurs **possibilités**.	Orienté Processus.	Oui, en ajoutant des nouvelles questions, options et critères	En répondant aux questions, soit en groupe ou individuellement.	1-Définir les questions, 2- Proposer plusieurs options, 3- Lister les critères de choix	Prise de décision en choisissant les solutions proposés dans un schémas formelle QOS.==> Rédigé.	Sur des rapports écrits.	Temps de réponse court. Décision prise en répondant à des questions directe.
ABRICO	But ==>Interprétations, ==>proposition et à la fin l'accord.	Formelle (documenter sous la forme de différents schémas)	Variable. Niveau de granularité dépend des acteurs.	Statique et dynamique	OUI	Pour les systèmes complexes. Pour les systèmes avec plusieurs parties prenantes.	Orienté Processus.	Oui, par ajour d'acteurs dans le diagramme dynamiques	A travers l'échange et la communication verbale et/ou écrite.	1- Définir le But, 2- Attendre l'interprétation du But, 3- Recevoir et émettre des propositions.	Les accords(décisions) sont enregistré dans le schéma choisie pour le modèle. ==> **Rédigé.**	Sur des schémas ou discussions écrites.	Temps de réponse Long. Des temps d'attente sont prévus.
QUIMERA	Forme : Question==> Options ==>Critères : Formules de calcule	Formelle. Schéma avec 2 Parties : (QOC) avec modèle de qualité (diagramme de classe)	Peu d'arguments. Basé sur le calcul.	Statique.	NON	Situation ou on désire mesurer et évaluer les critères de choix dans les décisions. Aussi, lorsque la qualité est exigée.	Orienté Processus.	Oui, impact sur les formules de calculs.	En se posant les questions, en apportant les options possibles et les valeurs de critères.	1-Définir les questions, 2- Proposer plusieurs options, 3- Etablir les formule de calcule de la qualité.	Par Schéma formelle avec des formules de choix des critères.	Sur des rapports écrits avec les relations de calculs.	Temps de réponse court. Les décisions sont prises en évaluant les critères de choix.
FBS	Fonction ==> Comportements ==> Structure	Semi Formelle (le schéma ne suffit pas pour présenter le Framework.	Très détail.	Dynamique	NON	Dans des systèmes avec plusieurs points de ressemblance. Nécessité d'adaptation.	Orienté Fonction.	Par changement des fonctions.	A partir de l'historique des DR existants.	1- Identifier la Fonction à construire, 2- Définir son comportement future, 2- Définir sont point final et sa structure.	En modifiant par écrit le modèle exploité. ==> Rédigé.	Sur des rapports écrits.	Temps de réponse court. On démarre pas du zero.

98

Session Web et Réseaux Sociaux

SpecificSearch : Un outil de recommandation automatique pour la veille d'information sur le web

Christophe Brouard[1], Christian Pomot[2]

[1]Université Grenoble Alpes, LIG UMR 5217/équipe AMA, Grenoble, France
Christophe.Brouard@imag.fr

[2]Société Com&Net, Télespace Vercors, 38250 Villard-de-Lans, France
cpomot@com-et-net.com

RÉSUMÉ. Les systèmes de recommandation automatique par le contenu ont pour principale fonction de proposer à un utilisateur des informations susceptibles de l'intéresser sur la base des retours de pertinence qu'il a pu donner antérieurement sur d'autres informations. Différents algorithmes d'apprentissage automatique ont été intégrés à des systèmes de recherche d'information pour proposer des solutions permettant de réaliser cette tâche. Ces solutions n'ont cependant pas débouché sur des systèmes de recommandation automatique pour le web accessibles à tous. Il existe bien des agrégateurs de flux RSS permettant de recueillir de l'information sur le web mais les systèmes intégrant un apprentissage en sont encore à leurs balbutiements. Nous présentons ici les fonctionnalités et l'architecture d'une application web nommée SpecificSearch accessible en ligne qui se présente comme un agrégateur de flux RSS intégrant un apprentissage (http://www.specific-search.com). Une première évaluation permet de montrer la réalisabilité et l'utilité d'un tel système.

ABSTRACT. The main goal of a content-based recommender system is to propose to a user new documents which are likely to have some interest for him considering feedbacks he gave for other documents. Different machine learning algorithms have been integrated to information retrieval systems in order to cope with this task. However, these systems have not become as popular on the web as the well-known search engines. Otherwise, the RSS feed aggregators allow to gather information on the web but these systems do not integrate machine learning in order to improve the quality of the recommendations with the users' feedbacks. Here, we present the functionnalities and the architecture of a web application available online called SpecificSearch (http://www.specific-search.com) which is an RSS aggregator integrating a machine learning algorithm. A first evaluation shows how a such tool can be implemented and how it can be useful.

MOTS-CLÉS : recommandation automatique, veille d'information sur le web, filtrage adaptatif, flux RSS.

KEYWORDS: recommender system, web content monitoring, adaptive filtering, RSS feed aggregator

Congrès INFORSID, 34ème édition, Grenoble, 31 mai – 3 juin 2016

1. Introduction

Les moteurs de recherche (Google, Bing, Yahoo, pour citer les plus utilisés[1]) constituent actuellement les outils incontournables pour l'accès à l'information sur le web. Ces outils de recherche permettent à l'utilisateur de saisir quelques mots clefs pour exprimer son besoin d'information et fournissent en retour une liste de pages web. Même si les moteurs de recherche intègrent une forme de personnalisation basée notamment sur les clics des utilisateurs sur les résultats proposés, cette adaptation est implicite et assez diffuse. Il n'est pas possible, pour l'utilisateur d'indiquer explicitement qu'un résultat correspond ou pas à un besoin d'information particulier. L'interaction entre l'utilisateur et ces outils est d'abord conçue comme un simple échange requête-réponse. Rien n'empêche l'utilisateur de reformuler sa requête en tenant compte de la première liste de résultats retournée par le moteur de recherche, mais ce travail de recherche et de composition de mots clefs lui revient. Si cette situation peut être admissible dans le cas d'une recherche ponctuelle, elle l'est beaucoup moins lorsque que le besoin d'information est récurrent comme dans le cas de la veille d'information où l'utilisateur souhaite être informé en permanence des nouveautés relatives à un sujet qui l'intéresse. En effet, dans ce cas, n'ayant pas la possibilité de capitaliser tout le travail réalisé lors des précédentes interactions, l'utilisateur répète les mêmes actions à chaque nouvelle interaction et le besoin de nouveaux outils adaptés et permettant une veille d'information efficace se fait alors ressentir. Les technologies et algorithmes permettant le développement de tels outils existent. Cependant, le développement d'outils dédiés à la veille d'information, en mesure d'apprendre les préférences de l'utilisateur et accessibles à tous comme le sont les moteurs de recherche en est encore à ses balbutiements et les fonctionnalités, l'architecture et le mode d'interaction avec l'utilisateur de tels outils restent à inventer.

L'objet de cet article est la présentation de SpecificSearch, un outil de veille d'information sur le web qui permet la capitalisation du travail de recherche et en particulier celui d'expression du besoin d'information. Il repose sur une interface homme-machine facilitant l'interaction et sur un apprentissage automatique permettant de garder une trace utile de celle-ci. La suite de l'article a la structure suivante : dans un premier temps, nous mettons en relief le fossé qui existe entre les besoins liés à une tâche de veille d'information et les outils classiques de recherche que l'on peut trouver sur le web. Dans un deuxième temps, nous décrivons des systèmes existants (agrégateurs de flux RSS et systèmes de filtrage adaptatif) qui apportent des solutions partielles par rapport aux besoins énoncés. Nous présentons ensuite SpecificSearch un outil empruntant aux différents systèmes décrits précédemment pour proposer une réponse la plus complète possible. Nous terminons en décrivant une première évaluation, la mise en place de l'outil et ses perspectives d'évolution.

---

[1] selon le site https://www.netmarketshare.com/search-engine-market-share.aspx?qprid=4&qpcustomd=0

2. *La nécessité d'outils novateurs pour la veille d'information le web*

2.1. *Introduction à la notion de veille d'information*

La veille d'information englobe différents types de veille (la veille technologique, économique, réglementaire, etc...). Sans entrer dans le détail de cette typologie, Serge Cacaly (2008) définit la veille d'information ou veille informationnelle comme un « processus continu et dynamique faisant l'objet d'une mise à disposition personnalisée et périodique de données ou d'informations, traitées selon une finalité propre au destinataire, faisant appel à une expertise en rapport avec le sujet ou la nature de l'information collectée ». Cette définition fait notamment ressortir deux aspects importants de l'activité sur lesquels nous reviendrons par la suite. D'abord, le processus est continu, il ne correspond pas à un besoin ponctuel mais s'étend sur une certaine durée. Ensuite, il est lié à l'expertise de la personne réalisant la veille et suppose l'existence d'un savoir important permettant de distinguer dans un important volume d'informations celles qui sont pertinentes par rapport à un objectif ou une problématique donnée.

D'un point de vue plus analytique, on a coutume de distinguer plusieurs étapes dans une activité de veille. Selon, Elisabeth Noël (2008), on peut distinguer quatre étapes : le ciblage, la recherche, l'analyse et la diffusion. Le ciblage correspond à la définition précise du sujet d'intérêt et des objectifs de la veille ainsi qu'à la sélection des sources d'information. La recherche correspond au recueil d'informations pertinentes par rapport au sujet défini. L'analyse correspond à l'exploitation des informations recueillies afin d'en extraire du sens (cette étape fera intervenir des connaissances autres que celles présentes dans les informations recueillies). La diffusion correspond essentiellement à la préparation de l'information sous une forme intelligible et à sa transmission aux personnes susceptibles d'être intéressées.

2.2. *Ce qui manque aux traditionnels moteurs de recherche*

Les moteurs de recherche sont conçus pour des besoins d'information ponctuels. Ils permettent bien de trouver des sources d'informations et des informations pertinentes mais bien qu'il soit aussi possible de sauvegarder les sources d'informations (URLs de pages web) ou les informations (contenus des pages web) au moyen des favoris du navigateur, ces fonctions de sauvegardes restent rudimentaires. On notera que la sauvegarde de l'URL comme favori est une sauvegarde de la source d'information et non de l'information elle-même car si le contenu de la page change, l'information est perdue. L'information ne peut être réellement sauvegardée qu'en enregistrant tout simplement la page au moyen du navigateur ou d'un outil d'aspiration de site. Il y a aussi un problème de granularité car la sauvegarde de la totalité de la page web n'est pas adaptée si l'information pertinente se situe au milieu d'une page contenant beaucoup d'informations. De plus, les résultats non pertinents lus par l'utilisateur ne sont pas non plus marqués comme ayant déjà été lus et l'utilisateur relira peut-être la page web avant de se souvenir qu'il l'avait déjà lue et conclu à son inadéquation par rapport à sa recherche. De même, tout le travail de formulation de la requête consistant à trouver les bons mots clés par reformulations successives en fonctions des résultats retournés par le moteur de recherche n'est pas non plus capitalisé. Enfin, les moteurs de recherche n'offrent pas d'outil d'annotation pour commenter les résultats et transmettre l'information et son commentaire à d'autres utilisateurs.

Par ailleurs, les moteurs de recherche sont des outils dits « PULL ». Ils nécessitent une action de l'utilisateur pour aller chercher l'information. Cela signifie que l'utilisateur devra régulièrement se connecter aux différents moteurs ou outils de recherche sur les sites pertinents par rapport à son sujet de veille pour aller chercher l'information. Cette vérification de l'utilisateur peut se révéler très fastidieuse et inutile si aucune information intéressante n'est apparue sur le site qu'il surveille. Les outils dits « PUSH » sont mieux adaptés à une activité de veille, dans ce cas, l'utilisateur utilise un seul outil qui récupère automatiquement les informations à partir des différentes sources et les lui présente.

3. *Les outils et technologies existantes*

3.1. *Flux RSS et agrégateurs de flux*

Les flux (ou fils) RSS sont de simples fichiers XML respectant une structure XML prédéfinie[2]. Au même titre que des pages HTML, ce fichier est servi par le serveur web associé au site et récupéré au moyen d'une requête HTTP. Ce fichier peut être récupéré et affiché par n'importe quel navigateur (cf Fig.1). Il est composé d'une suite d'items (par exemple les différentes nouvelles liées à l'actualité) chaque item étant lui-même composé d'un titre, d'une description et d'un éventuel hyperlien renvoyant sur une page web entrant dans le détail de la nouvelle. Il est souvent mis à jour pour contenir uniquement les informations les plus récentes (de nouvelles informations sont ajoutées, d'anciennes sont supprimées).

De nombreux sites proposent des résumés de l'actualité de leur contenu sous forme de flux RSS. Si le flux RSS pour une page web que l'on souhaite surveiller n'existe pas on peut le créer à partir d'outils existants[3]. Il suffit d'indiquer la façon dont il faut analyser le fichier HTML correspondant à la page à surveiller pour que l'outil génère un fichier RSS et une URL pour le récupérer. Cela fonctionne à condition que le fichier HTML dispose d'une structure et que cette structure ne change pas en permanence. D'autres outils dédiés de même nature mais pour des types de sites particuliers ayant tous la même structure existent aussi. Il est par exemple possible de transformer les messages d'un mur facebook ou les tweets d'un

[2] la spécification du format est ici : http://www.rssboard.org/rss-specification
[3] comme http://feed43.com/, http://www.page2rss.com/, ...

compte twitter en items d'un flux RSS[4]. A l'origine Facebook et Twitter donnaient accès à un flux RSS associé à chaque compte. Mais il existe une tendance pour certains sites, pour maximiser leur trafic, à forcer l'utilisateur à consulter les informations qu'il délivre directement sur le site en ne proposant plus la création automatique de flux RSS qui pourraient être consultés à partir d'outils externes. Cette tendance est corroborée par certaines expérimentations montrant que dans certains cas, il est préférable pour un site de se passer de flux RSS pour maximiser son trafic (Dan, 2012). Il restera néanmoins toujours possible de passer par des outils externes. Potentiellement, beaucoup de contenu web peut donc être transformé en flux RSS. L'un des intérêts des flux RSS est de pouvoir découper la page web en unités de contenu et donc d'avoir un niveau de granularité d'information plus faible et même réglable si on passe par un outil générant le flux à partir de la page.

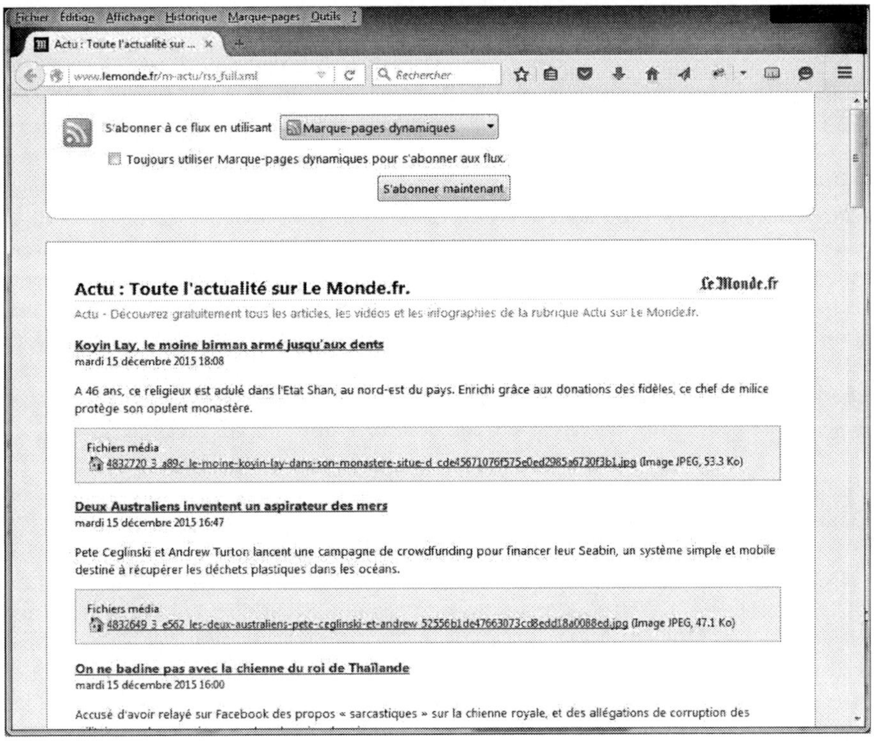

Figure 1. *Affichage du flux d'URL : http://www.lemonde.fr/m-actu/rss_full.xml dans un navigateur*

[4] http://twitrss.me/ et http://www.wallflux.com/fr/

Bien que ces fichiers RSS puissent s'afficher dans des navigateurs, des outils dont l'interface conviviale permet l'abonnement, l'affichage et le rafraîchissement automatique de plusieurs flux existent. Ces outils s'appellent des agrégateurs de flux. Il en existe de nombreux. Il peut s'agir d'agrégateurs en ligne (une application web sur laquelle l'utilisateur se crée un compte) comme netvibes[5] ou feedly[6] ou bien d'applications s'exécutant en local sur le poste de l'utilisateur comme par exemple rssowl[7] ou thunderbird (l'outil de messagerie).

En plus de l'intérêt des flux RSS qu'ils manipulent, les agrégateurs de flux offrent, comparativement aux moteurs de recherche, différents avantages pour la veille d'information. D'abord, il s'agit d'outils « PUSH ». L'utilisateur n'a plus besoin d'aller chercher l'information sur les différents sites ou moteurs de recherche, les différents fichiers XML sont récupérés automatiquement. Par ailleurs, certains agrégateurs permettent aussi de stocker les différents résultats recueillis.

Même si certains agrégateurs permettent le filtrage par mots clés, cette fonctionnalité reste assez rudimentaire. Il est en effet difficile d'identifier tous les bons mots clés. Il est aussi impossible de pondérer ces mots et le filtrage est binaire : soit l'information contient les mots clés et elle est sélectionnée soit elle ne les contient pas et elle est ignorée. Or cette fonction de filtrage est souvent utile car même s'il existe des flux dont le sujet est souvent très focalisé et que ces flux contiennent des informations qui peuvent potentiellement toutes intéresser l'utilisateur, il existe aussi des cas où la recherche de l'utilisateur est tellement précise qu'aucun flux ne correspond totalement à la recherche ou des cas où certains flux ne délivrent qu'occasionnellement de l'information pertinente. De façon plus globale, comme nous l'avons évoqué précédemment un sujet ou un objectif de veille d'information est souvent complexe et liée aux connaissances de l'expert et ne peut se résumer à un filtrage binaire sur de simples mots clés.

3.2. *Les systèmes de filtrage adaptatif*

De nombreux systèmes de filtrage (ou recommandation) automatique (Bodilla et al, 2013) basés sur les retours de pertinence des utilisateurs ont été conçus. Parmi ces systèmes, on peut distinguer, les systèmes de filtrage collaboratif et les systèmes de filtrage basés sur le contenu. Dans le cas du filtrage collaboratif, les retours de pertinence d'un utilisateur pour une information sont utilisés pour évaluer la pertinence de cette information pour les autres utilisateurs. Nous nous focalisons ici sur le cas du filtrage basé sur le contenu où l'on considère un utilisateur isolé. Le principe de ces systèmes est le suivant : à partir d'un ensemble d'exemples

---

[5] http://www.netvibes.com/fr
[6] https://feedly.com
[7] http://www.rssowl.org/

d'informations pertinentes et non pertinentes pour un utilisateur et un sujet de veille donné, la tâche consiste à évaluer la pertinence d'un nouveau document. Ces systèmes s'appuient sur des systèmes de classification automatique (Joachims, 1998) ou sur des systèmes de recherche d'information (Robertson et Walker, 2001), (Wu et al, 2001) qui intègrent une méthode de mise à jour du poids des termes comme la méthode Rocchio (Rocchio, 1971). Ils sont en mesure d'améliorer la qualité de la sélection au fur et à mesure des retours de pertinence des utilisateurs. Les conférences TREC 2000, 2001 et 2002 (Robertson et Hull, 2000), (Robertson et Soboroff, 2001&2002) ou TREC KBA[8] ont été l'occasion de comparer les performances de différents systèmes de filtrage sur différents corpus de textes et de se confronter à différents problèmes liés à cette tâche notamment à celui de la définition d'un seuil de sélection (Arampatzis, 2001) et à celui de « démarrage à froid » (Blerina, 2014) car en effet, la tâche est particulièrement difficile lorsque peu d'exemples de documents pertinents sont donnés au départ.

Malgré ces difficultés, les diverses expérimentations ont montré que ces systèmes sont en mesure d'apprendre à sélectionner les informations pertinentes de façon beaucoup plus fiable qu'un simple filtrage binaire basé sur des mots clés. Dans ces systèmes, de très nombreux mots clés ajoutés automatiquement avec différentes pondérations calculées automatiquement sont pris en compte et les pondérations sont combinées de diverses façons pour calculer un score global. Ces bons résultats ont conduit à quelques initiatives récentes pour une application de ce type de système à la veille d'information sur le web (Katakis et al., 2009), (Nanas et al., 2010), (Paliouras et al., 2008). Actuellement, à notre connaissance, deux applications web pour la veille d'information intègrent un apprentissage automatique : il s'agit de Prismatic[9] et Noowit[10]. Néanmoins, avec ces outils, soit le choix des sources d'information reste très limité, soit les temps de réponse et l'ergonomie rendent leurs utilisations difficiles et semblent indiquer que ces outils ne sont encore pas totalement aboutis.

4. Présentation de SpecificSearch

Considérant l'existence de systèmes capables d'apprendre à filtrer l'information sur la base de retours de pertinence et aussi celle d'un format de description de l'information sur le web (RSS) et considérant aussi l'essor de technologies permettant le développement d'interfaces web suffisament sophistiquées (comme les librairies JavaScript), il semble que les ingrédients nécessaires au développement de moteurs de recherche accessibles à tous et dédiés à la veille d'information pour le web soient maintenant présents. En nous appuyant sur le système de filtrage Echo

[8] http://trec-kba.org/

[9] http://getprismatic.com/

[10] http://www.noowit.com/

(Brouard, 2012), nous avons conçu et développé une application web permettant la veille d'information sur le web en s'appuyant sur les flux RSS. Nous décrivons dans cette partie les fonctionnalités, l'interface et l'architecture de cette application.

4.1. *Les différentes étapes dans l'utilisation de l'outil*

4.1.1. *Création d'une recherche*

Contrairement à la plupart des agrégateurs, SpecificSearch est centré « recherche » et non « flux ». L'utilisateur ne commence donc pas par s'abonner à des flux mais par créer une recherche, c'est-à-dire par définir un sujet d'intérêt (étape « ciblage » de la veille).

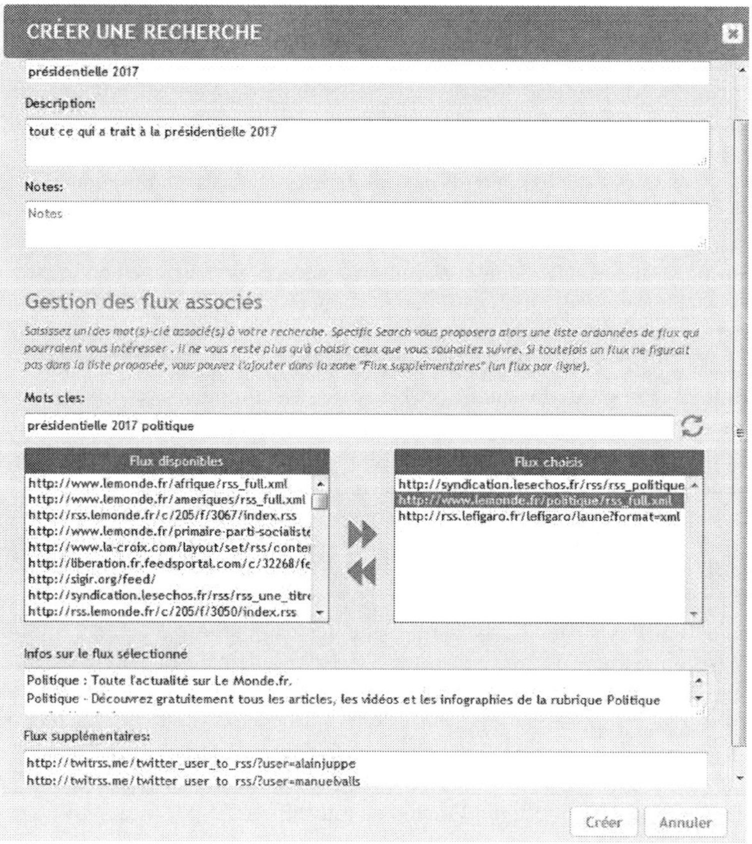

Figure 2. *Boîte de dialogue permettant la création d'une recherche (un sujet de veille), avec recherche de flux par mots clés. Il est aussi possible d'ajouter directement les URL s des flux dans le champ « flux supplémentaires ».*

Supposons que le sujet de la veille concerne tout ce qui a trait à la l'éléction présidentielle française de 2017. L'utilisateur commence par ouvrir la fenêtre de dialogue de création de recherche. Une fois cette fenêtre ouverte (cf Fig.2), il commence par nommer sa recherche puis ensuite sélectionne des sources d'informations à surveiller. A ce sujet, l'une des explications au succès très relatif des flux RSS semble être la difficulté pour un large public à sélectionner une source. En effet, il faut d'abord trouver un flux correspondant à la recherche (les annuaires de flux ne sont pas faciles à trouver, peu nombreux et très incomplets bien qu'en voie d'amélioration notamment avec feedly ou Instant RSS Search[11] basé sur une api Google). Puis il faut aussi souvent copier-coller une URL dans son outil. Afin d'éviter cette recherche et ce copier-coller d'URL pas toujours maîtrisé, SpecificSearch permet la recherche de flux par mots clés. L'utilisateur va par exemple taper les mots clés « présidentielle 2017 politique » dans le champ mots clés. De nombreux flux lui sont alors proposés. Il choisit parmi ces flux ceux qui lui semblent les plus pertinents et/ou ajoute manuellement des URL s de flux.

4.1.2. *Saisie des retours de pertinence et stockage des informations*

Une fois la recherche validée, les informations provenant des différents flux choisis sont affichées dans un onglet « Nouveaux résultats » (cf Fig.3).

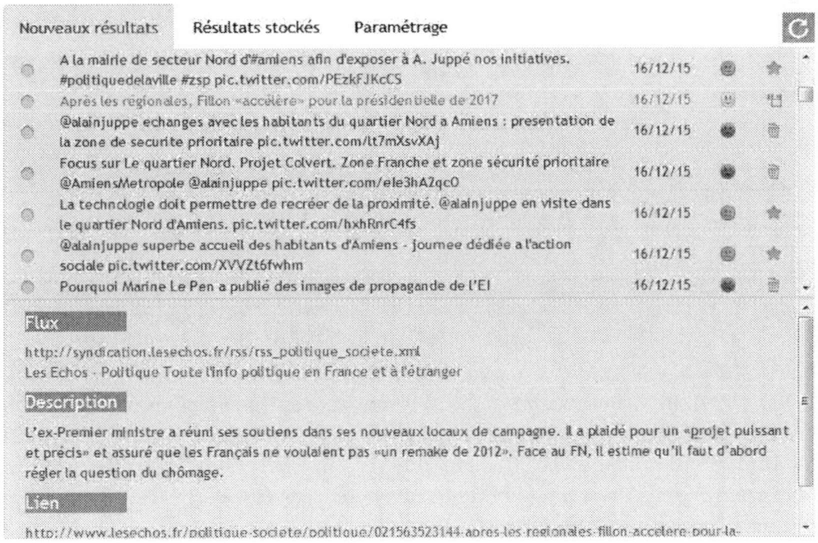

Figure 3. *Les nouveaux résultats sont affichés. L'utilisateur indique au moyen d'une émoticône si une nouvelle est pertinente ou pas. Indépendemment de son retour de pertinence, il peut aussi choisir de sauvegarder ou de supprimer une nouvelle.*

[11] http://ctrlq.org/rss/

L'utilisateur va alors commencer à apprendre au système à sélectionner les informations pertinentes en indiquant pour certaines nouvelles, au moyen d'une émoticône si elles sont pertinentes ou pas. Il peut aussi choisir de sauvegarder certaines nouvelles (elles seront alors déplacées dans l'onglet « Résultats stockés ») ou de les supprimer (elles seront alors déplacées dans l'onglet « Résultats supprimés » qui n'apparaît pas par défaut).

4.1.3. *Recalcul des scores de pertinence et visualisation des résultats*

Une fois les retours de pertinence donnés, l'utilisateur peut demander le calcul des scores de pertinence pour toutes les nouvelles non jugées. Une fois le calcul effectué par Echo (cf section 4.2.2), les nouvelles apparaissent alors classées par ordre de pertinence décroissante (cf Fig. 4).

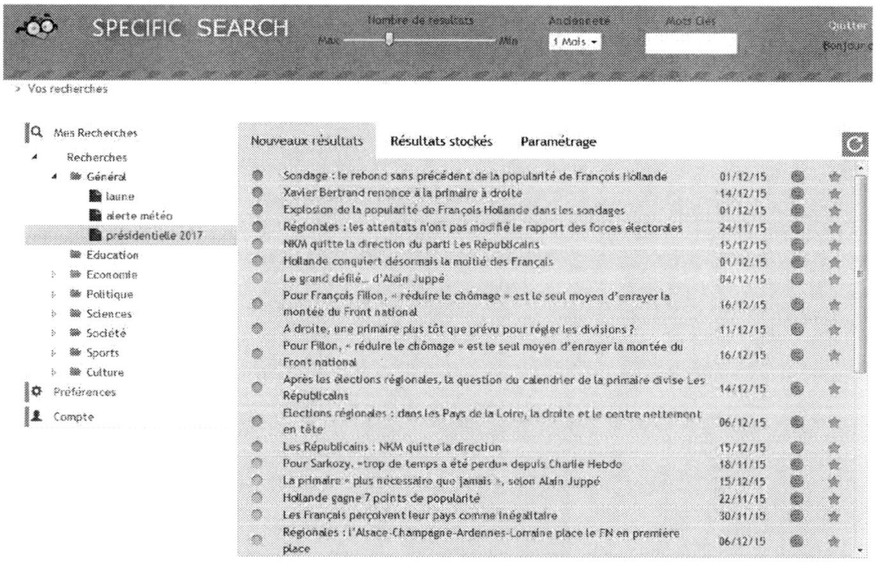

Figure 4. *Une fois le calcul des scores et des probabilités de pertinence effectués, les nouvelles sont affichées dans l'ordre des scores de pertinence décroissant. L'intensité de la coloration de la puce qui précède le titre de la nouvelle indique sa probabilité de pertinence. Il est aussi possible de filtrer les nouvelles sur cette probabilité, sur leur ancienneté ou encore sur de simples mots clés. Globalement, on trouve à gauche de l'interface, l'arborescence des recherches (sujets de veille) et au centre les informations propres à la recherche sélectionnée.*

Une probabilité de pertinence est indiquée au moyen de l'intensité de la coloration de la puce qui précède le titre de la nouvelle. L'utilisateur a la possibilité de n'afficher que les nouvelles dont la probabilité dépasse un certain seuil. Il peut aussi choisir l'ancienneté des nouvelles affichées et filtrer sur des mots clés. Sur la base de ce nouvel affichage, l'utilisateur peut donner de nouveaux retours de pertinence et demander par un simple clic le recalcul des scores et un nouvel affichage et itérer ce processus autant de fois qu'il le souhaite.

4.2. *L'architecture de l'outil*

4.2.1. *Architecture générale*

SpecificSearch est une application web orientée client. Elle s'appuie sur un framework MVC PHP et sur la librairie JavaScript JQuery. Une représentation schématique de son architecture est donnée dans la figure ci-dessous (cf Fig.5).

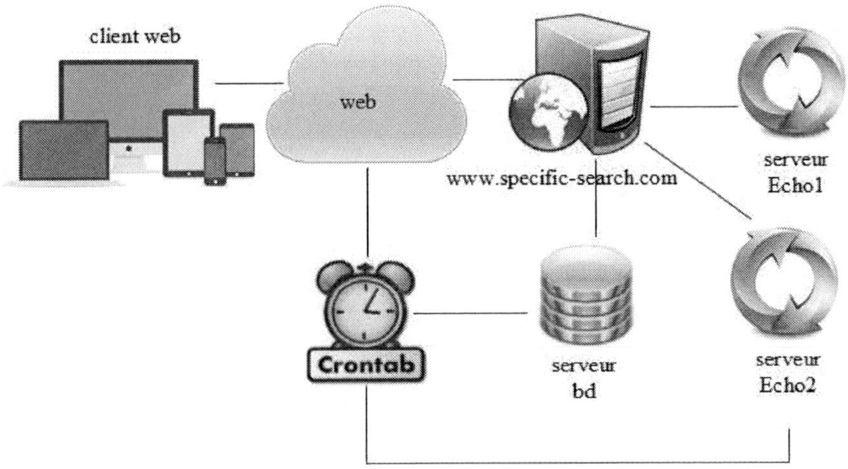

Figure 5. *Architecture de l'application web SpecificSearch. Le navigateur, le serveur web et le serveur de base de données sont les ingrédients classiques d'une application web. Par ailleurs, deux serveurs Echo dialoguent avec le serveur web. Echo1 calcule les scores de pertinence des nouvelles étant donnés les retours de pertinence de l'utilisateur. Echo2 calcule les scores de pertinence de flux pour des mots clés. Des scripts exécutés régulièrement et automatiquement récupèrent les nouvelles des différents flux sauvegardés dans la base de données et mettent à jour l'index des flux de Echo2.*

Les traitements qui ne nécessitent pas de données du serveur sont exécutés par le navigateur sur le poste client. Les traitements qui nécessitent l'intervention du serveur sont appelés au moyen de requêtes AJAX. Certains traitements comme la récupération des nouvelles sont effectués hors ligne auprès des différents serveurs web servant les différents flux RSS. Pour les calculs de pertinence, le serveur web fait appel au système Echo qui a été réécrit comme un serveur. Des scores de pertinence sont calculées pour les nouvelles sur la base des retours de pertinence donnés mais aussi pour les flux dans le contexte de la recherche de flux par mots clés. Dans les deux cas, il s'agit bien du système Echo qui est à l'œuvre, mais deux serveurs Echo différents tenant compte d'un besoin d'interaction différent ont dû être mis en place. Ces deux types d'interaction qui constituent l'originalité de cette architecture sont détaillés dans la suite.

4.2.2. *Le système Echo*

Echo (Brouard, 2012) est un système de sélection d'information pertinente. Il peut être appliqué à différents types de problèmes, comme la recherche d'information (sélection d'un document à partir d'une requête), la classification supervisée (sélection d'une classe à partir d'un document) ou encore l'extension de requête (sélection d'un terme à partir d'un ensemble de termes). Il est basé sur une formalisation de la notion de pertinence qui combine les notions de spécificité et d'exhaustivité qui sont au cœur des modèles de pertinence en recherche d'information (Brouard, 2004). Echo peut être décrit comme un système de construction et d'exploitation de réseau associatif s'appuyant sur des mécanismes neuronaux simples. La construction du réseau s'appuie sur la règle de Hebb liant deux informations survenant simultanément (deux termes cooccurant dans le même document par exemple), son exploitation s'appuie sur une méthode de propagation et une mesure d'écho c'est-à-dire la mesure d'une quantité d'activation rétro-propagée vers les sources d'activation. Le système a été appliqué avec succès à différents problèmes dont celui de la classification de textes qui nous intéresse plus particulièrement dans le cadre de cette application. Il obtient sur cette tâche des performances légèrement inférieure aux SVM mais supérieures à la méthode des k plus proches voisins (meilleure méthode hors SVM) sur le corpus de référence Reuters-21578 (Brouard, 2012). Echo peut par ailleurs être appliqué à de grandes quantités de données. Ainsi Echo a été appliqué lors du deuxième challenge international "Large Scale Hierarchical Text Classification"[12] et dans le cadre de la compétition Kaggle[13] à la classification automatique de plusieurs millions de documents dans plusieurs centaines de milliers de classes. Les résultats obtenus par Echo dans le cadre de ces compétitions (1er/17 et 9ème/115) ont montré son efficacité. Echo a par ailleurs l'avantage d'être totalement incrémental (il est inutile de reconstruire tout le réseau lorsque des exemples sont ajoutés ou supprimés). Enfin, les connexions dans le réseau pouvant s'interpréter comme des règles « SI ... ALORS », ses choix de classification sont facilement explicables à l'utilisateur.

[12] http://lshtc.iit.demokritos.gr/

[13] https://www.kaggle.com/c/lshtc

4.2.3. *L'API du système de calcul des scores des informations*

Une première forme du serveur Echo (Echo1) est utilisée pour calculer les scores de pertinence lors d'une demande de mise à jour de l'utilisateur. Dans cette forme, un seul type de requête est autorisé : le serveur prend en entrée une chaîne de caractères décrivant toutes les nouvelles. Cette chaine contient, pour chaque nouvelle, l'identifiant de la nouvelle, les mots clés qu'elle contient et le jugement de pertinence associé (pertinent, non pertinent ou pas de jugement). Le serveur retourne une chaîne de caractères correspondant aux scores et probabilités de pertinence de toutes les nouvelles auxquelles aucun jugement de pertinence n'a été associé. La probabilité de pertinence est calculée sur la base des distributions des scores calculés par Echo des documents pertinents et non pertinents (Brouard, 2012). Dès lors qu'un nouveau jugement de pertinence est donné tous les scores doivent être recalculés. Les volumes de données échangés dans ce cas restent relativement restreints (quelques centaines, voire quelques milliers de nouvelles tout au plus) car basés sur les retours de pertinence de l'utilisateur qui sont donnés manuellement.

4.2.4. *L'API du système de sélection des sources d'information*

Une autre forme du serveur Echo (Echo2) a dû être mise en place pour répondre au problème de la recherche de flux par mots clés. Contrairement à Echo1 où tout est reconstruit à chaque fois, Echo2 garde un index en mémoire associant mots clés et identifiants de flux. Deux types de requêtes sont possibles : les requêtes relatives à l'ajout de nouvelles dans l'index et des requêtes relatives au calcul de scores de pertinence de flux pour des mots clés particuliers. L'index est construit sur la base de toutes les nouvelles contenues dans la base de données (actuellement plusieurs centaines de milliers et potentiellement plusieurs millions) et est mis à jour régulièrement et incrémentalement avec les nouvelles informations recueillies. Les volumes de données échangés lors de la construction de l'index sont donc très importants. Ils sont par contre très réduits lors des requêtes de calcul de scores (quelques mots clés en entrée et une centaine d'identifiants de flux en retour).

5. Première évaluation

Bien que les performances du système Echo aient déjà été testées largement par ailleurs, nous avons réalisé une première évaluation de l'outil afin de vérifier que le système s'appliquait bien à des flux d'actualités (textes de taille réduite), répondait suffisament vite quand on l'intègrait à une application web (car l'apprentissage est réalisé en ligne à chaque demande de mise à jour de l'utilisateur) et ne nécessitait pas trop de retours de pertinences pour fournir des résultats intéressants en compraison d'un simple système de recherche par mots clefs. En particulier nous avons étudié l'évolution de la qualité des réponses avec les retours de pertinence et nous les avons comparés avec un simple filtrage sur mot clef. Cinq sujets de veille ont été définis (portant respectivement sur la crise des migrants, les suites des attentats du 13 novembre, le football, la présidentielle de 2017 et le monde de l'éducation). Pendant un mois, les nouvelles de la une du journal « Le Monde », ce qui représente environ mille nouvelles, ont été étiquetées comme pertinentes ou non vis-à-vis de ces différents sujets. Puis des retours positifs et négatifs sur les premiers documents retournés par le système ont été simulés. Différentes quantités de retours, respectivement 5/10 (5 positifs, 10 négatifs), 10/20 et 15/30 ont été testées pour les 15 premiers jours. En fonction de ces retours, la précision à respectivement 5, 10, 15 documents retournés et la R-précision (c'est-à-dire la précision lorsque le nombre de documents retournés est égal au nombre de documents pertinents) a été calculée sur les 15 derniers jours. De façon à montrer que la tâche n'était pas triviale, les résultats du système ont été comparés avec un simple filtrage par mot clef (en choisissant celui donnant les meilleurs résultats, respectivement « migrant », « déchéance », « foot », « primaire » et « université »).

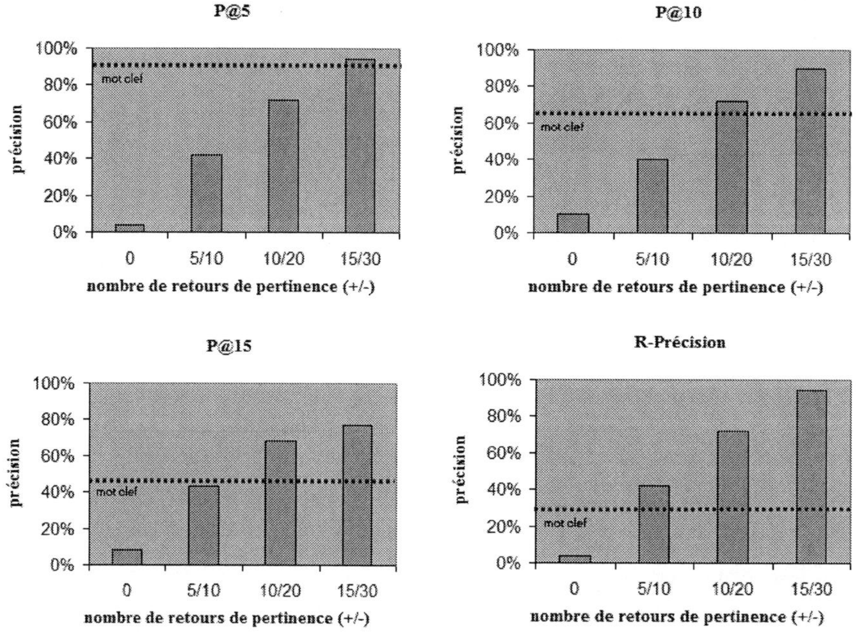

Figure 6. *Dans le cas des précisions à 15 et de la R-précision, dès lors qu'au moins 10 retours de pertinence positifs et 20 retours négatifs sont donnés par l'utilisateur, les résultats sont très nettement en faveur du système basé sur l'apprentissage automatique en comparaison d'un simple système de filtrage par mots clefs. Dans le cas des précisions à 5 et à 10, l'utilisateur doit donner plus de retours de pertinence pour obtenir de meilleur résultats.*

Il apparaît que la précision augmente bien avec le nombre de retours de pertinence donnés et devient vite supérieure à un filtrage par mot clef (cf Fig. 6). Plus précisément, il apparaît que le filtrage par mot clef ne permet pas de retrouver de nombreuses nouvelles pourtant pertinentes mais qui ne contiennent pas le mot clef (une nouvelle décrivant le résultat d'une équipe de football connue pourra par exemple ne pas contenir le mot « foot ») et que des nouvelles qui contiennent le mot clef peuvent ne pas être pertinentes (une nouvelle contenant le mot « primaire » peut concerner les primaires américaines et non la politique française). L'apprentissage automatique permet de retenir un plus grand ensemble de mots, de pondérer l'importance respective de chacun de ces mots et de combiner ces pondérations de façon optimale. Par ailleurs, les temps liés au calcul des scores et à la réponse de Echo1 se sont révélés inférieurs à la seconde et ceci même en considérant plusieurs centaines de documents exemples et tests. Ces résultats permettent de conclure que l'apprentissage en ligne qui incluait la préparation des données à envoyer au serveur Echo1, leur traitement par Echo1, la récupération des résultats et leur rangement dans la base de données est donc réalisable. Pour Echo2, la construction du réseau qui prend moins d'une minute pour plusieurs centaines de milliers de nouvelles est réalisée hors ligne.

6. Conclusion

Une interface homme-machine intégrant des fonctionnalités permettant de faciliter l'activité de veille sur le web a été proposée. Une architecture client-serveur intégrant un système d'apprentissage automatique a été conçue. Bien que la première évaluation soit relativement limitée et bien que la réalisation d'expérimentations en conditions réelles avec différents utilisateurs véritablement engagés dans un processus de veille sur une durée dépassant le mois semble incontournable, on peut considérer que le résultat obtenu montre déjà la faisabilité d'un tel outil (temps de réponse et qualité des résultats).

L'outil a été mis en ligne (http://www.specific-search.com) à la fin de l'année 2015. N'importe quel internaute peut maintenant se créer un compte et utiliser l'outil, laisser des commentaires, des souhaits d'évolution ou signaler des bugs. SpecificSearch est actuellement en bêta-test et nous comptons sur des retours nombreux et pertinents pour l'améliorer. Il est plus que probable que l'outil évoluera encore. Certaines évolutions concerneront notamment la mise en place d'outils d'annotation relatifs à l'étape de diffusion de la veille d'information (l'outil se limitant pour l'instant aux étapes de ciblage et de recherche), d'autres concerneront l'explication de la sélection d'une nouvelle ou encore l'auto-évaluation du système dans sa capacité à sélectionner l'information pertinente. Par ailleurs, nous sommes conscients que si le succès est au rendez-vous et que les données dans l'index deviennent plus volumineuses, l'infrastructure actuelle risque de ne pas être adaptée. Une version distribuée d'Echo est à l'étude.

7. Bibliographie

Arampatzis A., Beney J., Koster C.H.A, van der Weide T.P., Incrementality, Half-life, and Threshold Optimization for Adaptive Document Filtering. *Proceedings of the TextRetrieval Conference (TREC9),* NIST Special Publication, p.589-600, 2001.

Blerina L., Kostas K., Stathes H.,« Facing the cold start problem in recommender systems», *Expert Systems with Applications*, 41, p. 2063-2073, 2014.

Bobadilla J., Ortega F., Hernando A., Gutierrez R. « Recommender systems survey», *Knowledge-Based Systems*, 46, p. 109-132, 2013.

Brouard C., « Document Classification by Computing an Echo in a Very Simple Neural Network», *ICTAI*, 735-741, 2012.

Brouard C., Nie J.Y., « Relevance as Resonance: a New Theoretical Perspective and a Practical Utilization in Information Filtering », *Information Processing and Management*, 40, p. 1-19, 2004.

Cacaly S., Le Coadic Y-F, Pomart P-D., Sutter E., Dictionnaire de l'information (3e édition), Paris, A. Colin, 95 p., 2008.

Dan M., « Use of RSS feeds to push online content to users», *Decision Support Systems,* 54, p. 740-749, 2012.

Joachims T. « Text categorization with support vector machines:Learning with many relevant features », In Proceeding of ECML-98, 1998.

Katakis I., Tsoumakas G., Banos E., Bassiliades N., Vlahavas I.« An adaptive personalized news dissemination system», *Journal of Intel. Inform. Systems*, 32(2), p. 191-212, 2009.

Nanas N., Manolis V., Elias H.,« Personalised news and scientific literature aggregation», *Inform. Process. and Management*, 46, p. 268-283, 2010.

Noël E., « Veille et nouveaux outils d'information ». In DINET Jérôme, Usages, usagers et compétences informationnelles au XXIème siècle. Paris, Hermès; p. 257-284, 2008.

Paliouras G., Mouzakidis A., Moustakas V., Skourlas C., « PNS: A personalized news aggregator on the web », *Intelligent Interactive Systems in Knowledge-based Environments*, 104, p. 175-197, 2008.

Robertson S., Hull D. « The TREC-9 filtering track final report », *Proceedings of the TextRetrieval Conference (TREC9),* NIST Special Publication, 2001.

Robertson S., Walker S. « Microsoft Cambridge at TREC-9: Filtering Track», *Proceedings of the TextRetrieval Conference (TREC9),* p. 361-368, 2001.

Robertson S., Soboroff I. « The TREC-2002 filtering track report », *Proceedings of the TextRetrieval Conference (TREC11),* NIST Special Publication, 2003.

Rocchio J.J., « Relevance Feedback in Information Retrieval », *In The Smart Retrieval System, G. Salton (Ed.), Prentice* Hall, p. 313-323, 1971.

Wu L., Luang X., Guo Y., Zhang Y. « FDU at TREC-9:CLIR, Filtering and QA Tasks », In *Proceedings of the TextRetrieval Conference (TREC9),* p. 189-202, 2001.

Minimisation de l'influence négative dans les réseaux sociaux

Etat de l'art et Ouvertures de recherche

Zakia Challal[1], Kamel Boukhalfa[2]

1. LSI, Université des Sciences et de la Technologie Houari Boumediene
BP 32 El Alia 16111 Bab Azzouar Alger, Algérie
zchallal@usthb.dz

2. LSI, Université des Sciences et de la Technologie Houari Boumediene
BP 32 El Alia 16111 Bab Azzouar Alger, Algérie
kboukhalfa@usthb.dz

RESUME. *L'influence dans un réseau social est la capacité d'un utilisateur à mener un autre utilisateur à adopter une idée, une opinion, à croire à une information, à utiliser des services ou des produits, etc. L'influence peut être négative si de mauvaises intensions s'imprègnent tels que de mauvaises idées, des rumeurs, des virus. Dans cet article, nous présentons les travaux proposés dans la littérature pour minimiser la propagation de l'influence négative dans un réseau social et protéger ainsi les utilisateurs du réseau. L'analyse des travaux proposés nous a mené à dresser quelques ouvertures de recherche.*

ABSTRACT. *The influence in a social network is the ability of a user to conduct another user to adopt an idea, an opinion, to believe in information, use services or products, etc. The influence can be negative if bad intensions are impregnated such as bad ideas, rumors, and viruses. In this article, we present the work proposed in the literature to minimize the spread of the negative influence in a social network and protect network users. The analysis of the proposed work has led us to draw some research openings.*

MOTS-CLES : *influence négative, réseau social.*

KEYWORDS: *negative influence, social network.*

1. Introduction

Les utilisateurs des réseaux sociaux sont envahis par le flux d'information diffusé continuellement et ils sont généralement influencés par ce dernier. Ainsi, ils rediffusent l'information, commentent des publications, achètent des produits ou des services et parfois organisent des évènements, signent des pétitions, etc.

La diffusion d'information dans les réseaux sociaux a suscité l'intérêt de la communauté de recherche. Cette dernière s'est particulièrement intéressée à la problématique suivante : *comment faire pour arriver à une large diffusion et maximiser l'influence à travers le réseau ?* Beaucoup de travaux ont été menés dans ce sens en ne considérant que l'influence positive (Domingos et Richardson, 2001; 2002 ; Chen, Wang et Yang, 2009 ; Chen, Yuan et Zhang, 2010 ; Kempe, Kleinberg et Tardos, 2003 ; Li et al., 2014 ; Liu et al., 2012; Nguyen et Zheng, 2013 ; Wang, Camacho et Xu, 2009). Cependant, s'intéresser seulement à l'influence positive n'est pas pertinent car l'influence négative dans les réseaux sociaux est très présente, notamment les rumeurs, et leurs propagation dans le réseau conduit parfois à des résultats néfastes (Fan et al., 2013 ; Nguyen et al., 2012). Par exemple, la rumeur lancé sur Twitter affirmant la mort du président de la Syrie a conduit jusqu'à l'augmentation du prix du pétrole (Fan et al., 2013). Si une mauvaise information est lancée sur le réseau, elle est généralement plus rapidement propagée qu'une bonne information et elle a plus d'effet (Baumeister et al., 2001 ; Chen et al., 2010). Par exemple, une information sur la corruption d'un responsable se propage plus rapidement qu'une information sur ses travaux innovants. Dans ce cas, on voudra certainement minimiser l'influence au lieu de la maximiser. En marketing, par exemple, les entreprises souhaiteraient faire face aux contres publicités et protéger ainsi leur image de marque en minimisant leurs propagations. En politique, lors des élections, les politiciens veillent à minimiser les contres campagnes. En éducation, on doit minimiser l'influence négative exercée sur les enfants, etc.

Les travaux de la littérature sur la minimisation de l'influence négative dans les réseaux sociaux proposent des solutions qu'on peut classer en trois approches : *blocage de nœuds*, *blocage de liens* ou *utilisation de l'influence compétitive* pour faire une contre campagne qui limite la diffusion de l'influence négative. Nous présentons dans ce papier les différents travaux que nous avons trouvé dans la littérature sur la minimisation de l'influence négative tout en analysant les différentes approches proposées. Des ouvertures de recherches seront proposées à la fin de l'article.

L'article est organisé comme suit : nous présentons tout d'abord, dans la section 2, trois problématiques liées à la minimisation de l'influence qui sont : la propagation de l'influence, la détection d'influenceur et la maximisation de l'influence dans les réseaux sociaux. Dans la section 3, nous ferons une revue des travaux sur la minimisation de l'influence négative dans les réseaux sociaux. Une synthèse des travaux et pistes ouvertes seront présentées dans la section 4. Nous finirons par une conclusion et une vision sur nos travaux futurs.

2. Problématiques connexes

Nous définissons dans cette section les notions liées au problème de minimisation de l'influence négative dans un réseau social. Nous définissons les modèles de propagation d'influence utilisés, quelques métriques de détection d'influenceurs et le problème de maximisation d'influence lorsqu'il s'agit d'influence compétitive.

2.1. Modèles de propagation d'influence dans un réseau social

Les modèles de propagation d'influence dans un réseau social les plus utilisés sont : *Independent Cascade model (ICM)* et *Linear Threshold Model (LTM)* (Shakarian et al., 2015). Dans ces modèles, le réseau est représenté par un graphe orienté. A l'instant $t=0$, un ensemble de nœuds initiateurs de la diffusion d'une nouvelle idée sont actif. A un instant t, si un nœud adopte la nouvelle idée, il devient actif, sinon il est inactif. On suppose qu'un nœud inactif peut passer à l'état actif mais un nœud actif le restera tout au long du processus de propagation. Un nœud actif tente d'activer ces voisins. Le processus se poursuit jusqu'à ce qu'il n'ait plus d'activations possibles.

2.1.1. Independent Cascade Model

Dans ce modèle, une probabilité $p_{u,v}$ est associé à chaque lien (u,v) où u, et v sont deux nœuds du réseau. $p_{u,v}$ est la probabilité que u réussit à activer v (*u influence v*). Cette probabilité peut correspondre au taux de communication entre les deux nœuds, à la proximité géographique ou se basant sur un historique de processus de propagation antécédent (par apprentissage) (Shakarian et al., 2015).

2.1.2. Linear Threshold Model

Dans ce modèle, un poids $w_{u,v}$ est affecté à chaque lien (u,v) tel que la somme des poids des liens entrant à v est inférieur à *1*. Chaque nœud v est doté d'un seuil θ_v. A un instant t, les nœuds parents de v qui sont actif tentent de l'activer. v ne sera actif que si la somme des $w_{u,v}$ (u est un parent de v actif) est supérieur au seuil θ_v. Ce modèle correspond à dire qu'un utilisateur du réseau n'adopte une idée que si une proportion de ses relations l'ont déjà adopté (Shakarian et al., 2015).

2.1.3. Modèles basés sur le sujet

Dans ce modèle, l'analyse de l'influence porte sur un sujet spécifique. Par exemple, un utilisateur peut influencer un autre utilisateur sur le choix d'un produit, mais pas ou moins facilement sur une opinion politique. Une extension des deux modèles précédents *(ICM et LTM)* en prenant en compte le sujet de l'influence a été proposée par (Barbieri, Bonchi and Manco, 2012). Dans leur nouvelle version, la probabilité $p^z_{u,v}$ associé à chaque lien (u,v) représente la force de l'influence de u sur v par rapport à un sujet $z \in$ [1-K].

2.2. Détection d'influenceurs dans un réseau social

Les influenceurs dans un réseau social sont importants à détecter puisqu'ils constituent l'ensemble de départ dans un processus de diffusion d'influence. Si on cherche à maximiser l'influence dans le réseau, ces influenceurs seront privilégiés et seront les premiers porteurs d'information. Par contre, si on cherche à minimiser l'influence, ils seront à protéger, à bloquer ou à solliciter pour une contre campagne par exemple.

Plusieurs métriques ont été proposées dans la littérature (Cataldi et Aufaure, 2014 ; Herzig, Mass et Roitman, 2014 ; Subbian et al., 2014 ; Sun et Ng, 2012 ; Sun et Tang, 2011 ; Weng et al., 2010). Nous définissons les deux métriques les plus référencés dans les travaux de minimisation d'influence dans les réseaux sociaux.

– *Degré d'un nœud :* nombre de voisins d'un nœud. On parle aussi de *in-degree* ou *out-degree* pour designer respectivement, le nombre de voisins avec une relation entrante ou sortante (Sun and Tang, 2011).
– *Betweenness d'un nœud*: le nombre de plus court chemins entre chaque nœud vers tous les autres nœuds traversant ce nœud (Sun and Tang, 2011).

2.3. Maximisation de l'influence dans un réseau social

Les premiers travaux faisant référence au problème de maximisation de l'influence dans un réseau social sont (Domingos et Richardson, 2001 ; 2002 ; Kempe, Kleinberg et Tardos, 2003). Ils se sont posé la réflexion suivante : si on arrive à convaincre un ensemble d'utilisateurs du réseau social à adopter un produit ou une idée et le but est d'avoir une large diffusion dans le réseau, quel serait cet ensemble d'utilisateurs ? Plus formellement : ayant un réseau social représenté par un graphe G, un modèle de propagation M, un ensemble de nœuds initiateurs de l'influence S et soit $\sigma_M(S)$ la fonction qui estime la propagation de l'influence. Comment sélectionner S pour maximiser $\sigma_M(S)$ (Kempe, Kleinberg and Tardos, 2003).

Les auteurs de (Kempe, Kleinberg et Tardos, 2003; Li et al., 2014 ; Liu et al., 2012; Nguyen et Zheng, 2013) ont proposé des algorithmes gloutons qu'ils ont comparé à des heuristiques basées sur des mesures de centralité telles que le degré et le betweenness. Leurs propositions donnent de meilleurs résultats sauf que les algorithmes gloutons sont longs en termes de temps d'exécution. Dans (Chen, Wang et Yang, 2009 ; Chen, Yuan et Zhang, 2010), les auteurs proposent des solutions plus efficace en temps d'exécution.

3. Approches de minimisation de l'influence négative dans un réseau social

Les travaux de recherche sur la minimisation de l'influence négative dans les réseaux sociaux peuvent être classés selon leur approche en trois classes : approche basée sur le blocage de nœuds, approche basée sur le blocage de lien et approche basée sur l'influence compétitive.

3.1. Approche basée sur le blocage de nœuds

Le principe est de bloquer un ensemble minimal de nœuds pour minimiser la propagation d'influence négative dans le réseau. Les nœuds sont généralement sélectionnés parmi les nœuds les plus influenceurs.

Plus formellement, le problème est définit comme suit : soit un réseau représenté par un graphe orienté $G = (V, E)$. V est l'ensemble de nœuds, $E \subset V \times V$ est l'ensemble des liens. Nous supposons qu'une information négative est propagée dans le réseau et un ensemble initial de nœuds I est influencé. Le but est de minimiser le nombre de nœuds influencés en bloquant un ensemble S de k nœuds, $S \subseteq \{V\}$ et k est une constante donnée. La fonction objective est :

$$Minimiser\ \sigma\{I|V \backslash S\}$$

où $\sigma\{I|V \backslash S\}$ représente le nombre de nœuds influencés par I quand les nœuds de S sont bloqués (Wang et al., 2013).

Dans (Wang et al., 2013), les auteurs supposent qu'une information négative est propagée dans le réseau social et un ensemble de nœuds est infecté (influencé). Leur but est de minimiser le nombre de nœuds infectés en bloquant k nœuds parmi les non infectés. Les auteurs proposent un algorithme glouton où à chaque itération on sélectionne un nœud parmi les nœuds non infectés qui maximise la décrémentation du nombre de nœuds infectés. L'algorithme proposé donne de meilleurs résultats que si on sélectionne les top-k nœuds non infectés selon leur out degree ou betweenness.

Dans (Yao et al., 2015a), les auteurs prennent en compte le sujet de l'influence en se basant sur un modèle de propagation d'influence basé sur le sujet (Topic-aware Independent Cascade Model) (Barbieri, Bonchi and Manco, 2012). Dans ce modèle, les probabilités d'influence d'utilisateur à utilisateur dépendent du sujet. Ils ont proposé deux méthodes prenant en compte le sujet : *Topic-aware out degree* et *Topic aware betweenness*. Les résultats des méthodes proposées sont comparés aux mesures de centralité déjà connues : *out degree* et *betweenness*. Les auteurs ont obtenu de meilleurs résultats en termes de limitation de la propagation d'influence.

3.2. Approche basée sur le blocage de liens

Le principe de cette approche est de bloquer un ensemble minimal de liens pour minimiser la propagation de l'influence négative dans le réseau.

Plus formellement, le problème est définit comme suit : soit le réseau $G = (V, E)$. Nous supposons qu'une information négative est propagée dans le réseau et un ensemble initial de nœuds I est influencé. Le but est de minimiser le nombre de nœuds influencés en bloquant un ensemble S de k liens, $S \subseteq \{V\}$ et k est une constante donnée. La fonction objective est :

$$Minimiser\ \sigma\{I| V \setminus S\}$$

où $\sigma\{I| V \setminus S\}$ représente le nombre de nœuds influencés par I quand l'ensemble de liens de S sont bloqués (Yao et al., 2015b).

(Kimura, Saito and Motoda, 2009) sont les premiers à proposer cette approche. Ils pensent que le blocage de liens est plus fondamental que le blocage de nœuds puisque le blocage d'un nœud induit le blocage de liens associés. Les auteurs proposent un algorithme glouton qu'ils comparent aux heuristiques basées sur les mesures de centralité : out degree et betweenness. L'algorithme proposé est meilleur en termes de minimisation de la propagation d'influence. Les auteurs se basent sur le modèle de propagation d'influence Independent Cascade.

Les mêmes auteurs proposent dans (Kimura, Saito and Motoda, 2008) la même solution sous le modèle de propagation d'influence Linear Threshold où chaque nœud possède un seuil représentant la proportion de ses voisins adoptant une idée pour qu'il l'adopte lui-même. L'algorithme glouton proposé donne toujours de meilleurs résultats.

(Khalil, Dilkina et Song, 2013) formalisent le problème de minimisation de propagation de l'influence en bloquant un minimum de lien en un problème d'optimisation NP-difficile. Ils prouvent théoriquement que la fonction objective est *supermodulaire*. Ce qui permet de proposer une solution approximative avec un algorithme glouton qui approche la solution optimale avec un facteur de $(1- 1/e)$. Ils proposent ensuite un algorithme glouton qu'ils comparent à différentes heuristiques basées sur les mesures de centralité connues, entre autres: out degree et betweenness. L'algorithme proposé donne de meilleurs résultats.

Dans (Yao et al., 2015b), les auteurs proposent la même solution en démarrant d'un ensemble de nœuds déjà infectés (négativement influencés). En plus de l'évaluation du degré d'influence, les auteurs évaluent le temps d'exécution de l'algorithme glouton proposé ainsi des deux heuristiques (out degree et betweenness). Comme prévu, le temps d'exécution de l'algorithme glouton est dégradé par rapport aux heuristiques testées.

3.3. Approche basée sur l'influence compétitive

Le principe est de sélectionner un ensemble minimal de nœuds qui adopteront une contre campagne afin de minimiser l'effet de l'influence négative.

Plus formellement, le problème est définit comme suit : Soient le réseau $G = (V, E)$, un ensemble S_A de nœuds qui adoptent une contre compagne, un délai de détection de la contre compagne d. Le but est de trouver un ensemble S_C de k nœuds qui diffuseront une contre information pour sauver le maximum de nœuds. La fonction objective est :

$$Maximiser\ \sigma\{S_C ; S_A,\ d\}$$

où $\sigma\{S_C ; S_A,\ d\}$ représente le nombre de nœuds influencés par S_C. (Luo et al., 2014).

Dans (Budak, Agrawal and El Abbadi, 2011), les auteurs proposent un modèle de diffusion compétitive basé sur le modèle Independent Cascade. Il modélise la diffusion de deux informations, une représente une mauvaise information, l'autre représente la bonne information (la contre campagne). Etant donné un ensemble de nœuds qui commencent la diffusion d'une mauvaise information et un délai de détection de cette information, le but est de trouver un ensemble de nœuds qui optent une contre campagne et maximise sa diffusion pour protéger le maximum de nœuds d'être atteins par la mauvaise information. Les auteurs supposent que si la bonne et la mauvaise information arrivent au même temps à un nœud, c'est la bonne information qui prend effet. Et une fois, un nœud est influencé par une bonne ou mauvaise campagne, il ne change plus de campagne. Le processus se poursuit jusqu'à ce que tous les nœuds soient influencés. Les auteurs prouvent que le problème est NP-difficile et que la fonction objective est *submodulaire*. Ils proposent ensuite un algorithme glouton. Dans un second lieu, les auteurs supposent la méconnaissance de l'ensemble de nœuds diffusant la mauvaise information et du délai de détection de cette information, ce qui est plus réaliste. Ils proposent pour cela un algorithme de prédiction basé sur l'heuristique Hill Climbing.

Dans (Nguyen et al., 2012), étant donné un réseau où une désinformation est diffusée, on vise à décontaminer un minimum de nœuds de telle sorte à ce que la décontamination totale après un temps T atteint un taux β. T et β sont des paramètres en entrées. La propagation de la décontamination suit ensuite le modèle de diffusion (IC ou LT). Un algorithme glouton est appliqué pour trouver l'ensemble de nœuds à décontaminer. L'algorithme donne de bons résultats mais il est couteux en temps d'exécution. Pour cela, les auteurs proposent une heuristique basée sur la structure en communauté du réseau social. Ils appliquent alors l'algorithme glouton sur chaque communauté pour atteindre un taux de décontamination β dans chaque communauté.

Aussi, dans (Fan et al., 2013), les auteurs se basent sur la structure en communauté d'un réseau social et le constat que les communications sont plus dense dans une même communauté qu'entre communautés. L'influence est donc plus rapidement propagée dans une même communauté. Donc, si on cherche à protéger un ensemble minimal de nœuds pour minimiser l'infection des communautés voisines, ils seraient sélectionnés parmi les nœuds qui ont des relations avec les communautés voisines. Cela évitera la contamination des communautés voisines d'une part et décontamine la communauté infecté plus rapidement.

(Luo et al., 2014) se basent sur un modèle de diffusion à temps continue où le temps de diffusion entre deux nœuds diffère selon le taux de transmission entre ces derniers. Les auteurs montre que le problème tel que modélisé est NP-Difficile et que la fonction objective est sous modulaire.

De même que les travaux précédents, les auteurs de (Fan et al., 2013; Luo et al., 2014) proposent des algorithmes gloutons qu'ils comparent à des mesures de centralité tel que le degré. Leurs algorithmes donne de meilleurs résultats en termes du nombre de nœuds influencé mais n'ont pas été testé en terme de temps d'execution.

4. Synthèse et Analyse

Le tableau 1, résume les travaux cités dans la section 3. L'accent est mis sur la principale contribution de chaque travail, le modèle de diffusion sur lequel se base la solution proposée, l'algorithme proposé, les données d'expérimentation et les résultats obtenus en termes de minimisation d'influence et de temps d'exécution.

Tableau 1. Synthèse des travaux de recherche sur la minimisation de l'influence négative dans les réseaux sociaux.

Approche	Référence	Contribution	Modèle de diffusion		Algorithmes					Données d'expérimentation			Résultats	
					propo-sés		Testé avec							
			ICM	LTM	Glouton	autres	degré	betweenness	autres	Réseau	Nombre de nœuds	Nombre de liens	Minimisation de l'influence	Temps d'exécution
Bloquer des nœuds	(Wang et al., 2013)	Bloquer k nœuds parmi les nœuds non infectés	x		x		x	x	x	Enron email communication network	36692	367662	+	
	(Yao et al., 2015a)	prend en compte le sujet de l'influence.	x			x	x	x		Sina microblog	2000	14426	+	
										Facebook	4039	88234		
Bloquer des liens	(Kimura, Saito and Motoda, 2009)	Bloquer k lien pour minimiser la contamination par l'influence négative (initiateur de l'approche).	x		x		x	x	x	blog network	12047	79920	+	
										Japanese Wikipedia network	9481	245044		
	Saito and Mo-	Adaptation du travail précédent sous le modèle de		x	x		x	x		blog network	12047	79920	+	

		diffusion Linear Threshold								Japanese Wikipedia network	9481	245044		
	(Khalil, Dilkina et Song, 2013)	Formalisation et preuve théorique que la fonction objective est super modulaire		x	x		x	x	x	FOREST-FIRE network	500	1691	+	
										Meme-Tracker network				
	(Yao et al., 2015b)	Evaluation du temps d'exécution	x		x		x	x		Facebook data set	4039	88234	+	-
										Digger data set	8193	56440		
Influence compétitive	(Budak, Agrawal and El Abbadi, 2011)	La contre campagne est lancé après un délai r, délai de détection d'une campagne de désinformation	x		x	x	x		x	2009 Santa Barbara network	26455	53132	+	
										2008 Santa Barbara network	12814	184482		
										2008 the Monterey Bay network	6117	62750		
	(Nguyen et al., 2012)	Protection de nœuds : Décontaminer k nœuds les plus influenceurs	x	x	x		x		x	NetHEPT network	15233	31398	+	-
										Facebook	63000	1 .5 million		
	(Luo et al., 2014)	Sauver le maximum de nœuds avant un délai donné. Prend en compte le taux de transmission entre deux nœuds.			x		x		x	Facebook-like social network	1899	20296	+	
	(Fan et al., 2013)	Minimiser l'infection des communautés voisines. Les nœuds protec-			x		x		x	Enroll Email communication network	36692	367662	+	

		teurs sont définis parmi les nœuds qui ont des relations avec les communautés voisines.												
										e-print arXiv *Collaboration Network*	15233	58891		

En analysant le tableau 1, nous tirons les conclusions suivantes :

– La problématique de minimisation d'influence négative dans un réseau social est assez récente. Les premiers travaux publiés datent de 2008. Cependant, la problématique n'a pas attiré beaucoup l'attention de la communauté de recherche. Les travaux s'orientent plutôt vers l'influence positive et sa maximisation dans les réseaux sociaux.

– Parmi les trois approches proposées, les deux approches consistant à bloquer des nœuds ou des liens ne peuvent être appliquées que par un administrateur du réseau social qui possède ce privilège de blocage d'utilisateurs ou de relations. Ceci limitera l'application de ces approches par un responsable marketing, par exemple, qui veut limiter la diffusion d'une contre publicité

– Dans les trois approches (blocage de nœuds, blocage de lien, influence compétitive), le problème est modélisé comme un problème d'optimisation NP-difficile. Il s'agit dans tout les cas, de trouver un minimum de nœuds/ liens à bloquer ou un minimum de nœuds qui lanceront une campagne compétitive afin de minimiser le nombre de nœuds influencé négativement. Il est prouvé que la fonction objective est *sous/super modulaire*. Ceci garantit qu'une solution avec un algorithme glouton donne des résultats qui approchent la valeur optimale de (1-1/e), soit 63%. La plupart des travaux ont donc opté pour une solution avec un algorithme glouton. Cependant, ces algorithmes sont très longs en termes de temps d'exécution.

– La majorité des travaux comparent les résultats obtenus à des heuristiques basées sur des mesures très utilisées telles que le degré et le betweenness. L'algorithme glouton donne toujours de meilleurs résultats en termes de minimisation du nombre de nœuds influencés négativement. Peu de travaux ont fait une évaluation en termes de temps d'exécution. Ces derniers montrent que les algorithmes gloutons ne sont pas performants en comparaison avec les heuristiques citées précédemment.

– Les travaux proposés ne comparent pas leurs résultats aux travaux qui les précèdent. On n'a donc pas une idée sur la meilleure solution proposée jusque là, ni en terme de minimisation d'influence ni en terme de temps d'exécution.

– Les données d'expérimentation sont généralement des données issues de réseaux sociaux réels. Seulement, la taille des réseaux testés reste limitée. Elle varie entre 500 et 63 000 nœuds tandis que les réseaux actuels comprennent des centaines de millions de nœuds.

5. Ouvertures de recherche

Après étude des différents travaux liés à la minimisation de l'influence négative dans les réseaux sociaux, nous avons pu dresser quelques pistes de recherche encore ouvertes :

– Les solutions proposées se sont fixé comme seul objectif, la minimisation de l'influence négative en négligeant le temps d'exécution, un paramètre très important dans les réseaux sociaux. Les algorithmes proposés sont des algorithmes gloutons qui donnent des résultats qui approchent la valeur optimale mais qui sont longs en termes de temps d'exécution. Il serait donc intéressant de proposer des solutions basées sur des heuristiques (plus rapide) au lieu d'algorithmes gloutons pour atteindre un compromis entre degré d'influence et temps d'exécution. Cela permettra aussi de faire des tests sur des réseaux plus larges approchant la taille des réseaux réels tels que Facebook.

– L'évaluation de l'influence négative a été exprimée, dans la plus part des travaux, par le nombre de nœuds infectés. Ce nombre peut ne pas être significatif si ces nœuds, par exemple, ont très peu de relations ou tout simplement n'ont rien à perdre s'ils sont infectés. (Luo et al., 2014) proposent, comme perspective, de donner un coût de perte à chaque nœud s'il sera infecté et au lieu de minimiser le nombre de nœuds infectés, on minimise le coût de perte dans le réseau.

– Plusieurs améliorations des travaux existant sont possibles :

- Prendre en compte l'aspect dynamique dans le réseau au cours de la diffusion d'information :
    - *Changement de topologie :* lors de la propagation de l'influence, des nœuds peuvent quitter le réseau (même parmi les influenceurs) et d'autres peuvent arriver et qu'on ne souhaitera pas qu'ils soient atteints dès leur arrivée.
    - *Changement d'opinion d'un nœud :* les modèles de propagation d'influence utilisés (ICM ou LTM) considèrent que si un nœud est influencé, il ne changera pas d'avis jusqu'à la fin du processus de propagation. Nous pouvons améliorer ces modèles pour mieux correspondre à la réalité où un utilisateur peut changer d'avis à n'importe quel moment.
- *Cibler une communauté :* dans certains cas, l'influence négative est propagée pour atteindre une communauté bien précise sur un sujet

bien précis. Il sera donc intéressant, dans ce cas, de prendre en compte ces deux aspects pour atteindre l'objectif en un temps réduit.

– Une question importante reste ouverte : en réalité, comment pourrions-nous convaincre un influenceur (probablement une star) pour adopter la bonne information et la diffuser dans le réseau social (Nguyen et al., 2012).

6. Conclusion

L'influence dans les réseaux sociaux est un sujet en plein essor. La problématique de minimisation de l'influence négative, par ses applications et ses avantages apportés aux réseaux sociaux, suscite l'intérêt de la communauté de recherche. Néanmoins, les travaux proposés manquent d'efficacité. Ils se sont focalisés sur le seul objectif de minimiser l'influence négative en proposant des algorithmes glouton long en termes de temps d'exécution.

Nous comptons traiter ce problème dans nos futurs travaux. Nous visons à proposer une solution algorithmique basée sur des méta-heuristiques au lieu d'algorithmes glouton pour minimiser la propagation d'influence en se fixant deux objectifs à la fois : minimiser le taux d'influence négatif dans le réseau et minimiser le temps d'exécution des algorithmes s'exécutant sur le réseau social (large échelle).

7. Bibliographie

Barbieri, N., Bonchi, F. and Manco, G. (2012). Topic-Aware Social Influence Propagation Models.*2012 IEEE 12th International Conference on Data Mining.*

Baumeister, R.F., Bratslavsky, E., Finkenauer, C., Vohs, K.D., 2001. Bad is stronger than good. Review of General Psychology 5, 323–370.

Budak, C., Agrawal, D. and El Abbadi, A. (2011). Limiting the spread of misinformation in social networks. *Proceedings of the 20th international conference on World wide web - WWW '11.*

Cataldi, M. and Aufaure, M. (2014). The 10 million follower fallacy: audience size does not prove domain-influence on Twitter. *Knowledge and Information Systems*, 44(3), pp.559-580.

Chen, W., Collins, A., Cummings, R., Ke, T., Liu, Z., Rincon, D., Sun, X., Wang, Y., Wei, W., Yuan, Y., (2010). Influence Maximization in Social Networks When Negative Opinions May Emerge and Propagate (No. MSR-TR-2010-137).

Chen, W., Wang, Y. and Yang, S. (2009). Efficient influence maximization in social networks.*Proceedings of the 15th ACM SIGKDD international conference on Knowledge discovery and data mining - KDD '09.*

Chen, W., Yuan, Y. and Zhang, L. (2010). Scalable Influence Maximization in Social Networks under the Linear Threshold Model. *2010 IEEE International Conference on Data Mining.*

Domingos, P. and Richardson, M. (2001). Mining the network value of customers. *Proceedings of the seventh ACM SIGKDD international conference on Knowledge discovery and data mining - KDD '01.*

Fan, L., Lu, Z., Wu, W., Thuraisingham, B., Ma, H. and Bi, Y. (2013). Least Cost Rumor Blocking in Social Networks. *2013 IEEE 33rd International Conference on Distributed Computing Systems.*

Herzig, J., Mass, Y. and Roitman, H. (2014). An author-reader influence model for detecting topic-based influencers in social media. *Proceedings of the 25th ACM conference on Hypertext and social media - HT '14.*

Kempe, D., Kleinberg, J. and Tardos, É. (2003). Maximizing the spread of influence through a social network. *Proceedings of the ninth ACM SIGKDD international conference on Knowledge discovery and data mining - KDD '03.*

Khalil, E.; Dilkina, B.; and Song, L. (2013), CuttingEdge: Influence minimization in networks. In *Workshop on Frontiers of Network Analysis: Methods, Models, and Applications at NIPS*, 2013.

Kimura, M., Saito, K. and Motoda, H. (2009). Blocking links to minimize contamination spread in a social network. *ACM Trans. Knowl. Discov. Data*, 3(2), pp.1-23.

Kimura, M., Saito, K. and Motoda, H. (n.d.). Solving the Contamination Minimization Problem on Networks for the Linear Threshold Model. *PRICAI 2008: Trends in Artificial Intelligence*, pp.977-984.

Li, N. and Gillet, D. (2013). Identifying influential scholars in academic social media platforms.*Proceedings of the 2013 IEEE/ACM International Conference on Advances in Social Networks Analysis and Mining - ASONAM '13.*

Li, S., Zhu, Y., Li, D., Kim, D., Ma, H. and Huang, H. (2014). Influence maximization in social networks with user attitude modification. *2014 IEEE International Conference on Communications (ICC).*

Liu, B., Cong, G., Xu, D. and Zeng, Y. (2012). Time Constrained Influence Maximization in Social Networks. *2012 IEEE 12th International Conference on Data Mining.*

Luo, C., Cui, K., Zheng, X. and Zeng, D. (2014). Time Critical Disinformation Influence Minimization in Online Social Networks. *2014 IEEE Joint Intelligence and Security Informatics Conference.*

Nguyen, H. and Zheng, R. (2013). On Budgeted Influence Maximization in Social Networks. *IEEE J. Select. Areas Commun.*, 31(6), pp.1084-1094.

Nguyen, N., Yan, G., Thai, M. and Eidenbenz, S. (2012). Containment of misinformation spread in online social networks. *Proceedings of the 3rd Annual ACM Web Science Conference on - WebSci '12.*

Richardson, M. and Domingos, P. (2002). Mining knowledge-sharing sites for viral marketing.*Proceedings of the eighth ACM SIGKDD international conference on Knowledge discovery and data mining - KDD '02.*

Shakarian, P., Bhatnagar, A., Aleali, A., Shaabani, E. and Guo, R. (2015). The Independent Cascade and Linear Threshold Models. *SpringerBriefs in Computer Science*, pp.35-48.

Subbian, K., Sharma, D., Wen, Z. and Srivastava, J. (2014). Finding influencers in networks using social capital. *Soc. Netw. Anal. Min.*, 4(1).

Sun, B. and Ng, V. (2012). Identifying influential users by their postings in social networks.*Proceedings of the 3rd international workshop on Modeling social media - MSM '12.*

Sun, J. and Tang, J. (2011). A Survey of Models and Algorithms for Social Influence Analysis. *Social Network Data Analytics*, pp.177-214.

Wang, F., Camacho, E. and Xu, K. (2009). Positive Influence Dominating Set in Online Social Networks. *Combinatorial Optimization and Applications*, pp.313-321.

Wang, S.; Zhao, X.; Chen, Y.; Li, Z.; Zhang, K. & Xia, J. (2013), Negative Influence Minimizing by Blocking Nodes in Social Networks., *in* 'AAAI 2013.

Weng, J., Lim, E., Jiang, J. and He, Q. (2010). TwitterRank: Finding Topic-sensitive Influential Twitterers. *Proceedings of the third ACM international conference on Web search and data mining - WSDM '10.*

Yao, Q., Shi, R., Zhou, C., Wang, P. and Guo, L. (2015a). Topic-aware Social Influence Minimization. *Proceedings of the 24th International Conference on World Wide Web - WWW '15 Companion.*

Yao, Q., Zhou, C., Xiang, L., Cao, Y. and Guo, L. (2015b). Minimizing the Negative Influence by Blocking Links in Social Networks. *Trustworthy Computing and Services*, pp.65-73.

Évaluation de l'influence dans un réseau multi-relationnel : le cas de Twitter

Lobna Azaza [1,2], Sergey Kirgizov [1], Marinette Savonnet [1], Éric Leclercq [1], Rim Faiz [2]

1. *Laboratoire LE2I - UMR 6306 - CNRS - ENSAM*
Univ. Bourgogne Franche-Comté
9, Avenue Alain Savary
F-21078 Dijon - France
Prenom.Nom@u-bourgogne.fr

2. *Laboratoire Larodec*
Université de Carthage
Tunis, Tunisie
Rim.Faiz@ihec.rnu.tn

RÉSUMÉ. *L'influence sur Twitter est devenue un sujet de recherche important. Certains utilisateurs révèlent plus de capacité que d'autres pour influencer les personnes avec lesquelles ils sont connectés. Ainsi, trouver les utilisateurs les plus influents peut permettre une diffusion efficace de l'information à grande échelle, action très utile dans le marketing ou les campagnes politiques. Dans cet article, nous proposons une nouvelle approche pour l'évaluation de l'influence dans les réseaux multi-relationnels tels que Twitter. Notre méthode est basée sur la règle de combinaison conjonctive de la théorie des fonctions de croyance qui permet de fusionner différents types de relations. Nous expérimentons notre méthode sur des données Twitter collectées lors des élections européennes de 2014 et déterminons les candidats les plus influents.*

ABSTRACT. *Influence in Twitter has become recently a hot research topic. Some users are more able than others to influence peers. Thus, studying most influential users leads to reach a large-scale information diffusion area, something very useful in marketing or political campaigns. In this paper, we propose a new approach for influence assessment on multi-relationnal networks such as Twitter. This is based on the conjonctive combination rule in belief functions theory in order to combine different types of interactions. We experiment the proposed method on a large amount of data gathered from Twitter in the context of the European Elections 2014 and deduce top influential candidates.*

MOTS-CLÉS : *Réseau multi-relationnel, Influence, Fusion d'information, Fonctions de croyance.*

KEYWORDS: *multirelational network, Influence, Information fusion, Belief theory.*

Congrès INFORSID, 34ème édition, Grenoble, 31 mai – 3 juin 2016

1. Introduction

Les réseaux sociaux en ligne tel que *Twitter* rassemblent les personnes et renforcent leurs relations avec de nouvelles formes de coopération et de communication. En raison de son immense popularité, *Twitter* est exploité comme une plate-forme pour le marketing et les campagnes politiques. L'une des caractéristiques de *Twitter* est la diffusion de l'information à travers les liens sociaux. Les liens entre les utilisateurs déterminent le flux de l'information et indiquent ainsi l'influence d'un utilisateur sur un autre. Certains utilisateurs, appelés influents, sont plus capables que d'autres de diffuser des informations à un grand nombre d'utilisateurs. Par conséquent, la détection des utilisateurs influents dans un réseau est une clé du succès pour parvenir à une diffusion d'information à large échelle et à faible coût.

L'influence sur *Twitter* est définie comme la capacité d'un utilisateur à provoquer une action chez un autre utilisateur (Leavitt *et al.*, 2009). Le terme "action"signifie les différentes interactions possibles entre les utilisateurs. Par conséquent, la mesure de l'influence sur *Twitter* n'est pas aussi simple puisque *Twitter* offre plusieurs relations (*retweet*, *réponse*, *mention*, *suivre*) et donc plusieurs formes d'interactions. Un utilisateur peut *suivre* un autre utilisateur, ce qui lui permet de voir les *tweets* et les informations de l'utilisateur qu'il suit. Il est également capable de *retweeter* un *tweet*, ce qui expose ce *tweet* à ses abonnés, qui peuvent aussi le *retweeter*. Un utilisateur peut *mentionner* un autre utilisateur en utilisant le préfixe "@"s'il veut lui adresser le *tweet*, ce même *tweet* pouvant être *retweeté* par un autre utilisateur. Enfin, un utilisateur peut *répondre* à un *tweet* et créer ainsi une conversation avec l'utilisateur du tweet intital. Ces différents types d'interactions sont ce qui fait de *Twitter* un réseau multi-relationnel (Wu *et al.*, 2013; Rodriguez, Shinavier, 2010).

L'évaluation de l'influence pose trois principaux défis. Le premier est la diversité des interactions sur lesquels nous pouvons baser les calculs de l'influence. Il est important de les combiner afin d'établir une mesure générale d'influence qui prend en compte les différents types d'interactions entre les utilisateurs. Le second défi est la considération de l'influence indirecte. L'influence est indirecte lorsqu'elle atteint un utilisateur à travers des utilisateurs intermédiaires. Par exemple, un utilisateur peut *retweeter* un *tweet* d'un autre utilisateur indirectement à travers un utilisateur intermédiaire. Il est donc nécessaire de mesurer l'influence en tenant compte des interactions directes et indirectes dans le réseau. Le troisième défi est relatif à l'incertitude lors de la combinaison d'interactions. Dans le cas des réseaux multi-relationnels, il est difficile d'attribuer des pondérations valuées aux différentes interactions avant de fusionner les données quantitatives.

Dans ce papier, pour mesurer l'influence d'un utilisateur, nous combinons, en tenant compte de l'incertitude dans le processus de la mesure, différentes interactions définies par des experts du domaine étudié (la communication politique dans notre cas). La mesure peut être établie entre un couple d'utilisateurs en tenant compte des différentes interactions entre eux deux, mais aussi étendue à une mesure d'influence globale d'un utilisateur dans le réseau.Pour cela, nous définissons un cadre théorique sur la base de la règle de combinaison conjonctive de la théorie des fonctions de croyance et la règle de Smets (Smets, 1997) pour la fusion et la combinaison des informations. L'approche proposée est flexible et l'influence indirecte dans le graphe multi-relationnel peut être prise en considération. Une évaluation à travers des expérimentations est proposée, elle est basée sur des données *Twitter* collectées dans le cadre du projet TEE 2014 lors de la campagne pour les élections européennes de 2014.

Le reste de l'article est organisé comme suit. La section 2 présente un état de l'art. La section 3 décrit notre approche. La section 4 présente les résultats expérimentaux. Et enfin la section 5 conclut le papier.

2. État de l'art

Dans cette section, nous présentons des travaux sur l'évaluation de l'influence dans *Twitter* et rappelons les concepts de base de la théorie des fonctions de croyance sur lesquels se fonde notre approche.

2.1. L'influence dans Twitter

Dans la littérature, plusieurs approches ont été proposées pour classer les utilisateurs selon leur influence. Certaines approches sont basées sur la **topologie du réseau** et les mesures de centralité. D'autres approches ont établi un classement des utilisateurs en utilisant des algorithmes basés sur la **diffusion**. Une autre famille étend les approches topologiques pour assurer la **fusion d'information**. Dans la suite, nous présentons les travaux principaux pour chaque type d'approches.

Pour mesurer l'influence dans *Twitter*, de nombreux critères peuvent être pris en considération. Les auteurs dans (Leavitt *et al.*, 2009) utilisent trois caractéristiques pour mesurer l'influence : le nombre des *réponses*, *retweets* et *mentions*, en plus du nombre d'*abonnés*. Ils donnent des statistiques relatives à ces mesures mais ne proposent pas un score global de l'influence se basant sur toutes les relations prises en compte. (Cha *et al.*, 2010) utilisent les critères nombre d'*abonnés*, de *retweets* et de *mentions*. Ils calculent la valeur de chaque mesure d'influence pour 6 millions d'utilisateurs puis ils les comparent. Pour ce faire, ils trient les utilisateurs en fonction de chaque relation, puis, ils quantifient comment le classement d'un utilisateur varie selon les différentes relations. La corrélation de Spearman est utilisée comme une mesure de la force d'association entre deux ensembles du classement. Ils ont constaté que le nombre d'abonnés représente la popularité d'un utilisateur, mais il n'est pas lié à d'autres relations telles que les *retweets* et les *mentions*. Leur résultat suggère que le nombre d'*abonnés* seul révèle très peu sur l'influence d'un utilisateur. De même, cette méthode ne fournit pas une mesure globale de l'influence.

(Chen *et al.*, 2013) proposent une méthode de classement local, nommée Cluster Rank, prenant en considération le nombre de voisins et leur coefficient de clustering[1]. (Bakshy *et al.*, 2011) ont suivi une approche différente pour estimer les utilisateurs influents : ils utilisent les cascades de diffusion d'URL raccourcis et considérent que les utilisateurs qui produisent les cascades les plus longues sont les plus influents. (Brown, Feng, 2011) pensent que la localisation d'un nœud dans le réseau peut déterminer son influence. Considérant ce fait, l'algorithme de décomposition *k-shell* peut être utilisé (Seidman, 1983). Son principe est d'attribuer un indice de référence ks pour chaque nœud tel que les nœuds ayant les valeurs les plus faibles sont situés à la périphérie du réseau tandis que les nœuds avec les valeurs les plus élevées se trouvent au centre du réseau, ce sont ces nœuds qui auront le plus d'influence. Les auteurs ont adapté l'algorithme de décomposition *k-shell* aux caractéristiques du réseau *Twitter*. Qasem *et al.* (Qasem *et al.*, 2015) présentent une nouvelle approche pour la détection des utilisateurs influents. L'approche proposée détecte les utilisateurs qui augmentent la taille du réseau social en attirant de nouveaux utilisateurs dans le réseau.

L'inconvénient des algorithmes basés sur la topologie du réseau est de ne considérer que les informations de l'utilisateur, sans considérer l'interaction entre les utilisateurs à travers les séquences des relations. Avec *Twitter*, l'influence d'un utilisateur est impactée par la diffusion de l'information entre les utilisateurs.

D'autres recherches proposent de classer les utilisateurs en utilisant des algorithmes basés sur la **diffusion**, avec l'hypothèse commune selon laquelle un utilisateur est influent s'il pointe vers de nombreux voisins très influents. Dans (Weng *et al.*, 2010), les auteurs proposent TwitterRank, une extension de l'algorithme PageRank (Page *et al.*, 1999), afin de mesurer l'influence des utilisateurs en tenant compte des sujets associés aux tweets. Bien que l'idée soit prometteuse, les résultats expérimentaux montrent qu'il y a des utilisateurs qui *suivent* d'autres utilisateurs sans présence de similarité de sujets entre eux et leurs amis. La méthode a ignoré d'autres critères importants tels que les *mentions* et les *réponses*. Romero *et al.* (Romero *et al.*, 2011) proposent le IP-Algorithme basé sur l'algorithme HITS (Kleinberg, 1999). Les auteurs considérent l'influence comme le niveau de propagation du contenu dans le réseau (*retweets*). De plus, les auteurs estiment que l'influence d'un utilisateur ne dépend pas seulement de la taille de son audience, mais aussi de sa passivité. La passivité d'un utilisateur est le fait qu'il ne transmet pas l'information au réseau. L'algorithme a montré une meilleure précision que d'autres mesures d'influence tels que PageRank, le nombre d'abonnés et le nombre de *mentions*. Bien que la passivité semble être un facteur à prendre en compte dans le calcul de l'influence, ce travail a ignoré d'autres relations importantes telles que la *réponse*. Ashwini *et al.* (Ashwini, M.R., 2015) considèrent que *Twitter* est une plate-forme de diffusion d'information et étudient le problème de l'identification des utilisateurs influents. Ils proposent ProfileRank, un modèle de diffusion d'information basé sur la marche aléatoire qui estime l'influence des utilisateurs et la pertinence du contenu. ProfileRank est fondé sur le principe qu'un utilisateur influent crée du contenu pertinent. La limite de cette ap-

1. En théorie des graphes, le coeffcient de clustering mesure à quel point les voisins d'un sommet sont connectés.

proche est que l'influence est estimée en se basant seulement sur la relation *retweet* et la méthode ignore d'autres relations importantes.

Dans des travaux récents, la **fusion d'information** est considérée afin de contourner les limitations des méthodes existantes. Dans (Simmie *et al.*, 2013), les auteurs proposent la combinaison de deux modèles pour classer les utilisateurs influents : l'algorithme PageRank et HMC (Modèle de Markov Caché). Ils ont construit un HMM pour observer l'évolution de l'influence à travers le temps et utilisent les trois relations *retweet*, *mention* et *réponse*. Le modèle est évalué sur une enquête considérée comme une réalité du terrain. Le modèle proposé diffère des autres par la combinaison de trois relations. Toutefois, puisque le but est de classer l'influence des utilisateurs, l'influence d'un utilisateur donné ne révèle pas d'informations sur son degré d'influence (forte ou faible influence), le résultat du modèle est utile uniquement pour le classement des utilisateurs.

Aucun travail de recherche existant ne prend en compte la combinaison de plusieurs relations avec de l'incertitude. Or, il nous parait important, pour mesurer l'influence, de tenir compte des degrés d'incertitude sur les poids attribués aux différentes interactions selon leur importance. Dans cet objectif, nous proposons l'utilisation de la théorie des fonctions de croyance. Dans des recherches récentes, la théorie des fonctions de croyance est exploitée pour mesurer l'influence dans des réseaux pondérés (Cai *et al.*, 2013; Wei *et al.*, 2013) et complexes (Mo *et al.*, 2015) avec l'objectif commun de modifier les mesures de centralité existantes. Au meilleur de notre connaissance, ceci est la première fois que la théorie des fonctions de croyance est exploitée pour mesurer l'influence sur le réseau *Twitter* avec des patterns d'interactions au lieu des mesures de centralité.

2.2. Théorie des fonctions de croyance

La théorie des fonctions de croyance est considérée comme un outil général pour le raisonnement avec incertitude, et a été reliée à d'autres cadres tels que les théories des probabilités, des possibilités et des probabilités imprécises (Denoeux, Masson, 2012). La théorie des fonctions de croyance, aussi connue comme la théorie de l'évidence ou théorie de Dempster-Shafer, a été d'abord introduite par A. Dempster dans le contexte de l'inférence statistique, et a été developpée plus tard par G. Shafer comme un outil général pour la modélisation de l'incertitude épistémique (Kotz, N. L. Johnson eds., 1982).

Dans les paragraphes suivants, nous allons rappeler les concepts de base de la théorie des fonctions de croyance. Soient Ω un ensemble fini et 2^{Ω} l'ensemble de tous les sous-ensembles de Ω. Dans le contexte de la théorie de Dempster-Shafer, Ω est souvent appelée un cadre de discernement. La masse m est une fonction $m : 2^{\Omega} \rightarrow [0,1]$ tel que :

$$\sum_{X \in 2^{\Omega}} m(X) = 1 \text{ and } m(\emptyset) = 0 \tag{1}$$

La masse $m(X)$ exprime la part de la croyance qui supporte le sous-ensemble X de Ω, $m(\emptyset) = 0$ car nous considérons que le cadre de discernement est exhaustif et exclusif (hypothèse du monde clos).

La théorie des fonctions de croyance permet, non seulement la représentation de la connaissance partielle, mais aussi la fusion de l'information (Nimier, Appriou, 1995). La fusion d'information est réalisée par la règle de combinaison conjonctive (Smets, 1997), elle suppose que toutes les sources sont fiables et consistantes. Considérant deux fonctions de masse m_1 et m_2, la règle de combinaison conjonctive est définie par :

$$(m_1 \circledcap m_2)(C) = \sum_{A \cap B = C} m_1(A) m_2(B), \quad A, B, C \in 2^\Omega \tag{2}$$

Afin de prendre une décision, nous essayons de sélectionner l'hypothèse la plus probable, ce qui peut être difficile à réaliser directement avec les bases de la théorie des fonctions de croyance où les fonctions de masse sont données, non seulement pour les singletons, mais aussi pour les sous-ensembles du cadre de discernement. Ils existent plusieurs solutions pour assurer la prise de décision au sein de la théorie des fonctions de croyance, la plus connue est la probabilité pignistique (Smets, 1989). Contrairement aux fonctions de masse qui sont définies sur 2^Ω, la probabilité pignistique est une mesure de probabilité définie sur Ω. La probabilité pignistique a été proposée dans le modèle des croyances transférables (Smets, Kennes, 2008). Elle est basée sur deux niveaux : le "niveau crédal"où les croyances sont représentées par des fonctions de croyance et le "niveau pignistique"où les croyances sont utilisées pour prendre la décision et représentées comme des fonctions de probabilité appelées probabilités pignistiques et notées *bet* définies par :

$$\text{bet}(x) = \sum_{x \in X \subseteq \Omega} \frac{m(X)}{|X|} \tag{3}$$

3. Approche proposée

L'objectif de notre approche est de trouver des critères de manifestation de l'influence et de pondérer ces critères. Afin de mesurer l'influence d'un utilisateur, nous utilisons la théorie des fonctions de croyance pour effectuer la fusion des informations issues des différentes formes d'interactions (patterns d'interaction directs ou indirects). La figure 1 donne un aperçu des différentes étapes de l'approche proposée. D'abord, l'information de *Twitter* est modélisée dans un graphe en sélectionnant les relations et les patterns pertinents puis le choix des degrés d'influence et l'initialisation des masses de croyance sont réalisés, cette étape dépend du domaine étudié. Dans le niveau crédal, nous associons les différentes fonctions de masse à chaque relation et pattern puis nous les combinons pour obtenir la masse de croyance de l'influence. Dans le niveau pignistique, nous calculons la probabilité pignistique afin de prendre la décision sur le degré d'influence d'un nœud. Dans cette section, nous détaillons chaque étape du processus de l'évaluation.

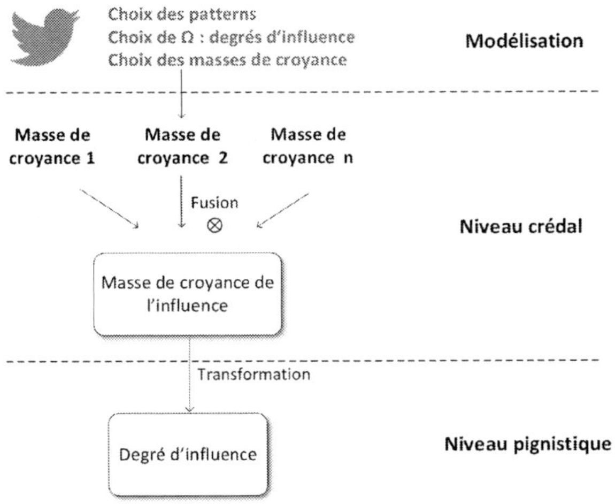

Figure 1. Étapes de l'approche proposée

3.1. Graphe de l'influence

Les réseaux sociaux sont généralement modélisés comme un graphe (Barnes, 1969) représenté par $G = (V, E)$ comprenant un ensemble V de sommets ou nœuds et un ensemble E d'arcs ou de liens. Dans le réseau *Twitter*, le graphe est hétérogène puisque nous avons différentes relations entre les nœuds et différents types de nœuds. Par exemple, il peut exister une relation *Suivre* entre deux utilisateurs, une relation *Retweet* entre un *tweet* et un utilisateur. Afin de modéliser cette hétérogénéité, un graphe multi-relationnel peut être utilisé (Rodriguez, Shinavier, 2010). Comme nous souhaitons évaluer l'influence d'un utilisateur sur d'autres, nous limitons le graphe à des nœuds homogènes (les utilisateurs), ainsi, nous travaillons sur un graphe multiplexe (Kanawati, 2015). Dans un graphe multiplexe, l'ensemble des liens E est divisé en classes disjointes : $E = \bigcup_{r \in R} E_r$, où R est l'ensemble de types de relations possibles. Par exemple, dans *Twitter* nous pouvons considérer :

R = {*Retweet*, *Mention*, *Réponse*, *Suivre*}

Nous définissons un pattern d'interaction p comme une séquence de relations, par exemple un *Retweet* d'une *Réponse* ou *Retweet* d'un *tweet* avec une *Mention*. Soit P l'ensemble des patterns d'interaction qui ont été identifiés pour modéliser l'influence dans un domaine spécifique, cet ensemble peut être donné par les chercheurs en sciences sociales par exemple. Notons par $R = R \bigcup P$ l'ensemble des relations y compris les patterns d'interaction.

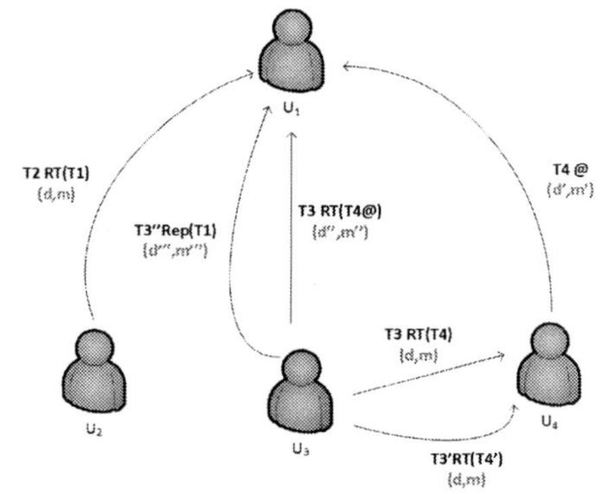

Figure 2. Graphe de l'influence

Dans ce contexte, nous introduisons le graphe de l'influence (Figure 2) comme un graphe multiplexe étiqueté. Les nœuds représentent les utilisateurs, et les liens sont les différentes relations entre eux. Par exemple, le lien entre u_4 et u_1 signifie que le *tweet* $T4$ émis par u_4 mentionne u_1, le lien étiqueté $T3RT(T4@)$ correspond au *tweet* $T3$ de u_3 qui est un *Retweet* (RT) du *tweet* $T4$ de u_4 qui mentionnait u_1, ce qui représente le pattern d'interaction *retweet* d'une *mention* entre les utilisateurs u_3 et u_1 effectué à travers l'utilisateur u_4. Nous trouvons d'ailleurs dans le graphe le tweet $T3$ de u_3 vers u_4. Les liens sont aussi étiquetés avec les degrés d'influence d (par exemple, Faible, Moyenne, Forte) et les masses de croyance m qui dépendent du type de la relation.

3.2. Fusion des masses dans le graphe de l'influence

En se basant sur la théorie de Dempster-Shafer discutée dans la section 2, nous fusionnons différentes fonctions de masse définies dans le graphe multiplexe.

Soit Ω un ensemble ordonné des degrés d'influence possibles :

$$\Omega = \{\text{Très Faible, Faible, Assez Moyenne, Moyenne, Assez forte,} \\ \text{Forte, Très Forte, Extrêmement Forte}\} \tag{4}$$

Dans la théorie générale de Dempster-Shafer, 2^Ω est utilisé comme domaine des fonctions de masse, dans notre approche, nous utilisons seulement un sous-ensemble Λ de 2^Ω, précisément :

$$\Lambda = \{\text{Très Faible, Faible, Assez Moyenne, Moyenne, Assez Forte,} \\ \text{Forte, Très Forte, Extrêmement Forte}, \Omega\} \tag{5}$$

Alors, les fonctions de masse sont définies comme suit : $m : \Lambda \to [0, 1]$

Table 1. Definition of the operation @

@	T.Faible	Faible	A.Moyenne	Moyenne	A.Forte	Forte	T.Forte	E.Forte	Ω
T.Faible	Faible	A.Moyenne	Moyenne	A.Forte	Forte	T.Forte	T.Forte	E.Forte	T.Faible
Faible	A.Moyenne	A.Moyenne	Moyenne	A.Forte	Forte	T.Forte	T.Forte	E.Forte	Faible
A.Moyenne	Moyenne	Moyenne	A.Forte	Forte	T.Forte	T.Forte	T.Forte	E.Forte	A.Moyenne
Moyenne	A.Forte	A.Forte	Forte	Forte	T.Forte	T.Forte	T.Forte	E.Forte	Moyenne
A.Forte	Forte	Forte	T.Forte	T.Forte	T.Forte	T.Forte	T.Forte	E.Forte	A.Forte
Forte	T.Forte	T.Forte	T.Forte	T.Forte	T.Forte	E.Forte	E.Forte	E.Forte	Forte
T.Forte	T.Forte	T.Forte	T.Forte	T.Forte	T.Forte	E.Forte	E.Forte	E.Forte	T.Forte
E.Forte	E.Forte	E.Forte	E.Forte	E.Forte	E.Forte	E.Forte	E.Forte	E.Forte	E.Forte
Ω	T.Faible	Faible	A.Moyenne	Moyenne	A.Forte	Forte	T.Forte	E.Forte	Ω

Pour chaque type de relation $r \in R$, une fonction de masse m_r est associée. Afin d'estimer le degré d'influence d'un nœud spécifique u, nous prenons en compte la structure locale du graphe de l'influence autour du nœud u et nous combinons les fonctions de masses de croyance des liens incidents en utilisant une version modifiée de la règle de combinaison conjonctive (2) :

$$(m \otimes m')(z) = \sum_{y @ x = z} m(x)m'(y), \quad x, y, z \in \Lambda \tag{6}$$

@ est une opération symétrique @ : $\Lambda \times \Lambda \rightarrow \Lambda$, le tableau 1 représente un exemple de l'opération @. Cette fonction assure notre hypothèse : plus nous combinons des relations relatives à un utilisateur, plus il prend de l'importance en influence.

Comme plusieurs relations peuvent exister entre le nœud u et ses voisins, nous désignons par I_r l'ensemble de tous les liens ayant le type de relation r et nous obtenons l'ensemble des fonctions de masse suivant : $\{m_{r,i} : r \in R, i \in I_r\}$. Nous combinons les fonctions de masse afin d'obtenir une masse de croyance globale correspondante au degré d'influence du nœud u. L'ordre des combinaisons pouvant affecter nos résultats, nous devons choisir un ordre pour être consistant. Afin de simplifier les expressions nous écrivons $\bigotimes_{i \in \{1,2,3\}}$ au lieu de $m_1 \otimes m_2 \otimes m_3$. Ainsi, nous considérons l'ordre des combinaisons suivant :

1. Pour un type de relation donné r, nous combinons les masses des relations de type r afin d'obtenir r-pré-résultat avec $\hat{m}_r$ défini comme suit : $\hat{m}_r = \bigotimes_{i \in I_r} m_{r,i}$
2. Après nous combinons tous les r-pré-résultats en utilisant : $\bigotimes_{r \in R} \hat{m}_r$

En fonction de l'opération @, une telle procédure peut finalement converger vers une certaine masse stationnaire.

Une fois que nous avons la masse de croyance globale sur un certain nœud, nous utilisons une version modifiée de la probabilité pignistique définie dans l'équation 3 afin de prendre la décision à propos du degré de l'influence du nœud. Dans notre cas les masses de croyance sont définies sur Λ et la probabilité pignistique est calculée en répartissant uniformément la masse de Ω sur tous les autres éléments de Λ :

$$\text{bet}(x) = m(x) + \frac{m(\Omega)}{|\Omega|}, \quad x \in \Omega \tag{7}$$

Le code source est disponible sur github : https://github.com/kerzol/Influence -assessment-in-twitter.

3.3. Illustrations

Afin d'illustrer notre méthode, nous considérons les fonctions de masse suivantes associées à la relation *retweet* et au pattern de diffusion *retweet* d'une *mention* :

$$\text{Retweet} \mapsto \begin{cases} m_{\text{Retweet}}(\text{Faible}) = 0.4 \\ m_{\text{Retweet}}(\Omega) = 0.6 \end{cases} \qquad \text{RTmention} \mapsto \begin{cases} m_{\text{RTmention}}(\text{Moyenne}) = 0.7 \\ m_{\text{RTmention}}(\Omega) = 0.3 \end{cases}$$

Les masses de croyance $m_{\text{Retweet}}(\Omega)$ et $m_{\text{RTmention}}(\Omega)$ représentent l'ignorance partielle. Nous avons affecté une masse de croyance plus importante au pattern d'interaction *Retweet* d'une *Mention* car nous considérons que l'existance de ce pattern est très significative en terme d'influence.

Cas : Retweet + Retweet d'une Mention

Après initialisation des masses de croyance pour les relations, nous suivons le processus de l'approche proposée pour mesurer l'influence obtenue suite à la combinaison d'un *Retweet* avec le pattern *retweet* d'une *Mention*. D'abord nous utilisons l'opération @ donnant les correspondances entre les degrés d'influence (tableau 1), après nous calculons la combinaison conjonctive. La fonction de masse combinée des deux relations est donnée dans le tableau 2:

Tableau 2. Combinaison d'un Retweet avec un Retweet d'une Mention

$\otimes$	$Faible$ 0.4	Ω 0.6
$Moyenne$ 0.7	$Assez\ Forte$ 0.28	$Moyenne$ 0.42
Ω 0.3	$Faible$ 0.12	Ω 0.18

Nous obtenons : $m(\text{Faible}) = 0.12 \quad m(\text{Moyenne}) = 0.42$
$m(\text{Assez Forte}) = 0.28 \quad m(\Omega) = 0.18$

Finalement, pour prendre la décision sur le degré d'influence, nous calculons la probabilité pignistique en utilisant l'équation 7 (Tableau 3). Par exemple, pour le degré Faible, nous procédons comme suit pour obtenir la probabilité pignistique :

$$\text{bet}(\text{Faible}) = m(\text{Faible}) + \frac{m(\Omega)}{|\Omega|} = 0.12 + \frac{0.18}{8} = 0.1425$$

Tableau 3. Probabilité pignistique dans le cas d'un Retweet suivi d'un Retweet d'une Mention

Très Faible	0.0225
Faible	0.1425
Assez Moyenne	0.0225
Moyenne	0.4425
Assez Forte	0.3025
Forte	0.0225
Très Forte	0.0225
Extrêmement Forte	0.0225

On peut conclure que le degré d'influence d'un *Retweet* suivi d'un *Retweet* d'une *Mention* est Moyenne puisqu'il a la plus grande probabilité pignistique soit 0.4425.

4. Expérimentations et résultats

Les travaux de recherche menés se déroulent dans le cadre du projet TEE 2014 dont l'intitulé exact est "*Twitter* aux élections européennes : Une étude contrastive internationale des utilisations de *Twitter* par les candidats aux élections au Parlement Européen en mai 2014". Ce projet international, mené par la Maison des Sciences de l'Homme (MSH) de Dijon, réunit près de 45 chercheurs (majoritairement des politologues, sociologues, chercheurs en communication) de 10 laboratoires de recherche répartis dans 5 pays européens (France, Allemagne, Belgique, Italie et Espagne). L'objectif global de ce projet est d'observer et d'analyser la communication des politiques sur Twitter durant les élections européennes de mai 2014 dans les 5 pays d'étude.

4.1. Description des données

Pour collecter les informations de *Twitter*, nous avons utilisé notre outil *SNFreezer*[2] (Leclercq *et al.*, 2015). Trois types d'informations (généralisées sous le terme "source") peuvent être pris en paramètre dans cette collecte : des comptes utilisateurs, des *hashtags* et des mots ou phrases. Ces différentes sources ont été choisies par les politologues, et nous retrouvons parmi elles les noms des principaux candidats, leurs

2. https://github.com/SNFreezer

comptes *Twitter*, et les *hashtags* relatifs à ces candidats, leurs partis, ou plus généralement à l'élection étudiée. L'objectif de la collecte est de capter les *tweets* mentionnant les utilisateurs désignés, ceux contenant un certain *hashtag*, mot ou phrase, ou encore les *tweets* envoyés par les utilisateurs spécifiés. En plus, nous collectons les informations sur ces *tweets* tels que les *tweets retweetés*, les utilisateurs *mentionnés* dans les *tweets* et les *réponses* aux *tweets*. La collecte sur 50 jours consécutifs nous a permis de disposer de 37 millions de *tweets*.

4.2. Expérimentations et résultats

L'objectif de nos expérimentations est de mesurer l'influence des candidats sur *Twitter*. Afin d'étudier leur influence, nous affectons des masses aux relations considérés, puis pour chaque candidat, nous combinons les masses de croyances en itérant sur le nombre de *retweets*, *mentions* et *réponses*.

Le choix et l'affectation des masses dans l'étape de l'initialisation sont une question importante lorsque nous traitons de données réelles. Dans certains domaines tels que la politique, les utilisateurs ont un très grand nombre de relations. Avec une initialisation avec les mêmes valeurs que celles utilisées dans la section illustration, l'influence converge pour tous les candidats vers le plus haut degré d'influence Extrêmement Forte après un nombre d'itérations restreint ($\simeq$ 45 itérations), ce qui ne nous a pas permis de pouvoir comparer l'influence des candidats. Pour règler cette question, nous effectuons une mise à l'échelle et nous utilisons les affectations de masses suivantes :

$$\textit{Retweet} \mapsto \begin{cases} m_{\text{Retweet}}(\text{Très Faible}) = 0.55 \cdot 10^{-3} \\ m_{\text{Retweet}}(\Omega) = 1 - 0.55 \cdot 10^{-3} \end{cases}$$

$$\textit{Mention} \mapsto \begin{cases} m_{\text{Mention}}(\text{Très Faible}) = 0.45 \cdot 10^{-3} \\ m_{\text{Mention}}(\Omega) = 1 - 0.45 \cdot 10^{-3} \end{cases}$$

$$\textit{Réponse} \mapsto \begin{cases} m_{\text{Réponse}}(\text{Très Faible}) = 0.45 \cdot 10^{-3} \\ m_{\text{Réponse}}(\Omega) = 1 - 0.45 \cdot 10^{-3} \end{cases}$$

Nous avons appliqué notre approche sur le corpus français comprenant 616 candidats et 4 millions de *tweets*. Le tableau 4 montre les résultats obtenus avec notre approche pour trois candidats français Marine Le Pen, Florian Philippot et Jean-Luc Mélenchon. Nous pouvons conclure que le degré d'influence dans *Twitter* pour le candidat Marine Le Pen est Extrêmement Forte avec la masse de croyance de 0.8173448. Les résultats fournissent non seulement le degré d'influence d'un candidat, mais aussi donnent par les masses sur les différents degrés d'influence une indication de la croyance que nous avons dans les résultats donnés.

Tableau 4. Résultats pour 3 candidats français influents

	M. Le Pen	**F. Philippot**	**J.L. Mélenchon**
Ω	0	0	0
Très Faible	0	0.000011065	0.000030278
Faible	0	0.00007295998	0.0001832843
Assez Moyenne	0	0.0007035528	0.001403947
Moyenne	0	0.003033557	0.004954501
Assez Forte	0	0.008340205	0.01247841
Forte	0	0.02191526	0.02977818
Très Forte	0.1826552	0.5830090	0.7960571
Extrêmement Forte	0.8173448	0.3829144	0.1551143

4.3. Vers le classement de l'influence des utilisateurs

L'approche proposée peut être aussi exploitée pour classer les utilisateurs selon leur influence. Afin de classer les candidats selon leur influence et en partant de nos résultats, nous procédons comme suit :

1. Pour chaque candidat nous prenons le degré d'influence ayant la masse de croyance maximale (par exemple, pour Marine Le Pen nous choisissons Extrêmement Forte)

2. Nous classons les candidats selon leur "degré d'influence maximal"

3. Si deux candidats ont le même "degré d'influence maximal", nous comparons les masses de croyance du plus haut degré d'influence en utilisant l'ordre suivant pour les degrés d'influence : $\Omega < Très\ Faible < Faible < Assez\ Moyenne < Moyenne < Assez\ Forte < Forte < Très\ Forte < Extrêmement\ Forte$

Nous procédons ainsi puisqu'il est injuste de classer les candidats selon la masse de croyance maximale qu'ils ont dans les différents degrés. Nous pouvons avoir un utilisateur plus influent qu'un autre même s'il a une masse de croyance plus faible que lui sur le même degré. Ceci est dû au fait que, les masses de croyance du plus haut degré d'influence suivant ont augmenté et sont devenues assez importantes. Par exemple, Influence(Florian Philippot) = Influence(Jean-Luc Mélenchon) = Très Forte, et $m_{\text{Philippot}}$(Extrêmement Forte) $>$ $m_{\text{Mélenchon}}$(Extrêmement Forte) bien que le candidat Florian Philippot a une masse de croyance sur le degré Très Forte plus faible que la masse de croyance du candidat Jean-Luc Mélenchon sur le même degré (voir tableau 4), il est classé avant Jean-Luc Mélenchon (tableau 5) puisqu'il a une masse de croyance plus élevée sur le degré Extrêmement Forte. Nous effectuons alors la procédure de la combinaison pour tous les candidats et déduisons leur classement selon leur degré d'influence. Les résultats sont présentés dans le tableau 5.

Le tableau 6 présente le classement obtenu en utilisant les critères utilisés par (Cha *et al.*, 2009). Ces critères sont le nombre de Retweets, Mentions et Réponses. Les résultats présentés ne montrent pas l'influence globale dans le réseau puisque nous trouvons différents classements pour chaque type de relation. Alors que notre méthode (Tableau 5) nous permet d'avoir un classement unique qui tient compte de

Tableau 5. Candidats français les plus influents selon notre approche

Classement	Candidats	Degré d'influence	Masse de croyance
1	Marine Le Pen	Extrêment Forte	0.8173448
2	Florian Philippot	Très Forte	0.5830090
3	Jean-Luc Mélenchon	Très Forte	0.7960571
4	Christine Boutin	Très Forte	0.9796956
5	Aymeric Chauprade	Très Forte	0.4171324655
6	Nicolas Dupont-Aignan	Très Forte	0.5293170700
7	José Bové	Très Forte	0.2925722297
8	Geoffroy Didier	Moyenne	0.2092645352
9	Raquel Garrido	Moyenne	0.2048485
10	Marielle De Sarnez	Assez Moyenne	0.2074260

Table 6. Candidats français les plus influents selon les différentes relations et le degré de centralité

Classement	*Retweet*	*Mention*	*Réponse*	*Degré de centralité*
1	Marine Le Pen	Marine Le Pen	Christine Boutin	Marine Le Pen
2	Florian Philippot	Christine Boutin	Marine Le Pen	Christine Boutin
3	Jean-Luc Mélenchon	Jean-Luc Mélenchon	Florian Philippot	Florian Filippot
4	Aymeric Chauparde	Florian Philippot	Jean-Luc Mélenchon	Jean-Luc Mélenchon
5	François Asselineau	Nicolas Dupont-Aignan	Louis de Gouyon Matigon	Nicolas Dupont-Aignan
6	Corinne Morel-Darleux	José Bové	Nicolas Dupont-Aignan	Aymeric Chauparde
7	Nicolas Dupont-Aignan	Aymeric Chauparde	Jean-Sébastien Herpin	José Bové
8	Louis Aliot	Raquel Garrido	Julien Rochedy	Geoffroy Didier
9	Denis Payre	Jérome Lavrilleux	Geoffroy Didier	Raquel Garrido
10	Yannick Jadot	Marielle de Sarnez	Louis Aliot	Yannick Jadot

tous les critères considérés. La dernière colonne du tableau 6 montre le classement des candidats selon leur degré de centralité calculé en utilisant le nombre de voisins de chaque candidat dans le réseau. Le degré de centralité permet, pour chaque candidat, d'avoir un classement global sans indication sur leur degré d'influence contrairement à nos résultats présentés dans le tableau 5, l'influence mesurée est globale en prenant en compte les relations possibles dans la même mesure.

5. Conclusion

Dans cet article, nous avons proposé une approche pour l'évaluation de l'influence sur le réseau social *Twitter*. Cette approche répond à des limites des systèmes existants tels que la prise en compte de la combinaison des relations et l'incertitude engendrée par la fusion d'informations. Dans notre approche, nous avons proposé un graphe de l'influence nous permettant de considérer les différentes relations dans le réseau (*Retweet*, *Mention* et *Réponse*) ainsi que les séquences possibles de relations. En se basant sur la théorie des fonctions de croyance, nous avons établi une mesure d'influence globale pour les utilisateurs par combinaison des différentes relations. Nous avons expérimenté l'approche sur des données *Twitter* collectées dans le cadre du projet de recherche TEE 2014. Pour renforcer l'approche proposée nous souhaitons enrichir le modèle et développer d'autres patterns d'interaction en collaboration avec les politologues du projet TEE 2014. Nous souhaitons intégrer dans notre approche les *hashtags* et les *favoris* et ainsi pouvoir traiter des patterns plus complexes. Cependant, l'extraction des patterns du jeu de données nécessite des structures de données adaptées pour concevoir une application utilisable par les politologues et permettant d'évaluer et d'affiner leur modèle de l'influence. Par ailleurs, la méthode de classement des utilisateurs sera améliorée, par exemple avec des intervalles de confiance et nous allons comparer les résultats obtenues avec les résultats obtenus à partir des algorithmes connus dans la littérature tels que TwitterRank et HITS.

Bibliographie

Ashwini S. S., M.R. S. (2015). Profile ranking using user influence and content relevance with classification using sentiment analysis. *International Journal of Computer Science and Mobile Computing*, vol. 4, p. 1075–1080.

Bakshy E., Hofman J. M., Mason W. A., Watts D. J. (2011). Everyone's an Influencer: Quantifying Influence on Twitter. In *Proceedings of the fourth acm international conference on web search and data mining*, p. 65–74. New York, NY, USA, ACM. Retrieved from http://doi.acm.org/10.1145/1935826.1935845

Barnes J. A. (1969). Graph Theory and Social Networks: A Technical Comment on Connectedness and Connectivity. *Sociology*, p. 215-232.

Brown P. E., Feng J. (2011). Measuring user influence on twitter using modified k-shell decomposition. In *Fifth international aaai conference on weblogs and social media*, p. 18-23.

Cai G., Daijun W., Yong H., Sankaran M., Yong D. (2013). A modified evidential methodology of identifying influential nodes in weighted networks. *Physica A: Statistical Mechanics and its Applications*, vol. 392, nº 21, p. 5490 - 5500. Retrieved from http://www.sciencedirect.com/science/article/pii/S0378437113005773

Cha M., Haddadi H., Benevenuto F., Gummadi K. (2010). Measuring user influence in twitter: The million follower fallacy. In *4th international aaai conference on weblogs and social media (icwsm).*

Cha M., Mislove A., Gummadi K. P. (2009). A Measurement-driven Analysis of Information Propagation in the Flickr Social Network. In *Proceedings of the 18th international conference on world wide web*, p. 721–730. New York, NY, USA, ACM.

Chen D.-B., Gao H., Lü L., Zhou T. (2013). Identifying Influential Nodes in Large-Scale Directed Networks: The Role of Clustering. *PLoS ONE*, vol. 8, nº 10.

Denoeux T., Masson M.-H. E. (2012). Belief Functions: Theory and Applications. In *Proceedings of the 2nd international conference on belief functions, 9-11 may 2012*, p. 444.

Kanawati R. (2015). Multiplex network mining: a brief survey. *IEEE Intelligent Informatics Bulletin*.

Kleinberg J. M. (1999, September). Authoritative sources in a hyperlinked environment. *J. ACM*, p. 604–632.

Kotz S., N. L. Johnson eds. W. (1982). Belief functions. *Encyclopedia of Statistical Sciences 1 209*.

Leavitt A., Burchard E., Fisher D., Gilbert S. (2009, September). The Influentials: New Approaches for Analyzing Influence on Twitter. *Webecology Project.*

Leclercq E., Savonnet M., Grison T., Kirgizov S., Basaille I. (2015). SNFreezer: a Platform for Harvesting and Storing Tweets in a Big Data Context. In A. Frame, A. Mercier, G. Brachotte, C. Thimm (Eds.), *Twitter and the european parliamentary elections: researching political uses of microblogging*, p. 1–16. DE, Peter Lang.

Mo H., Gao C., Deng Y. (2015, April). Evidential method to identify influential nodes in complex networks. *Systems Engineering and Electronics, Journal of*, vol. 26, n° 2, p. 381-387.

Nimier V., Appriou A. (1995). Utilisation de la théorie de dempster-shafer pour la fusion d'informations. *GRETSI, Groupe d'Etudes du Traitement du Signal et des Images*, p. 137-140.

Page L., Brin S., Motwani R., Winograd T. (1999). The pagerank citation ranking: Bringing order to the web. In *Proceedings of the 7th international world wide web conference*, p. 161–172.

Qasem Z., Jansen M., Hecking T., Hoppe H. (2015). On the detection of influential actors in social media. In *Signal-image technology and internet-based systems (sitis), 2015 11th international conference on*, p. 421–427.

Rodriguez M. A., Shinavier J. (2010). Exposing multi-relational networks to single-relational network analysis algorithms. *Journal of Informetrics*, vol. 4, n° 1, p. 29–41.

Romero D. M., Galuba W., Asur S., Huberman B. A. (2011). Influence and passivity in social media. In *Proceedings of the 20th international conference companion on world wide web*, p. 113–114.

Seidman S. B. (1983). Network structure and minimum degree. *Social Networks*, vol. 5, n° 3, p. 269 - 287.

Simmie D., Vigliotti M., Hankin C. (2013). Ranking twitter influence by combining network centrality and influence observables in an evolutionary model. In *Signal-image technology internet-based systems (sitis), 2013 international conference on*, p. 491-498.

Smets P. (1989). Constructing the pignistic probability function in a context of uncertainty. In *Uai*, vol. 89, p. 29–40.

Smets P. (1997). Imperfect Information: Imprecision and Uncertainty. In A. Motro, P. Smets (Eds.), *Uncertainty management in information systems*, p. 225-254.

Smets P., Kennes R. (2008). The transferable belief model. In *Classic Works of the Dempster-Shafer Theory of Belief Functions*, p. 693-736.

Wei D., Deng X., Zhang X., Deng Y., Mahadevan S. (2013). Identifying influential nodes in weighted networks based on evidence theory. *Physica A: Statistical Mechanics and its Applications*, vol. 392, n° 10, p. 2564 - 2575. Retrieved from http://www.sciencedirect.com/science/article/pii/S0378437113001076

Weng J., Lim E.-P., Jiang J., He Q. (2010). TwitterRank: Finding Topic-sensitive Influential Twitterers. In *Proceedings of the third acm international conference on web search and data mining*, p. 261–270. New York, NY, USA, ACM.

Wu Z., Yin W., Cao J., Xu G., Cuzzocrea A. (2013). Community detection in multi-relational social networks. In *Web Information Systems Engineering – WISE 2013*, p. 43-56.

Session SI Dédiés

Cadre d'évaluation de systèmes de reconnaissance d'entités nommées spatiales

Damien Palacio [1], Christian Sallaberry [2], Guillaume Cabanac [3], Gilles Hubert [3]

1. *Department of Geography, University of Zurich, Zurich, Suisse*
damien.palacio@geo.uzh.ch

2. *LIUPPA ÉA 3000, Université de Pau et des Pays de l'Adour, Pau, France*
christian.sallaberry@univ-pau.fr

3. *IRIT UMR 5505 CNRS, Université Paul Sabatier, Toulouse, France*
{guillaume.cabanac,gilles.hubert}@univ-tlse3.fr

RÉSUMÉ. *La reconnaissance d'entités nommées est une tâche de l'activité d'extraction d'information dans des corpus textuels. Des systèmes de reconnaissance d'entités nommées spatiales sont très largement utilisés, mais souvent sans en connaître les forces et faiblesses. C'est pourquoi nous proposons le cadre d'évaluation SNERBM (Spatial Name Entity Recognition BenchMark) comme référentiel commun et nous l'expérimentons sur six systèmes existants de reconnaissance d'entités nommées spatiales. Ce cadre a pour objectif l'évaluation et la comparaison des performances de tels systèmes. Il permet également d'envisager le choix d'un système, ou encore la combinaison de différents systèmes, particulièrement adaptés aux catégories d'entité nommées spatiales (ville, barrage, montagne, par exemple) majoritairement présentes dans un corpus donné.*

ABSTRACT. *Named entity recognition is a task of information extraction from textual corpora. Spatial named entity recognition systems are widely used in this respect, but no one actually knows about their pros and cons. This is why we propose the SNERBM evaluation framework as a benchmark (Spatial Name Entity Recognition BenchMark), which we experimented on six existing systems dedicated to spatial named entity recognition. This benchmark enables the evaluation and the comparison of performances of such systems. In addition, it informs the selection of a system, or a combination of systems, best appropriate to operate on a given textual corpus featuring specific categories of spatial named entities (e.g., cities, mountains).*

MOTS-CLÉS : *reconnaissance d'entité nommée, entité nommée spatiale, cadre d'évaluation de système*

KEYWORDS: *named entity recognition, spatial named entity, system evaluation benchmark*

Congrès INFORSID, 34ème édition, Grenoble, 31 mai – 3 juin 2016

1. Introduction

La reconnaissance d'entités nommées (REN) dans des textes (Chinchor, 1998), consiste à identifier des syntagmes appelés entités nommées (c'est-à-dire des noms propres, des expressions de temps et des expressions numériques) catégorisables dans des classes telles que noms de personnes, noms d'organisations ou d'entreprises, noms de lieux, dates, quantités, distances, valeurs, acronymes, abréviations, etc. Parmi les entités nommées, les noms de lieux, que nous appellerons entités nommées spatiales (ENS), désignent des objets géographiques tels que des entités administratives (commune, par exemple), des éléments du relief, des éléments hydrographiques, etc.

Un système d'analyse d'ENS est généralement composé d'un module de reconnaissance (marquage d'ENS, tel que « Yosemite »), d'un module de classification (typage d'ENS, tel que « Yosemite Park »), d'un module de désambiguïsation (ENS vs. non ENS, tel que « Canari » vs. « canari » ou ENS vs. ENS différente, tel que « Paris » aux U.S. vs. « Paris » en France) et d'un module de géolocalisation (géocodage d'ENS, tel qu'avec les coordonnées du centre de « Yosemite Park » – latitude : 37,75, longitude : $-119{,}50$ ou de la géométrie correspondante). Les premiers modules contribuent à une construction par étape d'une représentation symbolique d'une ENS et le dernier détermine une représentation numérique d'une ENS (coordonnées géolocalisées).

Les systèmes de traitement automatique de la langue (TAL) supportent la reconnaissance et la classification d'entités nommées. Les systèmes d'analyse d'ENS supportent eux la reconnaissance, la classification, la désambiguïsation et la géolocalisation d'ENS (Marrero *et al.*, 2009 ; 2013). Nous pouvons citer Clavin [1] (D'Ignazio, 2013), GeoDict [2], Geolocator [3] (Gelernter, Zhang, 2013), OpenCalais [4] (D'Ignazio, 2013), Unlock [5] (Grover *et al.*, 2010) et Yahoo!PlaceSpotter [6] (Tobin *et al.*, 2010 ; Anastácio *et al.*, 2010 ; D'Ignazio, 2013) comme autant d'exemples de systèmes d'analyse allant de la reconnaissance jusqu'à la géolocalisation d'ENS. Par abus de langage, on parle souvent de systèmes de reconnaissance d'ENS (RENS). L'efficacité de tels systèmes peut être évaluée au travers de campagnes d'évaluation telles que MUC, CoNLL ou ACE (Marrero *et al.*, 2009). Ces campagnes mesurent l'efficacité des systèmes pour la reconnaissance d'entités nommées de type lieu (ENS), nom de personne, nom d'organisation... dans des corpus de documents associés. Peu de systèmes participant à ces compétitions, l'évaluation de systèmes d'analyse d'ENS commerciaux ou libres a été peu étudiée (Marrero *et al.*, 2009).

Les systèmes de recherche d'information géographique (RIG) intègrent des systèmes d'analyse d'entités nommées spatiales (ENS) (Leidner, 2007 ; Andogah, 2010 ;

1. http://clavin.bericotechnologies.com
2. http://www.datasciencetoolkit.org/developerdocs#commandline
3. https://github.com/geoparser/geolocator
4. http://www.opencalais.com
5. http://edina.ac.uk/unlock
6. http://developer.yahoo.com/boss/geo/docs

Sallaberry, 2013). Au delà de la seule RENS, les RIG indexent les ENS et proposent des langages d'interrogation supportant l'appariement des critères spatiaux exprimés dans un besoin d'information avec les données spatiales indexées. Ainsi, le système de RIG SPIRIT (Vaid *et al.*, 2005), par exemple, comprend des processus dédiés à la reconnaissance, à la désambiguïsation et à la géolocalisation d'ENS.

Nous proposons le cadre d'évaluation de systèmes de reconnaissance d'entités nommées spatiales, dénommé SNERBM (*Spatial Name Entity Recognition BenchMark*). Ce cadre est ouvert à l'évaluation de tout nouveau système et son corpus de test peut également être étendu par de nouvelles données. La proposition contribue aux travaux de la communauté à plusieurs titres : (*i*) ce *benchmark* est un outil qui permet d'évaluer et d'améliorer un système de RENS ; (*ii*) il permet également à un utilisateur non spécialiste de comparer des systèmes de RENS et de choisir le plus performant pour une catégorie d'entité ; (*iii*) de plus, il propose une évaluation par catégorie d'ENS qui permet d'envisager des combinaisons avantageuses de différents systèmes ; (*iv*) enfin, il est ouvert et, par conséquent, invite la communauté à se l'approprier et à l'enrichir.

Cet article est organisé comme suit. Dans la section 2, nous décrivons la problématique relevant des campagnes d'évaluation de systèmes de recherche d'information et de systèmes de REN. Nous présentons notre cadre d'évaluation nommé « benchmark SNERBM » en section 3. Ensuite, en section 4, nous expérimentons le *benchmark* en comparant six systèmes de RENS en termes de qualité de réponse et de rapidité. Enfin, nous concluons par une discussion et des perspectives.

2. L'évaluation de systèmes de reconnaissance d'entités nommées (REN)

De nombreuses campagnes d'évaluation proposent des plateformes pour évaluer des systèmes de REN ou de RIG (Leidner, 2007 ; Andogah, 2010 ; Nouvel, 2012), comme indiqué dans le tableau 1 :

– MUC : Message Understanding Conference (Chinchor, 1998),

– MET : Multilingual Extraction Task (Chinchor, 1998),

– IREX : Information Retrieval and Extraction eXercise (Sekine, Eriguchi, 2000),

– CoNLL : Computational Natural Language Learning conference (Tjong Kim Sang, De Meulder, 2003),

– HAREM : Avaliaçao de sistemas de Reconhecimento de Entidades Mencionadas (Santos *et al.*, 2006),

– GeoClef : Geographic Cross Language Evaluation Forum (Mandl *et al.*, 2009),

– ACE : Automatic Content Extraction program (Strassel *et al.*, 2008),

– EVALITA : Evaluation of NLP and Speech Tools for Italian (Lenzi *et al.*, 2013),

– TREC-CS : Text Retrieval Conference – Contextual Suggestion (Voorhees, 2001 ; Dean-Hall *et al.*, 2013).

Ainsi, différents types de *benchmarks* (référentiels) ont été expérimentés (tableau 2). Les ressources disponibles comprenant des ENS pré-marquées sont composées de

Tableau 1. Campagnes d'évaluation de systèmes de REN

Campagne	Année	Corpus	Système	Cible	Représentation	
					symbolique	numérique
MUC-7	1997	Reportages	NER	Personne, lieux, organisation, temps, mesure	X	
MUC-7/MET-2	1998	Journaux	NER	Personne, lieux, organisation, temps	X	
IREX	1999	Journaux	NER	Personne, lieux, organisation, temps	X	
CoNLL	2003	Journaux	NER	Personne, lieux, organisation, divers	X	
HAREM	2006	Journaux	NER	Personne, lieux, organisation, temps, mesure	X	
GeoCLEF	2008	Journaux	GIR	Lieux, thème	X	X
ACE	2008	Journaux	NER	Personne, lieux, organisation, géopolitique	X	
EVALITA	2011	Journaux	NER	Personne, lieux, organisation, géopolitique	X	
TREC-CS	2013	Open web, ClueWeb12	GIR	Lieux, thème	X	X

petits échantillons de documents (par ex., la campagne CoNLL propose un jeu de 231 documents en anglais avec 1 668 ENS annotées manuellement et la campagne ACE propose 400 documents en anglais avec aucune ENS annotée). Par ailleurs, les ressources dédiées à l'évaluation de systèmes de RIG proposent des jeux de données regroupant sans distinction les documents à la fois thématiquement et spatialement pertinents (par ex., la campagne GeoCLEF propose un jeu de documents associé à 100 *topics* géographiques (besoins d'information comportant des critères spatiaux et thématiques) et aux jugements de pertinence correspondants (*Qrels*), mais aucune ENS pré-annotée n'est proposée).

D'autres approches, généralement dédiées à l'évaluation d'un système particulier, utilisent des corpus plus petits dont les ressources annotées ne sont que rarement mises à disposition (tableau 3). Bucher *et al.* (2005) ont ainsi proposé d'adapter des techniques d'évaluation existantes pour évaluer le système de RIG SPIRIT. Marrero *et al.* (2009) présentent une plateforme qui a permis l'évaluation des systèmes de REN Supersense, Afner, Annie, Freeling, TextPro, YooName, ClearForest et Lingpipe. Tobin *et al.* (2010) décrivent une approche dédiée à l'évaluation de système de RENS et plus particulièrement des modules de désambiguïsation et de géolocalisation des systèmes Unlock et Yahoo!PlaceMaker. Anastácio *et al.* (2010) ciblent également l'évaluation de systèmes de RENS. Les auteurs comparent les méthodes de calcul de portée spatiale supportées respectivement par les systèmes Yahoo!PlaceMaker, GIPSY, Web-a-Where et GraphRank. D'Ignazio (2013) compare les services d'analyse spatiale des systèmes de RENS OpenCalais, Clavin et Yahoo!PlaceSpotter. Enfin, Gelernter et Zhang (2013) évaluent le système de RENS Geolocator. Les auteurs mesurent la qualité du module de reconnaissance de toponymes de Geolocator ainsi que de son module d'analyse et de géolocalisation.

Notre objectif est d'évaluer différents systèmes de RENS suivant un même référentiel. Les *benchmarks* cités précédemment sont rarement mis à disposition. Or, nous avons pu nous procurer et travailler sur les *benchmarks* TREC-CS (Dean-Hall *et al.*,

Tableau 2. Compléments relatifs aux campagnes d'évaluation de systèmes de REN

Campagne	Année	Documents	Langues	Entités nommées	Bibliographie	Ressources annotées
MUC-7	1997	158 000	anglais	-	[Chinchor'98]	jeu de test
MUC-7/MET-2	1998	500	chinois, japonnais	-	[Chinchor'98b]	jeu de test
IREX	1999	1 371	japonnais	-	[Sekine'00]	jeu de test
CoNLL	2003	1 499	anglais, allemand	11 503	[Tjong'03]	jeu de test
HAREM	2006	1 202	portugais	5 132	[Santos'06]	jeu de test
GeoCLEF	2008	200 000	portugais, allemand, anglais	-	[Mandl'08]	jeu : thématique, géographique
ACE	2008	10 000	anglais, arabe	-	[Strassel'08]	jeu de test
EVALITA	2011	42 595	italien	1 924	[Bartalesietal'11]	jeu de test
TREC-CS	2013	30 144	anglais	-	[Dean-Hall'13]	jeu : géographique

Tableau 3. Campagnes d'évaluation ad hoc dédiées aux systèmes de REN spécifiques

Bibliographie	Documents	Langues	Entités nommées	Systèmes évalués	Ressources annotées
[Bucher'05]	21 094	anglais	-	RIG : SPIRIT	-
[Marrero'09]	1	anglais	100 EN	REN : Supersense, Afner, Annie, Freeling, TextPro, YooName, ClearForest, Lingpipe	-
[Tobin'10]	1 032	anglais	13 077 ENS	RENS : Unlock, Yahoo PlaceMaker	-
[Anastacio'10]	6 000	anglais	1 100 ENS	RENS : Yahoo PlaceMaker, GIPSY, Web-a-Where, GraphRank	-
[Ignazio'13]	75	-	-	RENS : OpenCalais, Clavin, Yahoo PlaceSpotter	-
[Gelernter'13]	1 306	espagnol, anglais	799 ENS	RENS : Geolocator	-

2013) et GeoparsingQT (Gelernter, Zhang, 2013). Le premier ne propose que des ENS de type nom de grandes villes d'Amérique du nord. Le second est plus intéressant car il traite de quinze catégories différentes d'ENS.

Aussi, nous proposons de construire et d'expérimenter un *benchmark* ouvert, basé sur GeoparsingQT. En effet, GeoparsingQT comporte un jeu d'ENS constitué par des géographes et utilisé par l'équipe de développeurs du système Geolocator (Gelernter, Zhang, 2013) pour mesurer les éventuels effets de bord engendrés par chaque passage à une version supérieure du système de RENS. À l'image de *PABench*, pour *Points Of Interest (POI) Alignment Benchmark* (Morana *et al.*, 2014 ; Berjawi *et al.*, 2015), dédié à l'évaluation de systèmes d'appariement de POI issus de différents services de description et de géolocalisation (Geonames, Google Maps, Bing Maps, par exemple), nous proposons un référentiel ouvert et évolutif, validé par des utilisateurs.

Nous prenons comme cas d'application un ensemble de systèmes de RENS existants : Clavin, Geodict, Geolocator, OpenCalais, Unlock et Yahoo!PlaceSpotter. À ce jour, ces systèmes n'ont pas été évalués ni confrontés au sein d'un même *benchmark*.

3. Le cadre d'évaluation SNERBM

Plus d'une dizaine de systèmes de reconnaissance d'ENS ont été proposés dans la littérature lors des vingt dernières années (Lieberman *et al.*, 2010 ; Lingad *et al.*, 2013). Certains ont été évalués sur des critères de qualité de réponse, de temps de réponse, ou les deux (tableau 4). Cependant, les cadres d'évaluation mis en œuvre reposent sur des corpus et des métriques différents. Comme illustré au tableau 3, peu d'études ont visé la comparaison de systèmes et aucune n'a mis des ressources annotées à disposition. Par conséquent, il est impossible à ce jour de connaître les performances relatives des systèmes suivant un même référentiel.

Tableau 4. Compléments relatifs aux campagnes d'évaluation ad hoc dédiées aux systèmes de REN

		Evaluation	
Système	Cible	Effectiveness (qualité)	Efficiency (temps)
Afner	REN	[Marrero'09]	
Annie	REN	[Marrero'09]	
Clavin	RENS	[Ignazio'13]	
ClearForest	REN	[Marrero'09]	
Freeling	REN	[Marrero'09]	
Geolocator	RENS	[Gelernter'13]	
GIPSY	RENS	[Anastacio'10]	
GraphRank	RENS	[Anastacio'10]	
LingPipe	REN	[Marrero'09]	
OpenCalais	RENS	[Ignazio'13]	
SPIRIT	RIG	[Bucher'05], [Vaid'05]	[Vaid'05]
Supersense	REN	[Marrero'09]	
TextPro	REN	[Marrero'09]	
Unlock	RENS	[Tobin'10]	
Web-a-Where	RENS	[Anastacio'10]	
Yahoo!PlaceMaker	RENS	[Tobin'10], [Anastacio'10]	
Yahoo!PlaceSpotter	RENS	[Ignazio'13]	
YooName	REN	[Marrero'09]	

Ce type de problème a trouvé des réponses en recherche d'information (RI). La RI s'appuie sur une longue tradition d'évaluation, notamment, via des campagnes d'évaluation de systèmes de recherche d'information (SRI). Ces campagnes définissent et implémentent des *benchmarks* pour évaluer et confronter les performances de SRI (Voorhees, 2002 ; 2007). Par exemple, la campagne TREC implémente le *benchmark* TREC-CS visant à évaluer la qualité (*effectiveness*) des recommandations de lieux, sans toutefois évaluer le temps de réponse (*efficiency*) des systèmes.

En ce qui concerne les systèmes de RENS, aucun *benchmark* existant ne s'est imposé comme référentiel commun. Le principal frein à l'adoption d'un *benchmark* est certainement le verrouillage (la non diffusion) des corpus et du code du logiciel d'évaluation. Dans cet article, nous proposons un *benchmark* d'évaluation des systèmes de RENS, basé sur un corpus ouvert. Nous avons appelé ce cadre d'évaluation SNERBM. Les principaux apports de cette proposition sont :

– *la couverture.* La qualité des systèmes est doublement évaluée : l'*effectiveness* mesure la qualité de la RENS tandis que l'*efficiency* mesure la réactivité des systèmes. Ces deux indications permettent d'identifier le système offrant le meilleur rapport *effectiveness–efficiency*.

– *la neutralité.* Le *benchmark* proposé est ouvert et peut être étendu par des jeux de tests complémentaires afin de prendre en compte des cas de figure non étudiés jusqu'alors. Il s'agit de traiter le maximum de cas possibles et de ne favoriser aucun système au regard du corpus employé ou des métriques d'évaluation.

– *la réutilisabilité.* Nous comparons dans cet article N systèmes. Le *benchmark* permet de reproduire nos résultats et de positionner une variante de système ou même un nouveau système par rapport à ces N performances de référence (*baselines*).

Le *benchmark* SNERBM s'appuie sur la collection de test GeoparsingQT (Gelernter, Zhang, 2013) et comprend :

– des catégories d'ENS : 15 catégories de type *Nom unique aux États-Unis, Nom et contexte associé, Abréviation administrative, Nom sans typologie associée, Nom et niveau administratif associé, Nom avec diacritique, Séquence de noms avec caractéristiques communes, Nom avec typologie associée, Nom officiel, court ou dérivé, Nom retors avec caractères spéciaux, Abréviation, Nom retors avec caractères numériques, Surnom, Nom historique, Autre type de référence* (tableau 5).

– 244 phrases : selon le modèle *sentence case*. Chaque phrase est associée à une seule catégorie (tableau 5).

– des jugements de pertinence (appelés *qrels*, pour *query relevance judgments* dans le vocabulaire TREC) : pour chaque phrase, les ENS sont géolocalisées par un ponctuel et/ou une géométrie déterminés par des experts (figures 1 et 2), respectivement à l'aide des ressources Geonames[7] et Google Map API V3 Tool[8].

Par exemple, pour la phrase « Rhodesia and Northern Rhodesia were renamed Zimbabwe and Zambia » de la catégorie « Historical Places / Nom historique », le fichier des Qrels contient 2 polygones (figure 1, éditée sous *kml.appspot*[9]). De même, pour la phrase « He traveled to a cape named Big Island in North Carolina » de la catégorie « Names Which Are The Same for Different Feature Types / Nom avec typologie associée », le fichier des Qrels contient 1 polygone (figure 2).

Ainsi, SNERBM permet de mesurer la performance d'un système de RENS suivant deux volets : la qualité des résultats (*effectiveness*) et la rapidité du système (*efficiency*).

3.1. Critères d'efficacité (effectiveness)

Pour mesurer la qualité des résultats fournis par un système de RENS, nous lui soumettons chaque phrase du jeu de test et évaluons les ENS détectées selon une démarche TREC classique. Nous capitalisons sur ce cadre de référence pour calculer des indicateurs de précision, de rappel et de F-mesure (Manning *et al.*, 2008, chap. 8). Ainsi, comme le montre la figure 3, une phrase est soumise au système qui restitue

7. http://www.geonames.org
8. http://www.birdtheme.org/useful/v3tool.html
9. http://display-kml.appspot.com/

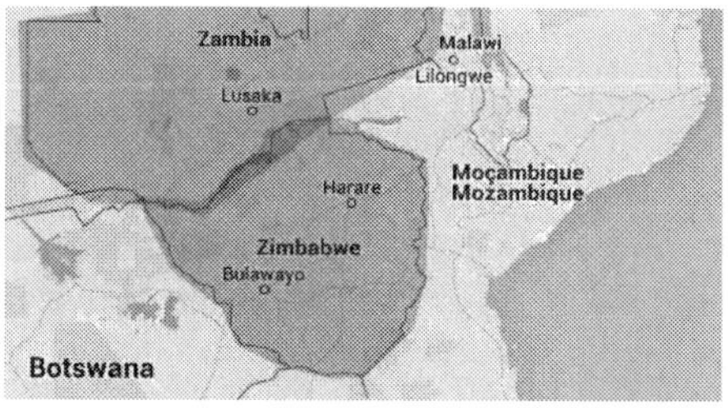

Figure 1. Deux géométries sont associées à la phrase « Rhodesia and Northern Rhodesia were renamed Zimbabwe and Zambia » dans les Qrels

Figure 2. Une géométrie est associée à la phrase « He traveled to a cape named Big Island in North Carolina » dans les Qrels

alors aucune, une ou plusieurs ENS détectées et géolocalisées (points ou polygones correspondants). Une seconde phase de traitement, nommée « Intersections » sur la figure 3, compare ce résultat d'annotation avec les géométries définies dans les Qrels. Cette phase permet, pour une phrase donnée, de construire un résultat avec les caractéristiques suivantes :

– s'il existe une intersection entre une géométrie du résultat et une géométrie des Qrels alors : création d'un n-uplet (numéro phrase i, ..., numéro document d correspondant dans Qrels, ..., nom du système de RENS), par exemple, [phrase_31, ..., doc_34, système_Clavin] qui signifie que ce ponctuel (ou polygone) renvoyé par le système Clavin est en intersection avec un polygone associé dans les Qrels;

– s'il n'existe pas d'intersection entre une géométrie du résultat et une géométrie des Qrels alors : création d'un n-uplet (numéro phrase i, ..., numéro document d fictif (numéro phrase $i \times 1000$) inexistant dans les Qrels, ..., nom du système de RENS), par exemple, [phrase_31, ..., doc_31000, système_Clavin] qui signifie que ce ponctuel

Tableau 5. Exemples associés aux catégories du benchmark

Catégorie	Phrase	Commentaire
Abréviation	He climbed Mt. McKinley in Alaska.	Mount McKinley, Alaska
Abréviation administrative	He went to San Francisco, CA.	California
Autre type de référence	There was an accident at -120.9762, 41.25.	Longitude/Latitude Adin, CA
Divers	The French value their freedom.	People of France
Nom avec diacritique	Biên Hòa is a city in Vietnam.	City of Bien Hoa, Vietnam
Nom avec typologie associée	He went to the town of Big Island.	Town named Big Island
Nom et contexte associé	She was born in Paris in Idaho.	City of Paris, Idaho
Nom et niveau administratif associé	He went to Georgia, Kansas.	City of Georgia, KS
Nom et niveau administratif associé	He went to Tblisi, Georgia.	Country of Georgia
Nom historique	Ceylon became Sri Lanka.	Ceylon was renamed Sri Lanki
Nom officiel, court ou dérivé	The Republic of Korea is on a peninsula.	Country of South Korea
Nom retor avec caractères numériques	Green Creek Dam Nr. 5 was in need of repair.	Dam in Erath, Texas
Nom retor avec caractères spéciaux	They were vacationing in Trinidad and Tobago.	Country Trinidad and Tobago
Nom sans typologie associée	He climbed Rainier.	Mount Rainier
Nom unique aux États-Unis	She vacationed on the shores of Metacomet Lake.	Lake
Noms avec caractéristiques communes	The bicylce race went through Paris, Clarksville, and Hugo.	Cities in Texas
Surnom	There is a baseball team in the Big Apple.	New York

(ou polygone) renvoyé par le système Clavin n'est en intersection avec aucun des polygones associés à la phrase 31 dans les Qrels.

Enfin, ces n-uplets et les Qrels sont donnés dans le format idoine en entrées du programme `trec_eval` [10] de TREC qui calcule un ensemble de mesures d'évaluation (figure 3). Il en résulte les mesures de Précision, de Rappel et de F-mesure déterminées par TREC. Ces résultats nous permettent ensuite de construire des tableaux synthétiques de présentation des mesures par catégorie et par système de RENS.

Nous présentons ces mesures d'*effectiveness* de façon synthétique : toutes catégories confondues, d'une part, et pour chacune des quinze catégories, d'autre part.

3.2. Critères de performance (efficiency)

Nous proposons de mesurer le temps de traitement de l'ensemble des phrases toutes catégories confondues. Il est également intéressant de travailler sur le temps moyen de traitement d'une phrase, tout comme sur le temps moyen de traitement des phrases d'une catégorie donnée. Cet indicateur renseigne les utilisateurs de systèmes de RENS pour trouver l'équilibre adéquat entre qualité des résultats et temps de réponse acceptables pour les utilisateurs finals.

3.3. Mise à disposition du benchmark

Nous proposons la démarche d'utilisation totalement ouverte suivante :

– Le participant télécharge la liste de phrases associée au *benchmark* SNERBM ;

10. http://trec.nist.gov/trec_eval

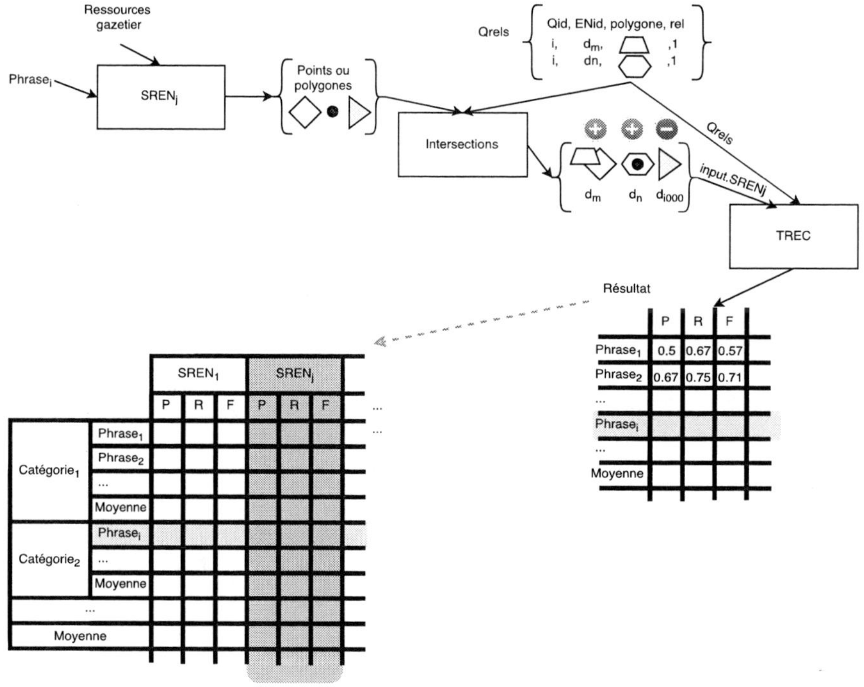

Figure 3. Processus d'évaluation des systèmes de RENS selon le benchmark SNERBM

– Pour chaque phrase, le participant calcule et produit, à l'aide de son système, des triplets (numéro de phrase, ENS, coordonnées géocodées) décrivant les ENS retrouvées et nous les communique afin d'obtenir un tableau synthétique des résultats ;

– À l'issue de chaque utilisation du *benchmark*, le participant est invité à proposer des catégories ou phrases supplémentaires qu'un groupe de modérateurs de SNERBM validera afin d'enrichir le jeu de données ou d'en créer de nouveaux.

Notons que, s'il le souhaite, le participant pourra télécharger les *qrels* et calculer ses résultats directement avec le programme `trec_eval`.

4. Évaluation de systèmes RENS avec SNERBM

Pour valider le cadre d'évaluation SNERBM et son utilisation comme référentiel commun, nous l'avons mis à l'épreuve en évaluant plusieurs systèmes existants : Clavin, Geodict, Geolocator, OpenCalais, Unlock et Yahoo!PlaceSpotter.

4.1. Mesure de l'efficacité (effectiveness)

Les résultats de l'évaluation du point de vue de l'*effectiveness* sont présentés dans le tableau 6. Pour un système donné, sont représentés la *Précision*, le *Rappel* et la *F1-mesure*. Le dernier jeu de mesures correspond à la meilleure combinaison de systèmes qui, pour chaque phrase, retient le système ayant proposé le meilleur résultat. Cette analyse de la performance globale (c.-à-d., sur l'ensemble des phrases du *benchmark*), au regard de l'*effectiveness*, classe les systèmes Yahoo!PlaceSpotter, Opencalais et Geolocator aux trois premières places respectivement.

Tableau 6. Analyse de la précision (P), du rappel (R) et de la F1-mesure (F) pour chaque système évalué

	Clavin			Geodict			Geolocator			Opencalais			Unlock			**Yps**			Meilleure combinaison		
	P	R	F	P	R	F	P	R	F	P	R	F	P	R	F	P	R	F	P	R	F
Mesure	0,29	0,31	0,29	0,19	0,18	0,19	0,42	0,48	0,44	0,42	0,49	0,44	0,33	0,39	0,35	**0,66**	**0,66**	**0,65**	0,86	0,85	0,87
Classement	4	5	5	5	6	6	2	3	2	2	2	2	3	4	4	1	1	1			

Tableau 7. Analyse de la F1-mesure par système et par catégorie d'ENS

F1-Mesure	Clavin	Geodict	Geolocator	Opencalais	Unlock	Yps	Meilleure combinaison
Catégories d'ENS							
Abréviation	0,24	0,14	0,37	0,57	0,57	**0,91**	0,94
Abréviation administrative	0,87	0,60	0,93	0,73	0,00	**1,00**	1,00
Autre type de référence	0,00	0,00	0,00	0,00	0,00	0,00	0,00
Divers	0,21	0,19	0,33	0,25	0,26	**0,50**	0,87
Nom avec diacritique	0,33	0,00	0,58	0,24	0,24	**0,80**	1,00
Nom avec typologie associée	**0,40**	0,20	0,33	0,00	0,13	0,20	0,75
Nom et contexte associé	0,16	0,30	0,12	0,29	0,17	**0,65**	0,66
Nom et niveau administratif associé	0,19	0,53	0,42	0,44	0,37	**0,84**	0,95
Nom historique	0,55	0,22	0,69	0,67	**0,88**	0,69	0,96
Nom officiel, court ou dérivé	0,82	0,51	0,82	0,83	0,62	**0,86**	0,97
Nom retor avec caractères numériques	0,00	0,00	0,17	0,00	0,00	**0,33**	1,00
Nom retor avec caractères spéciaux	0,20	0,05	0,60	0,67	0,33	**0,71**	1,00
Nom sans typologie associée	0,40	0,40	**0,42**	0,00	0,00	0,33	1,00
Nom unique aux États-Unis	0,57	0,00	0,69	**1,00**	0,92	0,50	1,00
Séquence de noms avec caractéristiques communes	0,31	0,17	0,40	0,41	**0,61**	0,46	0,56
Surnom	0,50	0,00	0,00	0,00	0,00	**0,67**	1,00

L'analyse des résultats par catégorie montre des catégories d'ENS correctement analysées et d'autres générant un fort taux d'échec. Le tableau 7 et la figure 4 présentent les meilleurs résultats obtenus pour chaque catégorie. Les différentes dénominations administratives, les abréviations et les noms officiels, par exemple, sont des catégories analysées avec une F1-mesure supérieure à 80 %. Sous la barre des 50 %, les références autres (de type GPS, par exemple) et les homonymes désignant des lieux différents sont difficiles à détecter et à analyser, y compris en présence de la typologie associée (nom avec typologie associée). De même, les noms avec des caractères numériques ou sans typologie associée sont difficiles à reconnaître et à analyser.

Pour un corpus hétérogène en termes de catégories, des combinaisons de systèmes sont envisageables afin d'améliorer la qualité des résultats de RENS. En effet, il existe presque toujours une complémentarité des systèmes qui permet d'envisager des combinaisons avantageuses (figure 4). Pour chaque phrase d'une catégorie donnée, nous avons observé les résultats des différents systèmes. Ainsi, la combinaison de

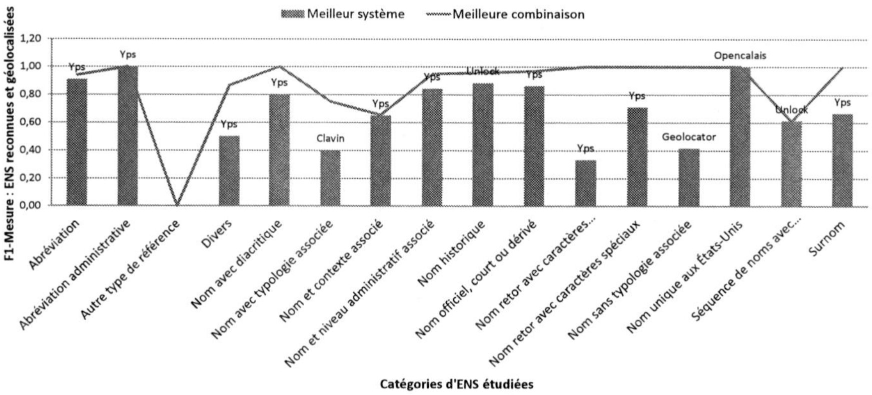

Figure 4. Meilleurs résultats par catégorie d'ENS

systèmes, pour une phrase, consiste à considérer le système donnant le meilleur résultat et, pour une catégorie, la moyenne des meilleurs résultats ainsi obtenus.

L'analyse qualitative des erreurs montre que tous les systèmes rencontrent des difficultés sur les mêmes phrases des catégories « Autre type de référence » et « Nom retors avec caractères numériques ». La catégorie « Nom retors avec caractères numériques » est singulière car chaque phrase comporte une énumération de noms de lieux. Une combinaison de systèmes permet dans ce cas d'améliorer considérablement la qualité des résultats : les systèmes sont bien complémentaires pour cette catégorie.

Pour un corpus donné, il sera donc intéressant d'analyser les résultats relatifs à différentes catégories (voir exemple figure 4) afin de préconiser un système de RENS particulier ou une combinaison de systèmes.

4.2. Mesure de la performance (efficiency)

Nous comparons les systèmes en termes de temps de traitement de la collection. Comme le montre la figure 5, d'importantes différences de temps de réponse sont observées : de 8 secondes à 51 minutes. Tous les traitements ont été effectués sur une machine Ubuntu 12.04 64 bits dotée d'un CPU simple cœur, de 4 Go de RAM et de 100 Go de disque dur.

Unlock est le système le plus lent. Ceci est dû au fait que le service web ne retourne pas directement les résultats mais propose un fonctionnement par lot (*batch*). Yahoo!Placespotter est le service web le plus rapide avec moins de 143 secondes pour l'ensemble de la collection. Clavin est plus rapide avec seulement 8 secondes de traitement. Contrairement à Yahoo!Placespotter, il est installé en local sur la machine qui réalise les traitements. Toutefois, Geolocator, qui est aussi installé sous la forme d'une application locale, nécessite 837 secondes pour la même collection.

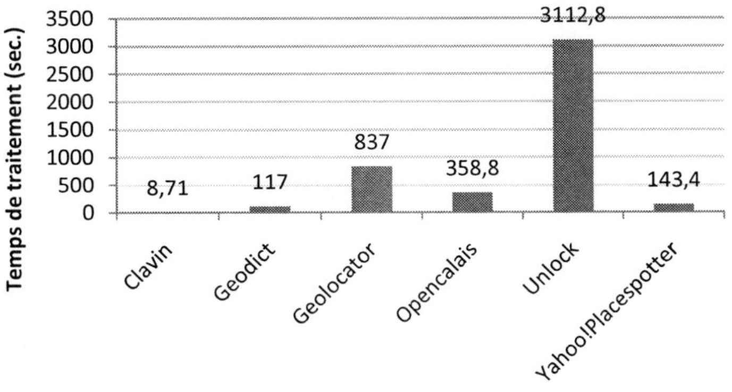

Figure 5. Temps de traitement de la collection

Le tableau 8 reprend des caractéristiques de ces systèmes. Nous avons choisi ces prototypes afin de comparer des systèmes avec des architectures et des stratégies de mises en œuvre différentes.

Tableau 8. Avantages et limites de chaque système

Système	Avantages	Limites
Clavin	Open source, local, très rapide, peu d'espace requis : RAM 1GB, DD 4GB	
Geodict	Open source (server image disponible) pas de limitation en nombre de requête	Service web limité pour trop de requêtes simultanées
Geolocator	Open source, local, espace requis : DD 7GB	>3GB de mémoire RAM, en cours de développement (bugs)
Opencalais		Clé limitée à 50K requêtes par jour (4 par seconde)
Unlock	Nombre de requêtes illimité	Traitements asynchrones
Yahoo!Placespotter	Rapide, peut traiter des URL directement	2K par jour et par IP ou clé limitée à 100K par jour

4.3. *Synthèse*

Cette synthèse reprend les mesures de temps de réponse et de F1-mesure sous la forme d'un diagramme composé de barres horizontales (figure 6). Nous avons défini la T-Mesure (équation 1), normalisée entre 0 et 1, en étendant la formule proposée dans (Lee, 1997). Ainsi, l'équation 1 calcule la performance (*efficiency*) T_i d'un système i relativement aux durées d'exécution $t_{1 \leqslant j \leqslant n}$ des n systèmes testés. Étant donné l'écart très important des temps de réponse observé pour les différents systèmes (figure 5), nous avons intégré un seuil pour mieux discriminer les performances desdits systèmes : $\forall i \in [1, n] \quad t_i \leftarrow \min(t_i, \text{seuil})$. Dans notre cas, ce seuil a été fixé à 500 secondes.

$$T_i = 1 - \frac{t_i - \min_{1 \leqslant j \leqslant n}(t_j)}{\max_{1 \leqslant j \leqslant n}(t_j) - \min_{1 \leqslant j \leqslant n}(t_j)} \in [0, 1] \tag{1}$$

Les systèmes Clavin, Yps et Geodict maximisent les deux critères (figure 6) : le plus grand cumul correspond au meilleur résultat. Aussi, le système Clavin, qui offre des traitements très rapides, malgré des résultats moyens en termes de F1-mesure, est-il au coude à coude avec le système Yps. Ces résultats globaux sont à considérer avec prudence toutefois. En effet, il est clair que mélanger *effectiveness* et *efficiency* présente des biais : l'un ne « rattrape » pas vraiment l'autre. Le critère *effectiveness* devrait sans doute être privilégié par une pondération plus importante.

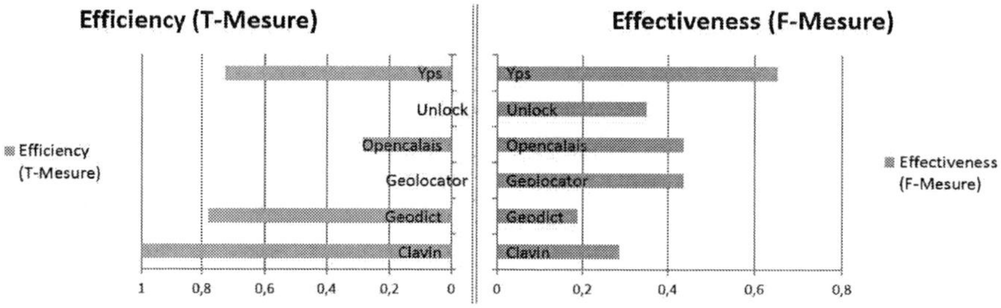

Figure 6. Synthèse des mesures de performance (efficiency) et d'efficacité (effectiveness) – plus le pourcentage est élevé, meilleure est la performance du système

5. Conclusion

Le cadre d'évaluation de système de RENS que nous avons appelé *benchmark* SNERBM est ouvert. Comme nous l'avons souligné, tout nouveau système peut être évalué selon le même protocole et comparé aux précédentes *baselines*. SNERBM est extensible, c'est-à-dire ouvert à la contribution : les contributeurs peuvent proposer de nouvelles phrases ou catégories d'ENS. La mise en ligne du *benchmark* SNERBM est en cours. De même, il nous paraît intéressant, à moyen terme, d'en proposer une version multilingue en conservant les mêmes *qrels* comme éléments de départ.

Enfin, ce travail présente un premier résultat de comparaison de systèmes de RENS disponibles en ligne. Au delà du comparatif global de systèmes, il pointe les catégories d'ENS correctement reconnues et analysées ainsi que celles encore mal gérées par les différents systèmes de RENS.

Remerciements. Nous remercions tout particulièrement Judith Gelernter de l'Université Carnegie Mellon et Doug Caldwell du U.S. Army Topographic Engineering Center (USATEC) pour avoir mis à notre disposition le jeu de test GeoparsingQT.

Bibliographie

Anastácio I., Martins B., Calado P. (2010). Using the geographic scopes of web documents for contextual advertising. In *GIR'10: Proceedings of the 6th Workshop on Geographic Information Retrieval*, p. 18:1–18:8. ACM.

Andogah G. (2010). *Geographically Constrained Information Retrieval*. Thèse de doctorat, University of Groningen, Netherlands.

Berjawi B., Duchateau F., Favetta F., Miquel M., Laurini R. (2015). PABench: Designing a Taxonomy and Implementing a Benchmark for Spatial Entity Matching. *GEOProcessing'2015: The 7th International Conference on Advanced Geographic Information Systems, Applications, and Services*, p. 7-16.

Bucher B., Clough P., Joho H., Purves R., Syed A. K. (2005). Geographic IR Systems: Requirements and Evaluation. In *ICC'05: Proceedings of the 22nd International Cartographic Conference*. Global Congressos. (CDROM)

Chinchor N. A. (1998). MUC/MET evaluation trends. In *Proceedings of the TIPSTER text program: Phase III*, p. 235–239. Association for Computational Linguistics.

Chinchor N. A. (1998). Overview of MUC-7. In *MUC-7: Proceedings of the 7th Message Understanding Conference*.

Dean-Hall A., Clarke C. L. A., Kamps J., Thomas P., Simone N., Voorhees E. (2013). Overview of the TREC 2013 Contextual Suggestion Track. In *TREC'13: Proceedings of the 22nd text retrieval conference*. NIST.

D'Ignazio C. (2013). *Big data, news and geography: Research update*. Consulté sur https://civic.mit.edu/blog/kanarinka/big-data-news-and-geography (MIT Center for Civic Media)

Gelernter J., Zhang W. (2013). Cross-lingual geo-parsing for non-structured data. In *GIR'13: Proceedings of the 7th Workshop on Geographic Information Retrieval*, p. 64–71. ACM.

Grover C., Tobin R., Byrne K., Woollard M., Reid J., Dunn S. *et al.* (2010). Use of the Edinburgh geoparser for georeferencing digitized historical collections. *Philosophical Transactions of the Royal Society of London A: Mathematical, Physical and Engineering Sciences*, vol. 368, n° 1925, p. 3875–3889.

Lee J. H. (1997). Analyses of Multiple Evidence Combination. In *SIGIR'97: Proceedings of the 20th annual international ACM SIGIR conference*, p. 267–276. ACM Press.

Leidner J. L. (2007). *Toponym Resolution in Text: Annotation, Evaluation and Applications of Spatial Grounding of Place Names*. Thèse de doctorat, Institute for Communicating and Collaborative Systems, School of Informatics, University of Edinburgh, Scotland.

Lenzi V. B., Speranza M., Sprugnoli R. (2013). Named entity recognition on transcribed broadcast news at EVALITA 2011. In *Revised Papers from EVALITA'11: International Workshop on the Evaluation of Natural Language and Speech Tools for Italian*, vol. 7689, p. 86-97. Springer.

Lieberman M. D., Samet H., Sankaranarayanan J. (2010). Geotagging with local lexicons to build indexes for textually-specified spatial data. In *Proceedings of the 26th International Conference on Data Engineering, ICDE*, p. 201–212. IEEE.

Lingad J., Karimi S., Yin J. (2013). Location extraction from disaster-related microblogs. In *Proceedings of the 22nd International Conference on World Wide Web*, p. 1017–1020. ACM.

Mandl T., Carvalho P., Nunzio G. M. D., Gey F. C., Larson R. R., Santos D. *et al.* (2009). GeoCLEF 2008: The CLEF 2008 Cross-Language Geographic Information Retrieval Track Overview. In *Revised Selected Papers of CLEF'08: Proceedings of the 9th Workshop of the Cross-Language Evaluation Forum*, vol. 5706, p. 808–821.

Manning C. D., Raghavan P., Schütze H. (2008). *Introduction to Information Retrieval*. Cambridge University Press.

Marrero M., Sánchez-Cuadrado S., Lara J. M., Andreadakis G. (2009). Evaluation of named entity extraction systems. *Advances in Computational Linguistics. Research in Computing Science*, vol. 41, p. 47–58.

Marrero M., Urbano J., Sánchez-Cuadrado S., Morato J., Berbís J. M. G. (2013). Named entity recognition: Fallacies, challenges and opportunities. *Computer Standards & Interfaces*, vol. 35, n° 5, p. 482-489.

Morana A., Morel T., Berjawi B., Duchateau F. (2014). Geobench: a geospatial integration tool for building a spatial entity matching benchmark. In *Proceedings of the 22nd ACM SIGSPATIAL International Conference on Advances in Geographic Information Systems*, p. 533–536. ACM.

Nouvel D. (2012). *Reconnaissance des entités nommées par exploration de règles d'annotation*. Thèse de doctorat, Université François Rabelais de Tours, France.

Sallaberry C. (2013). *Geographical information retrieval in textual corpora*. Wiley-ISTE.

Santos D., Seco N., Cardoso N., Vilela R. (2006). HAREM: An Advanced NER Evaluation Contest for Portuguese. In *LREC'06: Proceedings of the 5th International Conference on Language Resources and Evaluation*, p. 1986–1991.

Sekine S., Eriguchi Y. (2000). Japanese Named Entity Extraction Evaluation – Analysis of Results. In *COLING'00: Proceedings of the 18th conference on Computational linguistics*, p. 1106-1110. Association for Computational Linguistics.

Strassel S., Przybocki M. A., Peterson K., Song Z., Maeda K. (2008). Linguistic Resources and Evaluation Techniques for Evaluation of Cross-Document Automatic Content Extraction. In *LREC'08: Proceedings of the International Conference on Language Resources and Evaluation*, p. 2706–2709.

Tjong Kim Sang E. F., De Meulder F. (2003). Introduction to the CoNLL-2003 Shared Task Language-Independent Named Entity Recognition. In *CoNLL-2003: Proceedings of the 7th Conference on Natural Language Learning at HLT-NAACL 2003*, p. 142–147. Association for Computational Linguistics.

Tobin R., Grover C., Byrne K., Reid J., Walsh J. (2010). Evaluation of georeferencing. In *GIR'10: Proceedings of the 6th Workshop on Geographic Information Retrieval*. ACM.

Vaid S., Jones C. B., Joho H., Sanderson M. (2005). Spatio-textual Indexing for Geographical Search on the Web. In *SSTD'05: Proceedings of the 9th international Symposium on Spatial and Temporal Databases*, vol. 3633, p. 218–235. Springer.

Voorhees E. M. (2001). Overview of TREC 2001. In *TREC'01: Proceedings of the 9th Text REtrieval Conference*. NIST.

Voorhees E. M. (2002). The philosophy of information retrieval evaluation. In *CLEF'01: Proceedings of the Second Workshop of the Cross-Language Evaluation Forum*, vol. 2406, p. 355–370. Springer.

Voorhees E. M. (2007). TREC: Continuing information retrieval's tradition of experimentation. *Communications of the ACM*, vol. 50, n° 11, p. 51–54.

Détecter et monitorer les séismes grâce aux capteurs embarqués dans les smartphones

Anne-Marie Lesas [1, 2]

1. Université de Nice – Sophia-Antipolis, MBDS,
1645, route des Lucioles, Sophia Antipolis, 06410 Biot, France
2. Aix Marseille Université, LSIS UMR 7296,
13397 Marseille, France
amlesas@yahoo.fr

RESUME. Dans cet article, nous présentons un algorithme original de détection des séismes utilisant le capteur accéléromètre embarqué dans le smartphone. Nos travaux s'inscrivent dans le cadre du projet SISMAPP d'études et de recherche proposé aux étudiants du MBDS (www.mbds-fr.org) de l'Université de Nice – Sophia-Antipolis (UNS) en partenariat avec le Centre Sismologique Euro-Méditerranéen (CSEM, www.emsc-csem.org). Notre objectif est de montrer que la connectivité du smartphone et les capteurs embarqués pourraient devenir de facto une station sismique mobile pouvant être aisément déployée à grande échelle et à faible coût.

ABSTRACT. In this paper, we present an original algorithm for detecting earthquakes using the accelerometer sensor embedded into the smartphone. Our work fits within SISMAPP research project proposed to MBDS (www.mbds-fr.org) students at University of Nice – Sophia-Antipolis (UNS) in partnership with the European-Mediterranean Seismological Centre (EMSC, www.emsc-csem.org). We aim to show that the smartphone connectivity and embedded sensors could turn into a mobile seismic station that can be easily and widely deployed at low cost.

MOTS-CLES : Surveillance des tremblements de terre, Application mobile, Capteurs embarqués, Big Data.

KEYWORDS: Earthquake monitoring, Mobile application, Embedded sensors, Big Data

1. Introduction

En moins d'une décennie, les téléphones mobiles ont évolué jusqu'à rivaliser avec les ordinateurs de bureau. De par sa popularité (près de 2 milliards de

Congrès INFORSID, 34ème édition, Grenoble, 31 mai – 3 juin 2016

smartphones vendus dans le monde fin 2015 [1]) et sa connectivité (réseau cellulaire, Wi-Fi, Bluetooth), le smartphone qui embarque toutes sortes de capteurs dont l'accéléromètre et le GPS, permet d'analyser et de collecter des informations géolocalisées et horodatées. Au mois d'août 2014, l'enregistrement d'un séisme de magnitude 6 survenu dans le Sud de Napa (Californie, US) a été capturé par hasard à 38 km de l'épicentre avec l'application « MyShake » développée dans le laboratoire de sismologie de l'université de Berkeley (www.seismo.berkeley.edu). Les enregistrements du séisme de Napa avec une application mobile ont démontré que les données en provenance des capteurs du smartphone sont d'une grande qualité lorsque l'appareil est positionné sur un support stable, et qu'elles pourraient être exploitées par les sismologues.

Depuis 2013 les étudiants du Master Mobiquité Bases de Données et intégration de Systèmes (MBDS) de l'Université de Nice – Sophia-Antipolis (UNS) contribuent au projet SISMAPP de prototypage d'outils numériques dédiés à une plateforme de gestion avant / pendant / après un séisme en partenariat avec le Centre Sismologique Euro-Méditerranéen (CSEM, www.emsc-csem.org) et le suivi des membres du laboratoire de recherche en Géophysique GéoAzur (www.geoazur.oca.eu) du Centre National de la Recherche Scientifique (CNRS) Unité Mixte de Recherche (UMR) de l'UNS.

Dans cet article, nous montrons comment une application mobile peut détecter et déclencher des alertes d'origine potentiellement sismiques et collecter des mesures en utilisant le capteur accéléromètre embarqué dans le smartphone. Les données collectées sont destinées à alimenter un entrepôt de données massives destiné à l'étude de modèles de prédictibilité : les travaux apparentés ainsi que les motivations pour le travail présenté dans cet article sont abordés dans la section 2. Dans la section 3, le lecteur est familiarisé avec les capteurs embarqués dans les smartphones. Nous décrivons notre algorithme basé sur le dépassement de seuils dans la section 4. À la fin de cet article, nous concluons en donnant quelques perspectives d'évolution de nos travaux.

2. Etat de l'art et motivations

2.1. Travaux apparentés

Depuis 2008, le projet Quake Catcher Network (QCN, www.qcn.stanford.edu), initié par les universités de Stanford et de Californie à Riverside, utilise le logiciel libre de calcul réparti « Berkeley Open Infrastructure for Network Computing » (BOINC) développé par l'université de Berkeley en Californie (USA). BOINC est une plateforme open source hébergeant des projets scientifiques dont le principe est d'utiliser une partie des ressources des systèmes informatiques des utilisateurs bénévoles connectés au réseau. La fiabilité de l'interprétation des données

1. Source Cbnews : http://www.cbnews.fr/digital/pres-de-2-milliards-de-smartphone-dans-le-monde-fin-2015-a1016742

remontées par le réseau QCN a été démontrée avec des données collectées par des capteurs inertiels fixés dans les parties inférieures des bâtiments à Christchurch en Nouvelle Zélande (Cochran et al., 2011) : ces données comparées aux données des stations sismiques GeoNet (www.geonet.org.nz) de la région lors du tremblement de terre survenu le 18 octobre 2011, ont montré que les mouvements du sol observés par GeoNet et QCN avaient des amplitudes comparables à une distance donnée de l'épicentre du séisme.

Le CSEM propose deux programmes dans le cadre de QCN : le programme « QCN Sensor Monitoring Program » qui fonctionne en mode « déclenchement », c.-à-d. que l'information n'est transmise que lorsque l'accélération est significativement plus élevée que celle des secondes précédentes en se basant sur l'algorithme « Short-Term Average/Long-Term Average » (STA/LTA) (Cuenot, 2003), et le programme « QCN Continual Monitoring Program » fonctionnant en mode « continu » pour collecter des échantillonnages de données.

La plupart des applications mobiles dédiées aux tremblements de terre s'appuient sur les données en provenance des organismes de surveillance sismique tels que l'US Geological Survey (USGS), le CSEM, ou l'Earthquake Early Warning (Japan Meteorological Agency) dont les informations qui proviennent majoritairement de stations sismiques fixes implantées sur toute la surface de la planète sont accédées à la demande en temps décalé ou semi-réel (requêtes continues avec ou sans notification d'alerte). Les applications mobiles utilisant les capteurs embarqués des smartphones ont émergé récemment avec le prototype japonais i-Jishin (Naito et al., 2012) (Naito et al., 2013) et le projet « iShake » de Berkeley (Reilly et al., 2013). En janvier 2014, QCN a publié son application mobile utilisant l'accéléromètre du smartphone et fonctionnant avec la version Android de BOINC toujours avec un déclenchement au repos (en charge). Cette application ne consomme que 1 à 5 % des ressources (CPU) de l'appareil et seuls quelques kilo-octets de données sont transmis quotidiennement sur le réseau.

Des applications mobiles telles que l'application Japonaise « Yurekuru Call » proposée par le centre Earthquake Early Warning sont spécialisées dans la propagation d'alertes précoces. Des applications ou des réseaux sociaux (par exemple Facebook) proposent également un bouton « je suis en vie » qui permet aux familles d'être rassurées en cas de sinistre. En outre, il existe des applications mobiles (e.g. « LastQuake » proposée par le CSEM) et des portails web permettant une contribution participative (« crowdsourcing ») du grand public pour partager des témoignages, des photos et des vidéos...

2.1. Motivations pour nos travaux

La détection basée sur les capteurs embarqués dans les smartphone est un nouveau champ d'étude, par exemple, une étude scientifique menée par plusieurs chercheurs (Minson et al., 2015), mentionne qu'un séisme pourrait être détecté en 5 secondes avec seulement une participation communautaire de 0,2 % des utilisateurs de mobiles (~5000 appareils) dans un rayon de 5 km autour de l'épicentre d'une zone fortement peuplée comme San Francisco ou San Jose (aux USA). L'article précise que la détection n'est possible que lors des tremblements de terre de forte magnitude : la précision des capteurs mobiles limite la détection à des séismes de magnitude supérieure à 2. Cependant, les technologies évoluent plus vite que les usages et les limitations d'aujourd'hui ne doivent pas restreindre la recherche.

« *La région Provence-Alpes-Côte d'Azur est la région de France métropolitaine la plus soumise au risque sismique* » (Virieux, 2014). Déjà sensibilisés par le tremblement de terre dévastateur survenu à Haïti en 2010 et ayant entraîné la destruction des locaux du Master MBDS délocalisé, la contribution du MBDS au développement d'outils numériques autour du projet SISMAPP de gestion des séismes coulait de source. Le travail présenté dans cet article sur la détection de mouvements d'origine potentiellement sismique à partir des mesures collectées sur le capteur accéléromètre embarqué dans le smartphone s'inscrit dans le cadre d'un ensemble de travaux réalisés autour du projet SISMAPP présenté dans un rapport antérieur (Lesas et al., 2014). Le projet SISMAPP a pour double finalité de permettre aux étudiants d'exploiter leurs compétences dans la mise en pratique des enseignements théoriques avec à terme, l'implémentation et le déploiement d'une plateforme régionale dédiée à la recherche et à l'étude des modèles de prédictibilité en partenariat avec les chercheurs en sismologie et les industriels spécialisés dans le traitement des données en provenance des capteurs.

Dans cet article nous nous focalisons sur la faisabilité de l'utilisation des capteurs du smartphone dans la détection des séismes à travers la présentation de notre implémentation d'un prototype preuve de concept. La valeur ajoutée de notre contribution partiellement présentée et centrée ici sur l'analyse des données en provenance du capteur accéléromètre embarqué tient essentiellement dans la flexibilité ainsi qu'à la possibilité de collecter non seulement localement mais aussi de transmettre les données à un serveur distant ce qui en fait un appareil de mesure portable particulièrement adapté pour la recherche. En effet, contrairement aux autres applications, la solution proposée permet de tester plusieurs configurations et d'enregistrer des notifications d'alerte potentiellement sismiques ainsi que des mesures collectées dans un laps de temps prédéfini avant et après les alertes. Les données sont enregistrées dans une (micro) base de données (BDD) et/ou envoyées vers un serveur (dont l'URL est également paramétrable) au format texte de type clé-valeur (JSON). Le serveur met simplement à disposition un web service de type « Representational State Transfer » (REST) acceptant du texte sans contrainte de format de façon à permettre les évolutions ultérieures sans aucun impact sur l'interface : cette architecture a été conçue dans le but de pouvoir recueillir des données hétérogènes de différents formats et de différentes origines pouvant faire l'objet d'un traitement map reduce (Hadoop) toujours dans le cadre du projet SISMAPP.

3. Les capteurs

Les capteurs sont des instruments de mesure qui transforment une information d'ordre physique, chimique ou organique en donnée manipulable et interprétable.

Les capteurs sismiques sont des capteurs qui mesurent des inerties par l'accélération perçue sur un axe de l'espace à une fréquence d'échantillonnage donnée.

3.1. Les capteurs MEMS [2]

Les capteurs MEMS sont des systèmes micro-électro-mécaniques économiques de très petite taille (tendant vers les nanotechnologies) qui utilisent des propriétés électromagnétiques, thermiques, optiques, chimiques ou biologiques pour effectuer et collecter une mesure.

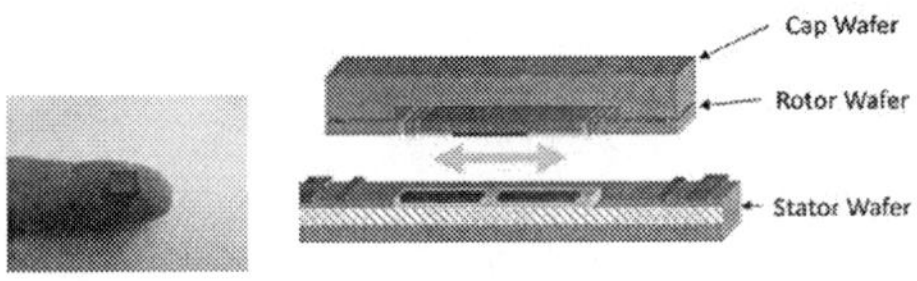

Figure 1. Capteur sismique MEMS Hewlett Packard (Source HP [3]*)*

Les capteurs sismiques MEMS (e.g. fig. 1) sont généralement constitués d'accéléromètres qui mesurent les variations du champ de force exercé sur une petite masse témoin (seconde loi du mouvement de Newton : $F = m.a$), appelée aussi « masse sismique », se mouvant entre des lamelles fixes à la surface d'un circuit intégré en silicium. Il est ainsi possible de mesurer des accélérations horizontales et verticales en fonction de la position. Les capteurs triaxiaux retournent une valeur scalaire (x, y, z) qui correspond à la magnitude du vecteur d'accélération dans l'espace tridimensionnel.

3.2. Les capteurs de mouvements embarqués dans les smartphones

La plupart des smartphones embarquent en standard des capteurs inertiels mesurant les mouvements sur les 3 coordonnées spatiales relatives à l'appareil mobile (axe vertical, frontal et latéral). La restitution des mouvements dans le système géodésique se fait par translation des coordonnées (à l'aide d'un quaternion ou d'une matrice de rotation). L'inertie est mesurée par des capteurs physiques tels que l'accéléromètre qui renvoi un vecteur d'accélération en $m.s^{-2}$ (gravité incluse), le magnétomètre duquel est issu un vecteur de direction en micro-tesla [4], le gyroscope mesurant l'effet de Coriolis en rad/s restitué sous la forme d'un vecteur de vitesse angulaire par rapport aux axes, et le capteur de pression atmosphérique mesurée en hectopascals (millibars).

2. Micro-Electro-Mechanical Systems
3. http://www8.hp.com/us/en/hp-news/press-kit.html?id=1096990
4. Pour avoir une mesure correcte dans le temps, il faut normaliser le signal en prenant un échantillonnage de la vitesse angulaire, c.-à-d. la racine de la somme des carrés

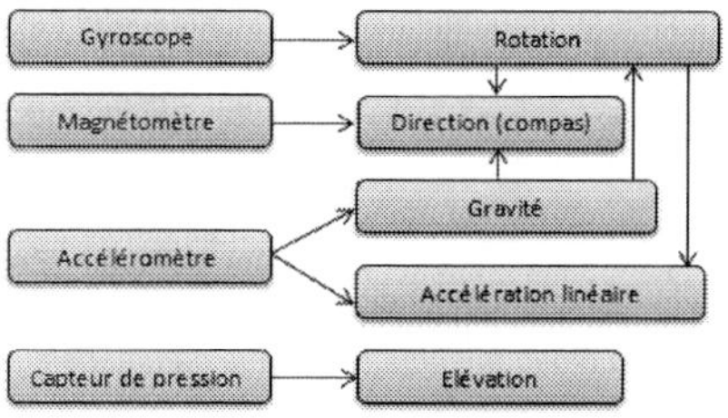

Figure 2. Capteurs fusion (Android)

La fusion des informations en provenance des capteurs physiques fournit une couche d'abstraction logicielle du matériel dont les relations illustrées par la fig. 2 montrent les dépendances de la source vers son utilisation entre les capteurs physiques (à gauche) et les capteurs « fusion » (à droite) issus de calculs combinant des mesures relevées sur les capteurs sources. Par exemple, le vecteur de rotation indique la direction avec l'azimut (autour de l'axe vertical), le pitch (autour de l'axe frontal) et le roll (autour de l'axe latéral) en degrés (fig. 3), la répartition de la gravité (g = 9,81 $m.s^{-2}$) sur les axes est mesurée $m.s^{-2}$ par combinaison des données du vecteur d'accélération et celui de la direction, l'accélération linéaire est calculée en soustrayant la gravité à l'accélération et l'élévation en mètres est déduite du capteur de pression. Les capteurs de mouvement sont présents sur tous les smartphones modernes, avec cependant des APIs qui diffèrent au niveau de la couche logicielle/middleware et du prétraitement des données (i.e. filtrage et fusion des données), par exemple, l'API Windows Phone n'est pas utilisable dans un service de tâche de fond [5].

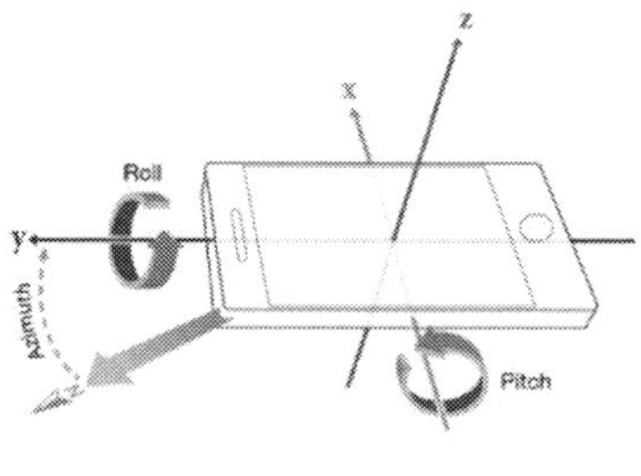

Figure 3. Axes des coordonnées géospatiales du smartphone [6]

5. Source de l'image : http://msdn.microsoft.com/en-us/library/windowsphone/develop/hh202962%28v=vs.105%29.aspx#BKMK_UnsupportedAPIs
6. Source : http://www.mathworks.com/matlabcentral/fileexchange/screenshots/9373/original.jpg

3.3. Sources d'erreurs et correction des mesures

L'une des préoccupations principales dans la manipulation des capteurs concerne l'élimination du bruit :

– l'accéléromètre présente un décalage constant entre la valeur produite et la valeur réelle qui se cumule au fil du temps et croît de façon quadratique lors des doubles intégrations,

– le décalage dans les données du gyroscope provoque une erreur angulaire qui croît linéairement dans le temps, mais une erreur du facteur d'échelles dans le calibrage, peut ajouter une dérive aux calculs basés sur les mesures faussées se répercutant dans les capteurs fusion,

– le magnétomètre est soumis aux interférences provoquées par la contamination magnétique environnante (proximité de matériaux ferreux)...

Mais la dérive engendrée par ces erreurs peut être atténuée significativement après détermination du coefficient de décalage (Shala et al., 2011) en fonction du modèle de capteur. La fusion des données multi-capteurs implémente également des filtres issus du traitement du signal (e.g. passe-bas, Kalman, Butterworth) qui permettent d'éliminer le bruit et de compenser des dérives.

4. Le service mobile SISMAPP

Le service mobile SISMAPP (Android) analyse en temps réel les données en provenance du capteur accéléromètre triaxial embarqué dans le smartphone afin de détecter des mouvements susceptibles de provenir d'un tremblement de terre. Pour ne pas impacter la consommation de la batterie (cf. tab. 1) et limiter la consommation des données, le service n'est déclenché que lorsque l'appareil est en charge et qu'il est connecté à un réseau Wi-Fi. L'analyse n'est déclenchée que lorsque l'état stationnaire du mobile est détecté.

Tableau 1. Consommation de batterie supplémentaire due à l'utilisation des capteurs et du GP

Utilisation en continu (Google Nexus S)	Durée pour 1% de conso. batterie	Durée pour 100% de conso. batterie	Conso. sup. (%)
Normale (78% de batterie)	00:03:28	05:46:40	-
Accéléromètre	00:03:01	05:01:40	+13%
Accéléromètre + GPS	00:01:38	02:43:20	+53%

Le service SISMAPP s'inspire du principe de détection d'événements par franchissement de seuils couramment utilisé dans les systèmes d'alerte. Cette technique permet de déterminer efficacement une anomalie sur un réseau distribué suffisamment dense (Cuenot, 2003). L'exécution en tâche de fond se base sur différents paramétrages que l'utilisateur peut modifier pour adapter la sensibilité en fonction du résultat attendu : fréquence du capteur, accélération minimum pour un état stationnaire, accélération maximum pour un état stationnaire, variance minimum pour un état stationnaire, durée du temps de glissement des données analysées et collectée. Le paramétrage permet en outre de modifier les options de collecte et de notification : adresse du serveur et des web services, activation/désactivation du service ou de l'envoi des données, durée de la collecte, délais entre deux notifications, intervalle entre les localisations.

La méthode du franchissement de seuil sur une période est illustrée par l'algorithme (5) où les a_t sont les accélérations mesurées à l'instant t et $\delta(M)$ est le différentiel d'accélération qui déclenche le traitement :

$$\forall\, t > t_0, a \in [a_{t0} \mathinner{..}, a_{tn}], si\ |a_t - a_{t-1}| > \delta(M) \rightarrow \text{Traitement} \qquad (5)$$

4.1. Analyse et traitement des données en provenance de l'accéléromètre

Notre adaptation de la méthode du franchissement de seuil s'exécute sur une période glissante paramétrable très courte (~1s) dont le déclenchement est proposé dans l'algorithme 1 : lors du lancement de l'application, le service s'abonne aux événements de connexion et déconnection d'alimentation sur secteur, de changement de connectivité réseau (Wi-Fi), au service de localisation [7], et à l'événement d'activation et de désactivation du service accessible dans le setup de l'application. Lors de la réception des événements, la mise à jour d'indicateurs booléens conditionne le démarrage ou l'arrêt du traitement d'analyse et de collecte des données en provenance de l'accéléromètre.

Algorithme 1. Abonnement aux événements

/* Abonnement aux événements qui conditionnent le traitement */
AbonnerEvénements *(alimentation, connectivitéRéseau, localisation, activationService)*

/* Gestion du traitement en fonction des événements */
RéceptionEvénement(*Evénement*)
{
    Enregistrer l'état lié à l'événement
    si *localisation* **alors**
        /* Mise à jour de la localisation avec l'événement « localisation » */
        Mettre à jour la latitude et la longitude
    sinon
        si *(enCharge* $\wedge$ *connectéAuWiFi* $\wedge$ *serviceActivé)* **alors**
            /* Si les conditions sont réunie, l'analyse des données est démarrée */
            début glissement ← **horodatage**
            durée collecte ← ∅
            maxX ← *0*
            maxY ← *0*

7 GPS et GPS fusion disponibles en fonction du réseau et de la couverture

```
                maxX ← 0
                stationnaire ← faux
                collection ← faux
                DémarrerLectureAccéléromètre(fréquence)
        sinon
                /* Sinon, l'analyse est stoppée */
                StopperLectureAnalyseAccéléromètre()
        finsi
    finsi
}
```

La lecture des données de l'accéléromètre se présente aussi sous la forme d'un abonnement aux événements de l'API capteurs à la fréquence choisie (cf. tab. 2) :

Tableau 2. Fréquence de lecture du capteur

Option de fréquence de lecture	Délais entre chaque lecture
SENSOR_DELAY_NORMAL	0,2 s
SENSOR_DELAY_UI	0,06 s (convient au rafraîchissement de l'affichage)
SENSOR_DELAY_GAME	0,02 s (convient aux jeux)
SENSOR_DELAY_FASTEST	Pas de délais : fréquence maximum

Les mesures des 3 axes x, y, et z du capteur accéléromètre (linéaire [8]) horodatées sont réceptionnées dans la méthode de rappel dans laquelle elles sont analysées et traitées selon l'algorithme 2 :

Algorithme 2. Analyse et traitement des données en provenance de l'accéléromètre

```
    /* Traitement d'analyse des données de l'accéléromètre */
AnalyseValeursAccéléromètre(valeurs courantes de l'accéléromètre, horodatage)
{
        x, y, z ← valeurs courantes de l'accéléromètre
        collecte ← {x, y, z, horodatage} ∪ collecte
        /* Glissement de l'analyse sur les valeurs lues pendant la durée paramétrée */
        si (durée collecte > paramètre glissement) alors
                /* Vérification de l'état stationnaire : */
                si ¬stationnaire ∧ ¬collection alors
                        stationnaire ← VérifierStationnaire(collecte)
                finsi
                /* Lorsque l'état stationnaire a été détecté : */
```

8. Auquel on a soustrait la gravité.

```
            si stationnaire alors
                /* Vérification du dépassement de seuil sur données collectées */
                collection ← VérifierAlerte(collecte)
            finsi

            /* Lorsque le dépassement de seuil a été détecté : */
            si collection alors
                id_ collection ← id_ collection + 1
                /* Envoyer notification d'alerte à l'utilisateur */
                TraiterAlerteUtilisateur(horodatage)

                /* Si le serveur est configuré, envoi de la notification au serveur */
                TraiterAlerteServeur(horodatage, id_ collection, dernière localisation)

                /* Vérifier si la durée de collecte paramétrée est atteinte */
                si (durée collecte – paramètre glissement) > paramètre collection alors
                        /* Traiter la collection et faire une pause */
                        collection ← faux
                        TraiterCollection(id_collection, collecte)
                        TraiterPause(horodatage)
                finsi
            sinon
                    /* Supprimer les 1ères valeurs collectées pour ne garder */
                    /* que le temps de glissement paramétré et mettre à jour */
                    /* l'horodatage du début de la collecte...              */
                    TraiterGlissement(collecte)
            finsi
      finsi

      durée glissement ← (horodatage – début glissement)
  }
```

L'algorithme 2 montre que les données horodatées des valeurs mesurées (x, y, et z) sont collectées dans une liste sur une période glissante ; le dépassement de seuil déclenchant une alerte et la sauvegarde de la collecte n'est vérifié qu'après détection de l'état stationnaire (cf. algo. 3) : s'il y a un dépassement de seuil (algo. 4), une notification d'alerte est déclenchée (dans la barre des notifications) et selon le paramétrage, envoyée au serveur. La collection est poursuivie sur la durée paramétrée avant d'être traitée selon l'algorithme 5. Les variables (état stationnaire et maximums des moyennes collectées à l'état stationnaire) sont réinitialisées, et le service est mis en pause pendant la durée paramétrée (ce qui évite les notifications intempestives et limite les dérives du capteur dans le temps). Si aucun franchissement du seuil d'alerte n'est détecté, les premières mesures sont supprimées de façon à ne conserver dans la collecte que la période de glissement.

Algorithme 3. Vérification de l'état stationnaire

```
/* Vérification de l'état stationnaire */
VérifierStationnaire(collecte)
```

```
{
    ∀ x, y, z ∈ collecte :
    stationnaire ← faux
    avgX ← ∑ x > 0 / nb(x > 0)
    avgY ← ∑ y > 0 / nb(y > 0)
    avgZ ← ∑ z > 0 / nb(z > 0)

   /* comparaison des valeurs au seuil minimum déclaré dans le setup */
  si (avgX < minAccel) ∨ (avgY < minAccel) ∨ (avgZ < minAccel) alors

          /* si au moins une des valeurs moyennes mesurées sur un axe est       */
          /* inférieure à la valeur minimum, alors on considère l'état stationnaire */
          /* et on mémorise les valeurs moyennes maximum de l'état stationnaire */
            stationnaire ← vrai
            maxX ← avgX>maxX ?avgX :maxX
            maxY ← avgY>maxY ?avgY :maxY
            maxX ← avgX>maxX ?avgX :maxX
    finsi
}
```

Afin d'exclure d'éventuelles valeurs parasites, l'état stationnaire est vérifié sur la moyenne de toutes les données collectées (période glissante) : si la moyenne mesurée sur un des axes est inférieure au seuil minimum pour un état stationnaire, c'est une condition suffisante pour considérer l'état stationnaire car cela permet de s'absoudre d'un éventuel décalage du zéro d'un des axes. Les moyennes maxima sont mémorisées pour calculer le delta d'accélération seuil d'alerte par rapport au delta configuré dans le setup (cf. algo. 4).

Remarque : Parce que la détection se fait en partant d'un état stationnaire et qu'une accélération positive est normalement suivie d'une accélération négative, seules les accélérations positives sont prises en compte.

Algorithme 4. Vérification du dépassement de seuil pour une « alerte »

```
/* Vérification d'une alerte par une dérivée de la méthode du dépassement de seuil */
VérifierAlerte(collecte)
{
    ∀ x, y, z ∈ collecte :
    deltaX ← (∑ x > 0 / nb(x > 0)) – maxX
    deltaY ← (∑ y > 0 / nb(y > 0)) – maxY
    deltaZ ← (∑ z > 0 / nb(z > 0)) – maxZ

   /* Si le delta moyen est supérieur à une valeur maximum paramétrée */
    /* c'est que le mouvement qui l'a provoqué est trop brusque être      */
   /* d'origine sismique...                                              */
    si (deltaX > maxAccel) ∨ (deltaY > maxAccel) ∨ (deltaZ > maxAccel) alors

            stationnaire ← faux

```

```
            /* Il faut donc stopper une éventuelle collection */
            si collection alors
                  /* Il faut donc stopper une éventuelle collection */
                  collection ← faux

                  /* Mais la collection est tout de même traitée avant la pause */
                  TraiterCollection(id_collection, collecte)
            finsi
            TraiterPause(horodatage)
      sinon
            /* Sinon, si le delta moyen est supérieur au delta d'accélération paramétré */
            /* pour une alerte, la collection pour sauvegarde démarre                    */
            si (deltaX > deltaAccel) ∨ (deltaY > deltaAccel) ∨ (deltaZ > deltaAccel) alors
                  collection ← vrai
                  début collection ← horodatage
            finsi
      finsi
}
```

Le déclenchement d'une alerte vérifie deux conditions (cf. algo. 4) : (i) que les deltas d'accélération moyens par rapport aux maxima moyens calculés à l'état stationnaire dans l'algorithme 3 ne dépassent pas un seuil trop élevé (e .g. dû à une reprise en main de l'appareil par l'utilisateur), et (ii) qu'au moins l'un des deltas mesurés sur les axes x, y, ou z dépasse un delta d'accélération minimum de déclenchement. Lorsque le delta d'accélération calculé dépasse un seuil trop élevé et qu'une collection était en cours, la collecte est stoppée mais les données sont quand même traitées pour une sauvegarde locale et/ou l'envoi au serveur (cf. algo. 5) car le dépassement pourrait avoir été engendré par la chute de l'appareil lors d'un séisme.

Algorithme 5. Traitement d'une collection de données consécutive à une alerte

```
/* Vérification d'une alerte par une dérivée de la méthode du dépassement de seuil */
TraiterCollection(id_collection, collecte)
{
      si envoiServeur ∧ serveurRenseigné() alors
                  envoyerCollecte(id_collection, collecte, début glissement,
                                  début collection, horodatage, dernière localisation,
                                  type de capteur, fréquence, modèle de mobile)
      finsi
      enregistrerLocalement(id_collection, collecte)
}
```

4.2. Traitement des alertes et des mesures collectées

Nous avons mentionné précédemment que lors d'un séisme, il se peut que les réseaux soient saturés ou endommagés. Dans la perspective d'une alternative à l'incapacité de contacter le serveur et dans un contexte de recherche, la sauvegarde locale permet d'analyser les données collectées à postériori.

Les notifications d'alertes qui déclenchent la collecte et les mesures sont stockées localement dans une BDD embarquée (SQLite) accessible dans un dossier créé par l'application SISMAPP dans la mémoire de stockage du mobile (cf. fig. 4).

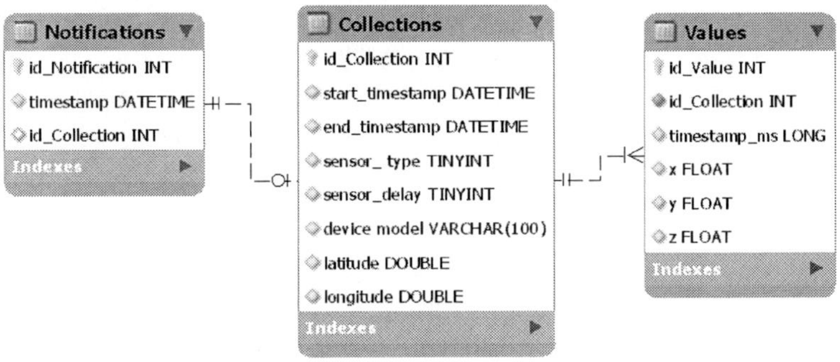

Figure 4. Modèle de la BDD locale du service SISMAPP

Les données collectées peuvent être supprimées à partir de l'application mobile ou bien récupérées pour être analysées (par exemple dans un tableur). Le temps *t* écoulé à l'occurrence *n* des valeurs collectées est donné en millisecondes ; il suffit alors de calculer en secondes les t_n d'un axe temporel horizontal démarrant à t_0 tel que : $t_0 = 0$ *et* $t_n = (t(n) - t(0)) * 10^{-9}$ et de sélectionner les séries de valeurs *x, y,* et *z* représentées en $m.s^{-2}$ sur l'axe vertical : la fig. 5 montre la visualisation graphique des données où le pic d'accélération correspond à une vibration du mobile (obtenue par un test) ayant déclenché une alerte et la sauvegarde de la collection.

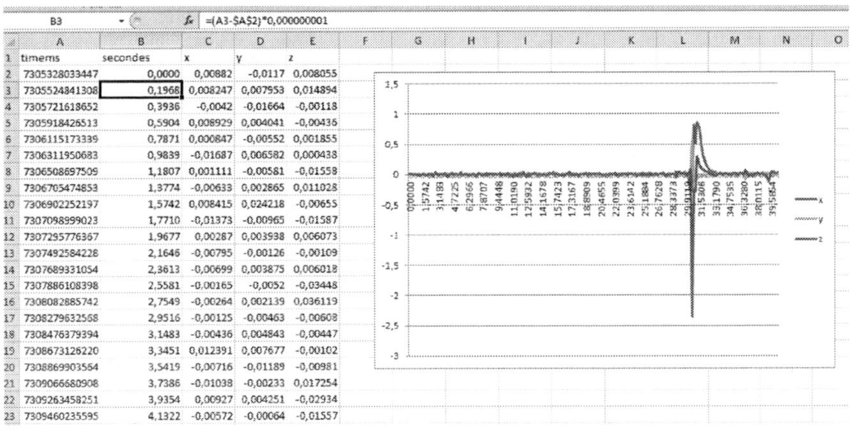

	A	B	C	D	E
1	timems	secondes	x	y	z
2	7305328033447	0,0000	0,00882	-0,0117	0,008055
3	7305524841308	0,1968	0,008247	0,007953	0,014894
4	7305721618652	0,3936	-0,0042	-0,01664	-0,00118
5	7305918426513	0,5904	0,008929	0,004041	-0,00436
6	7306115173339	0,7871	0,000847	-0,00552	0,001855
7	7306311950683	0,9839	-0,01687	0,006582	0,000438
8	7306508697509	1,1807	0,001111	-0,00581	-0,01558
9	7306705474853	1,3774	-0,00633	0,002865	0,011028
10	7306902252197	1,5742	0,008415	0,024218	-0,00655
11	7307098999023	1,7710	-0,01373	-0,00965	-0,01587
12	7307295776367	1,9677	0,00287	0,003938	0,006073
13	7307492584228	2,1646	-0,00795	-0,00126	-0,00109
14	7307689331054	2,3613	-0,00699	0,003875	0,006018
15	7307886108398	2,5581	-0,00165	-0,0052	-0,03448
16	7308082885742	2,7549	-0,00264	0,002139	0,036119
17	7308279632568	2,9516	-0,00125	-0,00463	-0,00608
18	7308476379394	3,1483	-0,00436	0,004843	-0,00447
19	7308673126220	3,3451	0,012391	0,007677	-0,00102
20	7308869903564	3,5419	-0,00716	-0,01189	-0,00981
21	7309066680908	3,7386	-0,01038	-0,00233	0,017254
22	7309263458251	3,9354	0,00927	0,004251	-0,02934
23	7309460235595	4,1322	-0,00572	-0,00064	-0,01557

Figure 5. Visualisation graphique des données collectées

Si l'envoi au serveur a été paramétré et que le serveur est joignable, les notifications (en temps réel) et les collectes associées (à la fin de la collecte) peuvent être transmises dans le format clé-valeur (JSON) donné en exemple ci-après :

– Alertes : "{"notifications":{"id_device":1,"id_notification":4,
"timestamp":"2015-03-15_10:01:59","latitude":43.7055339,"longitude":
7.2820472, "id_collection":4}"

– Mesures : "{"collections":{"id_device":1, "id_collection":4,
"sensor_type":"Linear acceleration", "sensor_delay":3,
"start_timestamp":"2015-03-15_10:01:49", "end_timestamp":"2015-03-
15_10:02:19", "latitude":43.7055339, "longitude":7.2820472,
"device_model":"Android 21 - LGE NEXUS 5", "values":
[{"timestamp_ms":63382020019531, "x":0.0019194632768630981,
"y":1.209452748298645E-4, "z":0.0025548934936523438},
{"timestamp_ms":63382218017578, "x":0.0013000965118408203,
"y":0.006275080144405365, "z":0.02202129364013672},
{"timestamp_ms":63382416015625, "x":8.293241262435913E-4, "y":-
0.012210480868816376, "z":0.010548591613769531},
{"timestamp_ms":63382614013671, "x":-0.014498397707939148,
"y":0.008412800729274 75, "z":0.02068042755126953},...]}

4.3. Expérimentation du prototype et limitations

4.3.1. Détermination des seuils

Dans un premier temps, la détermination des seuils de déclenchement des alertes s'est faite empiriquement par l'observation sur plusieurs modèles de smartphones (Google/Samsung Nexus S, Samsung Galaxy S3, Microsoft/Nokia Lumia 720, et Google/LG Nexus 5) : ne disposant pas de table vibrante, l'expérience consistait à détecter une très légère vibration (seuil minimum) du support (provoquée manuellement) sur un laps de temps arbitraire suffisant (1s) après détermination de l'état stationnaire. Le seuil maximum a quant à lui été déterminé en mesurant plusieurs reprises naturelles du mobile. À ce stade, une approche plus rationnelle de la détermination des seuils est envisagée en collaboration avec des partenaires industriels (par exemple dans le cadre d'un déploiement expérimental).

4.3.2. Perte de réseau en cas de destruction des infrastructures

Des applications comme « WhatsApp » (www.whatsapp.com), par exemple, ont démontré que la connectivité des smartphones avec le Bluetooth ou en Wi-Fi direct permet en agglomération de communiquer en pair-à-pair par réseau maillé lorsque les réseaux de télécommunication ne sont plus disponibles. Nous avons d'ailleurs prototypé les deux connectivités avec notre protocole qui permet de corroborer la présomption d'un séisme détecté par les capteurs du smartphone et d'alerter les utilisateurs lorsqu'un des utilisateurs a confirmé l'origine sismique. Cependant le système n'est fonctionnel que quand les appareils sont couverts par la connectivité utilisée.

4.3.3. Identification des faux positifs et corrélation des données

Nous partons du principe qu'il n'est pas possible d'éliminer les faux positifs individuels, c'est la raison pour laquelle nous portons toute notre attention sur la corrélation des événements et le traitement massif des données. Plusieurs pistes sont à envisager ; l'étude des données collectées (en temps réel ou pas), à partir du moment où elles sont horodatées et géolocalisées, permet une analyse à postériori de laquelle pourraient être extraits des modèles de prédictibilité. Mais nous pensons également que la corrélation des sources d'informations et l'implantation d'un réseau de capteurs fixes communiquant avec le smartphone à des emplacements choisis pour leur faible exposition aux mouvements susceptibles d'engendrer des faux positifs est une solution adaptée pour les alertes précoces.

5. Conclusion

Dans cet article, nous avons montré comment grâce à un algorithme basé sur le franchissement de seuils, le smartphone avec ses capteurs inertiels embarqués et sa connectivité, peut contribuer avantageusement à la surveillance et la détection des séismes pour alerter les utilisateurs et collecter des données géolocalisées et horodatées pouvant être corrélées avec des événements sismiques dans l'objectif d'en déduire des modèles de prédictibilité.

Le service mobile SISMAPP est idéalement conçu pour dans un premier temps permettre la détermination d'un paramétrage efficace des seuils de sensibilité en laboratoire. Mais une phase de pilotage est nécessaire pour évaluer la fréquence des notifications et le volume des données pertinentes. L'exploitation du prototype SISMAPP dans le contexte de la recherche sismologique n'en est qu'à ses débuts, mais sa flexibilité en fait un outil de mesure portable qui pourrait trouver son utilité dans d'autres domaines, par exemple pour mesurer la résonnance des ondes d'origine explosive (e.g. dans des carrières de minerais).

Remerciements

Nous tenons à adresser ici tous nos remerciements à Rémy Bossu à la Direction du CSEM et à M. Frédéric Roussel du CSEM pour leurs conseils avisés, ainsi que l'ouverture d'un web service sur un serveur du CSEM nous permettant de tester l'envoi des données. Nous remercions également Anne Deschamps, Damienne Provitolo, et Emmanuel Tric du laboratoire GéoAzur pour leur intérêt et le suivi accordé au projet SISMAPP, ainsi que tous les étudiants qui ont participé au projet, le Pr. Serge Miranda pour avoir initié ce projet et le Pr. Omar Boucelma pour son encadrement et je remercie le comité de relecture et plus particulièrement le Pr. Florence Sedes pour ses critiques constructives et ses commentaires pertinents quant à la rédaction de cet article.

Bibliographie et références

Bossu R. (2015). *Earthquake Risk Mitigation Using Social Media and Sensor-Based Citizens' Participation*, internal report, CSEM, 2015.

Cochran E. S., Lawrence J. F., Kaiser A., Fry B., Chung A., Christensen C. (2011). Comparison between low-cost and traditional MEMS accelerometers: a case study from the M7.1 Darfield, New Zealand, aftershock deployment, *Annals Of Geophysics, Citizen*

Empowered Seismology, Special Section edited by R. Bossu and P.S. Earle, 2011, p.728-737.

Cuenot O. (2003). *Les algorithmes de détection automatique d'ondes sismiques*, probatoire CNAM, 2003.

Dolui K., Mukherjee S., Kanti Datta S. (2013). Smart Device Sensing Architectures and Applications, *International IEEE Computer Science and Engineering Conference (ICSEC), 2013*, Bangkok, Thailand.

Faulkner M., Olson M., Chandy R., Krause J. (2011). The Next Big One: Detecting Earthquakes and other Rare Events from Community-based Sensors, *International Conference on Information Processing in Sensor Networks (IPSN), 2011*, Chicago, Illinois, USA.

Kong Q. (2012). *Using Smartphones to Detect Earthquakes*, Berkeley Seismological Laboratory annual research report, University of California, 2012.

Lesas A.M., Ardoin A., Cano S. (2014). SISMAPP : *Une station sismique mobile dans le smartphone*, rapport technique, MBDS, Université de Nice – Sophia-Antipolis, 2014.

Minson S. E., Brooks B. A., Glennie C. L., Murray J. R., Langbein J. O., Owen S. E., Heaton T. H., Iannucci R. A., Hauser D. L. (2015). Crowdsourced earthquake early warning, *Science Advances*, vol. 1, n° 3, e1500036.

Naito S., Azuma H., Senna S., Yoshizawa M., Nakamura H., Fujiwara H., YoshidaM. (2013). *On-site experiment of seismic monitoring network by utilization inside sensors of mobile terminal*, National research Institute for Earth science and Disaster Prevention, Conference paper, Japan Geoscience Union Meeting, 2013.

Naito S., Azuma H., Senna S., Yoshizawa M., Nakamura H., Hao K. X., Fujiwara H., Hirayama Y., Yuki N., Yoshida M. (2013). Development and Testing of a Mobile Application for Recording and Analyzing Seismic Data, *Journal of Disaster Research*, vol. 8, n° 5, p. 990-1000.

Olson M., Liu A., Faulkner M. (2011). Rapid Detection of Rare Geospatial Events: Earthquake Warning Applications, *Distributed Events-Based Systems' conference, 2011*, New York, USA.

Reilly J., Dashti S., Ervasti M., Bray J. D., Glaser S. D., Bayen A. M. (2013). Mobile Phones as Seismologic Sensors: Automating Data Extraction for the iShake System, *ONS On Automation Science And Engineering*, vol. 10, n° 2, p. 242-251.

Shala U., Rodriguez A. (2011). *Indoor Positioning using Sensor-fusion in Android Devices*, Graduation work for a Degree of Master in Embedded Systems,School of Health and Society, Department Computer Science, Kristianstad University, Sweden, 2011.

Virieux J., Le Figaro, http://www.lefigaro.fr/sciences/2014/04/07/01008-20140407ARTFIG00398-le-sud-est-est-la-region-francaise-la-plus-exposee-au-risque-sismique.php.

Gouvernance des projets open source

Dr Ir Robert Viseur[1 2]

1. *CETIC*
Avenue Jean Mermoz, 28, B-6041 Charleroi (Belgique)
robert.viseur@cetic.be

2. *UMONS Faculté Polytechnique*
Rue de Houdain, 9, B-7000 Mons (Belgique)
robert.viseur@umons.ac.be

RÉSUMÉ. Les logiciels open source sont utilisés par la majorité des entreprises ; certaines n'hésitent pas à jouer un rôle moteur dans leur développement. Ces pratiques amènent des défis en matière de gouvernance des systèmes d'information et des projets open source. Le fork, comme scission d'une communauté, peut être la conséquence grave d'une mauvaise gouvernance. Après un état de l'art consacré aux concepts de gouvernance open source et de fork, nous proposons deux ensembles d'études de cas, le premier sur des grands projets analysés dans la littérature scientifique, le second, sur un ensemble de forks. Sur cette base, nous développons différents moyens permettant de limiter le risque de forks, identifions quatre logiques de gouvernance open source, discutons l'intérêt des stratégies d'inner source pour organiser une transition entre les stratégies propriétaires et open source, montrons les similitudes en termes de besoins en gouvernance entre projets d'open source innovation et insistons enfin sur l'impact du degré d'ouverture de la gouvernance sur la concurrence.

ABSTRACT. The open source software are used by the majority of companies; some of them do not hesitate to play a leading role in their development. These practices result in challenges related to the governance of information systems and open source projects. The fork, as division of a community, can be the serious consequence of poor governance. After a state of the art dedicated to the concepts of open source governance and fork, we propose two sets of case studies, the first ones about major projects discussed in the scientific literature, the second ones about a set of forks. On this basis, we develop various ways to limit the risk of forks, identify four logics of open source governance, discuss the interest of inner source strategies to organize a transition between proprietary and open source strategies, show similarities in terms of needs in governance between open source software and open source innovation projects, and further stress the impact of the governance on competition.

MOTS-CLÉS : open source, inner source, gouvernance, fork.

KEYWORDS: open source, innersource, governance, fork.

Congrès INFORSID, 34ème édition, Grenoble, 31 mai – 3 juin 2016

Introduction

Le logiciel libre est défini à partir de 4 libertés: la liberté d'exécuter le logiciel, de l'étudier, d'en redistribuer des copies et de le modifier (`gnu.org`). Créé en 1998, le terme « *open source* » est parfois préféré à celui de « *free software* » (logiciel libre). Il est défini par l'OSI (`opensource.org`) sur base d'une liste de 10 critères appelée Open Source Definition (OSD), incluant notamment l'accès au code source, la liberté de redistribution, l'autorisation de créer des oeuvres dérivées et la protection du nom des auteurs. Le terme « *open source* » est associé à un type de licence logicielle, à une approche du développement logiciel, à un type de communauté et à un type de modèle d'affaires (O'Mahony, 2007). Dans la suite de ce papier, les termes « logiciel libre » et « *open source* » seront considérés comme équivalents (l'acronyme FLOSS est parfois utilisé pour éviter les débats de terminologie). Les licences de logiciels libres et *open source* respectent les quatre libertés et dix critères, qui impliquent la mise à disposition du code source du logiciel (condition nécessaire mais non suffisante).

L'organisation des projets *open source* est à l'origine considérée comme organique, qualifiée de « bazar » par comparaison à la « cathédrale » des entreprises ou des organisations historiques (Raymond, 2001). Les communautés ont longtemps été vues comme auto-organisées. En pratique, la réalité est cependant plus contrastée, les structures de gouvernance se révélant plus ou moins complexes, en fonction de la nature des projets, de la diversité des acteurs ou des interactions avec d'autres projets. L'intérêt du secteur privé s'est aussi accru avec le temps, comme le montrent la libération du code des logiciels Netscape et le lancement du projet Mozilla en 1998 (O'Mahony, 2007 ; Viseur, 2011, 2013a), la libération de Netbeans par Sun Microsystems en 2000 (Jensen et Scacchi, 2010), les investissements d'IBM dans Linux en 2001 (West, 2003) ou, plus récemment en France, le projet Capella porté par Thales. Le virage commercial de l'*open source* a été longuement commenté par Fitzgerald (2006).

Le *fork* est un mécanisme de fractionnement d'une communauté que l'on retrouve généralement dans le domaine du logiciel libre. Certains *forks* ont fait l'objet d'une médiatisation particulière (p.ex. LibreOffice.org / OpenOffice.org). En tant qu'échec d'une collaboration dans un contexte d'innovation ouverte impliquant une communauté d'utilisateurs, le *fork* constitue un sujet d'étude concret et qui peut être instructif quant aux limites d'un système de gouvernance (p.ex. manque de gouvernance ou divergence irréconciliable de stratégies).

Notre papier est organisé en 3 sections. La première section propose un état de l'art sur le concept de gouvernance *open source* et de *fork*. La seconde section présente deux ensembles d'études de cas. Le premier se base sur des études de grands projets analysés dans la littérature scientifique ; le second, sur un ensemble d'études de *forks* célèbres dans l'histoire de l'*open source*. La troisième section discute les résultats trouvés dans les études de cas.

1. État de l'art

1.1. Gouvernance open source

La gouvernance *open source* est rarement définie ; elle est souvent associée à différentes structures, règles, pratiques et normes incluant par exemple les licences ou les processus de communication (Markus, 2007). La diversité des projets *open source* en termes de tailles, de maturité, de licences ou de culture permet par ailleurs de supposer des mécanismes de gouvernance fort différents. La complexité du concept s'est par ailleurs encore accrue avec le développement de l'*open source* au delà du logiciel : *open content, open data, open hardware,...* Cette extension a été décrite et qualifiée d'*open source innovation* par Raasch (2009) puis par Pénin (2012), qui en a plus longuement défini le concept.

Markus (2007) définit la gouvernance *open source* comme l'ensemble des moyens mis en œuvre pour l'orientation, le contrôle et la coordination d'organisations et d'individus totalement ou partiellement autonomes pour le compte d'un projet de développement *open source* auquel ils contribuent collectivement.

La gouvernance d'un projet ou d'un ensemble de projets se structure généralement progressivement en suivant trois phases (de Laat, 2007). Dans une première phase du projet, la gouvernance est informelle et liée aux règles fixées par la licence (p.ex. GPL). Le *leadership* est exercé par des développeurs sur base de leurs performances (méritocratie). Dans une seconde phase, dès lors que la taille du projet augmente, un ensemble d'outils formels et explicites sont mis en place. Il s'agit de la modularisation du code source, de la division des rôles et de la délégation de la prise de décision, de la formation et la transmission des valeurs, de la formalisation des procédures et du régime d'exercice du pouvoir (autocratique ou démocratique). Dans une troisième phase, le projet, confronté au monde extérieur, doit assurer sa pérennité sur les plans matériel, financier et légal. Cela passe notamment par l'institutionnalisation des projets et la création de fondations (p.ex. Apache, Debian ou Mozilla).

La gouvernance d'un projet *open source* peut s'analyser sur plusieurs niveaux (Jensen et Scacchi, 2010). Le premier niveau d'analyse est *micro*. Il concerne les participants individuels au projet (p.ex. actions, ressources et interactions). Le second est *meso*. Il concerne les équipes de projets (p.ex. collaboration, *leadership*, contrôle et résolution de conflits). Le troisième est *macro*. Il concerne les écosystèmes inter-projets (p.ex. collaboration, autorité, contrôle et résolution de conflits).

Markus (2007) propose un ensemble d'éléments permettant de caractériser la gouvernance d'un projet *open source* : la propriété des actifs (p.ex. *copyrights*, licences ou marques), les objectifs du projet (p.ex. charte et vision), la gestion de la communauté, le processus de développement logiciel (p.ex. identification des besoins et affectation des tâches), la résolution de conflits et le changement de règles, et l'utilisation de l'information et des outils (p.ex. modalités d'accès aux outils et aux répertoires de code source).

Les licences *open source* constituent un des moyens de gouvernance. Ces licences sont généralement classées en deux grandes familles : les licences *copyleft* (dites aussi gauches d'auteur ou réciproques) et les licences permissives (dites aussi académiques ou non *copyleft*) (Alspaugh *et al.*, 2009 ; Fitzgerald, 2006 ; Lerner et Tirole, 2005 ; Montero *et al.*, 2005 ; Muselli, 2008). Une licence permissive (p.ex. BSD ou MIT) autorise l'utilisateur à placer le programme sous une nouvelle licence, libre ou même propriétaire (caractère appropriable). Une licence copyleft (p.ex. LGPL, GPL, AGPL ou MPL) « *lie l'octroi des droits à l'obligation de ne redistribuer le logiciel et ses modifications que sous la même licence que celle par laquelle le licencié a obtenu ces droits* » (Montero *et al.*, 2005). Elle confère dès lors au logiciel un caractère inappropriable. On parlera de copyleft faible, lorsque le *copyleft* s'applique uniquement à un composant logiciel, ou de *copyleft* fort, dans le cas où toute œuvre dérivée doit adopter la licence *copyleft* du composant logiciel (caractère contaminant).

Différents niveaux d'ouverture sont possibles au sein des communautés *open source*. Apache apparaît par exemple comme une communauté structurée avec une gouvernance transparente et ouverte. À l'opposé, le modèle *open core*, où seul un noyau générique et quelques modules sont *open source* (p.ex. Zenoss), le logiciel complet étant essentiellement propriétaire, laisse peu de place à la communauté (Viseur, 2013c). Aucune activité communautaire n'est d'ailleurs attendue et le pouvoir est concentré entre les mains de l'éditeur *open core*. L'Open Governance Index permet en pratique de quantifier le degré d'ouverture d'un projet en termes de transparence, de prise de décision, de réutilisation et de structure communautaire (Laffan, 2011, 2012). Cet indice comporte 13 métriques relatives à 4 domaines de gouvernance : l'accès au code source, le processus de développement, la création d'œuvres dérivées et la communauté.

Les pratiques *open source* ont connu une traduction en entreprise pour le développement de composants internes. Ce modèle est qualifié d'*inner source* (Stol *et al.*, 2011). Deux mises en œuvre sont distinguées : l'*inner source* basé infrastructure et l'*inner source* basé projet. Dans le premier cas, des porteurs de projets individuels sont invités à mettre à disposition leur projet sur une infrastructure de développement mutualisée inspirée par les plates-formes de développement *open source*. Dans le second cas, une équipe de développement interne prend en charge, dans un but de mutualisation, le développement et le support de composants critiques exploités dans différentes lignes de produits commercialisées par l'entreprise.

1.2. Fork

Bar et Fogel (2003) définissent le *fork* comme une situation se produisant « *lorsqu'un groupe de développeurs prend le code d'un projet de logiciel libre pour en démarrer un autre* ». Nyman et Mikkonen (2011), dans une étude de 566 projets hébergés sur Sourceforge.net et présentés par leurs administrateurs comme des *forks*, identifient des motivations à *forker* classables en quatre catégories : les motivations techniques (ajout de caractéristiques, spécialisation, portage, amélioration), les changements de licence, les adaptations locales (langues ou particularités régionales) et la relance de projets abandonnés. Wheeler (2007) relativise la dangerosité présumée du *fork* et l'associe à un mécanisme de saine compétition. Il le compare au principe de la motion de censure dans un parlement ou à une grève. Le *fork* permettrait à la communauté des développeurs d'attirer l'attention des *leaders* sur des demandes non prises en compte. Nyman *et al.* (2011b) y voient même une « *main invisible* » garante du caractère durable et de la continuité des projets. La capacité à *forker* garderait par ailleurs « *les communautés vivantes, et les entreprises honnêtes* » (Moody, 2009). Elie (2006) voit dans le *fork* « *un droit essentiel* » mais insiste aussi sur le « *risque de se couper en même temps de la richesse du tronc commun* ». Il y voit souvent la conséquence de « *systèmes de régulation mal définis* ». Le mérite relèverait moins dans les communautés de logiciels libres de la compétence technique que du charisme et de la capacité à vivre dans le conflit. Notons que, sur le plan technique, le *fork* fait aussi partie des pratiques normales de certains outils de gestion de code source (p.ex. Git) ou de certains hébergeurs de projets (p.ex. Github).

2. Études de cas

2.1. Android, Apache, Mozilla, MySQL et Netbeans

Différents projets ont fait l'objet d'études sur la gouvernance ou sur les facteurs de succès (incluant des questions de gouvernance). Nous retiendrons les cas d'Android (Laffan, 2011, 2012), d'Apache HTTP Web Server (Viseur, 2016b), de Mozilla (Viseur, 2013a), de MySQL (Välimäki, 2003) et de Netbeans (Jensen et Scacchi, 2010). Ces derniers bénéficient d'études de cas déjà publiées dans la littérature scientifique. Ils couvrent une large diversité de projets et permettent une compréhension des mécanismes de gouvernance mis en œuvre, en termes notamment de prise de décision, de contribution ou de licence.

2.1.1. Android

Le système d'exploitation Android (`www.android.com`) a été lancé en novembre 2007. Il marquait l'entrée de Google sur le marché du mobile. Il est soutenu par l'Open Handset Alliance (`www.openhandsetalliance.com`), un consortium d'entreprises actives dans les technologies mobiles. La publication sous licence *open source* Apache a été réalisée en octobre 2008, parallèlement au lancement du téléphone HTC G1. La part de marché du nouvel OS a rapidement grandi par la suite, atteignant près de 80% du marché (source IDC, Q4 2014). Laffan (2012) souligne le caractère fermé du projet Android, avec un Open Governance Index de 23%, à comparer à Symbian (58%) et Meego (61%). Laffan met en particulier en évidence les processus de décision unilatéraux, le processus fermé d'accès au code source (« *code committer* »), le processus fermé de contribution au code source, l'opacité du processus de contrôle et de prise de décision autour de l'Android Compliance Program ou encore l'absence de volonté d'évoluer vers un modèle de gouvernance plus ouvert. Des variantes de l'Android officiel existent (p.ex. CyanogenMod).

2.1.2. *Apache HTTP*

Le projet de serveur Web Apache HTTP (`httpd.apache.org`) a été démarré en 1995 sur base du code source du serveur du NSCA par un groupe de développeurs géographiquement distribués, connus sous le nom d'Apache Group. Il est publié sous licence Apache. En 1999, les membres de l'Apache Group ont fondé l'Apache Software Foundation, dont l'objectif était de fournir un support financier, légal et organisationnel au serveur Apache HTTP. La Fondation a par la suite évolué vers une structure multi-projets et a acquis le sponsoring d'entreprises IT de taille mondiale comme Hewlett-Packard, IBM et Microsoft. Elle se distingue notamment par sa structure d'incubation, permettant l'entrée de logiciels novateurs dans le portefeuille de projets et leur accès aux outils de gestion des projets (p.ex. gestionnaires de sources et gestionnaires de bugs). L'incubateur différencie nettement les logiciels matures, de haute qualité, et les nouveaux projets devant encore faire leurs preuves. Il permet ainsi un renouvellement dans la production logicielle (innovation) sans nuire à la réputation des logiciels de référence.

2.1.3. *Mozilla*

La Fondation Mozilla (`www.mozilla.org`) a été créée en juillet 2003 sur les cendres de la société Netscape, rachetée en mars 1999 par AOL Time Warner. Elle est à l'origine du logiciel Mozilla, issu de la libération de technologies de la société Netscape en 1998. Elle prend aujourd'hui en charge le développement du navigateur web Firefox ainsi que d'autres projets d'outils de développement ou de logiciels pour les utilisateurs finaux. Un important travail de réécriture et de modularisation du code source fourni initialement par Netscape ainsi qu'un travail sur l'ergonomie du logiciel ont permis à Firefox d'atteindre une part de marché autour des 25%. La communauté s'appuie sur une organisation assez hiérarchisée, incluant par exemple l'existence de responsables de modules (« *module owners* »), à l'origine de fréquents conflits. La licence MPL, écrite pour le projet afin de faciliter l'agglutination de codes sources sous des licences différentes et de protéger le travail des contributeurs, a changé à plusieurs reprises, en raison de réactions communautaires ou de dépendances à d'autres projets, selon un mode souvent collaboratif.

2.1.4. *MySQL*

MySQL (`www.mysql.com`) est une base de données développée depuis 1995. Le logiciel a été placé sous licence GPL en 2000, tandis que la société MySQL a été créée en 2001 pour valoriser la technologie. L'entreprise applique un modèle de double licence : une version *open source* cohabite avec une version commerciale (i.e. payante). L'entreprise tire dès lors ses revenus de la prestation de services mais également du paiement de licences (plus de 50 % de son chiffre d'affaires en 2003) par les clients achetant la version propriétaire. L'existence des deux branches du logiciel est garantie par la totale propriété du code source. Toutes les contributions sont à cette fin vérifiées et réécrites par l'entreprise. MySQL AB a dû faire face à un *fork* suite au rachat de MySQL AB par Sun Microsystems puis de ce dernier par Oracle Corporation. Ce *fork* s'appelle MariaDB (`mariadb.org`) et a été initié par Michael Widenius, fondateur de MySQL ; il bénéficie du support de plusieurs entreprises importantes, dont Google, et est soutenu par un consortium baptisé Open Database Alliance (`www.opendatabasealliance.com`).

2.1.5. Netbeans

Netbeans (`netbeans.org`) est un projet d'environnement de développement pour le langage Java, mis en *open source* sous licence CDDL par Sun Microsystems en 2001. Le projet offre une large autonomie aux développeurs. Par contre, Sun Microsystems a conservé pendant longtemps une empreinte forte sur les structures décisionnelles chapeautant l'organisation. Un projet de fusion avec son principal concurrent *open source*, Eclipse, sponsorisé par IBM, a échoué pour cause de différences techniques et organisationnelles entre les deux sponsors ainsi que de risque de perte d'image (*leadership* technologique). L'ascendant a finalement été pris par Eclipse.

2.1.6. Synthèse

Les projets dont les caractéristiques sont synthétisées dans cette section présentent une grande diversité en termes de licences (licences Apache, licence GPL, licence MPL, licence CDDL, double licence,...), de modèles économiques (diverses formes d'édition logicielle et/ou de mutualisation des développements), d'organisation et d'évolution du rapport à la communauté (contrôle par un éditeur, autonomisation progressive d'une structure de mutualisation ouverte à la communauté,...). Les utilisateurs et contributeurs semblent rencontrer davantage de difficultés à faire accepter leurs codes sources ou à intégrer les organes de décision sur base du mérite lorsqu'un projet est contrôlé par une entreprise, ce qui peut se traduire par des *forks* (Android, MySQL).

2.2. Forks

2.2.1. Méthodologie

Plusieurs *forks* ont fait l'objet d'études plus ou moins approfondies dans la littérature. Citons la famille des systèmes d'exploitation BSD (Weber, 2004), Roxen (Dahlander et Magnusson, 2008), GCC (Fogel, 2004), CVS (Bart et Fogel, 2003), Spip (Elie, 2006) ou LibreOffice.org (Gamalielsson et Lundell, 2012). Ces résultats seront exploités. Nous avons procédé à l'étude de 26 *forks* de projets populaires ; ces projets sont 386BSD, Claroline, Compiere, CVS, Dokeos, Ext JS, FreeBSD, GCC, GNU Emacs, KHTML, Mambo, MySQL, NCSA HTTPd, NetBSD, OpenERP, OpenOffice.org, PhpGroupware, PhpNuke, Qt, RHEL, Roxen, Samba, Sodipodi, Sourceforge, Spip et Xfree86. Nous avons exploité des documents existants : livres, articles scientifiques, articles de presse, actualités postées sur des portails informatiques ou *open source*, communiqués et pages de sites de projets,... Chaque *fork* a fait l'objet d'une fiche descriptive, reprenant la chronologie du *fork*, les auteurs impliqués et leurs motivations. Les résultats ont été synthétisés au sein d'un tableau récapitulatif, reprenant le nom du projet initial, le nom du *fork*, la (ou les) motivations(s) du *fork* et l'impact du *fork* sur le projet original (rapport technique interne). L'impact a été évalué au sens des issues possibles identifiées par Wheeler (2007).

2.2.2. Motivations à déclencher un fork

Sept motivations à *forker* ont été identifiées : l'arrêt du projet original (19%), les motivations techniques - nouvelle spécialisation, vues techniques divergentes ou objectifs techniques différents - (42%), le changement de licence (15%), le conflit autour de la propriété d'une marque (12%), les problèmes de gouvernance du projet (38%), les différences culturelles fortes (8%) et la recherche de nouvelles pistes d'innovation (4%).

En pratique, les études des *forks* qui précèdent montrent que les *forks* qui réussissent (et sont donc susceptibles de porter préjudice à l'éditeur original, lorsqu'il y en a un) démarrent généralement pour une raison importante. L'arrêt du support d'un produit libre populaire entraîne souvent un *fork* (cf. NCSA HTTPd, 386BSD, Red Hat Linux et Roxen). Le *fork* libre réussit généralement mais peut cohabiter avec une version fermée du produit (cf. Red Hat Linux, Roxen, Sourceforge). Un *fork* peut intervenir suite à l'apparition de divergences techniques. Les systèmes *BSD ont ainsi souvent adopté des spécialisations techniques distinctes (portabilité, sécurité,...). C'est la cause la plus fréquente (42%). La gouvernance du projet apparaît à l'origine du conflit pour environ un tiers des cas étudiés (38%). Le problème porte généralement sur le manque d'ouverture des équipes de développement : prise en compte des contributions extérieures (cf. OpenOffice.org), discussion des objectifs du projet (cf. Sodipodi), réticences face à un mode de développement communautaire (cf. OpenOffice.org, Dokeos, PHP Nuke),... La propriété de la marque apparaît également comme une source de conflit (cf. Claroline, Mambo et OpenOffice.org). Elle peut être liée à la question de la gouvernance (cf. propriété des actifs) car la marque permet en pratique à l'éditeur de conserver un contrôle sur l'évolution du projet. La marque cristallise dès lors les tensions entre un sponsor (p.ex. éditeur *open source*) et sa communauté. Le problème de licence apparaît parfois à l'origine d'un *fork*, qu'il n'affecte pas le type de licence (cf. Xfree86) ou qu'il entraîne au contraire une augmentation (cf. Ext JS) ou une réduction (p.ex. arrêt de la branche libre) de la liberté du logiciel. La mise sous GPL ou AGPL facilite par ailleurs les échanges entre projets, dès lors que la licence d'origine peut difficilement être changée. Le changement de licence n'est cependant pas un motif dominant à *forker* (15%). Les *forks* qui ont été suscités par Theo de Raadt, leader d'OpenBSD, peuvent être justifiés, au moins en partie, par des prises de position politiques ou idéologiques. Cette configuration paraît finalement assez marginale dans le paysage *open source*. Les chocs culturels -communauté vs entreprise (cf. KHTML), communauté vs administration (cf. Spip)- apparaissent par contre comme une cause possible (8%), illustrant la difficulté à aligner des stratégies communautaires et commerciales.

2.2.3. Conséquences des forks

Les études montrent que les *forks* qui se traduisent par une disparition totale du projet d'origine ne sont pas majoritaires (19%). À l'exception du serveur Apache, de X.Org, de Joomla ou d'Inkscape, une cohabitation apparaît dans plus de la moitié des cas étudiés (54%). Dans certains cas, les échanges de codes continuent d'ailleurs (cf. FreeBSD, NetBSD, OpenBSD). Une fusion ultérieure des projets (cf. GCC et EGCC) est possible. La divergence progressive peut par contre rendre la fusion malaisée (cf. Webkit et KHTML). L'échec total du *fork* intervient dans moins d'un cas sur cinq (19%).

3. Discussion

Nous identifions ci-dessous quatre logiques de gouvernance *open source* ainsi que différents moyens permettant de gérer le risque de *forks*, discutons ensuite l'intérêt des stratégies d'*inner source* pour organiser une transition entre les stratégies propriétaires et *open source*, montrons les similitudes en termes de besoins en gouvernance entre projets d'*open source innovation* et insistons enfin sur l'impact du degré d'ouverture de la gouvernance sur la concurrence.

3.1. Logiques de gouvernance

Plusieurs logiques de gouvernance émergent des différents cas traités dans cette recherche.

3.1.1. Logique individuelle

Par exemple : majorité des petits projets hébergés sur GitHub (`github.com`). Elle s'applique à la majorité des projets *open source* publiés, maintenus par une personne sur des dépôts publics. L'autorité y est exercée de manière informelle par l'auteur du logiciel. Les procédures de travail ne sont pas formalisées. La communauté est souvent petite et les contributions sont rares, réduisant la vitalité du projet mais aussi les sources de conflit.

3.1.2. Logique commerciale

Par exemple : MySQL ou Zenoss. Elle s'applique aux projets d'édition *open source* menés par des entreprises privées. Il s'agit généralement de projets valorisés selon le modèle de la double licence, associant une version communautaire du logiciel sous licence réciproque et une version commerciale payante techniquement différenciée. L'entreprise peut éventuellement chercher le soutien de la communauté (dans le cas du modèle *open core* la communauté est inexistante) mais veille à garder le contrôle sur le projet, notamment par la signature d'accords de contributeurs organisant le partage des droits patrimoniaux (Poo-Caamaño et German, 2015 ; Valimaki, 2003).

3.1.3. Logique communautaire

Par exemple : Apache HTTP ou Chamilo. Elle s'applique aux projets de grande taille, dont le succès a nécessité la mise en place d'une structure de soutien (p.ex. fondation ou association), permettant d'en assurer la pérennité, et la mise en place de procédures organisationnelles. La prise de décision est ouverte aux membres de la communauté sans volonté d'entraver la prise de responsabilité liée au mérite.

3.1.4. Logique industrielle

Par exemple : Eclipse ou Netbeans. Elle s'applique aux projets développés par des acteurs industriels ayant pour objectif une mise en commun de l'effort de développement (coopétition). La gouvernance peut paraître similaire à celle des grands projets à logique communautaire structurés en fondation. Elle peut cependant différer à la marge, par exemple par l'imposition de droits d'inscription limitant l'accès aux fonctions dirigeantes et permettant aux grandes entreprises de conserver un contrôle sur les objectifs du projet.

3.2. Gouvernance et inner source

Les logiques de gouvernance identifiées *supra* peuvent être rapprochées des différents modes d'*inner source*. L'*inner source* basé infrastructure peut ainsi être comparé à la logique individuelle (porteurs de projets individuels profitant d'une infrastructure de développement mutualisée) ; l'*inner source* basé projet, à la logique industrielle (objectif de mutualisation d'actifs critiques).

Un des défis auquel les entreprises font face réside dans la mise en *open source* des projets internes. Dès lors que les projets sont anciens, leur libération influence les modèles d'affaires et les stratégies mises en œuvre par l'entreprise (West, 2003). Sur le plan patrimonial, l'organisation d'une transition depuis une stratégie propriétaire vers une stratégie *open source* par le recours à des licences hybrides a déjà été appliquée par Sun Microsystems (Community Source et licence SCSL). Ce cas a fait l'objet d'une étude par Muselli (2007). L'application des principes de l'*inner source*, basé infrastructure ou basé projet, à l'intérieur de l'entreprise, pourrait également servir de transition vers une externalisation complète en *open source*. *Inner source* et *open source* partagent en effet un ensemble de préoccupations communes quant à la motivation des contributeurs ou de support aux utilisateurs du composant logiciel. Ce mode d'évolution pourrait cependant entraîner des habitudes de contrôle sur le processus de développement susceptibles d'ultérieurement provoquer des conflits avec la communauté *open source*.

3.3. Causes de forks liés à la gouvernance

Cette section compare les résultats des études de cas avec l'étude précédente de Nyman et Mikkonen (2011), discute ensuite la réduction du risque de *fork* et examine enfin du lien entre les *forks* et la logique de gouvernance.

3.3.1. Étude de Nyman et Mikkonen (2011)

Comparé à l'étude de Nyman et Mikkonen (2011), notre recherche regroupe plusieurs motivations sous le label de « motivation technique » et met en évidence trois causes supplémentaires : les questions de gouvernance, les difficultés liées aux différences culturelles et les conflits liés à la propriété d'une marque. Ceci étant, les changements d'orientation technique occupent aussi une place prépondérante dans notre étude. La reprise de projets arrêtés apparaît plus importante. Ces différences peuvent s'expliquer par le spectre plus large des causes prises en compte mais aussi par la nature différente des projets : Nyman et Mikkonen (2011) se basent sur un ensemble des projets pris sur Sourceforge.net, qui héberge de nombreux projets de taille réduite, alors que avons basé notre étude sur des projets populaires ayant déjà une communauté active, jouant un rôle de régulation et de responsabilisation.

3.3.2. Architecture de participation

Le risque de *fork* pour divergences techniques est élevé. Il peut cependant être limité en adoptant dès le départ une architecture modulaire. MacCormack *et al.* (2006) parlent d'architecture de participation, et y voient un moyen pour simplifier la compréhension du code et les contributions. Le modèle noyau-extension en est un exemple, permettant l'adaptation du logiciel sans en toucher le cœur. L'éditeur garantit alors les performances d'un noyau incorporant des fonctionnalités générales, tandis qu'intégrateurs et utilisateurs avancés en étendent les fonctionnalités par le développement d'extensions. Cette approche peut également limiter les conflits liés à l'organisation de l'équipe de développement puisque les intégrateurs ne doivent comprendre que les interfaces du logiciel permettant le développement d'extensions. La compréhension des spécificités du noyau n'est pas indispensable. Des conflits peuvent par contre apparaître dès lors que des extensions communautaires entrent en conflit avec des extensions propriétaires vendues par l'éditeur. Le modèle noyau-extension, avec la création d'interfaces de programmation d'applications (API) qu'elle sous-tend, rappelle les « *user toolkits for innovation* » décrites par Von Hippel (2001). Ces boîtes à outils permettent, sur des marchés composés de clients aux besoins hétérogènes, une forme d'externalisation vers les clients des tâches d'innovation nécessitant une connaissance pointue des besoins des clients. Le bénéfice attendu est une meilleure satisfaction des besoins et, dans un projet logiciel libre, un moindre risque de tensions autour des orientations du projet. Franke et Von Hippel (2003) considèrent par défaut les logiciels *open source* comme un « *user toolkit* » du fait de l'accès au code source ; cependant, l'existence d'Interfaces de Programmation d'Applications (APIs) documentées abaisse les barrières à la participation sur le projet *open source*.

3.3.3. Structures d'expérimentation

Samba illustre le coté « tueur d'innovation » de l'obligation de qualité liée à une importante base d'utilisateurs. Cet exemple souligne l'intérêt des incubateurs, tels que celui d'Apache, permettant l'expérimentation en marge du projet principal. D'une certaine manière, le *fork* Samba TNG joue d'ailleurs un rôle d'incubateur. Un effet similaire peut être obtenu par la création de branches expérimentales au sein du dépôt de sources (cf. Linux par exemple).

3.3.4. Différences de culture

Les différences de culture entre membres d'une même communauté pourraient également constituer un motif de *fork*, dont la prévention mériterait des recherches plus approfondies (l'effet de ce type de *fork* n'est cependant pas obligatoirement négatif, s'il permet aux communautés de sortir des conflits et de recentrer les efforts sur le développement des logiciels). L'exemple de Claroline est parlant de ce point de vue. Dominé par des institutions d'enseignement, ce projet a finalement *forké* à deux reprises, la première avec Dokeos (entreprise), la seconde avec Chamilo (communauté / association).

3.1.5. Forks et logiques de gouvernance

La logique individuelle est généralement portée par une seule personne ; cette dernière joue un rôle de « dictateur bienveillant » et peut conduire à un *fork* du fait de divergences avec la communauté (p.ex. Sodipodi). La logique commerciale peut conduire à une opposition entre les objectifs de la communauté et celle de l'entreprise qui porte le projet, conduisant à la rupture (p.ex. MySQL). La logique industrielle peut se traduire par la mainmise de grands groupes sur le projet et conduire à une fronde des communautés dont les contributions sont handicapées (p.ex. OpenOffice.org). La logique communautaire est naturellement tournée vers les contributeurs extérieurs ; elle n'élimine cependant pas les risques de *forks*, notamment amicaux (p.ex. Samba ou la famille BSD). En pratique, aucune logique de gouvernance ne semble à même d'éliminer le risque de *fork* pour l'organisation qui porte le projet. De plus, les projets adoptent souvent des structures hybrides, qui rendent difficile l'identification des causes et de leurs effets. C'est par exemple le cas pour des éditeurs *open source* encourageant par ailleurs la création d'une communauté active de développeurs (p.ex. OpenERP/Odoo). Dans ce cas, la structuration progressive de la logique commerciale, suite par exemple à l'arrivée d'investisseurs, peut favoriser les tensions et conduire au *fork* (Viseur, 2013c).

La perception négative du *fork* en tant que risque mérite par ailleurs réflexion. Cette dernière provient essentiellement de *forks* inamicaux, fruits de tensions durables, conduisant à une scission de la communauté et à une perte en termes de mutualisation. Cette situation peut cependant constituer un processus salvateur d'auto-régulation en cas de mauvaise gestion du projet ou de divergence irréconciliable. Par ailleurs, certains *forks* apparaissent amicaux, conduisant à des choix techniques différents, parfois avec des échanges de code source (p.ex. famille BSD), ou à des expérimentations en marge du projet officiel (p.ex. Samba TNG).

3.4. Gouvernance au delà du logiciel

L'extension des pratiques *open source* au matériel conduit à des similitudes avec le domaine logiciel, tant pour les licences que pour les modèles d'affaires ou les modèles de développement (Viseur, 2012). Dans le domaine des véhicules *open source*, par exemple, les licences réciproques (CC-BY-SA) et le modèle de la double licence sont expérimentés. Les logiques individuelles (p.ex. Wikispeed) ou commerciales (p.ex. OSVehicle) y co-existent, tandis que la faible maturité de ces projets semble ne pas encore avoir conduit à la création d'organisations structurant l'activité (Viseur, 2016a).

La problématique du *fork*, bien que moins fréquente, est également connue, comme le montre le conflit récent autour du projet Arduino (Orsini, 2015). En pratique, les cartes de prototypage Arduino sont depuis longtemps concurrencées par des cartes équivalentes : Freeduino, Sanguino, Seeduino,... Depuis 2015, cependant, un conflit entre fondateurs du projet autour du paiement de *royalties* et de l'exploitation de la marque Arduino a conduit à la cohabitation de deux entreprises concurrentes : Arduino SRL (ex-SmartProjects) et Arduino LLC. Cette dernière exploite la marque Genuino (hors USA).

3.6. Gouvernance et concurrence

En 1998 déjà, Eric Raymond soulignait la tendance de certains projets *open source* à occuper la totalité de la niche fonctionnelle qu'ils occupaient : « *Some very successful projects become `category killers'; nobody wants to homestead anywhere near them because competing against the established base for the attention of hackers would be too hard. People who might otherwise found their own distinct efforts end up, instead, adding extensions for these big, successful projects.* ». Or, les composants *open source* sont aujourd'hui massivement utilisés dans les développements logiciels. Ainsi, une étude de Black Duck Software (« *2015 Future of Open Source Survey Results* ») révélait que 78% des personnes interrogées basent leurs activités commerciales sur des logiciels *open source* et que les deux-tiers construisent des logiciels pour leurs clients qui sont eux-mêmes basés sur du logiciel *open source*. Le poids de certains projets tend à inquiéter les autorités de régulation de la concurrence, comme en Europe avec Android (82,8% de part de marché mondiale au Q2 2015 selon IDC), caractérisé par une gouvernance opaque : « *The Commission's in-depth investigation will focus on whether Google has breached EU antitrust rules by hindering the development and market access of rival mobile operating systems, applications and services to the detriment of consumers and developers of innovative services and products* » (EU, 2015).

Une gouvernance *open source* plus fermée représente donc potentiellement une menace pour la concurrence. De grandes entreprises adoptent maintenant le modèle *open source* (p.ex. Google avec Android ou Microsoft avec .Net). Ces entreprises disposent d'un pouvoir économique certain et l'*open source* peut les aider à disséminer davantage leurs technologies et standards. Adatto (2013) montre en effet comment la mise à disposition d'une implémentation de référence peut faciliter la diffusion d'une innovation. La modulation de l'ouverture au cours du temps peut dès lors conduire à des situations de pouvoir économique au travers de technologies et standards largement disséminés. Dans ce contexte, le *fork* apparaît comme un mécanisme d'auto-régulation susceptible de rétablir de la concurrence dans un marché où elle est menacée par un grand groupe industriel. La disponibilité du code source d'Android permet ainsi l'émergence d'intégrateurs alternatifs (p.ex. Cyanogen) et d'éditions spécifiques à un constructeur (p.ex. Xiaomi). Les entreprises peuvent en effet récupérer et *forker* le code source, pour ensuite l'adapter en toute autonomie aux besoins de leurs propres clients. Les versions *forkées* d'Android représenteraient ainsi environ 20% de l'écosystème Android.

4. Conclusion

Cette recherche aura permis différents apports aux questions de gouvernance *open source*. Premièrement, la question de la transition d'une stratégie propriétaire classique vers une stratégie *open source* préoccupe depuis longtemps les entreprises. La question a déjà été traitée par Muselli pour les aspects juridiques (2007) ; cette recherche propose une exploitation de l'*inner source* comme stratégie progressive de transition vers l'*open source*, permettant à l'entreprise d'acquérir les outils et les expertises nécessaires à la conduite d'un projet *open source*. Deuxièmement, nous avons identifié plusieurs logiques de gouvernance, permettant à l'entreprise de rapidement identifier le degré de structuration et le type de gouvernance nécessaires en fonction de la maturité d'un projet *open source*. Troisièmement, nous avons identifié un ensemble de causes pour les *forks* et avons proposé différents moyens pour en réduire le risque de survenance (p.ex. mise en place d'une architecture modulaire ou de structures d'expérimentation). Quatrièmement, nous avons montré que les problématiques de gouvernance et les risques de *forks* se retrouvaient également au sein de projets d'*open source innovation* (p.ex. *open hardware*). Il est ainsi possible, pour les projets d'*open hardware*, d'exploiter l'expertise accumulée dans le passé avec les projets *open source*. Cinquièmement, nous avons montré que la gouvernance, loin de n'agir que sur les utilisateurs et les développeurs du projet, jouait également un rôle sur la concurrence dans le secteur ICT.

Cette recherche a permis d'identifier trois sujets méritant un approfondissement. Premièrement, l'adoption d'une architecture modulaire, favorisant la participation au projet et la réutilisation au sein d'autres projets, limite les possibilités d'innovation architecturale. L'organisation des changements d'interface (protocole, spécifications,...) passe par la gouvernance inter-projet. Les modalités pratiques de cette dernière mériteraient cependant d'être approfondies. Deuxièmement, l'innovation au sein des projets apparaît comme un problème fondamental, tant pour éviter le risque de *fork* que pour tirer pleinement parti de la mutualisation des développements et de la diversité des contributeurs. Cela peut passer par des mécanismes souples de gestion de sources et le développement de pratiques managériales encourageant une forme d'intraprenariat (comportement d'entreprenariat interne à l'entreprise) sur les projets ou écosystèmes auxquels les entreprises contribuent (Viseur et Pinchart, 2013b). L'encouragement de la prise d'initiative en matière de contribution ou de création de nouveaux projets s'accompagne d'enjeux pour l'entreprise, par exemple en termes de politiques internes de propriété intellectuelle. Troisièmement, le caractère *open source* d'un projet ne doit pas masquer son impact potentiellement problématique sur l'état de la concurrence dans le secteur ICT. L'utilisation d'un indice de concentration pondéré par le degré d'ouverture de la gouvernance peut aider à identifier les projets majeurs potentiellement problématiques en termes de concurrence (Viseur, 2016c).

5. Références

Adatto, T. (2013), Standards ouverts et implémentations FLOSS (Free Libre Open Source Software): vers un nouveau modèle synergique de standardisation promu par l'industrie du logiciel, in Terminal : Technologie de l'Information, Culture, Société, n°113-114, pp. 137-170, 2013.

Alspaugh, T.A., Asuncion, H.U., Scacchi, W. (2009), Intellectual property rights requirements for heterogeneously-licensed systems, 17th IEEE International Requirements Engineering Conference (RE'09), pp. 24–33, Augustus 31 - September 4, 2009.

Bar, M., Fogel, K. (2003), Open Source Development with CVS, Paraglyph Press.

Dahlander, L., Magnusson, M., How do firms make use of open source communities?, Long Range Planning, vol. 41, n°6, December 2008, pp. 629-649.

De Laat, P. B. (2007). Governance of open source software: state of the art. Journal of Management & Governance, 11(2), pp. 165-177.

Elie, F. (2006), Économie du logiciel libre, Eyrolles.

EU (2015), Antitrust: Commission sends Statement of Objections to Google on comparison shopping service; opens separate formal investigation on Android, 15 April 2015. Online: http://europa.eu/rapid/pressrelease_IP154780_en.htm (lu : 17 janvier 2016).

Fitzgerald, B. (2006), The transformation of open source software. Mis Quarterly, 587-598.

Fogel, K. (2004), How To Run A Successful Free Software Project - Producing Open Source Software, CreateSpace.

Franke, N., Von Hippel, E. (2003), Satisfying heterogeneous user needs via innovation toolkits: the case of Apache security software. Research policy, 32(7), pp. 1199-1215.

Gamalielsson, J., Lundell, B. (2012), Long-term sustainability of Open Source software communities beyond a fork: a case study of LibreOffice. In Open Source Systems: Long-Term Sustainability (pp. 29-47). Springer Berlin Heidelberg.

Jensen, C., Scacchi, W. (2010), Governance in open source software development projects: A comparative multi-level analysis. In Open Source Software: New Horizons (pp. 130-142). Springer Berlin Heidelberg.

Laffan, L. (2011), Open governance index-Measuring the true openness of open source projects from Android to WebKit, VisionMobile, London. Online : https://upload.wikimedia.org/wikipedia/commons/5/5f/VisionMobile_Open_Governance_Index_report.pdf (lu le 16 janvier 2016).

Laffan, L. (2012), A new way of measuring openness: The open governance index. Technology Innovation Management Review, 2(1). Online : http://timreview.ca/article/512 (lu : 16 janvier 2016).

Lerner, J., Tirole, J. (2005), The Scope of Open Source Licensing, Journal of Law, Economics, and Organization, vol. 21, issue 1, 2005, pp. 20-56.

MacCormack, A., Rusnak, J., Baldwin, C.Y. (2006), Exploring the Structure of Complex Software Designs: An Empirical Study of Open Source and Proprietary Code, Management Science, vol. 52 (7), 2006, pp. 1015-1030.

Markus, M. L. (2007), The governance of free/open source software projects: monolithic, multidimensional, or configurational?. Journal of Management & Governance, 11(2), pp. 151-163.

Montero E., Cool Y., de Patoul F., De Roy D., Haouideg H., Laurent P., (2005), Les logiciels libres face au droit, Cahier du CRID, n°25, Bruylant, 2005.

Moody, G. (2009), Who Owns Commercial Open Source – and Can Forks Work?, Linux Journal, April 2, 2009.

Muselli, L. (2007), Les licences informatiques: un outil de modulation du régime d'appropriabilité dans les stratégies d'ouverture. Une interprétation de la licence SCSL de Sun Microsystems. In 12ème conférence de l'AIM, Lausanne (Suisse).

Muselli, L. (2008), Le rôle de licences dans les modèles économiques des éditeurs de logiciels open source, Revue française de gestion, n°181, pp. 199-214.

Nyman, L. Mikkonen, T., Lindman, J., Fougère, M. (2011), Forking: the Invisible Hand of Sustainability in Open Source Software", Proceedings of SOS 2011: Towards Sustainable Open Source.

Nyman, L., Mikkonen, T. (2011), To Fork or Not to Fork: Fork Motivations in SourceForge Projects, IFIP Advances in Information and Communication Technology, Vol. 365, pp. 259-268.

O'Mahony, S. (2007), The governance of open source initiatives: what does it mean to be community managed?. Journal of Management & Governance, 11(2), 139-150.

Orsini, L. (2015), Arduino vs. Arduino: What We Know About The Open-Source Hardware Fork, ReadWrite.com. Online : http://readwrite.com/2015/03/18/arduino-open-source-schism (lu : 07 février 2016).

Pénin J. (2012), Open source innovation: Towards a generalization of the open source model beyond software. Revue d'économie industrielle, (4), 65-88.

Poo-Caamaño, G., German, D. M. (2015), The Right to a Contribution: An Exploratory Survey on How Organizations Address It. In Open Source Systems: Adoption and Impact (pp. 157-167). Springer International Publishing.

Raasch, C., Herstatt, C., Balka, K. (2009), On the open design of tangible goods. R&D Management, 39(4), 382-393.

Raymond, E. S. (1998), Homesteading the noosphere. First Monday, 3(10).

Raymond, E.S. (2001), The Cathedral & the Bazaar (Musings on Linux and Open Source by an Accidental Revolutionary), O'Reilly Media.

Stol, K. J., Babar, M. A., Avgeriou, P., Fitzgerald, B. (2011), A comparative study of challenges in integrating Open Source Software and Inner Source Software. Information and Software Technology, 53(12), pp. 1319-1336.

Välimäki, M. (2003), Dual licensing in open source software industry, Systèmes d'Information et Management, vol. 8, n°1, 2003, pp. 63-75.

Viseur, R. (2011), Associer commerce et logiciel libre : étude du couple Netscape / Mozilla, 16ème conférence de l'AIM, Saint-Denis (France), 25 mai 2011.

Viseur, R. (2012), From Open Source Software to Open Source Hardware. In Open Source Systems: Long-Term Sustainability (pp. 286-291). Springer Berlin Heidelberg.

Viseur, R. (2013a). Identifying success factors for the mozilla project. In Open Source Software: Quality Verification (pp. 45-60). Springer Berlin Heidelberg.

Viseur, R., Pinchart, L. (2013b), Developing Free Software within a Major ICT Company, First International Workshop on Community Experience in Open Software Development (CommEx 2013, June 28th 2013, Koper-Capodistria (Slovenia).

Viseur, R. (2013c), Évolution des stratégies et modèles d'affaires des éditeurs open source face au cloud computing. Terminal. Technologie de l'information, culture & société, (113-114), pp. 173-193.

Viseur, R. (2016a), Open Source Hardware on the Cutting Edge: the Case of Open Source Cars, 2nd International Workshop on the Sharing Economy, 28-29 janvier 2016, Paris.

Viseur, R. (2016b), Etude des facteurs de succès du projet open source Apache Http, Actes du 21ème colloque AIM 2016, Lille, 18-20 mai 2016.

Viseur, R. (2016c), Open Concentration Index: Measure of Market Concentration in Open Source Industry, University of Mons, Working paper.

Von Hippel, E. (2001), User toolkits for innovation, Journal of Product Innovation Management, vol. 18 (4), July 2001, pp. 247-257.

Weber, S. (2004), The success of open source, Harvard University Press, April 30, 2004.

West, J. (2003), How open is open enough?: Melding proprietary and open source platform strategies. Research policy, 32(7), pp. 1259-1285.

Wheeler, D.A. (2007), Why Open Source Software / Free Software (OSS/FS, FLOSS, or FOSS)? Look at the Numbers !, www.dwheeler.com.

Session commune avec RCIS : Data and Knowledge Management

Designing Multidimensional Cubes from Warehoused Data and Linked Open Data

Conception de Cubes Multidimensionnels à partir de Données Entreposées et de Données Ouvertes Liées

Franck Ravat[1], Jiefu Song[1], Olivier Teste[2]

1. *IRIT - Université de Toulouse, Université Toulouse I Capitole*
2 Rue du Doyen Gabriel Marty F-31042 Toulouse Cedex 09
{ravat|song}@irit.fr

2. *IRIT - Université de Toulouse, Université Toulouse II Jean Jaurès*
1 Place Georges Brassens F-31703 Blagnac Cedex
teste@irit.fr

Article accepté et présenté à la conférence internationale RCIS, co-localisée avec *INFORSID* 2016 à Grenoble. La version longue de l'article, en anglais, est disponible dans les actes de RCIS.

ABSTRACT. *A Data Warehouse (DW) is widely used as a consistent and integrated data repository in Business Intelligence systems. Warehoused data provide only a partial view over the activities of an organization. In today's highly dynamic business context, Linked Open Data (LOD) should also be included in analyses to offer multiple perspectives to decision-makers. However, differences between DW and LOD models make it hard to analyze all useful data in a unified way, which complicates the analysis tasks. Moreover, the dispersion of warehoused data and LOD in different schemas leads to repetitive searches for relevant information among various data sources, which reduces the efficiency of analysis.*

In this paper, we provide a new conceptual multidimensional model, named Unified Cube, which offers as much useful information as possible for analyses. The definition of Unified Cube is generic enough to represent both warehoused data and LOD according to an analysis subject and a set of analysis axes. Besides the concepts in multidimensional models related to one source, a Unified Cube supports some advanced modeling features depicting inter-source equivalent analysis granularities and aggregation paths spanning different sources.

We describe a two-stage process to build a Unified Cube from DWs and multidimensional LOD. As a first step, schemas published with specific modeling languages are transformed into a common conceptual representation named exportation cube. The second step consists of associating together related data scattered in different exportation cube. An algebraic linking operator is proposed to enable non-expert users to associate relevant data together according to their analytical needs. We propose an algorithm to automate the execution of the linking operator while guaranteeing the overall validity of a Unified Cube.

To demonstrate the feasibility of the proposed concepts, we develop a prototype implementing a Unified Cube built from a R-OLAP DW and two LOD datasets. We illustrate the advantages of our proposal by showing how analyses of both warehoused data and LOD are carried out through the implemented Unified Cube.

RESUME. *De nos jours, les systèmes d'aide à la décision intègrent couramment un entrepôt de données (ED) intégrant le plus souvent les données internes d'une l'organisation. Les données entreposées ne contiennent pas toutes les informations nécessaires aux prises de décision. De ce fait, des données externes comme les Données Ouvertes Liées (DOL) pourraient être ajoutées afin d'offrir aux décideurs de nouvelles perspectives d'analyse. Néanmoins, analyser de manière unifiée les données entreposées et les DOL constitue une tâche complexe pour les non-spécialistes. Cette difficulté est due à (i) une modélisation différente des données d'ED et de DOL, (ii) une dispersion sur plusieurs sources des données relatives à un même sujet d'analyse. Pour effectuer une analyse décisionnelle, un décideur est donc obligé d'effectuer une recherche sur différentes sources de données.*

Face à ces problématiques, nous proposons, dans cet article, une nouvelle modélisation conceptuelle, appelé Cube Unifié, qui permet de regrouper toutes les informations utiles pour des analyses décisionnelles. Un Cube Unifié est suffisamment générique pour représenter aussi bien des données entreposées que des données ouvertes liées. Un cube unifié représente multi-dimensionnellement toutes ces données à l'aide d'un sujet d'analyse et d'un ensemble d'axes d'analyse composés de hiérarchies. L'intégration de ces différentes sources dans un modèle unifié nécessite d'étendre le concept de niveau de granularité d'analyse en y associant différents attributs provenant de différentes sources et en proposant des chemins d'agrégation supplémentaires reposant sur plusieurs sources.

En complément de cette modélisation, nous proposons un processus de construction d'un Cube Unifié en deux étapes. La première étape consiste à transformer différents schémas exprimés avec des langages de modélisation spécifiques en une représentation conceptuelle commune, appelé cube d'exportation. La deuxième étape permet d'associer et d'unifier les données provenant de différents cubes d'exportation. Un opérateur algébrique est proposé afin de traduire les besoins des concepteurs en des relations inter-données. Cet opérateur est implanté à l'aide d'un algorithme pour automatiser l'établissement des relations entre les données inter-sources et garantir la validité globale du Cube Unifié obtenu.

Afin de prouver la faisabilité de notre solution, nous avons développé un prototype implantant un Cube Unifié basé sur un ED R-OLAP (Relational On-Line Analytical Processing) et deux collections de données ouvertes liées. Nous montrons les avantages de notre proposition en identifiant et explicitant des analyses définies sur un cube unifié construit à partir de données entreposées et de DOL.

KEYWORDS: *Multidimensional Modeling; Linked Open Data; Unified Business Analyses*

MOTS-CLES: *Modélisation Multidimensionnelle; Données Ouvertes Liées; Analyses Décisionnelles Unifiées*

Organizational Memory: a model based on a heterogeneous network and an automatic information integration process

Une mémoire d'entreprise basé sur un réseau hétérogène et un processus d'intégration automatique d'information

Jérémy Bascans[2,3] — Max Chevalier[2] — Patrice Gennero[3] — Chantal Soule-Dupuy[1]

[1] IRIT, Université Toulouse 1 Capitole, Faculté d'Informatique
2 rue du Doyen-Gabriel-Marty, 31042 Toulouse, France
[2] IRIT, Université Toulouse 3 Paul Sabatier
118 route de Narbonne, F-31062 Toulouse Cedex 9, France
[3] SmartKiwi, Parc Technologique du Canal
10 avenue de l'Europe, 31520 Ramonville-Saint-Agne

{jeremy.bascans, max.chevalier, chantal.soule-dupuy}@irit.fr,
patrice.gennero@smartkiwi.net

Article accepté et présenté à la conférence internationale RCIS, co-localisée avec INFORSID 2016 à Grenoble. La version longue de l'article, en anglais, est disponible dans les actes de RCIS.

RÉSUMÉ. Une mémoire d'entreprise est un espace de capitalisation d'informations diverses circulant au sein d'une entreprise. Les mémoires d'entreprise sont très importantes car elles permettent de stocker « les connaissances » de l'entreprise. Cependant, l'effort demandé à l'utilisateur pour intégrer/maintenir les informations dans la mémoire est très important. L'objectif de nos travaux est de représenter cette mémoire sous forme d'un réseau hétérogène d'informations sur lequel va reposer un processus automatique d'intégration des informations visant à assister les usagers tout en limitant leurs efforts. Nous avons développé un prototype, basé sur le modèle proposé, qui nous a permis de réaliser une évaluation de sa capacité à intégrer de nouvelles informations dans la mémoire.

ABSTRACT. Organizational memory is a space where various information circulating in a company are capitalized. From the users' point of view, organizational memories, which can be seen as an information system component, is very important since it store the "shared knowledge" of the organization. But, at the same time, the price of this knowledge is relatively high since users' participation, i.e. to integrate/maintain... the memory, is important. The aim of our work is to model such an organizational memory through a heterogeneous network on which will be based an automatic integration process of information to assist users in this task while limiting their effort. We developed a prototype and evaluated through an experiment its ability to integrate new information into an organizational memory based on the proposed model.

MOTS-CLÉS : réseau hétérogène, mémoire d'entreprise, organisation de l'information, capitalisation de l'information, intégration automatique des informations.

KEYWORDS: heterogeneous network, organizational memory, organizing information, information capitalization, automatic information integration.

1. Résumé

L'information représente aujourd'hui un capital non négligeable pour les entreprises. De ce fait, les systèmes d'information (SI) dont le rôle principal est de permettre la collecte, le stockage, le traitement et la diffusion de ces informations, doivent évoluer avec un nouvel objectif de capitalisation et de partage de connaissances. Une évolution des SI pour l'intégration de mémoires d'entreprise (ME) a ainsi été constatée (Basaruddin *et al.*, 2011). Ainsi, les mémoires d'entreprises sont devenues une composante importante des systèmes d'informations. Cependant, l'implantation d'une ME nécessite parfois des modifications des processus métiers de l'entreprise en impactant directement la tâche des usagers (Zacklad, 2011, Doria, 2010). Par ailleurs, l'implantation d'une ME au sein d'une entreprise nécessite une forte implication des usagers qui doivent, manuellement ou presque, alimenter en information cette mémoire (Mas *et al.*, 2008). Or, (Ackerman *et al.*, 1996) a constaté dans ce contexte que les systèmes basés sur une action communautaire ne perdurent dans le temps que lorsque plusieurs personnes l'alimentent régulièrement. Aussi, en raison des efforts et de l'implication demandés, de tels systèmes tombent souvent à l'abandon.

Dans ce contexte, nous nous intéressons à l'organisation et l'intégration automatique des informations dans une mémoire d'entreprise. Cette organisation a pour objectif d'être générique et adaptative. Dans cet article, nous proposons une ME adaptable à toute structure d'entreprise et ayant pour objectif de limiter l'effort des usagers nécessaire pour (ré)organiser les informations. Pour ce faire, nous définissons cette mémoire sous la forme d'un réseau d'informations hétérogènes (Flakes *et al.*, 2002). Les informations sont organisées autour de la notion d'« Objets d'intérêt » (nœuds centraux du réseau), ce qui permet une organisation cohérente et contextualisée de ces informations.

Un processus d'intégration automatique sur la base de la composition de notre réseau a été proposé afin de prendre en compte l'hétérogénéité des informations. Ce processus est non intrusif. De plus, l'utilisateur n'a pas à connaître l'organisation de la ME, il n'a qu'à dire qu'il souhaite que telle ou telle information soit intégrée. De plus, il est impératif que, pour répondre aux pratiques et aux usages de toute entreprise, il soit possible d'ajouter de nouveaux processus d'intégration automatiques des informations.

Enfin, un prototype, sur la base des propositions, a été implanté. Ce dernier peut être extensible (type de liens, mesures...). Afin de vérifier si l'exploitation de ces éléments et l'utilisation du réseau proposé permettent de garantir une cohérence maximale, nous avons mis en place une évaluation avec une collection d'« Objets d'intérêt » et de documents à intégrer provenant de données Wikipédia. Dans cette expérimentation, nous avons évalué la mémoire obtenue et démontré que notre prototype a correctement lié la majorité des documents avec les « Objets d'intérêt ». Cette évaluation met en évidence que dans un cadre général non déterministe, l'utilisation de l'organisation du réseau proposé permet l'intégration automatique de nouvelles informations tout en conservant une organisation les rendant intelligibles.

Ces travaux ont posé les principes de base pour la définition d'une mémoire d'entreprise et de nombreuses perspectives restent ouvertes. Nous souhaitons vérifier que la mémoire réponde à tous les verrous issus des objectifs imposés par cette mémoire, notamment en termes d'adaptabilité et généricité, en l'expérimentant via différents scénarios conçus avec plusieurs entreprises partenaires de SmartKiwi. Ensuite, il faudra proposer les moyens pour une entreprise de définir ses propres processus d'intégration automatique d'informations dans la mémoire. En outre, nous prévoyons d'analyser d'avantage la proportion des erreurs faites par le prototype dans l'évaluation. En effet, une grande partie pourrait être réduite par une nouvelle étude basée sur un échantillon analysé par plusieurs personnes (mesure de commensurabilité par des tests Kappa). Enfin, un des verrous majeurs pour la mise en place d'une ME, et surtout garantir sa pérennité, est de pouvoir gérer son évolution dans le temps de façon automatique, et la moins intrusive possible. Pour ce faire, nous envisageons de mettre en place un système d'apprentissage basé sur des interactions avec les utilisateurs qui pourront s'exprimer sur l'intégration proposée et faire des propositions.

Bibliographie

Ackerman M. S., McDonald D. W., « Answer Garden 2: merging organizational memory with collaborative help », *Proceedings of the 1996 ACM conference on Computer supported cooperative work*, 1996, p. 97-105.

Basaruddin S., Haron H., Noordin, S. A., « Understanding Organizational Memory System for Managing Knowledge », *International Conference on Advancements in Information Technology ICAIT 2011*, IPCSIT vol. 20, 2011, Singapour, IACSIT Press.

Doria O. D., Zacklad M., « Améliorer la recherche d'information à l'aide de thésaurus « ad hoc » », *Document numérique*, vol. 13, n° 2, 2010, p. 13-40.

Flakes G. W., Lawrence S., Giles C. L., Coetzee F. M. « Self-organization of the web and identification of communities. » *IEEE Computer*, 2002.

Mas S., Bénel A., Cahier J. P., Zacklad M., « Classification à facettes et modèles à base de points de vue : Différences et complémentarité », *Actes du 36e congrès annuel de l'Association canadienne des sciences de l'information (ACSI)*, 2008, University of British Columbia, Vancouver, p. 5-7.

Zacklad M., Desfriches-Doria O., Bertin G., Mahe S., Ricard B., Musnik, N., *et al.*, « Miipa-Doc: Gestion de l'hétérogénéité des classifications documentaires en entreprise », *Actes de la onzième édition de la conférence internationale H2PTM (Hypertextes et Hypermédias)*, 2011, Hermès, p. 323-333.

Increasing Secondary Diagnosis Encoding Quality Using Data Mining Techniques

L'Augmentation de la Qualité de Codage de Diagnostic Secondaire en Utilisant des Techniques de Fouille de Données

Ghazar Chahbandarian[1], Nathalie Bricon-Souf[1], Rémi Bastide[1], Jean-Christoph Steinbach[2]

1. University of Toulouse, IRIT/ISIS
F-81100 Castres, France
{ghazar.chahbandarian, nathalie.souf, remi.bastide}@irit.fr

2. Department of Medical Information
Centre Hospitalier Intercommunal de Castres Mazamet
F-81100 Castres, France
jean-christophe.steinbach@chic-cm.fr

Article accepté et présenté à la conférence internationale RCIS, co-localisée avec INFORSID 2016 à Grenoble. La version longue de l'article, en anglais, est disponible dans les actes de RCIS

RESUME. Afin de mesurer l'activité médicale, les hôpitaux sont tenus de coder manuellement des informations concernant les séjours des patients hospitalisés en utilisant la Classification internationale des maladies (CIM-10). Cette tâche prend du temps et nécessite une formation importante pour le personnel, en particulier pour le codage des diagnostics associés (secondaires) qui ne sont pas toujours bien décrits dans les ressources médicales telles que la lettre de sortie et les dossiers médicaux. Nous proposons d'explorer des outils pour faciliter la tâche fastidieuse de codage de tels diagnostics.
Notre approche exploite des techniques de fouille de données et plus précisément les arbres de décision dans le but d'explorer les bases de données médicales, et en particulier les diagnostics associés précédemment codés. On utilise les informations structurées comme l'âge, le sexe, le nombre de diagnostics, les actes médicaux présents dans les bases PMSI pour construire un arbre de décision facilement exploitable par un non spécialiste en informatique tel qu'un médecin, afin de souligner les diagnostics associés pour un séjour donné. Nous avons utilisé des données anonymisées extraites de la base de données PMSI de l'hôpital "Centre Hospitalier Intercommunal de Castres Mazamet", il contient environ 90.000 séjours d'hospitalisation entre 2011 et 2014.

Deux niveaux de granularité de diagnostic sont disponibles selon que l'on choisit de représenter le diagnostic de façon très précise (bas niveau de granularité) ou en se contentant de garder une information plus générale (haut niveau de granularité correspondant aux catégories de diagnostics. Les résultats indiquent qu'une amélioration de la performance pourrait être obtenue en utilisant le bas niveau de granularité de diagnostics et en équilibrant la répartition des exemples négatifs et positifs dans l'ensemble de l'apprentissage. En revanche, nous avons trouvé qu'il y a une variation entre les scores d'évaluation des diagnostics étudiés, par exemple, le score le plus élevé est 75% en utilisant la mesure F1 et le score le plus bas est 25% en utilisant la même mesure. En conséquence, des améliorations supplémentaires sont nécessaires pour obtenir une meilleure performance quel que soit le diagnostic codé. Cependant, le score moyen de tous les diagnostics associés étudiés est d'environ 80% en utilisant la mesure "accuracy", ce qui indique la prédiction des exemples négatifs est meilleur donc il pourrait être utile dans la prévention ou la détection des codages erronées dans les séjours hospitalisés.

.

ABSTRACT. In order to measure the medical activity, hospitals are required to manually encode information concerning an inpatient episode using International Classification of Disease (ICD-10). This task is time consuming and requires substantial training for the staff. We propose to help by speeding up and facilitating the tedious task of coding patient information, specially while coding some secondary diagnoses that are not well described in the medical resources such as discharge letter and medical records. Our approach leverages data mining techniques in order to explore medical databases of previously encoded secondary diagnoses and use the stored structured information (age, gender, diagnoses count, medical procedures...) to build a decision tree that assigns the proper secondary diagnosis code into the corresponding inpatient episode or indicates the impatient episodes that contains implausible secondary diagnoses. The results suggest that better performance could be achieved by using low level of diagnoses granularity along with adding some filters to balance the repartition of the negative and positive examples in the training set. The obtained results show that there is big variation in the evaluation scores of the studied diagnoses, the highest score is 75% using F1 measurement and the lowest 25% using F1 measurement which indicates further enhancements are needed to achieve better performance regardless of the encoded diagnosis. However, the average accuracy of all the studied secondary diagnoses is around 80% which indicates better negative predictions therefore it could be useful in the prevention or the detection of wrong coding assignments of secondary diagnoses in the inpatient stay.

MOTS-CLES : Fouille de données, apprentissage, arbre de décision, codage CIM-10.

KEYWORDS: Data mining, Machine learning, Decision tree, coding ICD-10

Data schema does matter, even in NoSQL Systems!

De l'importance d'un schéma de données dans les systèmes NoSQL

Paola Gómez[1], Rubby Casallas[2], Claudia Roncancio[1]

1. LIG, Université Grenoble Alpes
{paola.gomez-barreto,claudia.roncancio}@imag.fr

2. TICSw, Universidad de los Andes, Bogotá, Colombia
rcasalla@uniandes.edu.co

Article accepté et présenté à la conférence internationale RCIS, co-localisée avec INFORSID 2016 à Grenoble. La version longue de l'article, en anglais, est disponible dans les actes de RCIS.

RESUME. *La plupart de systèmes « NoSQL » n'utilisent pas de schéma de bases de données. Ces systèmes n'offrent donc pas de fonctions de gestion de schéma et la définition de la gestion des structures de données utilisées reviennent à l'application. Les données peuvent être semi-structurées et l'utilisateur a de nombreuses possibilités de structuration.*
L'absence de schéma prédéfinie présente certainement des avantages de flexibilité. Cependant, ceci a aussi un coût en termes de volume des données stockées, de performances des requêtes, de clarté du code applicatif et, a fortiori, la mise au point et la maintenance des applications. Ceci est démontré dans cet article où nous présentons une étude de l'impact de la structuration des données dans la base de documents MongoDB.
Nous avons expérimenté avec une variété d'alternatives de structuration et une série de requêtes avec complexité croissante. Cet article présente notre analyse et conclusions suite à cette expérimentation.

ABSTRACT. *A Schema-less NoSQL system refers to solutions where users do not declare a database schema and, in fact, its management is moved to the application code. This paper presents a study that allows us to evaluate, to some extent, the data structuring impact.*

The decision of how to structure data in semi-structured databases has an enormous impact on data size, query performance and readability of the code, which influences software debugging and maintainability. This paper presents an experiment performed using MongoDB along with several alternatives of data structuring and a set of queries having

Session commune avec RCIS : IS Methods and Method Engineering

Progressive Integration of Method Components: A Case of Agile IS Development Methods

Intégration progressive de composants de méthodes : Application pratique avec des méthodes de développement agiles

Rébecca Deneckère[1], Elena Kornyshova[2], Adrian Iacovelli[1]

1. Centre de Recherche en Informatique
Université Paris 1 Panthéon-Sorbonne
90 rue de Tolbiac,
75013 Paris, France

2. CEDRIC
Conservatoire National des Arts et Métiers 2
rue Conté
75003 Paris, France

rebecca.deneckere@univ-paris1.fr, elena.kornyshova@cnam.fr, adrian.iacovelli@gmail.com

ARTICLE ACCEPTE ET PRESENTE A LA CONFERENCE INTERNATIONALE RCIS, CO-LOCALISEE AVEC INFORSID 2016 A GRENOBLE.

LA VERSION LONGUE DE L'ARTICLE, EN ANGLAIS, EST DISPONIBLE DANS LES ACTES DE RCIS.

RÉSUMÉ. L'ingénierie des méthodes situationnelles cherche à construire des méthodes adaptées à une situation donnée, soit par construction à partir de composants de méthodes déjà définis, soit par l'adaptation d'une méthode existante (en utilisant diverses techniques : configuration, extension, réduction, etc.). Cependant, ces techniques sont peu utilisées dans l'industrie car elles sont considérées comme compliquées et très lourdes à implémenter. Dans cet article, nous décrivons une expérience pratique d'intégration progressive de plusieurs composants de méthodes issus des méthodes agiles. Ce cas réel appliqué dans une entreprise de développement nous a permis d'étudier et d'observer l'introduction progressive des composants de méthodes en lieu et place d'une construction ou d'une adaptation en un coup. Nous discutons les leçons apprises de cette expérience et définissons différentes perspectives de recherche dans le domaine.

Congrès INFORSID, 34ème édition, Grenoble, 31 mai – 3 juin 2016

ABSTRACT. Situational Method Engineering aims at constructing methods adapted to a given situation, either by a construction from a set of predefined method components or by a customization of an existing method using different techniques: configuration, extension, reduction, and so on. However, these techniques are still limited in practice, as considered complicated and heavy to implement. In this paper, we describe a practitioner experience of a gradual integration of different method components (issued from agile methods of software development). In a real case of a development company, we have practiced and observed the progressive introduction of agile method components instead of the construction or customization of methods in one go. We discuss the lessons learned from this experience and define different research perspectives.

MOTS-CLÉS : Ingénierie des méthodes situationnelles, Composants de méthodes, Méthodes agiles, Intégration progressive, rapport d'expérience.

KEYWORDS: Situational Method Engineering, Method Component, Agile Method, Progressive Integration, Experience Report.

1. Introduction

L'ingénierie des méthodes situationnelles (IMS) statue qu'une méthode de développement de système doit être alignée avec le contexte du projet sur lequel elle s'applique. En effet, chaque situation est différente et nécessite un support méthodologique différent. Dans cet objectif, l'IMS propose des méthodes de construction spécifique et adaptable selon la situation du projet en cours en réutilisant des parties de méthodes existantes, appelés composants, stockés dans des bases de méthodes. Bien que plusieurs approches de construction existent, leur implémentation dans le contexte industriel est difficile. Les entreprises reconnaissent le bien fondé de ces approches et de ces techniques mais trouvent leur implémentation difficile et couteuse.

Une autre manière d'utiliser les techniques d'IMS de manière plus douce est d'intégrer les composants de manière progressive, un à la fois, et d'attendre que les utilisateurs soient à l'aise avec les premiers changements avant d'aller vers une autre modification. Nous proposons dans ce travail le résultat d'une expérimentation exécutée dans une entreprise utilisant déjà quelques techniques de gestion de projet mais souhaitant améliorer son processus de développement, a priori par l'introduction de techniques venant des méthodes agiles. Cette entreprise ne souhaitait pas un changement trop rapide en implémentant une méthode agile dès le départ. Le but de ce travail était de vérifier qu'une intégration progressive était possible et que cela induisait une meilleure acceptation de la méthode produite par les professionnels.

Nous avons tout d'abord étudié la méthode utilisée par l'entreprise dans le but d'identifier les techniques déjà existantes et celles qu'il serait souhaitable d'implémenter. Nous avons ensuite sélectionné un ensemble de composants correspondants à ces techniques. Un plan d'intégration a été défini sur le long terme (d'une durée de deux ans) pour s'adapter à l'acceptation du changement dans l'entreprise. L'ingénieur de méthodes responsable de l'expérimentation faisait partie de l'entreprise en tant que développeur et a pu aider à l'intégration tout au long de l'expérience. De bons résultats ont été obtenus puisque tous les composants sélectionnés ont été intégrés dans la méthode de départ et que les professionnels ont acceptés les changements effectués.

2. Contexte organisationnel

L'entreprise capitalise plus de 10 ans de recherche et développement dans le cloud computing et le big data. Elle est spécialisée dans le développement de systèmes d'informations complexes, particulièrement dans le domaine de la santé et de la recherche biomédicale.

L'entreprise travaillait sur plusieurs projets en même tems et utilisait une méthode de développement essentiellement basée sur une méthode de développement classique. L'équipe avait une réunion hebdomadaire pour discuter des taches à effectuer pendant la semaine. De nouvelles taches pouvaient être ajoutées et les membres de l'équipe pouvaient discuter de leur faisabilité. L'équipe utilisait un googledoc pour sauver et partager les minutes des réunions. Une nouvelle version du googledoc était créée chaque semaine. L'outil Redmine[1] était utilisé pour gérer le projet mais son usage était limité à la définition des taches de haut niveau et à la décomposition de ces taches en sous taches. La durée de réalisation des taches était également intégrée dans cet outil.

L'organisation de la gestion de projet avait plusieurs problèmes. Le premier était la définition des taches. Les taches identifiées étaient de très haut niveau et pas assez détaillée. De plus, leur formulation était très informelle. Le suivi de projet était un autre souci. Le temps de réalisation des taches était spécifié dans le google doc mais cela était fait à un niveau très haut et la hiérarchie des taches n'était pas toujours à jour. Le troisième problème était le manque d'un outil spécifique pour aider dans les taches de gestion de projet. Un autre problème concernait l'intégration des nouveaux besoins et les retours utilisateurs. Il n'y avait pas de réunion centrées sur les utilisateurs, chaque nouveau besoin ou retour utilisateur était soit traité en temps réel sans gestion des priorités, soit mis de côté pour une période indéterminée, ce qui engendrait des complications sur le suivi de ces taches. Tous ces problèmes étaient reliés au manque de méthode ou d'outil de gestion de projet. L'idée d'intégrer une nouvelle méthode de développement agile dans l'entreprise ne souleva pas l'enthousiasme dans l'équipe. En effet, la méthode utilisée n'était pas parfaite mais elle fonctionnait et donnait des résultats. Les membres de l'équipe pensaient que cela leur demanderait trop d'efforts et de temps pour un gain peut-être minime. C'est à ce moment que nous sommes intervenus pour leur proposer une intégration progressive des composants de méthodes agiles qui leur manquaient.

---

[1] http://www.redmine.org/

UIPLML: un outil basé sur les patrons pour l'ingénierie des systèmes d'information multi-plateformes

Thanh-Diane Nguyen[1], Jean Vanderdonckt[1], Ahmed Seffah[2]

1-Louvain School of Management, Université catholique de Louvain, Place des Doyens, 1, B-1348 Louvain-la-Neuve, Belgium
{thanh-diane.nguyen, jean.vanderdonckt}@uclouvain.be

2-Innovation and Software, School of Business and Management, Lappeenranta University of Technology, P.O. Box 20, FI-5385, Lappeenranta (Finland)
ahmed.seffah@lut.fi

Article accepté et présenté à la conférence internationale RCIS, Co-localisée avec INFORSID 2016 à Grenoble. La version longue de l'article, en anglais, est disponible dans les actes de RCIS.

RÉSUMÉ. *Les patrons de conceptions (pattern en anglais) sont un outil qui a fait ses preuves à la fois dans la communauté IHM et en génie logiciel pour l'ingénierie des systèmes interactifs. Cependant, tel que documenté aujourd'hui, la grande majorité des patrons de conception des interfaces utilisateurs ne supportent pas le développement et l'adaptation des interfaces dites multi-contextes d'utilisation (multiplateformes, caractéristiques et expériences des utilisateurs et multi-environnement logiciel). L'utilisabilité n'est pas aussi prise en compte explicitement. Cette faiblesse rend aussi difficile la tâche des développeurs et gestionnaires des systèmes d'information de choisir le modèle de conception adéquat pour un cas particulier d'utilisation. Cet article introduit le langage UIPLML (User Interface Pattern Langue Markup Language) qui exploite un format standardisé basée sur le XML qui permet d'apporter une solution satisfaisante à l'ensemble de ces faiblesses. Ce langage utilise le concept de patron génératif qui va au-delà de la simple documentation des patrons ; il propose d'intégrer dans la description des patrons, la stratégie de génération de code et d'adaptation de l'interface. Pour illustrer ce langage UIPLML, une application est présentée en utilisant le patron de conception : Master/Détails pattern. L'exemple décrit, en plus d'une définition complète, ce pattern incluant l'utilisabilité et la génération d'un fichier XML pour faciliter son implémentation dans le contexte des multiplateformes.*

ABSTRACT *(As it appears RCIS Version): Information systems are more accessible in the form service (Information systems as a service) by anybody from everywhere, anywhere, and at any time, from almost any device and computing platform. The continuous growth and the heterogeneity of these devices create various user experiences depending on the device and challenge designers and developers to creating methods and tools for engineering of usable, yet accessible, information systems. Instead of repeating a similar development life cycle, design patterns concentrate design solutions with embedded usability and accessibility. However, when an appropriate pattern is selected, the developer is responsible for adequately program the corresponding code, which is a tedious and error-prone task. In order to address these challenges, this paper motivates, presents, and defines UIPLML (User Interface Pattern Language Markup Language), a XML-compliant markup language for defining user interfaces patterns for multiple contexts of use, e.g., for different users carrying out a task on different devices in different environments. A meta-model with new expressiveness enable multi-facet pattern matching. To validate it, four UIPLML pattern databases have been created: a base of 237 entries for multi-platform systems, a base of 42 entries for context-aware interfaces, a base of 10 entries for culturally-aware interfaces, and a base of 52 entries for accessibility issues. One particular pattern, i.e. the master/detail, is supported by a software for generative pattern-based approach in which application parameters and contextual data govern automated user interface XML creation which, in turns, generates code for multi-context information systems.*

MOTS-CLÉS : interface utilisateur multiplateformes; contexte d'utilisation, génération de code,

KEYWORDS: Generative design pattern; multi-platform user interfaces, context of use, code generation, interactive information systems engineering

Résumé étendu

L'émergence d'une multitude de plateformes offre aussi une grande diversité d'accès aux systèmes d'information tout en supportant une très grande richesse en matière d'interaction. Les interfaces utilisateurs (IUs) doivent s'adapter à ces variations de contexte (utilisateurs, plateformes, environnements logiciel, organisation) afin de permettre à l'utilisateur de réaliser sa tâche avec efficacité, efficience et satisfaction.

Cependant, nous voyons émerger de plus en plus des plateformes différentes supportant des règles ergonomiques très variables de conception et d'évaluation d'IUs. Les développeurs et les designers d'IUs ont deux solutions pour résoudre ce problème. La première consiste à développer une interface pour chaque plateforme en respectant les critères d'utilisabilité propre à la plateforme. Cette solution n'est bien sûr pas techniquement viable compte tenu qu'elle nécessite une armée de développeurs. La seconde, celle que nous préconisons consiste à développer et adopter une approche de conception dirigée par les modèles qui utilisent les patrons de conception comme moyen d'encapsuler les règles ergonomiques et comme outil d'instanciation de modèles et de génération de code.

Les principes généraux de cette approche de conception dirigée par les modèles et basée sur les patrons, ont été largement discutés dans la littérature scientifique (Seffah, 2015). La section suivante donne un aperçu sur cet état de l'art. Il est important de noter que cet article discute uniquement de comment les patrons peuvent être documentés en intégrant les règles ergonomiques générales (adaptables sur toutes les plateformes) et spécialisés (accommodées sur une plateforme spécifique).

Les patrons comme : (1) outil de conception des interfaces (Wolff and Forbrig, 2010) (Märtin et al., 2013) (Seffah et al, 2007 et (2) comme modèle pour la génération du code dirigé par les patrons (Vanderdonckt and Simaro, 2010), ont été largement décrits dans la littérature. Différentes collections de patrons de conception d'IHM sont ainsi disponibles (van Welie *et al.*, 2003).

Cependant, lorsque l'on examine ces langages et leur applicabilité dans l'approche de conception-dirigée par les modèles et basée sur les patrons, on peut observer les faiblesses suivantes:

- Un manque de consistance entre les différents formats de description de patterns (différents taxonomies, niveau de détail et présence d'homonymes).
- Un manque de structure de documentation en particulier dans l'uniformité dans les attributs de description,
- L'absence de de suggestions d'implémentation du pattern pour différentes plateformes.
- Un manque de liens avec les approches de développement logiciel, comme par exemple l'approche par modèles qui est pourtant préconisée pour le développement des interfaces multiplateformes (Molina et al., 2002).
- Un manque d'outillage permettant l'automatisation de l'application des patrons et de la génération de code.

Différentes extensions de ces langages de patrons ont été défini pour répondre à différents contextes d'utilisation (Engel *et al.,* 2015, Seffah, 2015). La première extension a été formulée par le groupe PLML (Pattern Langage Markup Langage) (Fincher, 2006). Différentes variations de PLML ont émergé afin de répondre à différents problèmes (Wendler et al, 2013). En comparant toues les extensions disponibles dans la littérature scientifique, nous remarquons que l'aspect multiplateformes et les critères ergonomiques dans ces interfaces ne sont pas suffisamment pris en compte et dans un même lieu.

Le langage UIPLML (User Interface Pattern Markup Langage) que nous proposons est fondé sur le langage et le framework de développement des interfaces, UsiXML (Vanderdonckt, 2012). Il tire profit aussi du standard de W3C également utilisé dans le langage étendu PLML. Un aspect fondamental de UIPLM est un méta-model qui spécifie les règles ergonomiques, par exemple de (Scapin and Bastien, 1997). Ces règles ergonomiques ont été sélectionnées selon divers critères de l'utilisabilité et proviennent d'une sélection de références diversifiées, populaires et pertinentes. Les patrons de conception intégrés dans le langage UIPLML utilisent les règles ergonomiques décrites dans la base de données DESTINE (Figure 1). La base de donnée contient 256 enregistrements pour les systèmes multiplateformes, 42 enregistrements sur le contexte d'utilisation, 10 sur la culture et 51 sur l'accessibilité (voir table 1).

Type de pattern	Nombre d'Enre-gistrement	Objectif
Multi-plateformes patterns	237	Les patterns pour les smartphones, tablettes, ordinateur portables, PC, Pocket PC, PDA sont structurés en 8 catégories (taille de l'écran, page d'accueil, menu, contenu, actions, formulaires, contact)
Context-aware patterns	42	Les patterns sont classés selon la sensibilité du contexte dans les interfaces hommes machines
Culture-aware patterns	10	Les patterns ont classées selon des critères culturels (par exemple, les choix de couleurs, le langage, etc.)
Accessibility patterns	51	Les patterns sont classées selon le dégré d'accessibilité pour différentes plateformes

Table 1. UIPLML Patterns dans la base de donnée de Destine Application

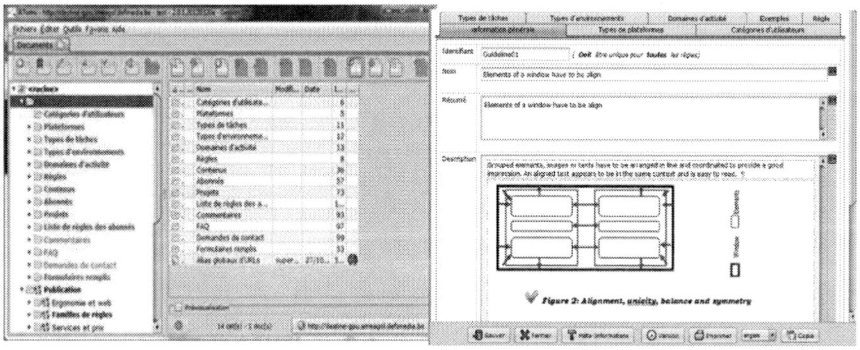

Figure 1. Editeur Correspondant à UIPLML Pattern

Adopter l'approche basée sur les patrons de conception permet d'assurer l'utilité et l'utilisabilité des produits pour les utilisateurs. En effet, les patterns décrivent les problèmes des utilisateurs avec une interface utilisateur au niveau conceptuel. Cela permet de les réutiliser comme briques de construction et de génération de code au niveau de l'implémentation. Leur force se trouve donc dans la description à haut niveau d'abstraction et l'illustration de leur adaptation qui permet rendre la tâche du développeur et désigner plus aisée.

La figure 2 présente l'outil proposé de génération de code à partir de patterns. La figure illustre aussi comment les développeurs peuvent concevoir des interfaces graphiques en utilisant des modèles de haut niveau (image centrale de la figure 2) accompagné d'une structure (image à droite[1] de la figure 2) dans un système multiplateforme.

[1] Une version électronique de l'arbre de décision est disponible à l'adresse suivante : http://usimad.alwaysdata.net/tree

Pour illustrer le fonctionnement de cet outil, nous avons utilisé le cas le Master/Details Pattern (Molina *et al.*, 2002). Ce patron de conception permet de présenter une liste d'éléments (le Master). La sélection d'un élément permet de détailler celui-ci. La description de ce pattern dans le langage UIPLML inclut la spécification sous forme d'arborescence des différents modèles de représentation possibles avec des « widgets » d'affichage correspondants aux multiplateformes. La spécification est donnée dans un fichier XML. Celui-ci permet surtout de faire un lien entre les patterns et les règles ergonomiques. Il permet aussi de combiner ainsi l'expérience des patrons de conception et l'utilisabilité dans l'implémentation des interfaces utilisateurs multiplateformes.

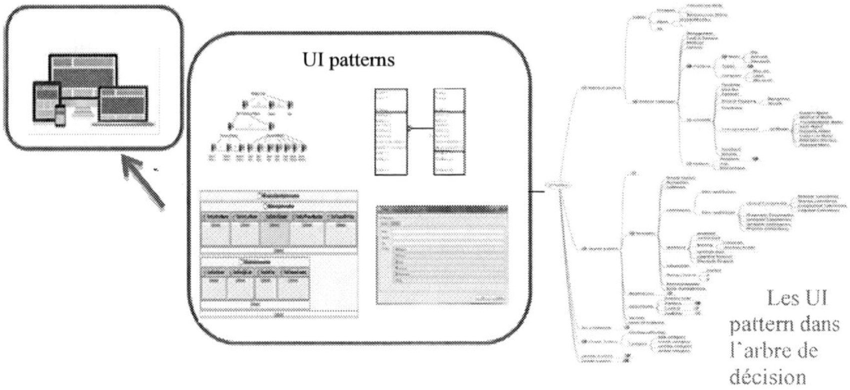

Figure 2. UIPLML pour la conception des multiplateformes

Le langage UIPLML proposé est loin d'être finalisé. Nous avons motivé dans ce papier les raisons et les principes de son développement. Nous avons aussi illustré brièvement l'usage de ce langage en utilisant le cas d'un patron particulier.

References

Engel J., Märtin C. and Forbrig P., (2015). A Concerted Model-driven and Pattern-based Framework for Developing User Interfaces of Interactive Ubiquitous Applications, *in Proc. of 1st Int. Workshop on Large-scale and Model-based Interactive Systems: Approaches and Challenges, LMIS'2015* (Duisburg, June 23, 2015), CEUR Workshop Proceedings, vol. 1380, CEUR-WS.org 2015, pp. 35-41.

Fincher S., (2006). *PLML: Pattern Language Markup Language*, University of Kent, February 2006, accessible at https://www.cs.kent.ac.uk/people/staff/saf/patterns/plml.html

Märtin C., Herdin C. and Engel J. (2013). Patterns and Models for Automated User Interface Construction - In Search of the Missing Links, in *Proc. of 15th Int. Conf. on Human-Computer Interaction: Human-Centred Design Approaches, Methods, Tools, and Environments HCI International'2013* (Las Vegas, July 21-26, 2013).

Molina PJ., Santiago M. and Pastor O., (2002). User interface conceptual patterns," in *Proc.*

of the 9th Int. Workshop on Design, Specification, and Verification of Interactive Systems DSV-IS'2002 (Rostock, June 12-14, 2002), Lecture Notes in Comp. Science, vol. 2545, pp. 159-172, 2002.

Scapin D. and Bastien JMC. (1997). Ergonomic criteria for evaluating the ergonomic quality of interactive systems, Behaviour & Information Technology, vol. 16, no. 4/5, pp. 220-231, 1997.

Seffah A., (2015). Patterns of HCI design and HCI design of patterns - Bridging HCI design and model-driven software engineering, *Human Computer Interaction Series*, Berlin: Springer.

Van Welie M. Van der Veer G., (2003). Pattern languages in interaction design: structure and organization, in *Proc. of IFIP TC13 Int. Conf. on Human-Computer Interaction INTERACT'2003* (Zurich, September 1-5, 2003), Zurich: IOS Press, pp. 527-534, 2003.

Vanderdonckt J. and Simarro F. (2010). Generative pattern-based design of user interfaces, in *Proc. of the 1st Int. Workshop on Pattern-Driven Engineering of Interactive Computing Systems PEICS'2010* (Berlin, June 20, 2010), New York: ACM Press, pp. 12-19, 2010.

. Wendler S., Ammon D., Philippow I. and Streitferdt D. (2013), A factor model capturing requirements for generative user interface patterns, in *Proc. of 5th Int. Conf. on Pervasive Patterns and Applications PATTERNS'2013* (Valencia, May 27-June 1, 2013), Wilmington: Int. Acad., Research, and Industry Association, pp. 34-43, 2013

Session commune avec RCIS : Requirement Engineering

Validation, accreditation or certification: a new kind of diagram to provide confidence

Validation, accréditation, certification : un nouveau diagramme pour établir la confiance

Thomas Polacsek

ONERA, Département Traitement de l'Information et Modèlisation
2, avenue Edouard Belin BP74025, 31055 TOULOUSE Cedex 4

Article accepté et présenté à la conférence internationale RCIS, co-localisée avec INFORSID 2016 à Grenoble. La version longue de l'article, en anglais, est disponible dans les actes de RCIS.

RÉSUMÉ. *Le but des arbres de l'argumentation est d'organiser et de visualiser, de manière synthétique, les principaux éléments prouvant la validité d'une propriété pour un produit. Un arbre d'argumentation ne représente pas un processus, il organise et donne à voir la rationalité sous-jacente à l'ensemble des documents de Vérification & Validation (V&V). En fait, un arbre d'argumentation répertorie et structure tous les éléments de preuve nécessaires dans un cycle de développement. Mais, la validation d'un arbre d'argumentation passe nécessairement par la validation et l'identification des éléments de preuve de chaque étape unitaire, de chaque étape intermédiaire, incluse dans l'arbre. Par conséquent, dans cet article, nous présenterons un modèle d'argumentation générique et ses dérivés qui permettent de structurer de façon logique tous les éléments de V&V pour chaque étape. Ce patron est issu de travaux provenant des sciences légales et des théories de l'argumentation et il est l'élément de base pour la construction des arbres d'argumentation.*

ABSTRACT. *The aim of argumentation tree diagram is to organize and visualize, in a synthetic way, all key elements proving the validity of a product's property. The argumentation tree does not represent the process, but gives the rational behind all Verification & Validation (V&V) documents. In fact, it lists and organizes necessary evidence in a development life cycle. But the validity of the final assessment requires the validation and the identification of the evidence of each intermediate step. So, in this article, we introduce a generic argumentation pattern and its derivations whose support a rational organization of all V&V evidence at each step. This pattern stems from legal science and argumentation theory legacies, and it is the basic building block for the argumentation tree construction.*

MOTS-CLÉS : *patron d'argumentation, vérification et validation, ingénierie des exigences.*

KEYWORDS: *argumentation pattern, verification et validation, requirements.*

Table Ronde et Ateliers

Ville digitalisée contributrice

Porteurs : Michel Léonard (ISS-CUI Genève/CINTCOM), Humbert Fiorino (Université Grenoble Alpes, Laboratoire d'Informatique de Grenoble), Chantal Soulé-Dupuy (Université Toulouse 1 Capitole & Institut de Recherche en Informatique de Toulouse), Antoine Burret (CINTCOM), Lionel Lourdin (CINTCOM), Anastasiya Yurchyshyna (CINTCOM).

Résumé :
Les poussées numériques sont telles qu'il devient de plus en plus fragile et de moins en moins responsable, de conduire une politique de développement durable d'une ville sans en tenir compte. Ce constat conduit à une question toute simple : oui, mais comment ?

Forte de toutes les connaissances, ingénieries, méthodes, plate-formes que la communauté INFORSID a établies depuis plus de 37 années dans le domaine des organisations et des entreprises, elle est bien placée pour relever ce défi.

Elle doit prendre en compte que le domaine est beaucoup plus vaste que celui d'une organisation ou d'une entreprise. Il s'agit de toute une ville ! Il ne s'agit pas seulement des aspects administratifs, mais il s'agit de créer les nouveaux environnements d'activités et d'échanges en tirant profit de toutes les potentialités offertes par les technologies numériques sans cesse émergentes. Il ne s'agit pas de rendre une ville intelligente : elle l'est déjà depuis des millénaires pour certaines d'entre elles. Il s'agit de la rendre digitalisée à l'aide d'un large mouvement d'innovation de services : certains sont construits sur des Big Data et/ou des Open Data, mais il y en a bien d'autres à créer. Tous doivent avoir une proposition de valeurs et une perspective de durabilité.

Comme 37 ans auparavant, où elle a dû se libérer des schémas cognitifs de la pensée informatique, notamment du génie logiciel, pour créer le domaine des « systèmes d'information », la communauté INFORSID doit maintenant se détacher d'une pensée purement numérique pour porter la question précédente au niveau « digital ». C'est ainsi qu'elle pourra supporter les nécessaires recherches interdisciplinaires, pour prendre en compte les nombreux enjeux éthiques, juridiques, économiques, politiques, médicaux, scientifiques, numériques, sociologiques, de culture, de marchés, d'employabilité, d'enseignement, de santé, de culture.

Dans un contexte démocratique, elle se doit d'apporter les éclairages scientifiques aux responsables politiques du développement des villes. Ils vont faire face à tout un essor digital engendré par de multitudes initiatives dans de nombreux domaines, qui vont rendre leur ville plus consistante. Il s'agit de rendre toutes ces initiatives durables, de limiter au maximum le gaspillage des énergies de développement et en conséquence du gaspillage financier, d'éviter au maximum de casser des initiatives pour des raisons obscures.

Ce sont des myriades de services à co-créer, co-développer dans des cadres de contribution entre des personnes s'engageant dans la création de services, des entreprises et associations nouvelles ou anciennes, des institutions publiques et les autorités politiques de la ville.

L'objectif de cet atelier est d'établir des bases consensuelles de ce nouvel essor de recherches.

SI pour l'aide à la décision et la diffusion d'alertes

Porteurs : Florence Sèdes (Université de Toulouse - IRIT), André Miralles (Irstea - UMR Tetis), Thérèse Libourel (Université de Montpellier / IRD - UMR EspaceDev), Thomas Polacsek (Onera)

Résumé :
Face aux divers enjeux environnementaux et sociétaux actuels, mais aussi face aux besoins de prédiction et de gestion des catastrophes naturelles (inondations, avalanches, etc.), de la veille sanitaire ou de la surveillance de l'espace, des SI spécifiques sont de plus en plus souvent mis en place, comme outil de diffusion d'alertes, pour aider les acteurs dans leur prise de décision. Dans ce contexte, ces SI ont une fonction de capitalisation de l'information indispensable à l'analyse spatiale et temporelle des phénomènes observés afin de diffuser des indicateurs appropriés. Ces systèmes, faisant parfois intervenir directement l'humain (en tant que capteur), doivent donc posséder les propriétés fondamentales de vivacité, de réactivité et de qualité de l'information, car toute alerte doit absolument atteindre le bon destinataire au bon moment et au bon endroit avec le bon niveau d'information. De plus, dans le cadre de systèmes ouverts, viennent s'ajouter à cela les problématiques de véracité et de confiance dans les alertes. Cet atelier a pour but de croiser, d'échanger et de partager les réflexions, les méthodologies et les expériences autour de la conception et l'implémentation de tels systèmes. Pour ce faire, il sera intéressant de confronter des points de vue différents sur :

— les verrous essentiels en termes de modélisation (notamment aux niveaux des échelles de temps et d'espace, du choix des indicateurs) et de mises en œuvre innovantes (réseaux de capteurs, collaboration, interaction, etc.),
— les définitions et formalisation de ces systèmes, leurs rôles et fonctionnalités, leur périmètre, leur architecture, leur gouvernance et leur connexion avec des observatoires,
— la dynamique et la réactivité de ces systèmes ainsi que les problèmes soulevés par la confidentialité, le filtrage d'information, et les moyens de distinguer information et rumeur.

Mots-Clés : Système d'information, Décision, Indicateur, Alerte/Alarme

Articles acceptés :

Une approche sémantique autonomique pour la détection et le suivi des maladies
Sarah Slimani, Adel Alti, Sébastien Laborie, Philippe Roose (LIUPPA, Pau)

SI pour aide à la décision stratégique et alerte en pharmacovigilance.
Yannick Bardie (Laboratoire MRM Montpellier Recherche Management et Société Voute SAS, Montpellier)

Aide à la décision pour le recueil incrémental d'expertises médicales
Clément Duffau, Mireille Blay-Fornarino (i3S, Nice)

Le réseau SAGIR : apport des outils informatiques pour la vigilance vis-à-vis des maladies se développant dans la faune sauvage
Anouk Decors (1), Florence Baurier (2), Frédéric Dej (3), Karin Lemberger (4), Jean-Yves Chollet (1), Dominique Gauthier (5)
(1) ONCF, Dir. RE, Auffargis, (2) ADILVA, Labo. d'analyses du Cher, Bourges, (3) ONCF, Dir. SI, Birieux, (4) Vet Diagnostics, Lyon, (5) ADILVA, Labo. vétérinaire et d'hygiène alimentaire des Hautes-Alpes, Gap

Une perspective de la mobiquité au service de la gestion avant / pendant / après des séismes
Anne-Marie Lesas (LSIS, Marseille)

Toward Free Spam Social Networks : Detecting and Tracking Spammers in Twitter
Mahdi Washha (IRIT, Toulouse)

Using seal trajectories in biological early warning system for real-time zone tracking
Rouaa Wannous, Jamal Malki, Alain Bouju, Cécile Vincent, Cyril Faucher (L3i, La Rochelle)

Retour d'expérience sur l'analyse des exigences centrée sur les données pour des SI *-data
Christophe Ponsard, Annick Majchrowski, Stéphane Mouton (CETIC, Charleroi, Belgique)

Enseignement des SI

Porteurs : Gaëlle Blanco-Lainé (Université Grenoble Alpes), Sophie Dupuy-Chessa (Université Grenoble Alpes, LIG), Nadine Mandran (CNRS, Université Grenoble Alpes, LIG)

Résumé :
Le domaine des systèmes d'Information (SI) est par nature pluri-disciplinaire (management, gestion, informatique, génie industriel ?). Cette pluri-disciplinarité n'est généralement pas reflétée dans les enseignements qui restent segmentés par discipline. Or elle est souvent primordiale afin de concrétiser et de donner du sens à des concepts complexes et abstraits.

L'objectif de cet atelier est de partager sur les pratiques d'enseignement des différents aspects des SI. Il présente des expériences pédagogiques innovantes (pédagogie par le jeu, par la tangibilité ?) ou pluri-disciplinaires (pédagogie par projet, par l'action ?). L'atelier vise à :

— Élaborer une cartographie des pédagogies innovantes pour l'enseignement des différents aspects des SI.

— Mettre en avant les objectifs, avantages et limites de chaque modalité pédagogique.

L'atelier présentera les différentes modalités pédagogiques envisageables en se basant sur les expériences des participants (par exemple, les approches agiles ou par le jeu). Dans un deuxième temps, une synthèse co-construite sera élaborée afin de mettre en avant des pistes de recommandations en terme d'usage de ces modalités.

Mots-Clés : Enseignement, pédagogie, expérience, pluri-disciplinarité

Sécurité des systèmes d'information : technologies et personnes

Porteurs : Pierre-Emmanuel Arduin (Université Paris-Dauphine), Káthia Marçal de Oliveira (Université de Valenciennes)

Résumé :
Alors qu'une carte perforée pouvait être dérobée pendant son trajet entre une perforatrice et une tabulatrice, une information d'aujourd'hui, dématérialisée, est soumise à d'innombrables menaces quant à sa sécurité. Les artefacts technologiques sont partout, l'informatique est ubiquitaire, si bien que l'individu n'est plus un simple utilisateur du système d'information, mais il en est un composant à part entière. Comment assurer alors la sécurité d'un système d'information en prenant en compte des technologies omniprésentes, universelles et discrètes, aussi bien que des personnes au comportement parfois irrationnel ?

Un système d'information peut être vu comme un ensemble de ressources numériques et humaines organisées afin de traiter, diffuser et stocker des informations. La sécurité d'un système d'information peut être abordée d'un point de vue technologique, certes, mais aussi d'un point de vue humain. La question des connaissances portées par les personnes, aussi bien que la confiance qu'elles accordent au système et que le système leur accorde sont cruciales pour assurer la sécurité du système d'information dans les organisations.

Dans cet atelier, les participants présenteront comment ils considèrent dans leurs recherches, leur activité professionnelle et leur vie quotidienne, que la sécurité des systèmes d'information peut être appréhendée. Chercheurs, utilisateurs et professionnels de l'industrie sont ainsi invités à venir discuter les thématiques suivantes (liste non exhaustive) :

- modèles de sécurité des systèmes d'information,
- solutions technologiques et / ou managériales pour la sécurité des systèmes d'information,
- management des connaissances dans les organisations,
- interaction Homme-Machine pour la confiance et la sécurité,
- modèles d'évaluation et construction d'indicateurs de confiance et de sécurité,
- failles de sécurité des systèmes d'information (failles physiques, failles systèmes, failles applicatives, failles humaines),
- retours d'expériences et études de cas en management de la sécurité des systèmes d'information.

L'objectif de cet atelier est d'être un espace d'échange entre chercheurs et professionnels de plusieurs domaines afin d'alimenter une réflexion commune sur la sécurité des systèmes d'information, d'un point de vue non seulement technologique, mais aussi humain.

Mots-Clés : Système d'information, sécurité, ingénierie sociale, confiance, management des connaissances, évaluation.

Articles acceptés :
Évaluation de la confiance dans un environnement multisources
Benjamin Coste (1), Cyril Ray (1), Gouenou Coatrieux (2)
(1) Ecole navale - CC 600, Brest, France
(2) Institut Mines-Télécom - Télécom-Bretagne, Technopole Brest-Iroise, Brest, France

Vers une ingénierie conjointe de la sécurité, de l'utilisabilité et de la résilience dans les systèmes socio-techniques
Wilson Goudalo (1, 2), Christophe Kolski (1), Frédéric Vanderhaegen (1)
(1) LAMIH-UMR CNRS 8201, Université de Valenciennes, Valenciennes, France
(2) Research and Innovation Department, Advanced Business Engineering, Lagny, France

Service Contracts : Beyond Trust in Service Oriented Architectures
Gloria Elena Jaramillo Rojas, Philippe Aniorte, Manuel Munier
Université de Pau et des Pays de l ?Adour, Mont de Marsan, France

Towards an ontology about trust and security of information systems : joining technology and human perspectives
Káthia Marçal de Oliveira (1), Bako Rajaonah (1), Pierre-Emmanuel Arduin (2), Inês Saad (3)
(1) LAMIH-UMR CNRS 8201, Université de Valenciennes, Valenciennes, France

(2) Université Paris-Dauphine, PSL Research University, Laboratoire DRM UMR CNRS 7088, Paris, France
(3) Université d'Amiens, Amiens, France

Comité de Programme :
Philippe Aniorté, Université de Pau et des Pays de l'Adour
Pierre-Emmanuel Arduin, PSL, Université Paris-Dauphine, DRM UMR CNRS 7088
Linda Atif, PSL, Université Paris-Dauphine, LAMSADE UMR CNRS 7243
Henri Basson, Université de Lille Nord de France, Côte d'Opale
Cédric Campo-Paysaa, ON-X Groupe, Puteaux
Houcine Ezzedine, Université de Valenciennes, LAMIH UMR CNRS 8201
Michel Grundstein, PSL, Université Paris-Dauphine, LAMSADE UMR CNRS 7243
Doudja Kabeche, AgroParisTech, DRM UMR CNRS 7088
Christophe Kolski, Université de Valenciennes, LAMIH UMR CNRS 8201
Elsa Negre, PSL, Université Paris-Dauphine, LAMSADE UMR CNRS 7243
Káthia Oliveira, Université de Valenciennes, LAMIH UMR CNRS 8201
Dorian Petit, Université de Valenciennes, LAMIH UMR CNRS 8201
Philippe Ramadour, Aix-Marseille Université, LSIS
Camille Rosenthal-Sabroux, PSL, Université Paris-Dauphine, LAMSADE UMR CNRS 7243
Mustapha Sali, PSL, Université Paris-Dauphine, DRM UMR CNRS 7088
Ines Saad, ESC Amiens, Laboratoire MIS, Université de Picardie Jules Verne
Thierno Tounkara, Institut Mines Telecom, Télécom Ecole de Management, Évry

L'innovation par les SI dans l'écosystème

Porteurs : Camille Salinesi, Abdelkader Achi du CRI (Paris Sorbonne) et Nathalie Valles (IRIT Toulouse)

Résumé :
L'ère du numérique se caractérise par le besoin d'innover, la collaboration et le partage des nouveaux savoirs (Gartner, 2014). Au sein des organisations le rôle des SI se cherche entre centre de coûts et centre de valeurs. Une tendance forte de ces dernières années est l'utilisation des SI pour co-créer de la valeur avec les parties prenantes et innover. On assiste ainsi à la prolifération de nouveaux espaces de création de connaissances et d'innovation : crowdsourcing, communautés, médias sociaux, etc. et de nouveaux modèles d'innovation collaboratifs, inclusifs, ouverts à tous les acteurs de l'écosystème. Outre les cas de succès flagrants de digital natives tels que Google et Amazon, nous ne disposons pas encore de données chiffrées, d'études systématiques, de modèles, de bonnes pratiques, ou de référentiels qui permettraient aux organisations d'intégrer dans leur boîte à outils méthodologique les méthodes, techniques et outils leur permettant de mener une démarche systématique d'innovation qui s'appuie de manière efficace sur les SI. Il est indéniable que certaines entreprises arrivent à actionner les bons leviers pour relever les défis de l'innovation par les SI, mais les expériences malheureuses montrent des degrés de maturités très divers, et l'on peut s'interroger sur la réelle utilisation de savoirs scientifiques attestés et d'outils d'ingénieurs éprouvés dans les démarches d'innovation.

L'objet de cette table ronde est de s'interroger et de mettre en exergue une réflexion commune entre industriels et chercheurs sur les bonnes pratiques, facteurs de succès et freins, processus ou dispositifs à mettre en œuvre dans une démarche d'innovation par les SI.

Workshops

SICRAFT, une plateforme de *serious gaming* pour les enseignements aux systèmes d'information

Philippe Lépinard
Université de Paris-Est Créteil, École supérieure d'ingénieurs de Paris-Est Créteil, philippe.lepinard@u-pec.fr

***Résumé* - Les enseignements consacrés aux systèmes d'information (SI) sont historiquement cloisonnés en fonction des disciplines telles que l'informatique et les sciences de gestion. Cette séparation amène à des approches souvent distinctes et peuvent même aller jusqu'à des cas extrêmes : perspective uniquement technique pour les informaticiens et perspective uniquement managériale pour les gestionnaires. Pourtant, l'appréhension global, multidimensionnel et multidisciplinaire des SI est un aspect crucial à développer par les étudiants pour optimiser leur employabilité mais aussi, et plus largement, pour que le SI soit une source de valeur pour les organisations. C'est dans ce contexte que le projet SICRAFT s'insère. Une équipe projet composé de huit étudiants et d'un enseignant-chercheur a créé un dispositif de *serious gaming* couplant le jeu vidéo Minecraft et le progiciel de gestion intégré (PGI) *open source* Dolibarr. L'objectif de cette future plateforme de formation est de donner la possibilité aux enseignants d'aborder avec leurs élèves l'ensemble des dimensions du SI, via une approche ludique et expérientielle.**

Mots clés – systèmes d'information, progiciel de gestion intégré (PGI), jeu video, Minecraft, *serious gaming*, formation, simulation.

INTRODUCTION

Le projet SICRAFT est l'étape la plus récente d'une recherche longitudinale en sciences de gestion concernant le *serious gaming* (détournement de jeux à des fins de formation). Débutée dans le cadre des SI militaires utilisés au combat [1]-[2]-[3], cette étude s'intéresse dorénavant aux applications civiles de type PGI. Une première série de résultats présentée fin 2015 lors de la 3ème journée de recherche AIM sur les *serious games* a permis d'identifier plusieurs contraintes liées à l'usage de jeux du commerce dans de tels projets [4]. Le choix du jeu vidéo Minecraft provient donc de l'expérience précédemment menée avec un autre jeu à monde ouvert, mais plus complexe, Kerbal Space Program.

La définition du SI choisie pour cette recherche est une définition volontairement intégratrice et à large spectre : un SI est informatisé et organisé autour de la gestion des données, des informations et des connaissances dans le but d'aider à la décision, à la collaboration et à la communication. Il se place au sein d'une structure bien identifiée, regroupe (en plus des données, des informations et des connaissances) des dispositifs techniques (matériels et logiciels), des procédures (et des processus) ainsi que des acteurs humains. Sa maîtrise (conception, évolution, etc.) est un objectif managérial permanent afin qu'il soit une source de valeur pour l'organisation. Il s'inscrit dans une approche systémique et est une composante du système d'organisation (qui englobe l'ensemble des flux informationnels). Il n'appartient donc ni à la direction des systèmes d'information, ni aux métiers. C'est un projet d'entreprise.

SICRAFT permet de couvrir la majorité des éléments de cette définition en établissant des liens entre les domaines techniques et managériaux. Il est par exemple tout à fait envisageable de montrer concrètement aux étudiants le fonctionnement de la base de données transactionnelle du PGI puis, de les faire modéliser les processus métiers avec les diagrammes de collaboration BPMN 2 ou d'activités UML 2.

FONCTIONNALITES PRINCIPALES DE LA SOLUTION SICRAFT

SICRAFT est une plateforme informatique composée de sept ordinateurs portables au sein d'un réseau filaire de type LAN. Le jeu vidéo Minecraft (en version client) est installé sur six postes, le septième supporte le serveur Minecraft ainsi que le PGI Dolibarr (avec ses bases de données MySQL).

Le plugin couplant Minecraft et Dolibarr a été codé en java. Il récupère différentes informations issues du jeu dont les plus importantes sont les matériaux et leurs quantités prélevés par les joueurs de Minecraft. Ces données ainsi collectées stimulent le PGI et permettent à ses opérateurs (représentés ici par une entreprise de travaux publics du monde Minecraft) d'utiliser dans des conditions réelles les modules touchant aux produits, aux stocks et aux entrepôts.

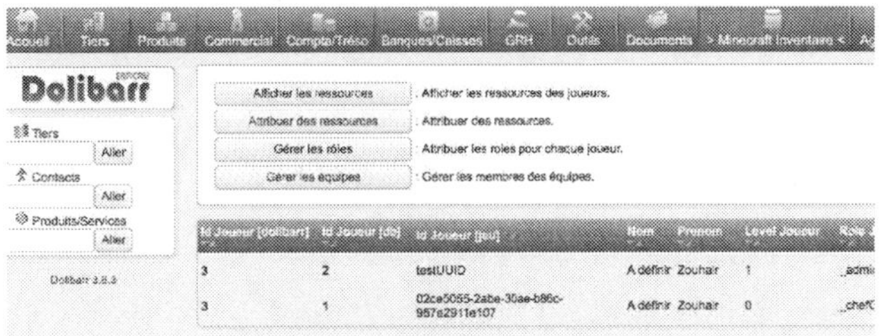

FIGURE 1
MODULE "MINECRAFT INVENTAIRE" DANS LE PGI DOLIBARR

UN PROJET DANS LE PROJET

Si la réalisation de la plateforme SICRAFT est en elle-même l'aboutissement d'un projet à part entière, nous avons souhaité introduire des objectifs pédagogiques annexes, notamment en termes de gestion de projet. Trois aspects nous semblent importants à préciser :

- l'équipe projet est multidisciplinaire puisqu'elle est composée d'un enseignant-chercheur en sciences de gestion, de quatre étudiants ingénieurs de 1ère année de l'école supérieure d'ingénieurs de Paris-Est Créteil et de quatre étudiants de Master 1 de l'institut d'administration des entreprise Gustave Eiffel ;
- le projet suit les préceptes des méthodes agiles et, notamment, de la méthode SCRUM afin que l'ensemble des participants découvrent les possibilités, mais aussi les contraintes, de ce type de méthode ;
- la plateforme SICRAFT a été présentée lors du colloque *Virtual Reality International Conference* (VRIC) 2016. Elle est enfin en lice pour les sélections à la participation au concours innovation du séminaire de la simulation de défense qui aura lieu durant le salon international Eurosatory 2016.

Ce projet pédagogique au sein du projet technique a permis aux étudiants de mettre en pratique leurs connaissances techniques et managériales mais, surtout, de développer (ou du moins de prendre conscience de) certains savoir-faire et savoir-être nécessaires à tous managers comme l'empathie, la pédagogie, l'écoute active, etc.

ÉVOLUTIONS FUTURES

SICRAFT a atteint le niveau 6 de l'échelle TRL (*technology readiness level*). Sur le plan des exigences fonctionnelles, les évolutions se concentrent actuellement sur le jeu multijoueur avec la capacité de mettre en concurrence plusieurs équipes, et donc plusieurs instances de Dolibarr, dans le même monde Minecraft. De nouveaux modules du PGI liés par exemple aux activités commerciales pourraient dès lors être activés ; élargissant d'autant les usages pédagogiques potentiels.

D'ailleurs, en termes d'ingénierie pédagogique et d'ingénierie de formation, la mise en œuvre de la plateforme SICRAFT ne nécessite que très peu d'aptitudes informatiques mais oblige à repenser, dans sa globalité et certainement de manière transverse, l'action de formation impactée afin d'insérer ce dispositif de simulation de manière profitable dans les syllabus. Le fab lab où a été créé SICRAFT (Gamixlab, http://gamixlab.com) est dans ce cadre un outil pertinent pour accompagner les enseignants dans l'appropriation de la plateforme.

REMERCIEMENTS

Je remercie chaleureusement Baptiste Sarda, Zouhair Hajji, Ji Na Hang, Nhat Tuong Va Duong, Gilles Lohez, Charlotte Albessard, Julie Conrard et Mehdi Messoussi pour leur implication exceptionnelle dans ce projet.

REFERENCES

[1] Lépinard, P., "Du serious gaming au full flight simulator : proposition d'un cadre conceptuel commun pour la formation des formateurs en simulation", *Systèmes d'information et management,* Vol.19, No 3, 2014, p. 39-68.

[2] Lépinard, P., Meyer, M., "Des jeux vidéo pour l'appropriation des systèmes d'information : le cas de la numérisation de l'espace de bataille ", *CEUR Workshop Proceedings,* No 1288, 2014, p. 15-25.

[3] Lépinard, P., Chary, C., Meyer, M., "Spartacus, arène virtuelle pour guerriers du 21ème siècle : éléments de conception d'un système de simulation hybride COTS – GOTS dans le cadre de la numérisation des forces terrestres", *Ingénierie des systèmes d'information,* Vol.20, No 11, 2015, p. 89-106.

[4] Lépinard, P., Teyssier, O., "La gamification des formations en systèmes d'information comme solution à un apprentissage technique et managérial intégré", *3ème Journée de recherche AIM Serious Games,* 2015, Grenoble.

LES A.L.P.E.S. : APPROCHES AGILES POUR L'ENSEIGNEMENT SUPERIEUR

Une approche projet agile pour l'enseignement du système d'information en Licence Professionnelle

Jannik Laval[1], Mathieu Vermeulen[2]

[1] jannik.laval@univ-lyon2.fr

IUT Lumière Lyon 2, Lyon, France

[2] mathieu.vermeulen@mines-douai.fr

Mines Douai, cellule Imagine, Douai, France

Les approches agiles de gestion de projet sont utilisées en informatique permettant notamment d'adapter en continu les projets au besoin du client, tout en replaçant l'humain au centre du projet. Ces approches ont été adaptées à la pédagogie en enseignement supérieur, les A.L.P.E.S. [Vermeulen, 2015].

Les A.L.P.E.S. s'inscrivent dans une démarche socioconstructiviste en valorisant « la co-construction en contexte des connaissances et des compétences plutôt que la transmission de savoirs, décontextualisés et désincarnés. » [Jonnaert, 2002]. Le dispositif reprend le principe des classes inversées [Bishop, 2013] avec une phase transmissive effectuée via des documents en ligne consultables progressivement. Les séances de TP mettent en avant le travail collaboratif en binôme en partant des principes de base du pair-programming [McDowell, 2002].

Une séance de TP est rythmée par les timebox, des sessions de 25 à 35 minutes, entrecoupées de temps de retrospective de 5 minutes (étendue à 15 minutes au bout de 2 heures). La durée des timebox, initialement inspirées de la méthode Pomodoro [Cirillo, 2013] est validée comme une durée optimale quant à la mobilisation des compétences et à l'assimilation des connaissances [Sousa, 2001]. Cette cadence, assurée via un chronomètre affiché en permanence, doit être respectée par l'ensemble des acteurs de la séance (étudiants et enseignants).

L'approche est basée sur un ensemble d'outils venant des approches agiles [SCRUM]:

1. Les User-stories, indépendantes les unes des autres [Wake, 2014], représentées par des post-its.
2. Le task board, une feuille par binôme contenant 4 colonnes : TODO, DOING, DONE et HELP. Sur celles-ci vont naviguer les post-it, d'une

colonne à l'autre. Le task board permet de visualiser l'avancée des étudiants.

3. Le planning board, une feuille décomposée en colonnes représentant les séances. Il permet de suivre l'avancement global et offre aux étudiants une visibilité sur les objectifs du cours.

Nous proposons une présentation de la démarche A.L.P.E.S mise en place pour un cours de Système d'Information à une promotion de Licence Professionnelle Logistique Globale composée de 36 étudiants.

REFERENCES

[Vermeulen, 2015] Vermeulen, M., Fleury, A., Fronton, K., & Laval, J. (2015). LES ALPES: APPROCHES AGILES POUR L'ENSEIGNEMENT SUPERIEUR. Colloque Questions de Pédagogie pour l'Enseignement Supérieur (QPES 2015), 17-19 juin 2015, Brest, France.

[SCRUM] SCRUM, http://en.wikipedia.org/wiki/Scrum_(software_development) (page visitée en décembre 2015)

[Sousa, 2001] D.A.Sousa (2001). Un cerveau pour apprendre : Comment rendre le processus enseignement-apprentissage plus efficace. Chenelière Education.

[Jonnaert, 2002] P. Jonnaert (2002). Compétences et socioconstructivisme : Un cadre théorique. Bruxelles, De Boeck.

[McDowell, 2002] F. Cirillo (2013). The pomodoro technique. Berlin : FC Garage.

[Bishop, 2013] J.L. Bishop, M.A. Verleger, (2013). The Flipped Classroom: A Survey of the Research. 120th ASEE Annual Conference & Exposition, Atlanta, 23-26 juin 2013. Atlanta, USA.

[McDowell, 2002] C. McDowell, L. Werner, H. Bullock, J.Fernald (2002). The Effects of Pair-Programming on Performance in an Introductory Programming Course. SIGCSE'02, 33rd ACM Technical Symposium on Computer Science Education, Covington, 7 février-3 mars 2002. Covington, USA.

[Wake, 2014] B. Wake. Extreme programming, http://xp123.com (page visitée en décembre 2015).

Innovations in the teaching of Information systems at IUT2

Sophie Dupuy-Chessa — Gaëlle Blanco-Lainé — Eric Céret
University Grenoble Alpes, IUT2 (FRANCE)
Sophie.dupuy-chessa@imag.fr, gaelle.blanco-laine@iut2.upmf-grenoble.fr, Eric.Ceret@imag.fr

RÉSUMÉ. *Notre contexte d'enseignement des systèmes d'information est celui d'un institut universitaire technologique, l'IUT2 de Grenoble, pour des étudiants en informatique ou en statistiques et informatique décisionnelle (STID). Dans le cadre de nos enseignements, nous avons mis en place différentes expériences pédagogiques : l'une s'appuie sur un projet pluridisciplinaire basé sur l'autonomie, la créativité et l'action ; d'autres sont basées sur le jeu avec des legos, du pictionary ou du poker. Cet article décrit brièvement ces expériences et leur conclusion.*

MOTS-CLÉS : *enseignements, jeux, projets, action.*

1. Introduction

We teach computer science at the license level of a French technical institute in Grenoble, IUT2. In this context, some of our teaching modules concern Information Systems (IS). Information systems require technical knowledge as well as managerial one. So some of our teachings concern computer science, others management, others communication ... and one of them tries to gather needed knowledge for providing an interdisciplinary vision of information systems.
This paper describes our experience in teaching information systems with some innovative techniques. In section 2, we describe an interdisciplinary software production module for which we chose pedagogy based on action and project. The third section presents some experiments in using games for teaching. Finally, we conclude with some reflections for the future.

2. Pedagogy based on project and action

Software production gathers together many knowledge and know-how in computer science i.e. managing projects, designing and developing the functionalities (data and programs) and the human-computer interfaces of the software.
The difficulties are:
1) the mobilization of already acquired knowledge and know-how,
2) their application in a realistic situation and
3) the need to acquire new knowledge in semi-autonomy.
Our goal during this experiment is to increase students' creativity and self-confidence in the application phase of learning.
We introduced pedagogy based on project and action in a module named "Methodology for software production". The learners, grouped by 6 or 7 students, had to develop a complete system in a domain large enough to permit various solutions. At the beginning, the students had to be

creative to find innovative needs or requirements. Then they developed the technical solution i.e. the website with its specifications.

Moreover, we added some challenges by rewarding the three best technical projects and the three best "project sellers". We also organized an evaluation where students had to play the role of sellers. In this situation, they were in front of a non-academic jury composed of professionals.

During the two previous years, approximately 90 students per year took part in the case study during 15 weeks, with 10 teachers. Teachers had expertise in computer science, but also in project management and communication. Their role was not traditional as they played the role of "experts" and were available to answer questions on demand.

According to their statements and our sightings, our students were highly involved in this module. Indeed, students estimate that each of them worked between 90 and 100 hours whilst the module is supposed to require about 75 hours of work per student. We also noticed that our students increased their capacity of working autonomously. The students testify having increased their technical competencies, particularly in JavaScript, PHP, NodeJS, AngularJS... They also acquired know-how, especially for starting and managing a project with professional deliverables and skills. They better understood the interdisciplinary nature of information systems.

3. Games in the teaching of information systems

As already mentioned, information systems require technical knowledge as well managerial one. In this context, an important part of the teaching concerns modelling the data that will be manipulated by the system as well as projects management for building information systems.

IUT students often feel that these concepts are very difficult to learn because they require dealing with abstract concepts such as models and resources management. To facilitate learning and improving students' results, we investigated the Elaboration phase of the BSCS 5E Instructional Model [1] as well as the Concrete Experience stage of Kolb experiential learning cycle [2] and we experimented gamification in some of our teaching activities. In this case study, the main objective was to increase students' engagement in learning by adapting games which already promote collaboration and emulation. Contrary to several existing experiments, we chose to use traditional games well known by our students. We did not use computer games because our students are already highly involved in activities with computers for their technical training: in this perspective, computers are professional tools and not supporting tools. We guessed that they need alternative ways to access information.

We will present four case studies in gamification for information systems teaching. We will detail the methods used, in particular the gamification elements:

- One of them is related to the learning of data modelling. It relies on a personalized version of the Pictionary, proposed by IRISA colleagues[1]. Pictionary is a game originally promoting speed and collaboration, as a team has to identify the word drawn by a teammate within a minute, sometimes challenging other teams.

  The gamification elements we used here are:

  1) small challenges with time-pressure and competition so as to progress and arrive first at the end of the game and

  2) a reward i.e. a packet of sweets for the winners.

[1] http://people.irisa.fr/Francois.Schwarzentruber/mit2_cvfp_2012/uml_pictionary_cards.zip

This game is used in the application phase of learning for checking whether students have acquired some automatic reflex in modelling.

- Three case studies concern project management. Two of them used Legos as a mean to practice for knowledge acquisition. Legos are used for introducing development life cycle, and resources management for estimating charges and risks inside projects. They are used for building a city in a limited period of time; at the end, the "nicest" city wins. In the same manner, Poker game is used for helping understanding resources management. In all these case studies, the gamification elements are groups' challenges.

Our experiences clearly show the usefulness of gamification in learning. Thanks to these various games, students understood difficult and abstract concepts and became able to manipulate them. Playing and working as a team led them to share knowledge. We also noticed a very good students' engagement in most cases.

Including gamification for helping students to learn subtle notions has been efficient: it first increased students' curiosity and engagement and, thanks to concrete experience, they could make a first idea of the notions, that facilitated the acquisition of theoretical concepts.

One key point is that both students and teachers have to "play the game". This especially true for the teacher, who needs to be aware that the game spirit is important and has to go beyond his casual behaviour. For students, engagement is easy to obtain most of the time. However, they can call the game into questions if they have a too traditional vision of teaching. It is particularly a problem for elder students. They have to accept that playing is also a way of learning.

4. Conclusion

All these good results must be nuanced by the fact that it was one of the first times that we proposed such teaching experiences to students. There might be a novelty effect, which could improve the feedbacks of this year. We will see if the positive effects of project- and game-based pedagogy continues on long term.

We would like to continue our experience in traditional games for teaching computer science. First of all, we plan to modify the Pictionary questions for adapting the questions to our specific teaching program and for introducing levels of difficulties in questions. We also think about adding new gaming sessions in our practices. Especially, we think that games would be useful for introducing modelling process. By increasing the gaming frequency, we can also test if students get used or if they keep their engagement.

REFERENCES

[1] Bybee, R. W., Taylor, J. A., Gardner, A., Van Scotter, P., Carlson, P. J., Westbrook, A., Landes, N. (2006). The BSCS 5E instructional model: Origins and effectiveness. *Colorado Springs, CO: BSCS, 80 p.*

[2] KOLB, A. Y. (2005). The Kolb learning style inventory - version 3.1: 2005 technical specifications. *Boston, MA: Hay Resource Direct* 200, 72 p.

Atelier INFORSID 2016

Titre : SI pour l'aide à la décision et la diffusion d'alerte

Organisateurs :

Florence Sèdes- Université de Toulouse - IRIT
André Miralles – Irstea – UMR Tetis
Thérèse Libourel – Université de Montpellier / IRD – UMR EspaceDev
Thomas Polacsek - Onera

Résumé :

Face aux divers enjeux environnementaux et sociétaux actuels, mais aussi face aux besoins de prédiction et de gestion des catastrophes naturelles (inondations, avalanches, etc.), de la veille sanitaire ou de la surveillance de l'espace, des SI spécifiques sont de plus en plus souvent mis en place, comme outil de diffusion d'alertes, pour aider les acteurs dans leur prise de décision.

Dans ce contexte, ces SI ont une fonction de capitalisation de l'information indispensable à l'analyse spatiale et temporelle des phénomènes observés afin de diffuser des indicateurs appropriés. Ces systèmes, faisant parfois intervenir directement l'humain (en tant que capteur), doivent donc posséder les propriétés fondamentales de vivacité, de réactivité et de qualité de l'information, car toute alerte doit absolument atteindre le bon destinataire au bon moment et au bon endroit avec le bon niveau d'information. De plus, dans le cadre de systèmes ouverts, viennent s'ajouter à cela les problématiques de véracité et de confiance dans les alertes.

Cet atelier a pour but de croiser, d'échanger et de partager les réflexions, les méthodologies et les expériences autour de la conception et l'implémentation de tels systèmes. Pour ce faire, il sera intéressant de confronter des points de vue différents sur :

- les verrous essentiels en termes de modélisation (notamment aux niveaux des échelles de temps et d'espace, du choix des indicateurs) et de mises en œuvre innovantes (réseaux de capteurs, collaboration, interaction, etc.),
- les définitions et formalisation de ces systèmes, leurs rôles et fonctionnalités, leur périmètre, leur architecture, leur gouvernance et leur connexion avec des observatoires,
- la dynamique et la réactivité de ces systèmes ainsi que les problèmes soulevés par la confidentialité, le filtrage d'information, et les moyens de distinguer information et rumeur.

Mots clefs : Système d'Information, Décision, Indicateur, Alerte/Alarme

Articles acceptés :

Une approche sémantique autonomique pour la détection et le suivi des maladies
Sarah Slimani, Adel Alti, Sébastien Laborie, Philippe Roose (LIUPPA, Pau)

SI pour aide à la décision stratégique et alerte en pharmacovigilance.
Yannick Bardie (Laboratoire MRM – Montpellier Recherche Management et Société Voute SAS, Montpellier)

Aide à la décision pour le recueil incrémental d'expertises médicales
Clément Duffau, Mireille Blay-Fornarino (i3S, Nice)

Le réseau SAGIR : apport des outils informatiques pour la vigilance vis-à-vis des maladies se développant dans la faune sauvage
Anouk Decors (1), Florence Baurier (2), Frédéric Dej (3), Karin Lemberger (4), Jean-Yves Chollet (1), Dominique Gauthier (5)
(1) Office national de la chasse et de la faune sauvage, Direction de la recherche et de l'expertise, Auffargis, France, (2) ADILVA, Laboratoire départemental d'analyses du Cher, Bourges, France, (3) Office national de la chasse et de la faune sauvage, Direction des systèmes d'information, Birieux, France, (4) Faunapath, Lyon, France, (5) ADILVA, Laboratoire départemental vétérinaire et d'hygiène alimentaire des Hautes-Alpes, Gap, France

Une perspective de la mobiquité au service de la gestion avant / pendant / après des séismes
Anne-Marie Lesas (LSIS, Marseille)

Toward Free Spam Social Networks: Detecting and Tracking Spammers in Twitter
Mahdi Washha (IRIT, Toulouse)

Using seal trajectories in biological early warning system for real-time zone tracking
Rouaa Wannous, Jamal Malki, Alain Bouju, Cécile Vincent, Cyril Faucher (L3i, La Rochelle)

Retour d'expérience sur l'analyse des exigences centréesur les données pour des SI *-data
Christophe Ponsard, Annick Majchrowski, Stéphane Mouton(CETIC, Charleroi, Belgique)

Une approche sémantique autonomique pour la détection et le suivi des maladies

Sarah Slimani*— Adel Alti* — Sébastien Laborie — Philippe Roose****

** LRSD/Département d'informatique*
Université Farhat Abbas de Sétif, DZ-19000 Sétif
{Sarah.Slimani , Alti.Adel} @.univ-setif.dz
*** LIUPPA – T2i*
IUT de Bayonne – Pays Basque, 64600, Anglet – France
{Sebastien.Laborie , Philippe.Roose} @iutbayonne.univ-pau.fr

RÉSUMÉ. *Actuellement, les applications mobiles ont été largement utilisées dans divers domaines, notamment médicaux et sociaux. En effet, les applications médicales ubiquitaires de ce type ont pour objectif d'accompagner les patients à tout moment, en tout lieu et en toute circonstance. Cette ubiquité dans l'usage se réalise via des périphériques variés comme les ordinateurs portables, les tablettes, les Smartphones, les smart-tv, etc. Ce contexte soulève, entre autre, des problèmes liés à l'hétérogénéité des contenus (documents, données, flux de données ou autres données liées à des services), aux terminaux (équipements variés de l'utilisateur ou capteurs domestiques), aux besoins des utilisateurs et leurs contextes d'utilisation (profils) ou encore les modes d'interactions possibles. Dans cet article, nous tenons compte de l'ensemble de ces problèmes en nous focalisant particulièrement sur les applications médicales mobiles sensibles aux contextes. Pour ce faire, nous proposons une architecture basée sur des ontologies qui fournit des services sémantiquement équivalents et appropriés au contexte spécifique d'une personne via des règles d'inférences. Afin de valider notre proposition, nous avons utilisé les technologies issues du Web sémantique, du Cloud et l'intergiciel Kalimucho pour la spécification et l'expérimentation des profils des patients sur plusieurs plates-formes.*

ABSTRACT. *Currently, everybody wish to access to applications from a wide variety of devices (PC, Tablet, Smartphone, Set-top-box, etc.). At home, users interact with many devices and get access to many multimedia oriented documents (hosted on local drives, on cloud storage, online streaming, etc.) in various situations with multiple (and sometimes at the same time) devices. The diversity and heterogeneity of users profiles and service sources can be a barrier to discover the available semantic equivalent services with different QoS that can come from anywhere from the home or the city. We particularly focus on context-aware mHealth applications and propose an ontology-based architecture, which provides adapted services that help users to broadcast multimedia documents and use them thanks to interactive services in order to maintain old people at home and achieve their preferences. In order to validate our proposal, we have used the Semantic Web and the Cloud technologies, as well as the Kalimucho middleware by specifying some profiles and experiment their usage on several platforms.*

MOTS-CLÉS : *e-Santé, Cloud, profil, sensibilité au contexte, service intelligent, Inférence.*

KEYWORDS: *mHealth, Cloud; Profile; Context-aware; Smart Service, Inference*

1. Introduction

Actuellement, les applications mobiles ont été largement utilisées dans divers domaines, notamment médicaux et sociaux. En effet, les applications médicales ubiquitaires ont pour objectif d'accompagner les patients à tout moment, en tout lieu et en toute circonstance. Cette ubiquité dans l'usage se réalise via des périphériques variés comme les ordinateurs portables, les tablettes, les Smartphones, les smart-tv, etc. Ceci a incité les développeurs à intégrer dans leurs applications médicales de nouvelles technologies liées au web sémantique et au cloud. Ces technologies permettent notamment d'exprimer de manière plus formelle des informations sémantiques sur les données manipulées pour qu'elles puissent être exploitées par les appareils mobiles et l'intergiciel qui assure l'exécution des services sur les terminaux et/ou leur redéploiement sur le Cloud. L'un des problèmes majeurs de ce type d'application est l'adaptation autonomique sémantique des services aux contextes d'usages.

En effet, à domicile, la variété des situations et de contextes dans lesquelles interagissent les patients sont variés et, pour la plupart, ils manipulent des contenus orientés multimédia provenant de sources variées (*locales, cloud, etc.*). Cet accès est réalisé en utilisant des terminaux aux caractéristiques physiques et d'interactions différentes (*Smartphones, téléviseurs standards ou Smart TV, ordinateurs, tablettes, Set-topboxes, etc.*). Dans le domaine de la e-santé qui nous intéresse plus particulièrement ici, l'utilisateur exploite des services différents à partir de différents périphériques selon des scénarios mouvants qui affectent à la fois la présentation des informations mais également les services accédés ainsi que les différentes interactions dont l'usager peut et doit disposer. Nous constatons aujourd'hui dans ce domaine qu'il y a un manque criant de méthodes permettant aux usagers d'identifier et d'accéder aux services de manière automatique et optimale.

Dans ce contexte, une adaptation de l'application à un ensemble d'attributs (*type de terminal, état de connexion, utilisateur ...)* doit être assurée pour garantir une utilisation confortable. Tous ces paramètres forment un contexte d'utilisation particulier. Dans différents contextes, les utilisateurs accèdent aux mêmes données et aux mêmes services mais reçoivent des réponses qui peuvent être différentes ou présentées différemment avec de multiples niveaux de détails. Par exemple, un médecin consulte le dossier médical d'un patient à l'hôpital à l'aide d'un ordinateur de bureau. Dans un autre contexte, il consulte le même dossier mais chez le patient à l'aide d'un Smartphone. Il peut aussi avoir une synthèse vocale du même dossier dans un autre contexte (*e.g. en voiture*).

Le concept d'habitat intelligent pour la santé vise à offrir une vie autonome, souvent dans leur domicile, à des personnes souffrant de diverses maladies et handicaps qui devraient normalement les contraindre à une hospitalisation ou à un placement en institution spécialisée : patients souffrant de certaines maladies chroniques, handicapés, mais aussi personnes âgées dépendantes. Notre principal objectif est d'offrir un support à la réalisation d'application médicale longue durée c'est-à-dire prendre des décisions intelligentes et automatisées qui s'adapteraient aux besoins du moment comme la localisation de l'utilisateur et ses ressources disponibles. Par exemple : *afficher des informations pertinentes pour l'utilisateur et l'aider à dépasser sa maladie en lui proposant des services, partiellement (ou totalement) déployés sur le cloud, qui tiennent compte de son contexte.*

Dans ce sens, nous proposons dans cet article une approche sémantique automatique fondée sur l'utilisation d'ontologies. Cette utilisation est basée sur la combinaison entre trois ontologies (*haut niveau, domaine smart-Health, Cloud*), afin de modéliser des profils utilisateurs, faciliter la recherche de service dans le cloud et personnaliser les services de santé. Nous proposons aussi une gestion autonome des habitats intelligents permettant: (1) - d'analyser, d'évaluer et d'optimiser le taux de redondance des services sémantiquement équivalents assurant l'accès à des fournisseurs de services distants (*Autonomic Equivalent Semantic Service Controller and Reconfiguration (AESCR)*), (2) - détecter les services sémantiquement équivalents avec différentes qualité de services (QoS) et les solutions alternatives en analysant le comportement de tous les routeurs se trouvant dans le même réseau local, en se basant sur le protocole de communication SNMP (*Simple Network Management Protocol*). En effet, un des objectifs de notre proposition intitulée AESCR est de re-router le transfert des données multimédia e-santé vers un autre chemin en cas de besoin (*mauvaise QoS, coupure de connexion, batterie faible, etc.*), afin d'assurer la continuité des services tout en libérant l'administrateur réseau d'effectuer des modifications au niveau du serveur [CAS 09] [KEL 14] *(changement statique de l'adresse IP/Service*). Une fois le problème résolu (*rétablissement de la connexion/réactivation de service*), le chemin secondaire sera désactivé et mis en attente. Ces configurations correctives apportées par AESCR doivent donc être combinée à l'aide d'une autre plateforme que nous exploitons : Kalimucho. Cela permet comme le montre la figure ci-dessous l'utilisation d'une seule adresse IP virtuelle et d'un service générique, assurant l'objectif « zéro configuration coté administrateur Kalimucho ou client ».

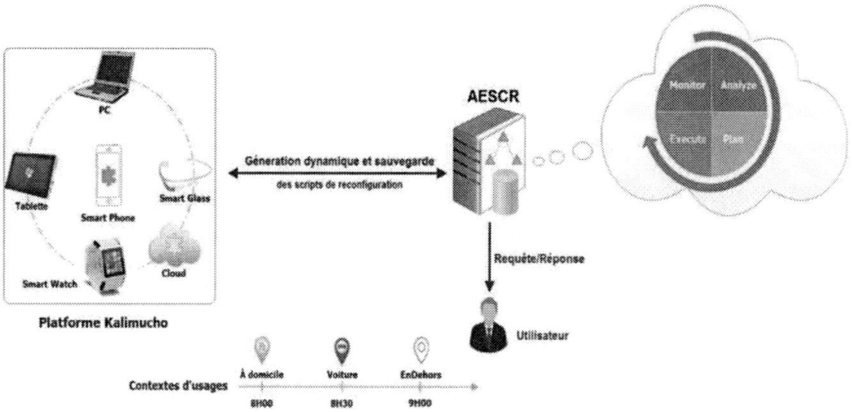

Figure 1. *Notre proposition*

2. Travaux connexes

Plusieurs travaux d'assistance des malades à distance ont vu le jour ces dernières années. Les premiers travaux ont mis l'accent sur la réduction de la consommation d'énergie sur les appareils mobiles individuels. Lemlouma et al. [LEM 14] évitent les consommations inutiles d'énergies et fournit l'énergie nécessaire selon le contexte d'usage. Ils utilisent les modèles standards de contexte pour équilibrer la consommation d'énergie. Néanmoins, ils n'exploitent pas de contraintes sémantiques riches liées aux paramètres du contexte de l'utilisateur alors que ce sont des informations importantes pour gérer de façon intelligente un système d'adaptation.

Bhunia et al. [BUN 98] proposent un système intelligent de surveillance de la santé comprenant de nombreux capteurs qui mesurent certaines propriétés physiques d'un corps humain. Le diagnostic est effectué par l'analyse des symptômes et la détection d'une maladie particulière. Le diagnostic guidé par des règles floues permet de prendre une décision intelligente sur le capteur qui est nécessaire à être activé et quand il doit être activé. Le système active quelques capteurs qui enregistrent certains des paramètres de base du corps humain. Les valeurs reçues par des capteurs sont transformées aux ensembles flous comme «normal», «faible», etc. Ces variables floues deviennent des entrées au programme de décision qui détecte l'état réel du patient comme état de faiblesse cardiaque, choc, problèmes respiratoires, etc. Ces sorties sont des actions et des événements qui alertent les médecins et/ou l'activation de plusieurs capteurs pour la surveillance du patient. Ainsi, les données des capteurs ne peuvent pas être tenues en une fois. De cette façon, beaucoup de ressources énergétiques peuvent être dépensées.Lomotey et al. [LOM 14] proposent une amélioration d'architecture *« App Med »* qui répond aux questions d'accès fiables aux données médicales et la sûreté de la vie privé dans le système d'informations médical. Pour cela, deux accès de sécurité sont proposés: un accès via *l'intergiciel* et un accès via *HIS* (***Health Information Systems***). L'intergiciel et HIS partagent les certificats de sécurité afin que la communication puisse être sécurisée. L'intergiciel crypte des données médicales de la HIS avant d'être envoyé au mobile. Inversement, les données de l'appareil mobile sont décryptées avant d'être envoyées à la HIS via le protocole HTTPS. Les informations médicales (*les données personnelles des patients, les diagnostics, les médicaments, l'historique des traitements*) doivent être validées par les deux passerelles. L'application est portable et s'exécute sur les Smartphones, PC et Laptops.

Pappachan et al. [PAP 14] proposent des agents mobiles communautaires de santé (CHW) qui jouent le rôle de liaison entre les fournisseurs de soins et les patients dans les régions mal desservies ou non desservies. Ils décrivent un système pour les appareils mobiles et portables appelé Rafiki qui guide les CHWs dans le processus de diagnostic, facilite la collaboration entre les CHWs et les fournisseurs de soins dans la communauté de santé à travers les clouds et les réseaux P2P. Le système fournit un support de décision pour CHW en raisonnant sur la base de connaissances constitué d'ontologies, d'instances et de règles d'inférences. Rafiki identifie les maladies possibles en fonction des symptômes et du contexte de patient (*l'âge, le sexe, localisation, d'autres maladies dans la région*). Rafiki peut également aider les patients avec les appareils mobiles en fournissant des informations sur leurs traitements ainsi que par la collecte d'informations de contexte qui peut encore être partagé avec les CHWs.

Récemment, Naqvi et al. [NAQ 14] proposent un modèle de description de contexte et un modèle de description des services de qualité sensibles aux contextes afin d'adapter les services d'infrastructure au contexte de l'utilisateur et son appareil mobile. La détection de contexte comme un traitement léger fonctionne sur l'appareil mobile et d'autres tâches de gestion de contexte et de traitement lourds (*détection de motif, le raisonnement et l'apprentissage*) sont déployées sur l'infrastructure Cloud. Le déploiement et la personnalisation de services se fait selon la situation de l'utilisateur et les activités en cours. La sensibilité aux contextes et l'adaptation des services provisionnés sont des tâches difficiles en raison de l'évolution dynamique du contexte et de la nature hétérogène des données. Un mécanisme visant à assurer la qualité des décisions d'adaptation est réalisée à l'aide de raisonneur QoC (Qualité de Contexte) via une analyse « trades-offs » dans les modules de décision d'adaptation afin de déployer dynamiquement des services vers le Cloud sans affecter la QoS.

Plus récemment, HameurLaine et al. [HAM 15] proposent un nouveau modèle hybride basé sur les paradigmes génériques observateur/contrôleur et les ontologies à base de règles d'inférences pour la conception de système médicale en environnement pervasif. Les auteurs maintiennent le système en surveillance contrôlée par l'observateur/contrôleur, pour raisonner ensuite sur des informations contextuelles collectées. Cela permet au système d'adapter son comportement de façon dynamique face aux changements de contexte pour sélectionner les services les plus appropriés au contexte spécifique d'une personne par des règles d'inférences. Dans ce travail, on note notamment l'utilisation d'entités différentes et hétérogènes. De plus, un autre aspect intéressant est la déduction des nouvelles situations qui nécessitent une adaptation du comportement du système. Malheureusement, ce travail ne tient pas compte des techniques de découverte de services sémantiquement équivalents avec différentes QoS. En comparaison avec les travaux précédents, nous souhaitons fournir des services sémantiques équivalents *(location, temps, catégorie*) avec différentes QoS dans un environnement intelligent. Nous nous focalisons tout particulièrement vers des informations et diffusion d'informations provenant de services liés au domaine du smart-health. De plus, pour être indépendant de la plateforme d'exécution et des technologies d'implémentations, nous incluons le modèle d'exécution dans la description sémantique du service. Un modèle sémantique est utilisé pour modéliser les services de la e-santé, les profils des utilisateurs décrivant leurs contextes afin de guider notre système vers des décisions d'adaptation intelligentes. L'objectif est de fournir à une personne une certaine autonomie, tout en lui proposant des interactions : alarme pour prise de médicaments, détection de dangers (*pour les aveugles*), détections d'incidents (*ex. les chutes des tensions*), suivi de paramètres vitaux, diagnostique à distance, etc. Ces assistances peuvent être locales ou peuvent être distantes nécessitant la remontée des informations vers le Cloud.

3. Architecture de la plateforme

Dans notre travail, nous avons besoin d'une description sémantique, extensible et complète des services intelligents sensibles aux contextes dans le domaine e-health avec une meilleure gestion autonomique de qualité de service vis-à-vis de la mobilité des utilisateurs et des ressources d'exécutions limitées *(batterie faible, etc.)*. Notre approche est appliquée dans le domaine de la e-santé car ce dernier couvre un grand nombre de services médicaux. Nos objectifs sont : (i) – un modèle sémantique afin de modéliser les services de la e-santé, les profils des utilisateurs et leurs contextes afin de guider l'adaptation vers des décisions intelligentes ; (ii) – surveillance du contexte du patient et découverte de la liste des services sémantiquement équivalents (location, temps, catégorie) se trouvant dans le même réseau local ; (iii) – auto-génération des scripts de reconfiguration des services et optimisation de la redondance des chemins d'adaptations ; (iv) économie du temps d'intervention et d'analyse des administrateurs réseau par un fonctionnement purement autonome.

L'architecture de notre plateforme contient quatre couches :

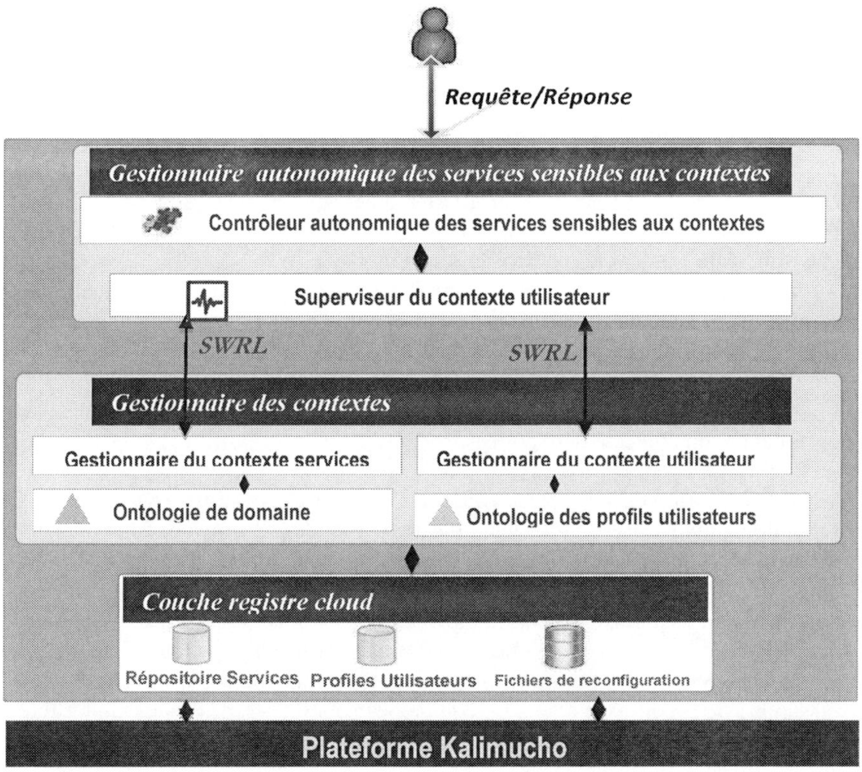

Figure 2. *Architecture de la plateforme*

* **Couche registre cloud** : La première couche correspond aux profils et aux ressources liées aux utilisateurs. Elle sert à stocker les données contextuelles qui décrivent les informations de localisation des utilisateurs mobiles, leurs équipements mobiles, leurs maladies et données associées, etc. Cette couche contient également la description des services sémantiques de domaine, des ressources cloud ainsi que les différents fichiers des reconfigurations des services.

* **Couche gestionnaire des contextes** : cette couche permet de gérer le contexte du processus d'adaptation. Elle contient deux composants :

- **Gestionnaire du contexte de l'utilisateur :** permet de récupérer et mettre à jour les activités strictement liées à une personne et son contexte courant à un niveau individuel. Par exemple : où se trouve l'utilisateur (*en voiture, en travail, en dehors*), son équipement mobile et ses ressources (*vitesse CPU, niveau de batterie, type de réseau*) et toutes les informations médicales courantes (ses symptômes, ses données vitales, sa maladie et ses traitements).
- **Gestionnaire du contexte des services :** permet de gérer la liste des services disponibles, les exigences du service pour l'exécution, les capacités du dispositif mobile pour déployer et exécuter le service. Chaque service est enrichi par un ensemble de paramètres contextuels (disponibilité, localisation et temps d'exécution, exigences matériels et logiciels, préférences d'exécution de service) et de paramètres liés à la qualité de service (QoS).

* **Couche gestionnaire autonomique des services sensibles aux contextes:** cette couche permet de gérer le processus d'adaptation et fournit une réponse continue à l'utilisateur par re-routage de sa requête vers un autre chemin. Cette couche principale contient les composants suivants :

- **Supervision du contexte de l'utilisateur :** permet de vérifier les évolutions continues du contexte de l'utilisateur. Il fait appel au composant gestionnaire de contexte de l'utilisateur.
- **Contrôleur autonomique des services sensibles aux contextes :** permet de vérifier les évolutions continues des services. Il fait appel au composant gestionnaire du contexte des services.

➢ **Phase N°1 [Monitor] :** ***Découverte des services équivalents/ routes***

Détection automatique de tous les utilisateurs mobiles se trouvant dans le même réseau local en se basant sur le protocole de communication SNMP (*Simple Network Management Protocol*) qui représente un moyen de contrôle des informations de gestion décrivant l'état des serveurs et des passerelles. Ceci est réalisé en envoyant une requête SNMP destinée à l'adresse broadcast locale. Cette requête SNMP est exprimée en SWRL sous forme de prédicats qui tiennent compte du contexte de l'utilisateur. Elle est diffusée à tous les équipements mobiles reliés au réseau local, et renvoie les résultats de l'interrogation ontologiques entres concepts à l'utilisateur. Seuls les utilisateurs activant SNMP et installant Kalimucho [KEL 14] avec le groupe « communauté health » vont renvoyer une réponse à la requête SNMP diffusée par AESCR. Les réponses SNMP vont être traitées par AESCR afin d'établir les individus de la classe « *OWL Profil* » dans la base de connaissance. Cette classe contient l'adresse IP de tous les utilisateurs se trouvant dans le même réseau local. Pour chaque utilisateur instancié dans la classe « *OWL Utilisateur* », AESCR lance une requête SNMP « SNMP GET » pour récupérer les différents services/routes à analyser afin de vérifier la redondance des routes avec ses différentes QoS. Les services et les routes récupérés à partir de l'ensemble des utilisateurs sont structurés au niveau de la base de connaissance respectivement dans les classes nommées: « *OWL Service* » et « *OWL Path* ».

➢ **Phase N°2[Analyse] :** ***Analyse des services*** **équivalents** ***et recherche des routes redondantes***

La phase suivante consiste à analyser la liste des services sémantiquement équivalents (*location, temps, catégorie*) avec différentes QoS (*temps d'exécution, type de modalité entrée/sorite, coût de service*). Notre ontologie est utilisée pour sélectionner les services les plus appropriés face au contexte d'utilisation courant. On tri la liste des services selon la QoS et les préférences de l'utilisateur, puis on analyse les chemins de routage afin de vérifier l'existence de routes redondantes vers les services d'informations sources. Deux cas sont possibles :

- Alternatives d'une route au niveau du même routeur. Dans ce cas, la redondance est prise en charge par le routeur. La vérification permet le calcul du taux de redondance assuré par chacun des routeurs.
- Alternatives d'une route au niveau de deux (ou plusieurs) routeurs. Dans ce cas, AESCR planifie l'application des configurations nécessaires à la prise en charge des routes secondaires en cas de besoin (coupure de liaison ou bien arrêt de service).

➢ **Phase N°3 : Création des fichiers de configuration/ Plan**

Dans cette phase, pour simplifier le re-deployment des services pour la plateforme Kalimucho en cas de besoin (mauvaise QoS, batterie faible, coupure de connexion, etc.) ainsi que l'activation de la redondance des chemins de routage des services, AESCR permet de créer automatiquement des fichiers de configuration qui vont être placés dans un serveur cloud Kalimucho.

➢ **Phase N°4 : Copie des fichiers de configuration/Exécution**

Ensuite, en utilisant le protocole SNMP, les fichiers de configuration, créés dans la phase précédente, seront copiés au niveau des routeurs concernés par la route redondante

- **Couche d'intergiciel Kalimucho :** qui correspond à la plateforme Kalimucho [CAS 09] [KEL 14] et assure l'exécution des services sur les terminaux et/ou leur redéploiement sur le Cloud à partir de fichiers de reconfiguration générés.

4. Ontologie développée

Notre principal objectif est d'offrir un support à la réalisation des applications médicales longue durée, c'est-à-dire prendre des décisions plus intelligentes et automatisées qui s'adapteraient aux besoins du moment tenant compte de la localisation de l'utilisateur et à ses ressources disponibles. Par exemple : afficher des informations pertinentes pour l'utilisateur et l'aider à dépasser les contraintes liées à sa maladie. Nous souhaitons fournir un contenu optimisé dans un contexte d'une ville intelligente. Nous nous focalisons tout particulièrement vers des informations et diffusion d'informations relatifs à des services liés au domaine de la e-santé. Cela soulève, entre autre, des problèmes liés à l'hétérogénéité des contenus (*documents, flux de données ou autre données liées aux services*), aux terminaux (*équipement utilisateur ou capteurs domestiques*), aux besoins des utilisateurs et leurs contextes ainsi que des modes d'interactions possibles. L'ontologie du domaine smart-Health réalisée décrit à la fois le domaine d'application et les services Cloud associés puisqu'elle est destinée à être le cœur d'une application exploitant les technologies issues du web sémantique. Elle fait référence également à d'autre ontologies de haut niveau. Pendant le développement de l'ontologie de domaine, nous avons interrogé deux médecins et examiné un certain nombre de documents et de manuels en vue de l'extraction de l'information.

4.1 *Ontologie de haut niveau*

L'ontologie de haut niveau illustrée dans la figure 3 se concentre sur un profil qui définit tous les services qui supportent toutes les activités strictement liées à une personne et son contexte courant à un niveau individuel. Un contexte est un ensemble de toutes les informations qui peuvent être utilisées pour caractériser la situation d'une entité. L'entité est une personne, un lieu ou un objet qui est considéré comme pertinent à l'interaction entre un utilisateur et une application [Dey 01]. Les informations du profil de personne sont organisées en facettes *(ressource, activité, personne, document, biomédicale et place)* et liées par des services qui fournissent des données ou récupèrent des modifications. Le profil traite les informations

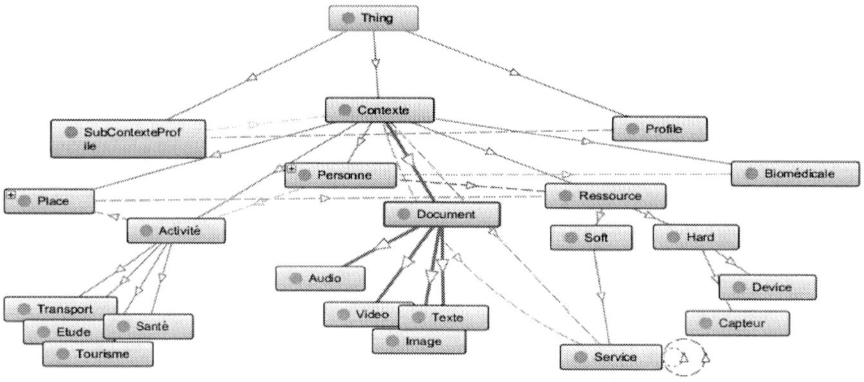

récupérées et collectées depuis les différents services disponibles.

Figure 3. *Ontologie de haut niveau.*

- **Ressource :** Cette facette décrit toutes les capacités d'un environnement intelligent en terme de matériel ou de logiciels. Par exemple, *il détaille les types d'équipements tels que les capteurs et les dispositifs fixes ou mobiles ainsi que les services disponibles.*
- **Activité :** Elle décrit toutes les participations d'une personne dans un environnement intelligent, elle comprend santé, étude, transport, etc. Ces activités sont caractérisées par un temps de début, de fin et un lieu.
- **Place :** Ceci décrit la latitude et la longitude, elle identifie également où la personne, l'activité et la ressource sont localisées.
- **Personne :** Contient des informations sur un individu. Une grande variété de sources hétérogènes pourrait fournir ce genre d'informations. Les sources de données peuvent être stockées localement ou à distance (*ses informations personnels, ses amis, agendas, etc.*). Le Contexte de personne intègre et se réfère à ces données. Les propriétés importantes comprennent également les préférences de la personne : *âge*, *langue* et *localisation.* Certaines parties du profil peuvent être publics, tandis que d'autres peuvent être privées (*accès restreint*).
- **Document :** Un document est l'information élémentaire recherchée par la personne, tels que textes, images, vidéo et audio. Le contexte du document spécifie un ensemble de propriétés liées à un type de support spécifique:
  - *Texte*: alignement, police, couleur, format, etc.
  - *Image*: la hauteur, la largeur, la résolution, la taille, le format, etc.
  - *Vidéo*: le titre, la couleur, la résolution, la taille, codec, etc.
  - *Son*: la fréquence, la taille, la résolution, le format.
- **Biomédicale :** Cette facette rassemble toutes informations contextuelles liées au domaine médicale. Le terme biomédicale se devise en deux parties le bio et médicale.

4.2 *Ontologie de domaine*

L'ontologie du domaine smart-Health couvre le domaine des services médicaux où ces derniers touchent de nombreux aspects, tels que les soins des patients, les décisions cliniques, des diagnostics et des appareils mobiles qui aident les patients. Dans notre quête pour modéliser le domaine smart-Health, nous avons abouti à la conclusion qu'une modélisation de tout le domaine nous est impossible vu la portée de ce dernier. C'est pour cette raison que notre choix s'est fixé sur quelques services de santé, tels que :

- *Evaluer_ Anémie.*
- *Evaluer_ Grippe saisonnière.*
- *Evaluer_ Intoxication alimentaire.*
- *Evaluer_ Hyperglycémie type1.*
- *Evaluer_ Hyperthyroïdie.*

L'ontologie proposée est un modèle de la connaissance d'un domaine clinique tel que la détection d'une maladie. Il contient tous les concepts relatifs liés au diagnostic, le traitement, les symptômes, les signes vitaux et les informations des patients. L'ontologie est conçue d'une manière permettant de déduire la connaissance grâce à des mécanismes de raisonnement. Une ontologie se compose de classes, de propriétés ainsi que de relations entre les classes et les individus. Un exemple d'une classe de l'ontologie médicale est «Traitement». C'est la super classe de tous les autres types de traitement. Une classe représente un concept clinique spécifique dans le modèle, elle peut être plus générale (classe supérieure) ou plus spécifiques (sous-classe), par exemple, une classe spécifique de «Traitement» est «Antipyrétique». Une ontologie a toujours une classe plus générale « Thing». La figure 4 illustre notre ontologie de domaine médicale qui a les concepts suivants :

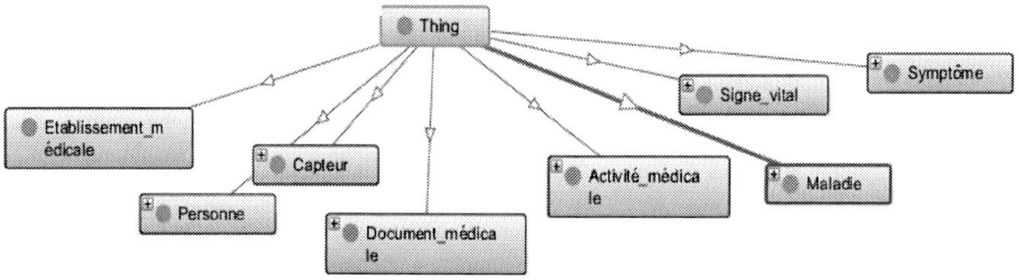

Figure 4. *Ontologie de domaine*

- **Symptôme** : Un symptôme représente une des manifestations subjectives d'une maladie ou d'un processus pathologique, tel qu'exprimé par le patient. Les symptômes peuvent être multiples pour une maladie donnée. Notre étude regroupe un ensemble de symptômes (*fièvre, faiblesse, nausée, diarrhée, ...*) qui sont illustrés dans la figure 5. Un symptôme est utilisé pendant le diagnostic pour détecter la maladie possible.

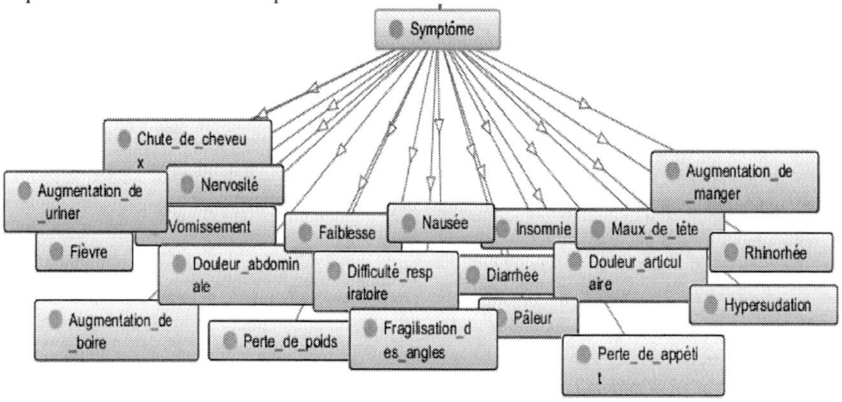

Figure 5: *Le module ontologique de symptôme*

- **Maladie :** La maladie est réduite à l'ensemble des symptômes et des signes vitaux par lesquels elle se manifeste : Anémie, Grippe saisonnière, Intoxication alimentaire, Hyperglycémie type1, Hyperthyroïdie qui sont sélectionnés.
- **Signe vital :** Il s'agit de la température du corps, glycémie, fréquence respiratoire, fréquence cardiaque et la tension artérielle. Ils sont des indicateurs de la santé du patient. La mesure des signes vitaux constitue une des premières étapes lors d'un diagnostic ainsi qu'une méthode rapide et efficace pour vérifier l'état du patient.

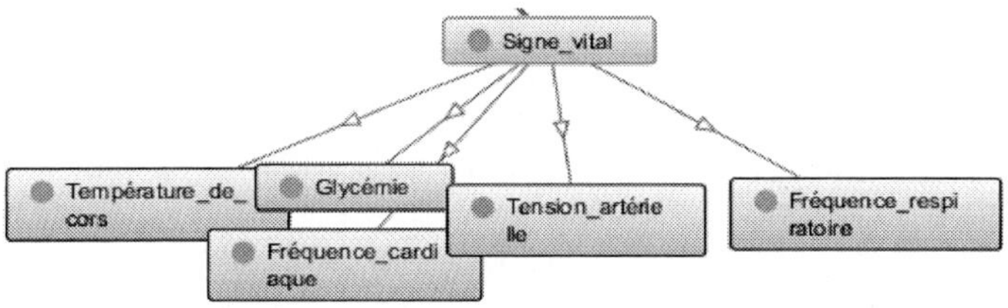

Figure 6 : *Le module ontologique de signe vital*

- **Capteur :** appareil électrique qui surveille et capte les signes vitaux d'un patient. Nous avons un capteur de température, de glycémie, de tension artérielle, de fréquence cardiaque et de fréquence respiratoire. Un capteur possède des caractéristiques, telles que son Uri, unité de mesure, type, valeur qualitative, valeur quantitative.
- **Personne :** C'est toute entité vivante dans le domaine de la santé qui possède des informations contextuelles. On distingue de nombreuses sous-classes (*médecin, infirmier, pharmacien, patient....*). Le patient a des symptômes, souhaite accéder à des informations et il est relié à des capteurs.
- **Document médical :** Le document médical comprend trois sous classes (*rapport, fiche suivi, traitement*). Notre objectif vise à mieux sélectionner le traitement possible afin de fournir une meilleure solution pour répondre aux questions des patients. La figure 7 présente la structure de ce document. Elle permet au patient de prendre le document médical selon leurs contraintes de contexte.

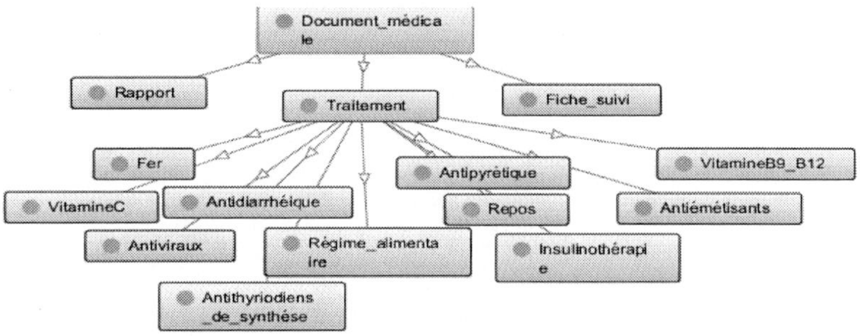

Figure 7 : *Le module ontologique de document médical.*

- **Etablissement médicale :** Elle a différents types (*polyclinique, clinique, hôpital, cabinet*), elle est le lieu où on peut prendre le soin.

Dans notre ontologie, le module de diagnostic comprend toute l'information qui est lié au patient, il a de l'intérêt pour le diagnostic de la maladie. Les informations initiales du diagnostic sont les symptômes et les valeurs collectées par les capteurs, puis le diagnostic peut extraire ou détecte la maladie possible.

4.3 Ontologie de Cloud

L'ontologie de Cloud proposée dans cet article est composé de deux super classes *(service et hôte)* comme présenté dans la figure 8. On distingue plusieurs types de services de santé (*services permettant d'évaluer l'anémie, d'évaluer une intoxication alimentaire, d'évaluer une grippe saisonnière, d'évaluer une hyperthyroïdie et d'évaluer une hyperglycémie type1*). Hôte regroupe deux autres classes (*locale et Cloud*), locale est tout appareil responsable au déploiement de service. Cloud fait référence à une infrastructure de traitement et de stockage de données qui peut être réalisé à l'extérieur de l'appareil. L'utilisation de Cloud peut se faire dans n'importe quels types d'appareils. Habituellement, les services sont déployés dans l'hôte *(appareil mobile ou fixe). Néanmoins,* si les ressources de l'appareil (batterie, espace stockage…) sont insuffisantes, elles seront obligatoirement déployées sur le Cloud.

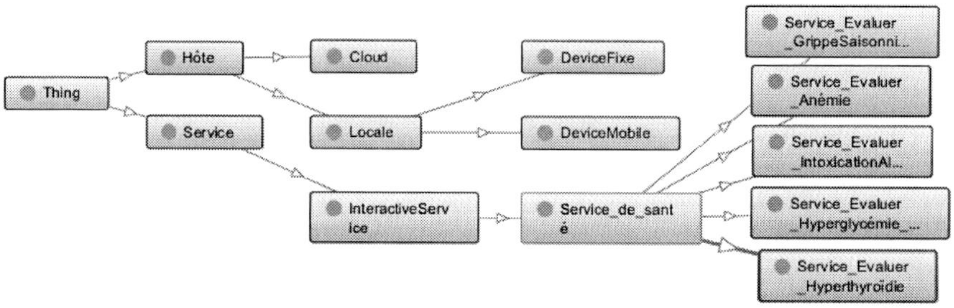

Figure 8 : *Ontologie de Cloud.*

5. Scénarios possibles et simulation de a plateforme

Afin d'avoir un système médical global, automatique et confortable à l'utilisateur mobile, pour chaque changement de contexte (*temps, localisation, capacité de appareil mobile pour déployer et exécuter le service*), nous avons utilisé notre modèle de contexte qui rassemble les trois ontologies précédentes pour le déploiement/ ou la migration des services pertinents. Dans le scénario, un utilisateur dans sa voiture utilise un Smartphone avec une connexion sans fil (figure 9). L'utilisateur a besoin de services liés à la santé (*exemple diabète*). Après avoir trouvé les services de santé adéquats à partir son appareil mobile, il se trouve que les ressources de son dispositif mobile sont insuffisantes (*le niveau de batterie est bas*). La seule solution consiste à placer le service dans le Cloud pour économiser l'énergie afin de l'utiliser. Dans le scénario mentionné ci-dessus, le rôle du contexte ne peut être négligé, car il est essentiel de continuer l'exécution des services et l'adapter dynamiquement pour atteindre une exécution continue des services d'une manière évolutive avec un comportement intelligent.

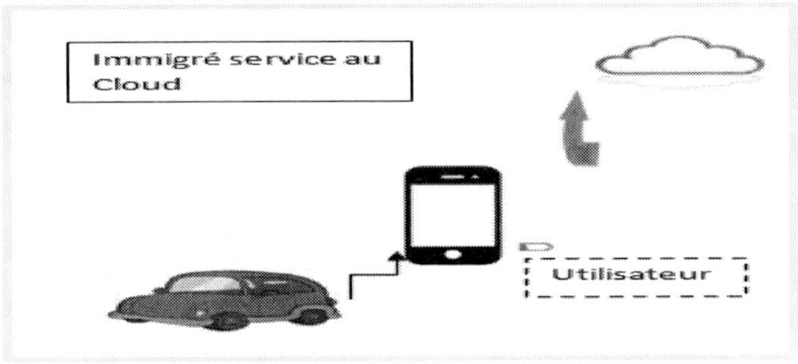

Figure 9 : *Scénarios possibles.*

Nous avons implémenté notre ontologie à l'aide du langage OWL en utilisant l'éditeur d'ontologie Protégé 3.4. [PRO 07] et le moteur d'inférence JESS (*Java Expert System Shell*) intégré dans Protégé pour exécuter les règles sémantiques et en déduire les résultats. Le tableau 1 illustre une partie des règles SWRL intégrées dans notre ontologie. Les règles permettent d'enrichir et rechercher des services équivalents avec différentes QoS, détections d'incidents (*ex. les chutes des tensions*), suivi de paramètres vitaux, diagnostique à distance et déclenchement d'une alarme pour prise de médicaments.

La règle suivante présente le déploiement d'un service vers le cloud dans le cas où le niveau de batterie de l'appareil mobile est faible :

```
Profile(?p)^Composé_de(?p, ?sp) ^Depend_de(?sp, ?d) ^Device(?d) ^
NiveauBatterie(?d, ?niveau) ^ swrlb:equal(?niveau, "Bas") ^
Service_de_santé(?s) ^ Déployé_dans(?s, ?hote) ^
Défini_comme(?d, ?hote) ^ Cloud(?cloud) → Migrate(?s, ?cloud)
```

Selon notre architecture, le rôle principal du superviseur de contexte est d'observer le système, qui représente les patients, les capteurs, les périphériques intelligents et les services. Ce composant sur l'écoute des informations issues des capteurs (*capteur de localisation, capteur de température et un capteur de niveau de glucose, capteur de batterie, etc.*). Les informations contextuelles sont transférées dans notre ontologie au format OWL. Le composant *Service Controller* utilise le raisonneur JESS et inféré les situations courantes (*Situation de diabète Situation de batterie, etc.*). Selon les situations détectées, il déclenche la détection automatique de tous les services qui se trouvant dans le même réseau local en envoyant un *Ping* destinée à l'adresse Broadcast locale. Seuls les utilisateurs installant Kalimucho vont envoyer une réponse à la requête *Ping* diffusée par AESCR. Les réponses vont être traitées par AESCR afin d'établir les différents services/routes sémantiquement équivalents (*location, temps, catégorie*) avec différentes QoS (*temps d'exécution, coût de service*). On tri la liste de services selon QoS et préférences utilisateur selon la notre stratégie [ALT 15](Voir Figure 10). Enfin, AESCR créer automatiquement des fichiers de configuration qui vont être placés dans un serveur Kalimucho.

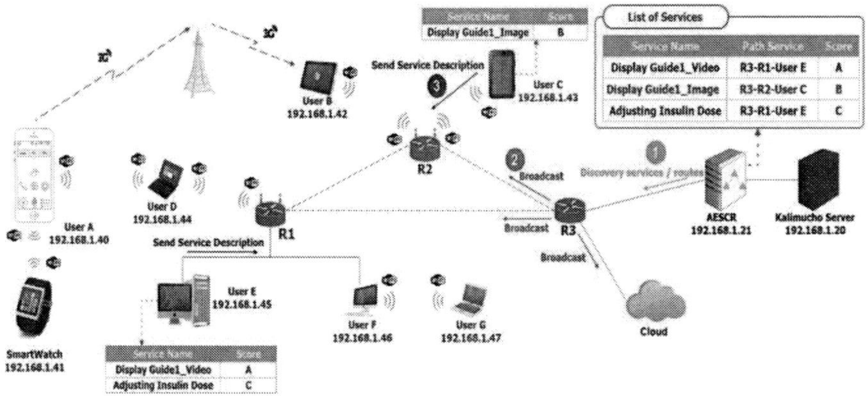

Figure 10 : Découverte des services/routes équivalents

6. Conclusion

Dans cet article, nous nous intéressons par une description sémantique, extensible et complète des services intelligents sensibles aux contextes dans le domaine smart-Health avec pour ambition une meilleure gestion de qualité de service vis-à-vis de la mobilité des utilisateurs et de leurs contextes (charge de batterie faible, etc.).

Nous avons proposé une architecture à base d'ontologies pour assurer la continuité techniques des services et la prise en compte du contexte courant pour le diagnostic et le traitement de maladies. L'utilisation du raisonnement sémantique sur les trois ontologies combinées (*haut niveau, domaine smart-health, Cloud*) et enrichies par des règles SWRL, facilite la modélisation des profils utilisateurs, la recherche et la personnalisation des services de santé.

Afin de valider les résultats de notre approche, nous avons utilisé l'éditeur d'ontologie open source Protégé version Protégé-3.4.7 et NetBeans. Les résultats de l'expérimentation montrent bien que l'interaction entre l'application et l'ontologie permet de modéliser les profils d'utilisateurs et faciliter la recherche d'information, les résultats étant très satisfaisants. En guise de conclusion, nous citons comme perspectives de recherche les points suivants : (1) - enrichissement sémantique de l'ontologie par des concepts des domaines smart-city, smart-tourisme, etc. ; (2) - expérimentation réelle de l'ontologie par l'utilisation de capteurs physiques, (3) - intégration de modalités d'interactions intelligentes au sien de notre ontologie.

7. Bibliographie

[BUN 14] S. Bhunia, S. K. Dhar and N. Mukherjee, « iHealth: A Fuzzy approach for provisioning Intelligent Health-care system in Smart City», In Wireless and Mobile Computing, Networking and Communications (IEEE WiMob), pp 187 – 193, 2014.

[LOM 14] R. K. Lomotey and R. Deters, «Mobile-Based Medical Data Accessibility in mHealth», In Proceedings of 2nd IEEE International Conference on Mobile Cloud Computing, Services, and Engineering (MobileCloud'2014), pp 91-100, 2014.

[PAP 14] P. Pappachan, R. Yus, A. Joshi and T. Finin, «Rafiki: A Semantic and Collaborative Approach to Community Health-Care in Underserved Areas», In Proceedings of 10th IEEE International Conference on Collaborative Computing: Networking, Applications and Worksharing (CollaborateCom 2014), pp 91-100, 2014.

[LEM 14] T. Lemlouma, S.Laborie, P. Roose, A., Rachedi, K., Abdelaziz, «mHealth Contents and Services Delivery and Adaptation Challenges for Smart Environments», mHealth Multidisciplinary Verticals, CRC Press/Taylor & Francis, pp.295-314, 2014.

[KEL 14] D. Keling, P. Roose, M. Dalmau and J. Novado, «Kali2Much: An autonomic middleware for adaptation-driven platform», In Proceedings of the International Workshop on Middleware for Context-Aware Applications in the IoT (M4IOT 2014) @ MIDDLEWARE'2014. December 25-30.

[HAM 15] A. HameurLaine, K. Abdelaziz, P. Roose, « Towards an observer/controller and ontology/rules based approach for pervasive healthcare systems », Int. J. Ad Hoc and Ubiquitous Computing (accepted to be published).

[CAS 09] C. Cassagnes, P. Roose, M. Dalmau, "Kalimucho: software architecture for limited mobile devices", ACM SIGBED Review, v.6 n.3, October 2009 DOI= http://doi.acm.org/10.1145/1851340.1851354.

[NAQ 14] N.Z. Naqvi, D. Preuveneers, Y. Berbers, « A Quality-aware Federated Framework for Smart Mobile Applications in the Cloud», In Proceedings of the 5th International Conference on Ambient Systems, Networks and Technologies (ANT 2014), Procedia Computer Science, pp. 253–260, 2014.

[DEY 01] A. Dey, «Understanding and Using Context. Personal and Ubiquitous Computing», 5(1):4–7. 2001.

[CHA 01] J. Chai, S. Pan, M.X. Zhou, «MIND: A Semantics-based Multimodal Interpretation Framework for Conversational Systems», In Proceedings of the International Workshop on Natural, Intelligent and Effective Interaction in Multimodal Dialogue Systems. Copenhagen, Springer-Verlag, 37-46.

[PRO 07] Protégé. 2007. Why Protégé. http://protege.stanford.edu

[ALT 15] Alti, A., Laborie, S. Roose, P., USSAP: Universal Smart Social Adaptation Platform, In Proceedings of the 6th International Conference on Ambient Systems, Networks and Technologies (ANT 2015), Procedia Computer Science, pp. 670–674, DOI= 10.1016/j.procs.2015.05.070

SI pour aide à la décision stratégique et alerte en pharmacovigilance.

Yannick BARDIE

EDEG-MRM-SI
Place Eugène Bataillon
F-34095 Montpellier Cedex 5

yannick.bardie@orange.fr

MOTS-CLÉS : *sûreté pharmaceutique ; pharmacovigilance ; traitement des données ; traitement du signal ; signaux faibles ; système d'information*

KEYWORDS: *pharmaceutical safety ; pharmacoviligance ; data management ; signal processing ; weak signals ; information system*

1. Contexte

Anticiper les risques était-il possible ? Des accidents de la pharmacie industrielle auraient-ils pu être évités ? Quels sont les risques d'aujourd'hui ? Où et quand se réaliseront ils ? Il est donc utile et nécessaire de disposer d'un **maximum d'informations de veille**, afin de temporiser et cartographier le risque pharmaceutique global et la pharmacovigilance globale.

Depuis une quarantaine d'années, les contraintes réglementaires et les exigences éthiques, relatives aux essais cliniques (Le Floch et al., 1995), se sont alourdies dans les pays développés. Cela a entrainé la délocalisation des essais vers les pays à moindre coût et à moindre contrainte réglementaire (cas des pays de l'Est). Entre 1995 et 2005, le nombre de sites investigateurs en dehors des USA a été multiplié par 10 alors que la conduite d'essais cliniques dans les pays traditionnels a significativement diminué. D'après une étude de la base de données publique américaine des essais cliniques (www.clinicaltrial.gov) réalisés par les vingt plus importants laboratoires américains, un tiers des essais seraient conduits entièrement en dehors des USA (157 sur 509) et la majorité des sites investigateurs toutes études confondues se localiserait en dehors des Etats-Unis (13.521 sites hors USA sur les 24.206 sites recensés). Or, 80 maladies touchent les pays en voie de développement alors que seuls 10 recherches y sont consacrées (Thalabard 2014).

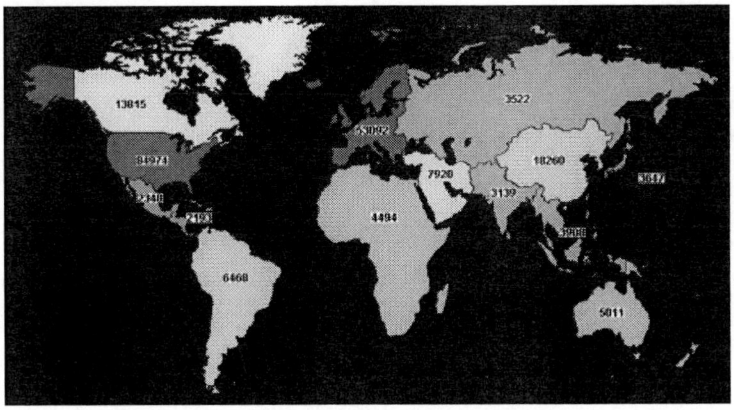

Figure 1 - Répartition Globale des essais cliniques dans le monde (source : www.clinicaltrial.gov)

Dans la poursuite du but de thésauriser le maximum d'informations, la numérisation, en cours, du processus global des métiers de la Recherche Clinique est requise. Ceci afin de permettre une recherche fondamentale sur la détection et la propagation des signaux d'alerte précoces en recherche médicale.

Par lettre du 26 janvier 2013, la ministre a confié au directeur général de la santé une mission relative à la refonte des vigilances sanitaires . La mission a pour objectif d'identifier les moyens permettant de :

– faire des patients des acteurs de la politique de santé et de la sécurité sanitaire, en facilitant les signalements qu'ils effectuent ;

– promouvoir l'implication des professionnels, quel que soit leur mode d'exercice, dans le signalement des événements indésirables ;

– préciser le rôle des agences régionales de santé (ARS) tant pour le partage des signalements que pour la gestion des signaux et alertes, en incluant dans la réflexion le devenir des structures régionales venant en appui aux ARS ;

– optimiser le système d'information dans le sens d'une meilleure exhaustivité, d'une plus grande pertinence des signaux recueillis et de leur traitement, en formalisant les conditions de recours aux niveaux national et régional ;

– réorganiser la chaîne de traitement des signaux par les différentes agences nationales, au premier rang desquelles l'ANSM (Agence Nationale de Sécurité du Médicament et des produits de santé) et l'InVS (Institut de Veille Sanitaire), en précisant l'articulation des compétences respectives.

2. Etat de l'art

Les publications traitant de la veille stratégique, dans ce domaine, sont peu nombreuses. Les corrélations entre données relevant de bases de données de pharmacovigilance, de bases de données cliniques et de bases de données de contrôle in situ (monitoring) ne sont pas opérationnelles (lorsqu'elles existent elles sont faites au cas par cas et manuellement).

En revanche, des initiatives concernant le *Risk Based Monitoring (R.B.M.)* sont en cours (EV-EWG 2006). En particulier deux études menées en 2013 ont comparé l'efficience du contrôle *in situ* versus la méthode alternative avec contrôle centralisé (dit aussi *Remote Monitoring* avec management du risque) (Journota et al., 2011), (OPTIMON 2013), (ADAMON 2013).

Le concept de signaux faibles (*weak signals*) : l'expression *weak signals* introduit un parallèle entre les domaines de l'électromagnétisme, de l'électronique et celui des systèmes d'information et de décision qui se multiplient dans le cadre du management de la firme [1] (Cohen et al.,1975)(Jardat 2008).

A l'instar des calculateurs de type universel ou spécialisés affectés à la surveillance civile et militaire de portions d'espace, la veille stratégique en entreprise peut s'appuyer sur l'équivalent d'un radar (*Radio Detection And Ranging*) afin de capter des informations premières, émergentes, d'origines diffuses.

Il est probable que les signaux faibles soient particulièrement importants au sein des procédures spécifiques que les organisation peuvent mettre en œuvre pour accroître la probabilité d'être en mesure de donner l'alarme en présence d'un événement émergent ? A ce titre, l'intelligence collective anticipatoire i.e le processus collectif volontariste par lequel des individus unissent leurs efforts pour discerner et co-créer du sens à partir d'informations fragmentaires et incertaines (dont les *weak signals*), en vue de faciliter la prise de décisions de nature peu répétitive et afin d'engendrer des actions efficaces, semble une procédure nécessaire.

3. Problématique

Hypothèse : il est possible de détecter et prévenir (à défaut de prévoir) le risque pharmaco-éthique. Autrement formulé, peut-on concevoir des procédures spécifiques pour accroître la probabilité d'être en mesure de donner l'alarme en présence d'un événement émergent ? Ainsi, aurait-on pu éviter MEDIATOR/ VIOXX/ PIP ? Dans le contexte des nouvelles approches de la sûreté pharmaceutique (dictées par

1. Organisation, Entreprise

les Lois [2] et Règlements nouveaux [3]) pouvons-nous identifier de façon précoce des menaces et opportunités en organisant une veille stratégique et en ciblant des signes d'alerte précoces (Lesca 1997, 2011) ? Le traitement des signaux faibles au sein des systèmes d'information relatifs aux essais thérapeutiques permettrait-il de construire du sens en matière de pharmacovigilance et de prévention des fraudes et mauvaises conduites d'essais ? Ce « RADAR », d'un type nouveau, pourrait-il créer du sens par un processus d'intelligence collective qui dépasse les murs de l'entreprise productrice des produits de santé et ainsi faire émerger un processus de veille stratégique (Amabile 1999) au niveau des parties prenantes (Labo., CRO (Contract Research Organisation) et autorités de santé) ? Il s'agit d'étudier de façon innovante le process et le workflow qui régissent ce métier. La mise en place de systèmes d'information "intégré" (à type de progiciel et ERP) dans ce domaine d'activité serait donc une innovation majeure. Elle aurait deux effets principaux : augmenter la qualité et la productivité des agents de la matrice organisationnelle et constituer un outil statistique et prospectif de premier plan. Nous aurons néanmoins à évaluer les possibles résistances au changement dans le déploiement d'ERP dans le domaine.

4. Solution envisagée

L'idée, résumée à grand trait, de la solution envisagée repose sur l'intuition que l'on devrait pouvoir procéder à une "analyse spectrale" des informations (données et connaissances) présentes dans les Systèmes d'Information en recherche clinique dans le but d'améliorer les vigilances sanitaires des produits de santé en développement.

Une première analyse a permis de recenser les éléments constitutifs du système d'information "intégré" relatif aux essais cliniques et de pointer leurs interactions.

---

2. loi relative au renforcement de la sécurité sanitaire du médicament et des produits de santé et application du règlement européen en 2018.
3. En Europe, le texte de référence en matière de pharmacovigilance est : "Detailed guidance on the collection, verification and presentation of adverse reaction reports arising from clinical trials on medicinal products for human use" (avril 2004).

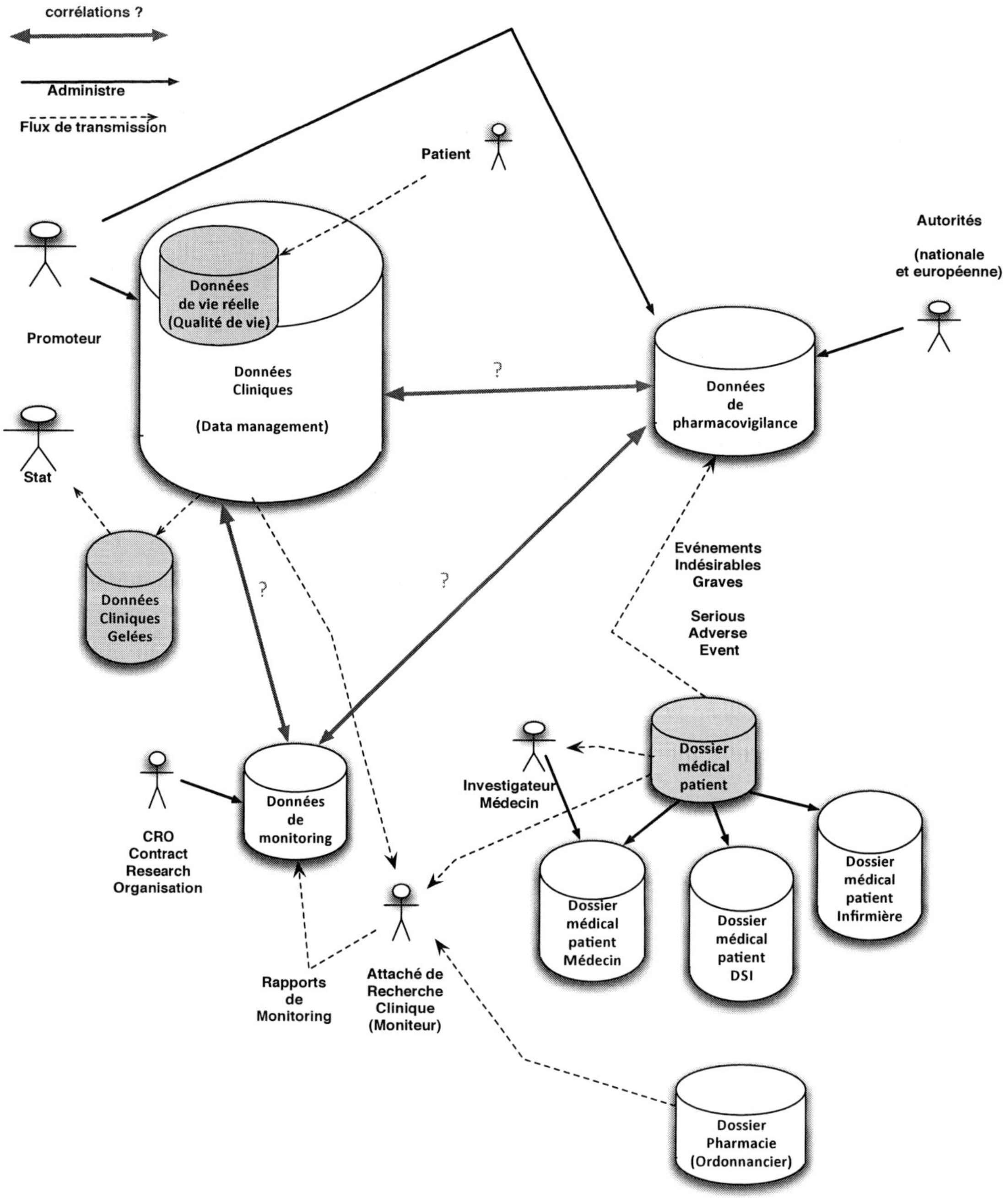

Figure 2 - Interactions entre les trois bases de données essentielles au cours des essais cliniques.

La matrice d'organisation des informations donnée par la réglementation (Bonnes Pratiques Cliniques ICH) devrait permettre de pérenniser les données relevant de ces interactions.

Pour construire celle-ci, nous nous appuyons sur la section 8 des BPC - ICH (CPMP/ICH/135/95ICH 2002) des Bonnes Pratiques Cliniques selon le consensus ICH (International Conference in Harmonization) qui détaille la documentation de l'essai. Celle-ci nous sert de *checklist* chronologique des actions à mener avant, pendant et après la phase active de l'essai. Le principe de traçabilité prévaut dans le consensus ICH, aussi à chaque action correspondent des documents. Il faut par ailleurs obtenir un système de sécurisation des données par cryptage, tout en permettant, à la personne habilitée, conformément aux règles établies dans le monde de la recherche clinique, d'avoir accès à l'information utile et nécessaire, qu'il s'agisse d'information ayant un lien direct avec l'avancement dans l'essai, ou d'informations critiques qui nécessitent un traitement différent. Pour ce faire nous séquencerons donc chronologiquement (dans l'ordre de génération des documents et des enregistrements) l'ensemble des tâches de l'essai et des documents subséquents. Les marques 8.2.x, 8.3.x et 8.4.x correspondent aux trois grands moments de l'essai : 1) 8.2.x : avant le démarrage de l'essai sur site, c'est-à-dire avant l'inclusion [4] du premier patient. 2) 8.3.x : phase active de l'essai entre premier patient première visite (FPFV – First Patient First Visit – Premier patient première visite) et le gel de la base de données (soit après LPLV – Last Patient Last Visit- dernier patient dernière visite, mais surtout une fois que toutes les demandes de corrections sont résolues). 3) 8.4.x : phase de clôture de l'essai qui comprend la visite de clôture et l'écriture du rapport final d'étude.

Celà, nous amène à concevoir et alimenter un tableau matriciel (cf. figure suivante) pour chaque étude de cas.

Ce tableau devrait ensuite être soumis à divers traitements (Arquès et al., 1994) afin de détecter les signaux faibles dans les corrélations. Ceux-ci relèvent, par exemple, d'algorithmes parcimonieux et discrets. Ces méthodes (algorithmiques) parcimonieuses en estimation et en détection [5] ont depuis le développement de la théorie des ondelettes il y a 25 ans, permis d'immenses travaux dans le domaine de la représentation parcimonieuse et flexible des fonctions (signaux, images).

---

4. On parle d'inclusion lorsque le patient est inclus dans le protocole de l'essai
5. Gilles Faÿ, Sujet de thèse : « méthodes parcimonieuses en estimation et en détection »

Tableau matriciel par essai

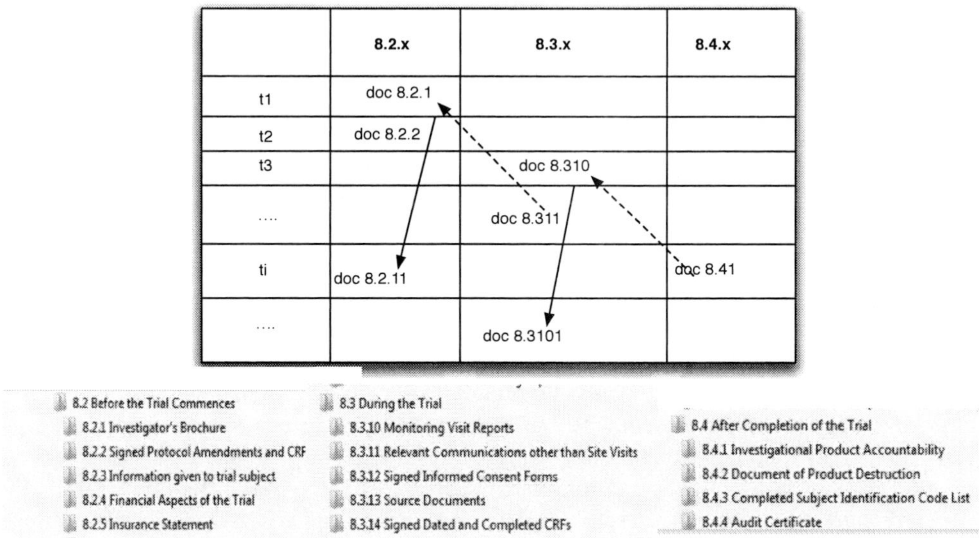

5. Conclusion

Ne sommes nous pas dans un contexte de préméité [6] et en présence d'une situation de rationalité limitée (Simon, 1947) [7] du fait d'une information incomplète sur la question posée par l'étude ? Comment, dans ce contexte, les managers de recherche clinique, peuvent-ils prendre des décisions objectivement rationnelles et rationnelles du point de vue de l'organisation (Simon, 1947) qu'ils ne le feraient dans une situation de rationalité substantive (école de Vienne) ? En d'autres termes, dans ce contexte de rationalité limitée, liée au dilemme ontologique de l'essai clinique, est-il possible d'envisager des procédures computationnelles afin de développer des outils d'aide à la décision ? Sera-t'il possible, dès lors, de programmer dans ce contexte d'incertitude ? Est-il envisageable de développer un modèle heuristique d'analyse factuelle des signaux perçus dans la matrice (as per GCP-ICH) organisationnelle de l'essai ? Dès lors, observerons-nous des résistances au changement (Jiang et al., 2000b) lors de l'implémentation de tels systèmes ? Comment garantir l'acceptabilité par les acteurs ? La matrice ainsi définie, pourrait-elle être le support d'un SI de veille sanitaire dans les essais cliniques dans une démarche d'analyse et de maîtrise du risque dans le domaine de la pharmacovigilance ? Développer des outils informatiques, cybernétiques

6. Préméité : selon PEIRCE, le processus sémiotique est un rapport triadique entre un signe ou representamen (premier), un objet (second) et un interprétant (troisième).
7. Dans le champ de la théorie des organisations, l'hypothèse de rationalité limitée a focalisé les recherches sur l'analyse de la prise de décision collective et sur les jeux d'acteurs aux stratégies soumises à contraintes.

de modélisation de l'essai c'est développer un nouveau secteur en Europe et en France, en optimisant la veille sanitaire et stratégique pour augmenter la sûreté des produits de santé et améliorer l'efficience de la R &D Clinique.

Bibliographie

ADAMON study (http ://ctj.sagepub.com/content/6/6/585.full.pdf+html), 2013

Amabile S. - De la veille stratégique à une attention réticulée. Le réseau d'attention inter-organisationnel des mutuelles d'assurance automobile. dans la Revue Systèmes d'Information et Management, n°2, Vol. 4, Ed. ESKA, 1999

Arquès P.Y, Boucher J.M, Hillion A, Roux C Méthodes en traitement du signal bruité, 1994.

Cohen K.J. et Cyert Richard M., Theory of the firm, Prentice-Hall Int., New York, 1975.

CPMP/ICH/135/95 - ICH Guideline for Good Clinical Practice Step 5 - NOTE FOR GUIDANCE ON GOOD CLINICAL PRACTICE CPMP/ICH/135/95 ICH Topic E 6 (R1), 2002

EV-EWG - EUDRAVIGILANCE EXPERT WORKING GROUP -GUIDELINE ON THE USE OF STATISTICAL SIGNAL DETECTION METHODS IN THE EUDRAVIGILANCE DATA ANALYSIS SYSTEM)-PHARMACOVIGILANCE EMEA -London, 26 June 2008 Doc. Ref. EMEA/106464/2006 rev. 1

Jardat R., « How democratic internal law leads to low cost efficient processes : practices as a medium of interaction between institution and organization », Society and Business Review, Vol 3, n°1,2008

V. Journota, J-P. Pignonc, C. Gaultierd, V. Daurate, A. Bouxin-Métrof, B. Giraudeaug, P-M. Preuxh, J-M. Tréluyeri, S. Chevretj, V.Plättnerk, C. Thalamasl, S. Clisantm, P. Ravaudn, G. Chênea, on behalf of the Optimon Collaborative Group - Validation of a risk-assessment scale and a risk-adapted monitoring plan for academic clinical research studies — The Pre-Optimon study - Contemporary Clinical Trials Volume 32, Issue 1, January 2011, Pages 16–24

J-P. Le Floch, L. Perlemuter – Essais thérapeutiques et études cliniques – Ed. Masson, ISBN 2-225-84846-7, 1995.

Lesca, H. - Veille stratégique : concepts et démarche de mise en place dans l'entreprise. Association des professionnels de l'information et de la documentation, 1997

Lesca H., Lesca N. - Les signaux faibles et la veille anticipative pour les décideurs. Hermès Lavoisier Paris, 248 p., 2011

Messonier R., Houzé E.- Toward an 'IT Conflict-Resistance Theory' : action research during IT pre-Implementation – European Journal of Information System, 19, 540-561. 2010

OPTIMON study (https ://ssl2.isped.u-bordeaux2.fr/optimon/Default.aspx), 2013

Thalabard J.C, Enjeux éthiques de la méthodologie des essais cliniques, in Traité de Bioéthique, 2014

Aide à la décision pour le recueil incrémental d'expertises médicales

Clément Duffau — Mireille Blay-Fornarino

Laboratoire d'Informatique, Signaux et Systèmes de Sophia Antipolis
2000, route des Lucioles
06903 Sophia Antipolis Cedex
{ duffau,blay } @i3s.unice.fr

MOTS-CLÉS : *connaissance, évolution, expérimentation, expertise, medical*

KEYWORDS: *knowlegde, evolution, experimentation, expert, medical*

1. Contexte

Nous nous intéressons à la production de systèmes de neurostimulation médicale (SNSM) dédiés à différentes pathologies (*e.g.*, obésité, douleur fantôme). Un SNSM se compose d'un neurostimulateur (partie hardware), d'électrodes de stimulation et d'un logiciel de pilotage. La thérapie consiste en la délivrance d'impulsions électriques paramétrables sur les nerfs. La mise en place de tels systèmes repose sur des campagnes d'expérimentations, visant à démontrer la validité des produits et plus spécifiquement dans le contexte des SNSM, en fonction des profils patients et des propriétés ciblées, les paramétrages "valides" de stimulations. L'interprétation des expérimentations repose sur des acteurs humains qui, en fonction des résultats obtenus et de leur expertise, font évoluer le paramétrage du système. Nos objectifs ici sont de soutenir ce processus complexe d'interprétation sur les points suivants : O_1) garantir que les résultats d'expérimentation ne sont pas perdus, O_2) aider à la prise de décision, O_3) autoriser la découverte de nouvelles connaissances (ajout de nouvelles propriétés, contradiction, ...), O_4) tracer les décisions prises.

Nous contribuons ainsi à la formalisation du processus incrémental de passage d'une base d'expérimentations à de la connaissance réutilisable quand ces étapes sont dirigées par un humain et dans notre cas un clinicien. Dans cet article nous nous focalisons sur comment représenter et manipuler la connaissance tout en acceptant ses évolutions.

Bien qu'appliquée dans le contexte de cette thèse au domaine médical porté par la société AXONIC, cette problématique est généralisable à la mise en œuvre de grands systèmes, dès que la connaissance sur ces systèmes dépend d'expérimentations.

2. Motivation et objectifs

L'espace des expérimentations est borné par les propriétés physiques (*e.g.*, capacité des neurostimulateurs), des études théoriques (*e.g.*, une intensité trop forte crée de la douleur) et l'état de l'art (*e.g.*, les tests dans les premières phases se font sur des sujets masculins). Ainsi certaines zones d'expérimentation sont interdites, tandis que d'autres restent à explorer. L'étape des expérimentations consiste donc à tester, de façon incrémentale, cet espace pour caractériser la connaissance (*e.g.*, une stimulation ayant telles caractéristiques est efficace sur des sujets ayant un profil donné, tandis qu'elle conduit à des effets indésirables sur tel autre profil). Ce processus de construction de la

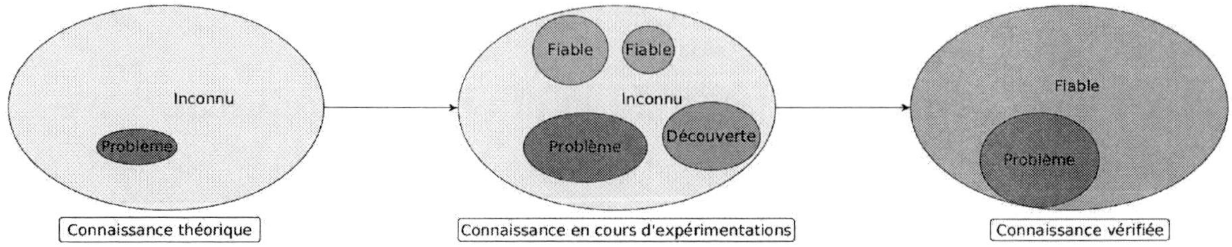

Figure 1 : Recherche sur l'espace d'une connaissance

connaissance passe par plusieurs étapes schématisées par la Figure 1. Nous nous proposons à présent de les caractériser et de préciser nos objectifs.

2.1. *Propriétés*

On parle d'*expérimentation*, lorsque l'on mène sur un même *sujet*, un ensemble de tests, que nous nommons *stimulation*. Chaque expérimentation donne lieu à des résultats physiques "bruts" (*e.g.*, ressenti du patient, imagerie médicale). Les résultats obtenus dans le cadre d'une expérimentation sont ensuite interprétés par des experts métiers (*e.g.*, cliniciens, chirurgiens) qui en déduisent des *propriétés* sur le traitement appliqué (*e.g.*, efficacité, douleur, effet indésirable).

A terme, l'objectif est de pouvoir caractériser des *profils patient* (*e.g.*, taille, age, poids) associés à ces propriétés en fonction des *profils de stimulations* (*e.g.*, forme de l'onde, zone d'intensité). En cours d'acquisition, les expérimentations permettent de mieux en mieux caractériser les profils associés aux propriétés. Cette caractérisation peut être du renforcement (propriété plus fiable, profils patients étendus), des contradictions (propriété remise en question sur un profil) ou d'exploration (découverte de nouvelles propriétés, nouveaux profils de patients).

2.2. *Cas d'utilisation*

Les grands cas d'utilisation dans le cadre de l'évolution des connaissances par les expérimentations sont les suivants.

Ajouter des expérimentations La base de notre système est de pouvoir enregistrer des expérimentations (O_1), il faut donc supporter l'ajout incrémental de celles-ci. Ces ajouts sont amenés à être liés aux propriétés identifiées par le clinicien. Notre objectif est de caractériser les situations suivantes : (i) une propriété pour laquelle il existe plus d'expérimentations qui la contredisent que d'expérimentations qui la renforcent (seuil de défiance supérieur au seuil de fiabilité), dans ce cas une réduction des profils associés à la propriété peut être envisagé ; (ii) une propriété pour laquelle le nombre d'expérimentations qui ne sont pas dans les profils attendus (expérimentations de découverte) est devenu significatif : une caractérisation d'un nouveau profil associé à la propriété doit alors être envisagé, (iii) l'association de plusieurs propriétés à une même expérimentation pouvant conduire à soulever des alertes (*e.g.*, efficacité et douleurs intenses).

Ajouter des propriétés L'ajout d'une propriété est essentielle à l'exploration, il permet de caractériser de nouveaux profils (*e.g.*, maux de tête). Dans ce cas, les expérimentations passées, qui n'étaient pas associées à cette propriété non encore identifiée auraient-elles dû l'être ? Il se pose alors la question des "non-dits" sur les propriétés et les relations entre propriétés. Associer une propriété "pas de maux de tête" ou ne rien dire sur les maux de tête serait alors différent.

Faire évoluer des profils L'ajout d'une expérimentation peut mener à des modifications des profils associés à une propriété que ce soit par réduction (*e.g.*, limitation du poids des sujets), par extension (*e.g.*, autoriser une plus grande plage d'intensité de stimulation), par ajout d'informations (*e.g.*, associer une information sur le diabète) ou la combinaison de ces modifications. L'objectif est de mieux caractériser les propriétés en permettant aux profils d'évoluer suivant les expérimentations

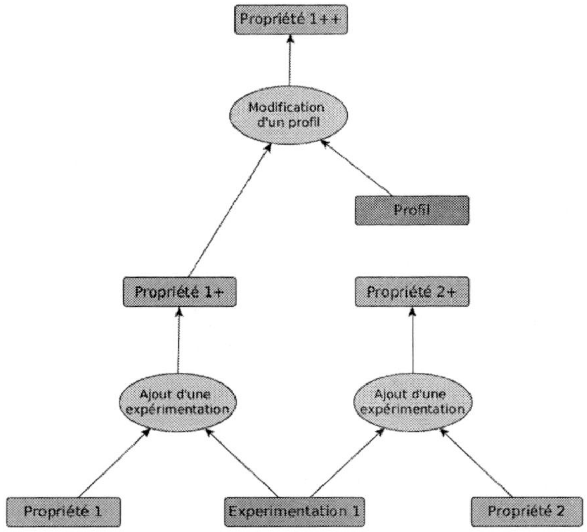

Figure 2 : Traçabilité de l'évolution d'une connaissance

qui les renforcent ou les remettent en question. Contrairement à un système piloté par une machine, ici, c'est l'expert humain qui dirige et qui peut sciemment introduire de la contradiction (O_3), comme étendre les zones de tests ou les réduire sans que les connaissances dont nous disposons nous permette de le "justifier". Ces modifications des profils peuvent être source d'erreur, il est donc important de tracer l'évolution de la connaissance (O_4). Notons, que dans le cas d'un ajout d'information sur un profil, se pose à nouveau la question des expérimentations déjà acquises pour lesquelles cette information n'est pas présente.

2.3. *Tracer les évolutions de la connaissance*

Les différentes opérations d'évolution caractérisées à l'étape précédente sont utilisées à présent pour construire un "graphe" d'argumentation (Polacsek2016) comme en Figure 2. Cette représentation doit nous permettre non seulement de mémoriser et visualiser les évolutions de la connaissance, mais également de raisonner (*e.g.*, apparition de nouvelles propriétés, raison pour laquelle un profil a été réduit). De part la multiplicité des experts et la complexité de leurs connaissances, des contractions peuvent apparaître. Notons que nous n'ambitionnons pas une résolution automatique qui serait contradictoire avec les usages en matières d'expérimentations médicales. L'arbre d'argumentation permet de remonter ces incohérences et propose un support pour les résoudre (O_2).

3. Modélisation et formalisation des connaissances issues d'expérimentations

Afin de mettre en œuvre ces objectifs, nous proposons la formalisation présentée à présent et schématisée par la Figure 3.

3.1. *Domaines des expérimentations*

Une *Propriété* est caractérisée par des *ProfilSujet* et des *ProfilStimulation* qui définissent l'espace des sujets et des stimulations pour lesquels nous faisons l'hypothèse que la propriété est vérifiée. Nous notons $Pr(su, st)$ le fait que la stimulation st appliquée au sujet su a conduit à vérifier la propriété Pr.

Ainsi, schématiquement, au départ, à une propriété recherchée on associe un profil de sujet et un profil de stimulation. L'objectif est 1) de vérifier par les expérimentations que les éléments appartenant à ces profils vérifient bien la propriété recherchée et dans le cas contraire de réduire les profils, 2) de chercher d'autres profils où la propriété serait également vérifiée. L'espace des connaissances est

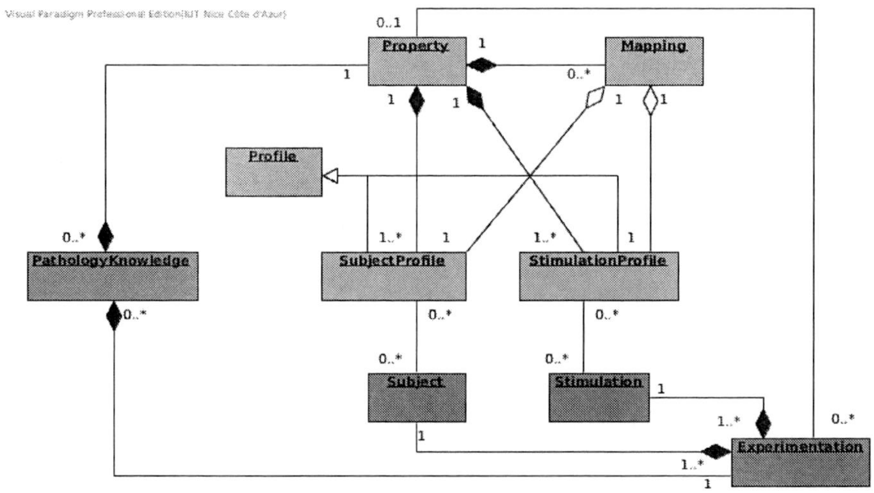

Figure 3 : Modèle d'une connaissance

alors l'ensemble des propriétés Prs et l'ensemble des expérimentations Exp. Nous caractérisons un *profil* P par une fonction d'appartenance qui, étant donné un élément, vérifie son appartenance ou non au profil. Nous notons $e \in P$ l'appartenance d'un élément à un profil. Par exemple soit un profil de sujet tel que le poids doit être compris en 120 et 140 et que l' IMC doit être supérieur à 45. L'appartenance est définie de telle sorte que pour un sujet de poids, age, et taille donné, il appartient au profil du sujet ci-dessus si chacun de ses attributs est compris dans l'espace associé au profil. Cette fonction d'appartenance entre profil et élément est définie de la même manière pour une stimulation. Un sujet peut ainsi appartenir à plusieurs profils de sujets de même qu'une stimulation peut appartenir à plusieurs profils de stimulation.

Pour une même propriété, en fonction des profils sujets, ce n'est pas les mêmes profils de stimulations qui s'appliquent. Nous introduisons donc la notion de *mapping* : un *ProfilSujet (Psu)* est associé à un *ProfilStimulation (Pst)* à travers un mapper Mp. Dans ce cas, nous faisons l'hypothèse que pour tous les sujets du profil de sujets traités avec une des stimulations des profils de stimulations, la propriété *Pr* associée est vérifiée. De façon plus formelle, $\forall (Psu, Pst) \in Mp, \forall su \in Psu, \forall st \in Pst, Pr(su, st)$ est supposée vraie.

On note $M_p(su, st)$ tel que $\exists (Psu, Pst) \in M_p, su \in Psu, st \in Pst$.

Nous caractérisons donc une *Expérimentation* e par un *sujet*, une *stimulation* et un ensemble de *propriétés*. comme un tuple (su, st, Pr) où $su \in Subject, st \in Stimulation, \{p_1..p_n\} \in Propriete^*$. On note $Pr(e)$, le fait que e vérifie la propriété Pr.

3.2. *Des expérimentations à la connaissance*

A présent nous cherchons à qualifier les expérimentations réalisées en fonction des propriétés. Voici les pistes suivies.

Pour une propriété, **les expérimentations qui la découvrent** sont celles pour lesquelles la propriété est vraie mais qui n'appartiennent à aucun mapping défini associé à cette propriété. L'espace de ces expérimentations est noté $Exp_d(Pr)$. Il est défini par $\{e \in Exp \,|\, Pr(e), \nexists M_p \in Pr, M_p(e)\}$. Le **coefficient de découverte** est la cardinalité de $Exp_d(Pr)$.

Pour une propriété, **les expérimentations qui la renforcent** sont celles pour lesquelles la propriété est vraie et qui appartiennent à au moins un mapping associé à cette propriété. L'espace de ces expérimentations est noté $Exp_r(Pr)$. Il est défini par $\{e \in Exp \,|\, Pr(e), \exists M_p \in Pr, M_p(e)\}$. Le **coefficient de fiabilité** est la cardinalité de $Exp_r(Pr)$.

Pour une propriété, **les expérimentations qui la contredisent** sont celles pour lesquelles la propriété est fausse ou inconnue mais qui appartiennent à au moins un mapping associé à cette propriété. L'espace de ces expérimentations est noté $Exp_c(Pr)$. Il est défini par $\{e \in Exp \,|\, \neg Pr(e), \exists M_p \in Pr, M_p(e)\}$. Le **coefficient de défiance** est la cardinalité de $Exp_c(Pr)$.

Couverture d'un mapping L'objectif à terme est d'atteindre les coefficients attendues par le protocole de l'étude clinique pour chacun des mappings associés aux propriétés recherchées. Nous parlons de **coefficient de couverture**. En cours de campagne d'expérimentations, ce coefficient doit guider les choix dans les expérimentations et par conséquent à la détermination même des mappings en réduisant les espaces pour améliorer ce coefficient. Notons que les coefficients précédents doivent être étudiés en fonction de ce coefficient de couverture.

Chacun des coefficients précédents, ainsi que la couverture d'un profil, permettent de préciser la validité de la propriété sur les espaces qui lui sont associés.

4. Perspectives

La modélisation de la connaissance proposée dans cet article a établi une première base pour aider à l'évolution des connaissances issues de l'interprétation d'expérimentations et soulevé plusieurs points de discussion.

L'évolution des "connaissances" interdit de travailler avec l'hypothèse d'un monde clos (Baader2003). Elle force à distinguer ce qui est non-dit parce que jugé non-pertinent à un moment donné, de ce qui est déclaré comme faux. Cela conduit également à intégrer dans le processus d'évolution, un retour sur des "faits" pour les compléter ou non. Par exemple, la détection d'une influence de la pratique du sport peut conduire à modifier les profils patients et de fait à compléter les informations sur les patients, éventuellement sur des expérimentations passées. Par contre, il sera impossible de revenir sur la détection d'une baisse du cholestérol non étudiée précédemment, de telle sorte que nous devrons travailler avec des informations incomplètes.

L'enrichissement de la notion de propriété par la valuation (*e.g.*, échelle de douleur), la nature (*e.g.*, recherchée), les relations entre les propriétés (*e.g.* sous-classage) devrait permettre de guider l'aide à la décision en réduisant les espaces d'exploration. Le calcul du coefficient de couverture est fortement lié au métier et fait l'objet d'échanges avec ces experts pour modéliser leur façon de procéder et utiliser cette connaissance dans l'aide à la décision.

Les arbres d'argumentation sont un support pour tracer l'évolution des connaissances, mais lorsque certains "arguments" sont modifiés (*e.g.*, ajout d'informations sur un patient), il peut être nécessaire de ré-évaluer une sous-partie des conclusions (*e.g.*, les changements de profils patients). Dans ce cas, nous envisageons de réévaluer les connaissances par parcours de l'arbre et de mémoriser ces changements dans l'arbre. Nous nous interrogeons aujourd'hui sur une approche de "réécriture" de l'arbre qui ne garderait que les connaissances "actuelles" pour versionner les versions antérieures et ainsi ne pas perdre d'informations. Ceci rejoint l'idée de trouver de meilleures manières de versionner qui tiennent compte de plus d'informations (Mens2005).

5. Bibliographie

Baader F., Calvanese D., McGuinness D., Nardi D., Patel-Schneider P., Borgida A., Lenzerini M., Rosati R., *The Description Logic Handbook : Theory, Implementation, and Applications*, vol. 44, Cambridge University Press, 2003.

Mens T., Demeyer S., Wermelinger M., Hirschfeld R., Ducasse S., Jazayeri M., « Challenges in software evolution », *International Workshop on Principles of Software Evolution (IWPSE)*, vol. 2005, 13–22, 2005.

Polacsek T., « Arbre d'argumentation : un nouvel acteur dans vos diagrammes », *INFormatique ORganisation et Systèmes d'Information et de Décision (INFORSID)*, 2016.

Apport des outils informatiques pour la vigilance vis-à-vis des maladies se développant dans la faune sauvage

Decors Anouk[1], Florence Baurier[2], Frédéric Dej[3], Karin Lemberger[4], Jean-Yves Chollet[1], Dominique Gauthier[5]

1. Office national de la chasse et de la faune sauvage, Direction de la recherche et de l'expertise
5 rue de Saint-Thibaud, Domaine de Saint-Benoît, 78 610 Auffargis, France
anouk.decors@oncfs.gouv.fr

2. ADILVA, Laboratoire départemental d'analyses du Cher
216 rue Louis Mallet, 18 000 Bourges, France
Florence.baurier@departement18.fr

3. Office national de la chasse et de la faune sauvage, Direction des systèmes d'information
Montfort,01 330 Birieux, France
frederic.dej@oncfs.gouv.fr

4. Faunapath
38 cours Suchet, 69 002 Lyon, France
k.lemberger@gmail.com

5. ADILVA, Laboratoire départemental vétérinaire et d'hygiène alimentaire des Huates-Alpes
5 rue des Silos,,05 000 Gap, France
Dominique.gauthier@hautes-alpes.fr

RÉSUMÉ. La dégradation de la biodiversité, l'accélération des émergences et les risques de pandémies montrent bien la nécessité croissante d'avoir une démarche de santé globale et de développer une vigilance intersectorielle. Avoir une vigilance efficace et précoce vis-à-vis des agents pathogènes circulant dans la faune sauvage contribue en effet à maitriser les risques de diffusion au sein du compartiment environnemental ou vers les compartiments humain et domestique. La précocité des alertes repose à la fois sur la production de données précoces mais également sur la gestion et l'exploitation de ces données en « temps réel ». Nous décrivons ici comment la base de données dématérialisée Epifaune, qui centralise les données issues de réseaux de surveillance évènementielle des maladies de la faune sauvage permet de répondre à ces nouveaux enjeux.

ABSTRACT. *Biodiversity degradation, acceleration in emerging diseases and pandemic risks are indicators of the increasing need for an integrated approach to monitoring of diseases and of the development of an interdisciplinary vigilance. Having an efficient and precocious vigilance towards pathogens circulating within wildlife contributes to controling risks of dissemination amongst the environment and human and domestic compartments. The earliness of the alerts relies on both the production of early data but also on the management and exploitment of this data in "real time". We describe how the cloud computing data base Epifaune, which centralises data from wildlife disease surveillance networks, is thriving to respond to these new challenges.*

MOTS-CLES : Faune sauvage, maladie, émergence, base de données, alerte

KEYWORDS: Wildlife, diseases, database, emergence, warning

1. Introduction

La dégradation de la biodiversité, l'accélération des émergences liée à la mondialisation des échanges, les risques de pandémie montrent l'importance de l'interface homme-animal-écosystème. La nécessité de promouvoir une approche systémique des problèmes sanitaires (concept « *One Health* »/ « *Une seule santé* ») justifie l'intérêt croissant porté à la surveillance du compartiment sauvage. Une vigilance efficace et intersectorielle, avec un système d'alerte précoce permet en effet de maitriser le risque de diffusion au sein du compartiment environnemental et vers les compartiments humain ou domestique et donc de réduire les coûts sociaux, économiques, environnementaux et sur la santé humaine. La réactivité du système s'appuiera donc la production de données précoces mais également sur la gestion et l'exploitation efficace de ces données, avec des outils informatiques adaptés et performants, qui favorisent l'interopérabilité et répondent à des standards d'échanges de données nationaux et internationaux.

2. La surveillance évènementielle des maladies de la faune sauvage : exemple du réseau SAGIR

2.1. Fonctionnement du réseau

Le réseau SAGIR, « *Surveiller pour agir* » est avant tout un outil de vigilance vis-à-vis des maladies de la faune sauvage, « nouvelles » sur un territoire ou une espèce, quelle que soit la nature de l'agent pathogène incriminé (viral, bactérien, toxique, etc.). Il est particulièrement performant pour détecter des agents pathogènes qui s'expriment cliniquement dans la faune sauvage par un fort taux de mortalité ou de morbidité.

Le réseau SAGIR repose sur la collaboration entre l'Office national de la chasse de la faune sauvage (ONCFS) et les fédérations de chasseurs depuis 1986 et s'appuie sur le réseau de Laboratoires Vétérinaires départementaux (LVD). Les interlocuteurs de terrain du réseau détectent de façon opportuniste des signaux anormaux de mortalité/morbidité dans les populations d'animaux sauvages, sans présumer de l'étiologie. Ils confient ensuite le cadavre de l'animal au Laboratoire Vétérinaire départemental le plus proche pour des investigations nécropsiques et étiologiques. La vigilance repose donc sur une démarche diagnostique. Plus de 2 000 nécropsies sont ainsi réalisées en France chaque année ; leurs résultats sont restitués aux interlocuteurs techniques du département de découverte, mais sont également remontés à une instance nationale de centralisation (jusqu'en 2013, l'ANSES-Laboratoire de la Rage et de la Faune Sauvage hébergeait la base de données sous Access et assurait la saisie, les extractions et participait aux synthèses).

Des cas « numériques » viennent compléter l'échantillon SAGIR depuis 2012, il s'agit de supports audiovisuels -photographies ou vidéos- concernant des animaux viables ou non transportables mais qui ont des signes cliniques marqués, insolites. Ces supports sont transmis par les interlocuteurs techniques du réseau à une cellule d'experts en pathologie de la faune sauvage. Le diagnostic proposé est alors un diagnostic différentiel et hiérarchisé (Decors *et al.*, 2015a).

2.2. Une détection précoce grâce à la surveillance syndromique

Le principe de la surveillance est la détection de signaux de mortalité/morbidité anormaux, caractérisés par leur aspect lésionnel dans le cadre d'une démarche diagnostique. Or l'ensemble du processus de diagnostic nécessite un temps parfois très long (délai incompressible lié à certains examens complémentaires) et il est apparu opportun d'exploiter en « temps réel » toutes les informations de la chaîne diagnostique sans devoir attendre la clôture du dossier, pour une détection précoce efficace.

- L'indicateur le plus précoce d'un problème de santé dans une population est la détection d'une augmentation anormale d'événements de mortalité ou de manifestations pathologiques. Cet indicateur n'est pas spécifique d'une maladie particulière mais permet d'émettre un premier niveau d'alerte. Actuellement les alarmes[1] émanent des interlocuteurs techniques –elles reposent donc pour partie sur leur sensibilité et leur connaissance du terrain- et sont vérifiées par un épidémiologiste, qui confirme l'alerte sur des critères épidémiologiques. Cette approche sera complétée dans un futur proche par la production automatique de signaux statistiques, afin d'améliorer la sensibilité et la spécificité des alarmes.
- La deuxième donnée accessible rapidement est la donnée nécropsique (tableau lésionnel). Elle permet de documenter s'il y a émergence d'un problème sanitaire commun. Il est possible à ce stade d'émettre des hypothèses sur le type de processus pathologique en cours (infectieux, traumatique, toxicologique, etc.) et de proposer un diagnostic différentiel permettant de mieux cibler les enjeux sanitaires, utiles a la gestion précoce de crise.

---

[1] Une alarme est un signal qui prévient de la présence d'un danger potentiel. Nous différencions ici alarme et alerte. Une alerte épidémiologique est un signal d'alarme, qui a été vérifié. Elle confirme l'apparition d'un phénomène de santé anormal présentant un risque pour les compartiments humain, domestique ou environnemental, quel qu'en soit la nature. Elle introduit la notion de gestion du risque, sous forme de mesure de protection des populations concernées.

- Le troisième niveau de vigilance est étiologique, essentiel a l'évaluation et la gestion du risque. Il permet de caractériser le(s) agent(s) infectieux, toxique ou environnemental responsable(s) du phénomène observé. Toutefois, le taux d'élucidation du diagnostic est moyennement performant à cause des spécificités des analyses en faune sauvage : degré d'altération des prélèvements brouillant les recherches ; processus pathogéniques multifactoriels, complexes à comprendre ; déduction diagnostique qui s'appuie sur un faible effectif de dossiers.

L'évaluation du risque repose traditionnellement sur le diagnostic étiologique. Aussi, en l'absence d'identification de l'agent pathogène, la surveillance syndromique (détection d'un signal anormal de mortalité et caractérisation d'un syndrome émergent) et les diagnostics d'exclusion sont des outils importants de gestion précoce de crise. L'émergence de la maladie de l'œdème du sanglier en Ardèche- maladie déclarée pour la première fois sur Suidés sauvage au niveau mondial en 2013- illustre bien ce principe. Malgré la caractérisation précoce de l'émergence d'un phénomène de santé anormal, le diagnostic n'a pu être prononcé qu'au bout de cinq mois. Compte tenu du temps imparti et de la disponibilité incomplète des données sanitaires, il était difficile de s'assurer d'une bonne compréhension du phénomène observé et donc d'exprimer même qualitativement le risque pour l'homme ou le cheptel. Le choix de la méthode de gestion s'est principalement articulé entre la gestion d'une maladie « inconnue » et le risque de transmission à l'Homme. Il a été alors été choisi d'agir non pas sur l'émission du danger (assainissement de la population source de danger), mais sur l'exposition au danger de la population humaine à risque (les chasseurs) (Decors *et al.*, 2015b).

3. Epifaune, une base de données adaptée pour la vigilance précoce

3.1. Un préalable nécessaire : l'harmonisation des procédures et la standardisation des données

SAGIR apparaît être un réseau participatif, réactif, opérationnel, maillant tout le territoire national, performant comme système-sentinelle pour déceler les phénomènes anormaux ; mais la qualité des informations recueillies jusque dans les années 2010 (plusieurs dizaines de milliers de nécropsies) était fortement hétérogène, ce qui ne permettait pas un traitement statistique rapide des données produites. L'ancienne base de données nationale SAGIR-application sous Access - comptait 4 984 items lésions/organes différents, dont 40 % (n=1957), n'ont été utilisés qu'une seule fois depuis leur saisie. La stratégie adoptée pour impulser un progrès a été une harmonisation des procédures de diagnostic des maladies de la faune sauvage et de transcrire les résultats selon un langage standardisé, dans le but de produire des données homogènes, comparables, susceptibles de rentrer dans une base de données exploitable en statistiques épidémiologiques.

Un référentiel de données standardisées (concernant les commémoratifs, lésions, matrices, agents étiologiques, méthodes et unités de mesure) a donc été élaboré grâce un groupe de travail pluridisciplinaire piloté par l'ONCFS et l'Association française des directeurs et cadres de laboratoires vétérinaires publics d'analyses (ADILVA). Une étape d'harmonisation des données standardisées entre les différents réseaux de surveillance évènementielle animale en France a été nécessaire. Elle a débuté avec un rapprochement entre l'ONCFS, l'ADILVA, Faunapath, l'Anses-Dozulé et l'Ecole Nationale Vétérinaire de Maisons-Alfort afin d'harmoniser les données de nécropsie de la faune sauvage et équine. Elle se poursuit actuellement en France afin de proposer un référentiel unique aux pathologistes. La structuration des données transmises a également été harmonisée pour répondre aux standards nationaux et favoriser l'interopérabilité entre les bases de données. Les données de laboratoires sont structurées de la façon suivante : matrice/analyte/méthode. L'analyte est défini ainsi dans le projet de norme AFNOR FD V 01-00 « objet de la méthode d'analyse », l'analyste est une entité physique, chimique ou biologique. Il correspond ici soit à l'agent étiologique soit à une lésion.

3.2. Développement d'une base de données dématérialisée : Epifaune

La réactivité du réseau sera accrue en agissant à la fois sur la gestion et sur l'exploitation des données. La dématérialisation de la base de données avec une gestion en « temps réel » permettra de répondre plus efficacement aux objectifs de la vigilance. L'ONCFS s'est donc doté d'une base de données sous Microsoft SQL Serveur, appelée Epifaune, destinée à centraliser les données sanitaires sur la faune sauvage produites par SAGIR et d'autres réseaux de surveillance évènementielle tout en veillant au respect de la propriété pour chaque réseau. Elle comporte notamment des fonctions d'échanges de données informatisés avec les laboratoires qui effectuent les analyses- système SACHA : http://www.edi-sacha.eu/, des fonctions de géolocalisation grâce au portail IGN et des fonctions de reporting (sous QlikView). Le logiciel a été développé en mode web server et fonctionne en configuration Extranet. Le module de production permet à différents types d'acteurs de saisir à partir d'une interface Web, des données de réseaux de surveillance épidémiologique de la faune sauvage, de stocker, corriger, valider, extraire et analyser ces données et de les échanger entre les laboratoires et l'ONCFS à l'aide d'EDI-SACHA. Le traitement des données est possible directement avec le logiciel R.

Epifaune a été mise en production en janvier 2016 mais est également alimentée par des données rétrospectives (2014 et 2015). Les données enregistrées par les interlocuteurs techniques départementaux sont les commémoratifs liés au foyer de mortalité. Les données saisies par les laboratoires sont i) une synthèse lésionnelle (recentrée sur 4-5 lésions principales), ii) les résultats des examens complémentaires et iii) une conclusion à quatre niveaux associée à un niveau de confiance. Le rapport littéral de nécropsie est transmis directement aux interlocuteurs techniques départementaux et est également attaché à Epifaune, qui assure l'archivage informatique des dossiers complets. Les travaux de développement sur les échanges de données informatisées (demandes et résultats d'analyses informatisés) entre les laboratoires et l'ONCFS se poursuivent actuellement avec le développement de solutions par les éditeurs de LIMS (Laboratory Information Management System signifiant Système de gestion de l'Information du Laboratoire). Un deuxième axe de développement vise à définir de manière standardisée ce qu'est une alerte sur une base « syndromique », et à mettre en œuvre des algorithmes d'analyse des flux rentrants de données pour individualiser et caractériser les évènements sanitaires rattachables à un tel cas.

4. Perspectives : la gestion automatisée des alertes

En cas d'alerte avérée, c'est-à-dire de confirmation de l'occurrence d'un phénomène de santé anormal, une procédure standardisée d'investigations épidémiologiques et cliniques est alors mise en œuvre. Une cellule d'expert en pathologie de la faune sauvage peut-être mobilisée pour aboutir le plus rapidement possible à un diagnostic de certitude (ou quasi-certitude). L'animateur et épidémiologiste du réseau SAGIR est également susceptible d'interagir avec les évaluateurs et les gestionnaires du risque afin d'apporter des éléments diagnostiques au fil de l'eau. L'un des axes de développement d'Epifaune est la gestion automatisée de l'alerte, intégrant à la fois l'acquisition de la donnée, la préparation et l'analyse des données, la production de rapports et leur diffusion.

Remerciements

Nous tenons à remercier Olivier Mastain pour avoir donner l'impulsion au développement d'Epifaune, le Dr. Frederick A. Leighton (CCWHC) pour ses conseils sur le développement d'une base de données dans le domaine de la faune sauvage. Nous remercions également la communauté des laboratoires vétérinaires départementaux d'analyses vétérinaires pour leur contribution à l'élaboration de procédures harmonisées et de données standardisées, en particulier le Groupe de Travail « Diagnostic » du réseau SAGIR (réseau ONCFS/FNC/FDC) : Marc Hessemann (LVD25),Emmanuel Guéry (LVD18), Olivier Gibout (LVD10), Philippe Giraud (LVD62), Thomas Rambaud (LVD76), Michael Treilles (Lasat), Alain Viry (LVD39), Karim Daoud (LRSFS), Sophie Dardalhon (LVD80), Nicolas Keck (LVD34), Philippe Nicollet (LVD85), Christine Manson (LVD68), Corinne Novella (LPL), Hatman Haffar (IDEA89), ainsi que Marie Moinet (Anses-LRFS), Eva Faure (FNC), Alice Rwagadju (ONCFS), Julie Tucoulet (ONCFS) et Thierry Thomas (ONCFS).

Bibliographie

Decors A., Hars J., Faure E., Quintaine T., Chollet J-Y,. Rossi S. (2015a). Le réseau SAGIR : un outil de vigilance vis-à-vis des agents pathogènes exotiques. *Bulletin épidémiologique Santé animale – Alimentation. Spécial vigilance vis-à-vis des maladies exotiques*, vol. 66, p.35-39.

Decors A., Richomme C., Morvan H., Botteron C., Nicolier A., Rambaud F., Berny P., Gault G., Belli P., Le Potier M.F., Fach P., Delannoy S., Baubet E., Etienne F., Lemberger K. 2015b. Diagnostiquer un problème de santé dans la faune sauvage : exemple de la maladie de l'œdème chez le sanglier sauvage (Sus scrofa) en Ardèche. *Bulletin épidémiologique Santé animale – Alimentation*, vol.69, p.2-7.

Annexe

La figure ci-dessous résume l'architecture cible du système Epifaune.

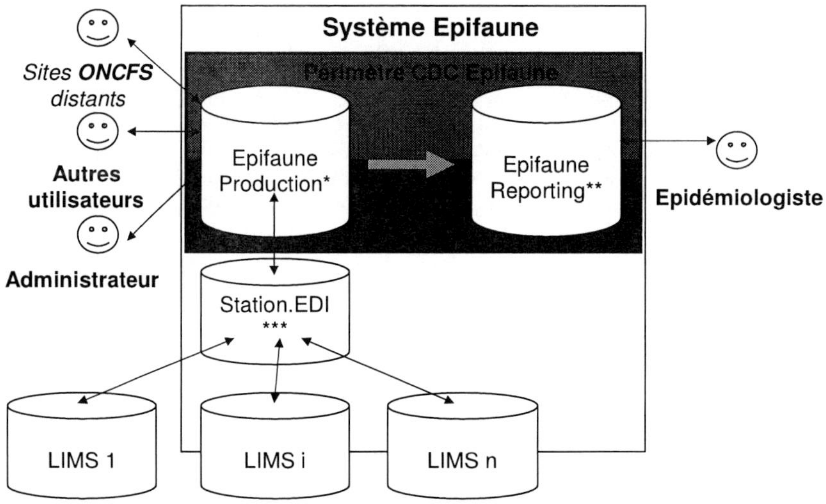

* : Epifaune Production = base de données de stockage et de saisie des données provenant des opérations de prélèvements d'échantillons et d'analyses en laboratoire, alimentée pour partie par la station EDI.
** : Epifaune Reporting = base de données intégrant les résultats de Epifaune Production sous une forme permettant la restitution des résultats pour les partenaires de la surveillance et les traitements épidémiologiques des données
*** : Les échanges entre Epifaune et la station EDI reposent sur le système SACHA : http://www.edi-sacha.eu/ ; ce système est complété par des règles spécifiques permettant le transfert de pièces jointes (fichiers d'image...) supplémentaires contenues dans le message EDI de base.

Une perspective de la mobiquité au service de la gestion avant / pendant / après des séismes

Prototypage autour du projet SISMAPP

Anne-Marie Lesas [1, 2]

1. Université de Nice – Sophia-Antipolis, MBDS,
1645, route des Lucioles, Sophia Antipolis, 06410 Biot, France
2. Aix Marseille Université, LSIS UMR 7296,
13397 Marseille, France
amlesas@yahoo.fr

RESUME. *Les smartphones modernes embarquent des technologies sophistiquées qui peuvent contribuer à la gestion des séismes. Depuis 2013, nous étudions l'utilisation des technologies mobiquitaires dans la gestion avant / pendant / après des séismes autour du projet SISMAPP étudié au Master MBDS du département Informatique de l'Université de Nice – Sophia-Antipolis. Nous introduisons dans cet article nos travaux de prototypage sur l'utilisation des capteurs embarqués, l'implémentation d'un réseau maillé en pair-à-pair, la localisation des victimes, la propagation d'alertes et la collecte de données massives destinées à la recherche sismologique et la découverte de modèles de prédictibilité...*

ABSTRACT. *Modern smartphones embed sophisticated technologies that can contribute to earthquakes monitoring. Since 2013, we study mobiquitous technologies applied to the before / during / after earthquakes management in the context of SISMAPP project studied at MBDS Master of Computer Science at University of Nice – Sophia-Antipolis. We discuss in this paper our prototyping work on embedded sensors, peer-to-peer mesh network implementation, locating victims, alert spreading and big data collection for seismic research and the discovery of predictive models...*

MOTS-CLES : *Collecte de données massives, Réseaux de capteurs, Systèmes d'Information mobiquitaires*

KEYWORDS: *Big Data collection, Mobiquitous Information Systems, Sensor networks*

Introduction

Avec l'arrivée d'Internet et du haut débit, les services numériques se sont étendus de la plateforme du professionnel vers la plateforme du particulier avec le déploiement sur le web ouvrant l'accès aux services depuis des ordinateurs personnels ; PC de bureau, puis ordinateurs portables et maintenant téléphones et appareils mobiles. Nous sommes entrés dans l'ère de la mobiquité (ubiquité d'Internet et mobilité) et du concept d'ATAWAD (*AnyTime, AnyWhere, AnyDevice*)[1] qui permet au particulier d'accéder aux services numériques n'importe quand, n'importe où et avec n'importe quel périphérique.

Aujourd'hui, les appareils mobiles dotés de systèmes intelligents embarquent toute sortes de composantes électroniques et de capteurs ce qui a amorcé une nouvelle révolution numérique : avec la possibilité de savoir qui, où, quand, à quel propos et quoi (les 5 « W » : *Who, Where, When, Whereabout, What*), l'identité du porteur (avec ses habitudes et ses préférences), l'espace et le temps (« ici et maintenant »), l'événement déclenché (mouvement, immobilité, connexion, déconnexion...) et le résultat obtenu ; le particulier équipé d'un smartphone est devenu le fournisseur d'une source d'informations exploitables en temps réel ou à postériori.

Près de 1.5 milliard de smartphones se sont commercialisés en 2015 (source IDC) et le smartphone est devenu l'ordinateur le plus déployé au monde : sa forte intrication dans le quotidien de l'utilisateur, sa connectivité et les technologies sophistiquées qu'il embarque en font un outil utilisable dans le domaine de la sismologie. Le smartphone fait l'objet de l'intérêt des scientifiques et l'on trouve de nombreuses références qui démontrent la pertinence de son exploitation dans le cadre de la surveillance sismique participative avec l'utilisation de sa connectivité et de ses capteurs embarqués (Faulkner M. *et al.*, 2011) (Olson M. *et al.*, 2011) (Kong Q., 2012) (Dolui K. et *al.*, 2013) (Naito S. *et al.*, 2013) (Reilly J. *et al.*, 2013) (Minson S. *et al.*, 2015).

Depuis 2013, les étudiants du Master MBDS spécialisé dans les systèmes d'information mobiquitaires à l'Université de Nice – Sophia-Antipolis mettent en pratique les enseignements technologiques autour du projet SISMAPP de prototypage d'une plateforme de services dédiés à la gestion avant / pendant / après des séismes (Lesas *et al.*, 2014). Avec la participation du Centre de Sismologie Euro-Méditerranéen (CSEM) et du laboratoire GéoAzur, nos travaux ont consisté à la réalisation de briques fonctionnelles « preuves de concept » en application des technologies ubiquitaires mobiles dans la gestion des séismes.

Dans cet article, je présente le prototypage réalisé autour du projet SISMAPP motivé dans la section 1 et dont je synthétise la mise en œuvre dans la section 2. Puis je conclurai cet article en introduisant nos travaux futurs qui s'orienteront plus particulièrement vers le monitoring et l'interprétation des données.

---

[1] https://fr.wikipedia.org/wiki/Mobiquité

1. Motivations pour nos travaux

Les réseaux de recherche en géosciences et les dispositifs de surveillance et de prévention des risques sismiques ont permis d'établir une évaluation et une localisation fine des aléas sismiques. Cependant, les sismologues ne sont pas encore en mesure d'anticiper la survenue d'un tremblement de terre et chaque année les séismes engendrent des dizaines de milliers de victimes et la destruction des infrastructures avec les répercussions catastrophiques que cela peut entraîner sur l'environnement, on l'a vu lors séisme de la côte Pacifique du Tōhoku au Japon en 2011 et ses conséquences avec le tsunami qui a provoqué la destruction de la centrale nucléaire de Fukushima.

La contribution à l'effort de recherche en sismologie est une cause humanitaire d'intérêt général qui concerne toutes les populations et toute la planète ; basés dans une des régions les plus exposées à l'aléa sismique en France, l'UNS est d'autant plus concernée par le problème. Notre travail n'a pas pour ambition particulière de se démarquer par rapport à un état de l'art dont l'intérêt tient par ailleurs dans ses applications pratiques ; notre objectif initial était de mettre à profit nos compétences dans la conception de systèmes d'information mobiquitaires et dans la réalisation d'outils informatiques afin de contribuer aux progrès dans la gestion des séismes.

Le travail de prototypage universitaire que nous avons réalisé dans une première approche se veut une démonstration de notre savoir-faire afin de sensibiliser la communauté scientifique (régionale ou nationale) pour une mobilisation autour d'une plateforme dédiée, car nous savons que c'est en faisant converger les compétences pluridisciplinaires vers un objectif commun que nous pérenniserons notre travail.

Ainsi, nous espérons apporter notre contribution à la réalisation d'un système de collecte (en provenance d'appareils mobiles, d'Internet, de réseaux de capteurs et de surveillance sismique...) et de traitement de données massives référentielles hétérogènes (données sismiques, mesures de capteurs, nombre de connexions / déconnexions et de recherches sur Internet et les réseaux sociaux...) et participatives (témoignages textuels, vocaux, visuels...) dans l'objectif d'établir des modèles de prédictibilité et d'identifier les indicateurs à observer pour le déclenchement d'alertes ciblées (par exemple, public et localités concernée).

2. Synthèse de nos travaux

Tout en bénéficiant de l'expertise des géophysiciens sismologues du CSEM et du laboratoire GéoAzur, nous avons travaillé sur trois thématiques initiales :

– L'analyse des signaux en provenance des capteurs inertiels fixes ou mobiles (embarqués dans le smartphone) pour détecter des séismes,

– La connectivité des appareils mobiles (i.e. Wi-Fi, Bluetooth) et / ou des capteurs fixes communicants pour la propager des alertes précoces (en temps réel, dans les prémices d'un séisme) et / ou suppléer à la perte du réseau cellulaire en cas de destruction des infrastructures télécom pour communiquer lors d'un séisme (i.e. par réseau maillé et/ou en pair-à-pair)

– L'utilisation de la géolocalisation pour la localisation des victimes et le recueil de données destinées au filtrage des notifications d'alerte selon la localité et à l'analyse comportementale.

2.1. *Analyse des signaux en provenance des capteurs inertiels*

Le travail s'appuie sur l'analyse et le traitement des signaux en provenance du capteur pour détecter un mouvement « anormal » dont l'origine est potentiellement sismique : cette détection peut donner lieu à des alertes précoces automatiques et / ou à la collecte des mesures afin d'alimenter les référentiels (une utilisation permet par exemple de déterminer l'intensité d'un séisme et son épicentres en fonction de de la localisation du signal et de son horodatage).

2.1.1. Capteurs accéléromètres du smartphone

Nous avons tout d'abord étudié l'utilisation des capteurs accéléromètres embarqués dans le smartphone dans son utilisation normale lorsque l'utilisateur est en mouvement : le prototypage (sur Android et Windows Phone) a démontré que même si nous sommes capables d'identifier une activité particulière de l'utilisateur (i.e. changement de direction, marche, course, état stationnaire, secousse du mobile) en comparant les signaux à un référentiel préétabli, il est en revanche difficile de différentier des mouvements vibratoires provoqués par une activité « normale » de l'utilisateur d'un mouvement d'origine sismique, et ce malgré l'implémentation d'un protocole de corroboration automatique des signaux avec des appareils situés en proximité (cf. § 2.2). Une solution envisagée (et que nous avons prototypée) consiste à demander une confirmation à l'utilisateur qui déclenche alors une alerte, mais nos tests ont montré que dans le métro ou dans les mouvements de foule, le système se déclenche de façon intempestive et ne présente donc aucun intérêt.

Nous avons alors adopté une approche plus traditionnelle (Reilly J. *et al.*, 2013) et nous avons implémenté (sur Android) un algorithme présenté par ailleurs (Lesas AM., 2016) dont le déclenchement est conditionné par la position immobile de l'appareil quand il est en charge. L'analyse des signaux en provenance des capteurs s'exécute sur une période glissante selon des paramètres configurables dans l'application : la détection donne lieu à une notification d'alerte transmise à l'utilisateur et à un serveur distant (lorsque le réseau est opérationnel) et à la collecte des mesures sur une période chevauchant l'événement (avant et après) d'une durée déterminée par les paramètres de la configuration. Les mesures collectées sont associées à un horodatage et une localisation et sont stockées localement et transmise (si le réseau est opérationnel) au serveur distant.

Les enregistrements du séisme de Napa en 2014 avec l'application « MyShake » confortent la pertinence de notre implémentation, mais bien que les résultats de nos tests préliminaires nous permettent de penser que cette dernière solution est très prometteuse, nous espérons confirmer son bon fonctionnement par le déploiement d'un pilote expérimental en laboratoire spécialisé ou en conditions réelles dans une région fortement sismique.

2.1.2. Capteurs sismique fixe (USB O-NAVI)

Le même algorithme décrit précédemment (cf. § 2.1.1) est implémenté (en Java) sur un PC de bureau fixe auquel est connecté un capteur sismique USB O-NAVI procuré par le CSEM dont l'usage premier était destiné au réseau QCN (http://qcn.emsc-csem.org/sensor), mais nous avons souhaité détourner son utilisation première pour tester la propagation des alertes sur les appareils mobiles connectés aux réseaux Wi-Fi disponibles et démontrer que le smartphone peut recevoir des alertes précoces en provenance de capteurs fixes environnants.

En effet, nos recherches et nos expériences montrent qu'il est difficile d'éliminer les faux positifs en temps réel car la corrélation des signaux impose une connectivité avec un serveur distant dont la latence et l'indisponibilité supprime le caractère immédiat de l'alerte. Nous en concluons que le déclenchement d'alertes précoces fiables doit provenir de capteurs de proximité qui utilisent une connectivité indépendante des réseaux cellulaires : une solution envisagée est basée sur des capteurs de haute performance positionnés à des emplacement choisis pour leur faible exposition aux faux positifs et capables de communiquer avec les appareils mobiles de proximité, par exemple, le capteur peut intégrer connectivité Bluetooth ou Wi-Fi (i.e. microcontrôleurs Arduino ou Raspberry Pi...).

2.2. Utilisation de la connectivité en réseau maillé et pair-à-pair

Nous avons étudié l'utilisation de la connectivité de proximité avec le Wi-Fi et le Bluetooth (portée ~50 mètres) dans deux cas d'utilisation:

– Communication en tâche de fond par l'application sans intervention de l'utilisateur,

– Utilisation à la demande contrôlée par l'utilisateur.

Dans le premier cas, nous avons développé un protocole « DYFI » (« *Did You Feel It* ») dans l'application mobile (Android) destiné à corroborer une alerte entre des appareils de proximité : le protocole qui fonctionne en tâche de fond sans intervention de l'utilisateur permet d'établir un réseau en pair-à-pair et de communiquer avec des appareils équipés de notre application qui sont connectés au réseau dédié. Quatre niveaux d'alerte sont gérés par le système :

1°) la première phase du protocole correspond au niveau d'alerte 0 et à un état normal ; aucune anomalie n'est détectée,

2°) lorsqu'une anomalie est détectée par le processus d'analyse des signaux en provenance de l'accéléromètre d'un appareil, le système passe à la deuxième phase et au 1er niveau d'alerte ; le système se connecte au réseau dédié afin de propager l'alerte de niveau 1 aux autres appareils équipés de l'application. Si le réseau dédié n'est détecté pas trouvé, l'appareil crée le réseau dédié en Wi-Fi direct. Lorsqu'un appareil est connecté au réseau dédié lors d'une alerte de 1er niveau, il continue à propager l'alerte jusqu'au retour au niveau 0 (retour à un état sans anomalie) ou à la réception de la confirmation d'alerte par un autre appareil.

3°) Si un appareil en alerte de niveau 1 reçoit à son tour une alerte en provenance d'un appareil de proximité, alors le système passe au niveau d'alerte maximum et déclenche une alerte sonore sur le téléphone et affiche une demande de confirmation à l'utilisateur : si l'utilisateur confirme qu'il s'agit bien d'un séisme, des notifications automatiques sont envoyées à un serveur (si l'état du réseau le permet) et aux appareils de proximité pour indiquer la dernière position connue de l'utilisateur et des conseils de sécurité sont proposés par l'application.

Le deuxième cas d'utilisation prototypé sur iOS inclus un service de tchat similaire à l'application WhatsApp (qui a rencontré un vif succès en Chine suite aux suppressions d'accès à Internet et à Facebook imposées par le gouvernement) : l'application utilise la connectivité Bluetooth en pair-à-pair (y compris avec des iPods) pour étendre le réseau maillé. En plus d'implémenter le protocole décrit dans le 1er cas d'utilisation avec le Wi-Fi, l'application permet également aux utilisateurs d'envoyer des SMS même quand les réseaux sont indisponibles et la disponibilité des périphériques sur le réseau est maintenue par un signal périodique (de type « *heartbeat* »).

2.2. Utilisation de la géolocalisation

La localisation présente un intérêt indispensable dans la gestion des séismes : en effet, la mesure d'un événement sismique n'a aucun intérêt s'il n'est pas horodaté et géolocalisé. La localisation trouve également des applications dans la cartographie des utilisateurs pour la localisation des victimes ou l'analyse des comportements.

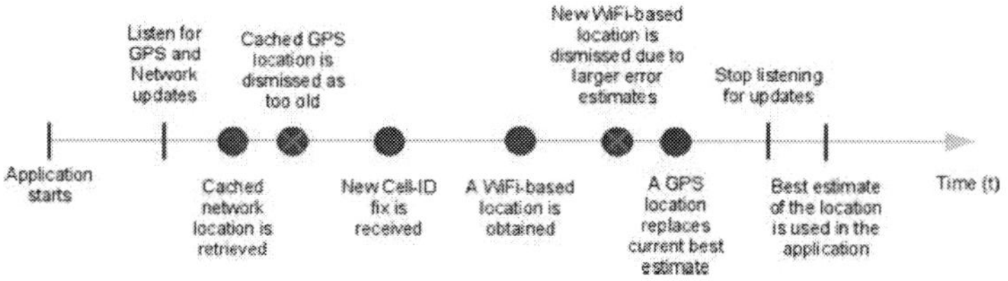

Figure 1. *Google Maps API : fenêtre d'estimation de la position au fil du temps* [2]

Si l'emplacement des sources fixes (e.g. stations sismiques, capteurs fixes) est déterminé à l'avance et ne nécessite donc pas de localisation dynamique, il n'en va pas de même avec les appareils mobiles. Quelle que soit la plateforme mobile (Android, iOS...), les API de localisation sont basées sur les données en provenance

2. Source : https://developer.android.com/guide/topics/location/strategies.html

du GPS, du Wi-Fi et du réseau cellulaire. Deux modes sont possibles, l'abonnement continu aux mises à jour périodiques (à une fréquence donnée) de la position lorsqu'un déplacement est détecté (cf. fig. 1), ou la récupération ponctuelle de la dernière position connue (plus économique pour la batterie).

Cependant, la localisation n'est pas disponible dans les zones qui ne bénéficient pas d'une couverture réseau et la précision peut varier de 2m à 200m en fonction de la couverture (e.g. pas de GPS à l'intérieur des bâtiments).

2.2.1. Implémentation de la localisation

– Localisation des collectes lors de la détection d'une anomalie pendant l'analyse des données en provenance des accéléromètres mobiles.

– Cartographie des utilisateurs depuis un autre mobile : le protocole implémenté dans le mode pair-à-pair (cf. § 2.2) diffuse la dernière localisation connue des utilisateurs, permettant ainsi à l'application de positionner les utilisateurs sur une carte géographique et de calculer la distance (formule Haversine[3]) d'un utilisateur par rapport à un autre. Ce cas d'utilisation trouve des applications pratiques comme la possibilité de déterminer quel utilisateur peut intervenir rapidement en cas de détresse d'un des utilisateurs, ou faciliter le regroupement.

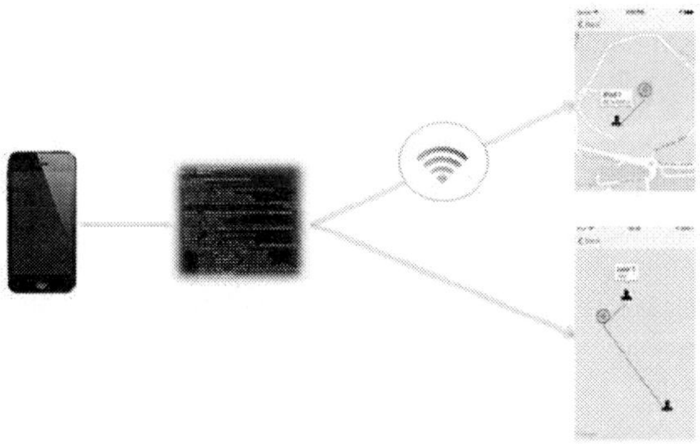

***Figure 2.** Localisation des utilisateurs sur le réseau pair-à-pair*

– Cartographie des utilisateurs sur une console de monitoring depuis le serveur : en situation de crise (i.e. pendant ou après un séisme) et lorsque les réseaux sont disponibles, il nous a semblé pertinent de pouvoir suivre les mouvements de foule grâce à l'envoi de la mise à jour des positions par l'application mobile, ou de propager des notifications automatiques ou manuelles avec des technologies telles que Google Cloud Messaging (GCM) et web sockets poussées vers le mobile à une population ciblée géographiquement (cf. fig. 3).

3. https://en.wikipedia.org/wiki/Haversine_formula

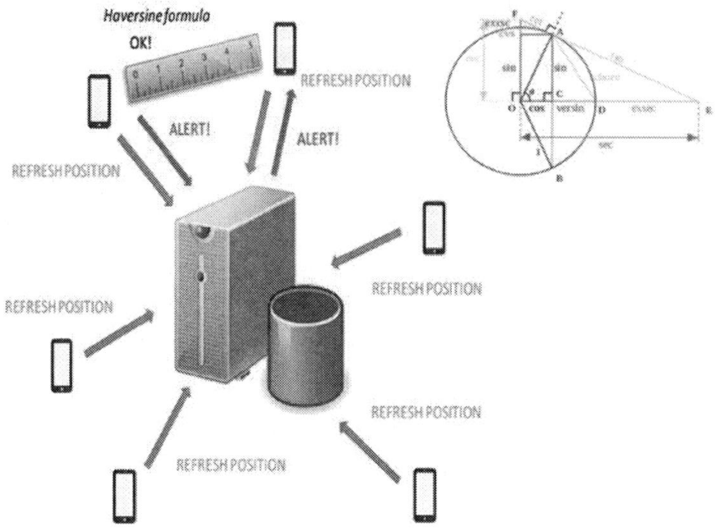

Figure 3. *Localisation des utilisateurs sur le réseau pair-à-pair*

Conclusion

Les résultats de notre expérimentation confirment la pertinence de la mise en œuvre des technologies mobiquitaires appliquée à la sismologie ; ces résultats sont par ailleurs confortés par les travaux apparentés de la communauté géoscientifique : la connectivité du smartphone et les technologies qu'il embarque peuvent contribuer à une gestion améliorée, dynamique, interactive avant / pendant / après des séismes.

La prochaine étape du projet SISMAPP sera consacrée au déploiement d'une plateforme qui recevra en entrée et dans un premier temps, les données en provenance des capteurs embarqués dans le smartphone transmises par notre application mobile et les données transmises par notre application d'analyse des capteurs fixes adaptée et déployée sur un microcontrôleur Arduino connecté à une carte réseau Wi-Fi. Le travail consistera alors à évaluer des APIs de monitoring et de visualisation graphique de données géospatiales idéalement adaptées pour les données de capteurs illustré par la fig. 4.

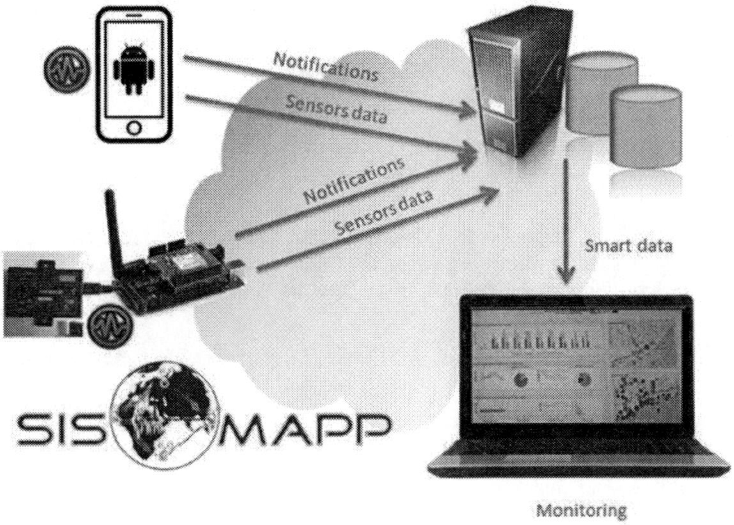

Figure 4. *Monitoring des données collectées*

Remerciements

Je tiens à adresser ici tous mes remerciements à Rémy Bossu (CSEM) et Anne Deschamps (GéoAzur) pour leur expertise et le temps qu'ils ont aimablement consacré au projet SISMAPP, au Pr. Serge Miranda qui a initié le projet, au Pr. Omar Boucelma pour ses conseils avertis, ainsi qu'à tous les étudiants qui ont participé au projet et je pense plus particulièrement à Béatrice Noël et Jean-Max Pierrette (2013) et Axel Ardoin (2014). Je remercie également le Pr. Florence Sedes pour l'intérêt qu'elle a porté à nos travaux et grâce à qui le projet SISMAPP est présenté ici.

Bibliographie et références

Bock Y., Crowell B., Melgar D. UCSD (2011). "The Use of Real-Time GPS and Accelerometer Data for Earthquake Early Detection and Rapid Response," *EarthScope National Meeting EarthScope's Broader Impacts Session UT Austin*, Texas, May 19, 2011

Bossu R. (2015). *Earthquake Risk Mitigation Using Social Media and Sensor-Based Citizens' Participation*, internal report, CSEM, 2015.

Cochran E. S., Lawrence J. F., Kaiser A., Fry B., Chung A., Christensen C. (2011). Comparison between low-cost and traditional MEMS accelerometers: a case study from the M7.1 Darfield, New Zealand, aftershock deployment, *Annals Of Geophysics*, *Citizen*

Empowered Seismology, Special Section edited by R. Bossu and P.S. Earle, 2011, p.728-737.

Cuenot O. (2003). *Les algorithmes de détection automatique d'ondes sismiques*, probatoire CNAM, 2003.

Dolui K., Mukherjee S., Kanti Datta S. (2013). Smart Device Sensing Architectures and Applications, *International IEEE Computer Science and Engineering Conference (ICSEC), 2013*, Bangkok, Thailand.

Faulkner M., Olson M., Chandy R., Krause J. (2011). The Next Big One: Detecting Earthquakes and other Rare Events from Community-based Sensors, *International Conference on Information Processing in Sensor Networks (IPSN), 2011*, Chicago, Illinois, USA.

Kong Q. (2012). *Using Smartphones to Detect Earthquakes*, Berkeley Seismological Laboratory annual research report, University of California, 2012.

Lesas A.M., Ardoin A., Cano S. (2014). SISMAPP : *Une station sismique mobile dans le smartphone*, rapport technique, MBDS, Université de Nice – Sophia-Antipolis, 2014.

Lesas A.M. *Détecter et monitorer les séismes grâce aux capteurs embarqués dans les smartphones*, Congrès INFORSID, 34ème édition, Grenoble, 31 mai – 3 juin 2016.

Minson S. E., Brooks B. A., Glennie C. L., Murray J. R., Langbein J. O., Owen S. E., Heaton T. H., Iannucci R. A., Hauser D. L. (2015). Crowdsourced earthquake early warning, *Science Advances*, vol. 1, n° 3, e1500036.

Naito S., Azuma H., Senna S., Yoshizawa M., Nakamura H., Fujiwara H., YoshidaM. (2013). *On-site experiment of seismic monitoring network by utilization inside sensors of mobile terminal*, National research Institute for Earth science and Disaster Prevention, Conference paper, Japan Geoscience Union Meeting, 2013.

Naito S., Azuma H., Senna S., Yoshizawa M., Nakamura H., Hao K. X., Fujiwara H., Hirayama Y., Yuki N., Yoshida M. (2013). Development and Testing of a Mobile Application for Recording and Analyzing Seismic Data, *Journal of Disaster Research*, vol. 8, n° 5, p. 990-1000.

Olson M., Liu A., Faulkner M. (2011). Rapid Detection of Rare Geospatial Events: Earthquake Warning Applications, *Distributed Events-Based Systems' conference, 2011*, New York, USA.

Reilly J., Dashti S., Ervasti M., Bray J. D., Glaser S. D., Bayen A. M. (2013). Mobile Phones as Seismologic Sensors: Automating Data Extraction for the iShake System, *ONS On Automation Science And Engineering*, vol. 10, n° 2, p. 242-251.

Shala U., Rodriguez A. (2011). *Indoor Positioning using Sensor-fusion in Android Devices*, Graduation work for a Degree of Master in Embedded Systems,School of Health and Society, Department Computer Science, Kristianstad University, Sweden, 2011.

Retour d'expérience sur l'analyse des exigences centrée sur les données pour des SI *-data

Christophe Ponsard, Annick Majchrowski, Stéphane Mouton
Centre d'Excellence en Technologies de l'Information et de la Communication
Avenue Jean Mermoz 28, Charleroi, Belgique
{christophe.ponsard, annick.majchroski, stephane.mouton}@cetic.be

Le "big-data" ou "données massives" n'est pas un phénomène nouveau mais qui s'est notablement accéléré ces dernières années soutenu par le développement des réseaux haute vitesse, la connectivité mobile permanente, les réseaux sociaux et le Cloud. Face à la masse de données à laquelle leur Système d'Information (SI) est confronté, les entreprises ont pris conscience de l'enjeu stratégique que représente la capacité d'extraire de la valeur de ces données à la fois rapidement, pour un bon usage et au bon moment.

Le contexte de notre recherche est la consolidation d'un catalogue de services Big Data Innovants qui peut être mis à disposition des entreprises pour améliorer leur SI sur base d'une plateforme dédiée. Ces services s'articulent autour de la chaîne de valeur de la donnée ainsi que sur la notion de packages analytiques sur les 4 niveaux usuels d'exploitation des données (descriptif, diagnostic, prédictif et prescriptif).

Afin d'aider à la conception de systèmes d'information ayant de telles capacités, plusieurs méthodes ont vu le jour au fur et à mesure de l'intensification de cette problématique en s'appuyant notamment sur le data-mining [1], la business intelligence [2] avant l'émergence de méthodes plus récentes au sein de projets européens tels que le Big Project [3] ou d'acteurs IT majeurs tels qu'IBM [4].

Dans le cadre de notre recherche, nous sommes amenés à réaliser huit études de cas dans des domaines d'application diversifiés et impliquant des traitements de données également très variés. Nous proposons de rapporter notre expérience à ce jour à deux niveaux. Tout d'abord, nous avons pu expérimenter les diverses méthodes évoquées et en réaliser une synthèse soutenant concrètement les entreprises dans leur démarche de conception ou d'évolution de leur SI au niveau de l'identification des besoins métiers liés à des données massives, de scénarios maximisant leur valeur, ainsi que des barrières/facteurs d'adoption directement liés. D'autre part, nous illustrons le traitement de problématiques plus spécifiques (ex. exigences de qualité de résultats ou de sécurité) sur des études en cours, notamment dans le domaine de la maintenance prédictive d'équipements IT et dans le suivi médical de patients ayant fait l'objet d'une hospitalisation.

Références

[1] Rüdiger Wirth. CRISP-DM : Towards a standard process model for data mining. In *Proceedings of the Fourth International Conference on the Practical Application of Knowledge Discovery and Data Mining*, pages 29–39, 2000.

[2] P Britos et al. Requirements elicitation in data mining for business intelligence projects. In *Advances in Information Systems Research, Education and Practice : IFIP 20th World Computer Congress, Milano*, Sept 2008.

[3] Martin Strohbach, Holger Ziekow, Vangelis Gazis, and Navot Akiva. *Modeling and Processing for Next-Generation Big-Data Technologies*, volume 4 of *Modeling and Optimization in Science and Technologies*. Springer, 2014.

[4] IBM. Analytics stampede. http ://www.ibm.com/software/data/services.

Évaluation de la confiance dans un environnement multisources

Benjamin COSTE [1], Cyril RAY [2], Gouenou COATRIEUX [3]

1. *Chaire de Cyber Défense des Systèmes Navals*
   Ecole navale - CC 600
   F29240 Brest Cedex 9, FRANCE
   benjamin.coste@ecole-navale.fr
2. *Ecole navale - CC 600*
   F29240 Brest Cedex 9, FRANCE
   cyril.ray@ecole-navale.fr
3. *Institut Mines-Télécom - Télécom-Bretagne*
   Technopole Brest-Iroise, CS 83818
   29238 Brest Cedex 3, FRANCE
   gouenou.coatrieux@telecom-bretagne.eu

RÉSUMÉ. *Dans un système d'information (SI), de nombreuses informations sont produites puis stockées, analysées, traitées et diffusées (par des opérateurs humains (e.g. saisie utilisateur) ou de manière automatique (e.g. informations fournies par des capteurs)). Ces informations comme les sources associées peuvent alors être l'objet de malversations. Une question alors posée est de savoir quelle confiance accorder à ces informations ainsi qu'aux sources émettrices. Dans cet article, nous exposons une démarche d'évaluation de la confiance dans un environnement multisources hétérogènes. La confiance évaluée peut ensuite être utilisée pour renforcer la sécurité du SI via la détection de malversations de sources ou d'informations. Ces travaux sont développés dans le cadre de la sécurisation des systèmes d'information des navires modernes.*

ABSTRACT. *In an information system, information is stored, analysed, processed and broacast. The nature of which can vary (e.g. human or sensors). These sources can be targeted by a malicious entity. The problem is to know how much a piece of information or a source can be trusted. This article aims to provide an approach of trust's assessment in a heterogenous multisources environment. The trust is then used to improve the security of the information system thanks to detection of malversation of source or piece of information. This work is developped for ship's information system' security*

MOTS-CLÉS : *Confiance, source d'information, système d'information, sécurité*

KEYWORDS: *Trust, source of information, information system, security*

DOI:10.3166/HSP.x.1-7 © 2016 Lavoisier

Hermès Science Publication – n° y/2016, 1-7

1. Introduction

Les systèmes d'information et de navigation à bord des navires sont des systèmes complexes. Ils offrent de multiples fonctions permettant la navigation comme la gestion de l'ensemble du navire (propulsion, communications, alimentation électrique, accès et gestion du personnel ...). Ces systèmes sont composés de nombreuses interconnexions entre divers réseaux (filaire ou non, avec ou sans accès Internet) constitués tout aussi bien de capteurs (GPS, Loch ...) que d'équipements informatiques classiques (routeurs, switchs, ordinateurs personnels, serveurs ...). Tous ces composants sont vulnérables à des malversations de la part d'humains embarqués ou distants (Fitton *et al.*, 2015).

La sécurité d'un navire est assurée à partir de nombreuses informations remontées par des capteurs embarqués aussi bien que par les personnes se trouvant à bord. Par exemple, sur un navire de croisière, le pilotage automatique est basé sur les informations de position fournies, entre autres, par un ou plusieurs GPS embarqués. Chacun d'eux peut cependant être abusé par un dispositif de spoofing (Bhatti, Humphreys, 2014).

Divers moyens peuvent être mis en place pour protéger le système d'information d'un navire dans sa globalité ou au niveau de chacun de ses constituants : authentification, contrôle d'accès, confidentialité des échanges ... Ces solutions ont néanmoins leurs limites dans le cas où l'un des éléments est leurré ou malveillant. Chaque élément peut être vu comme une source émettant des informations de différentes natures et formes. L'inefficacité des solutions précédentes jette donc le doute sur les informations et les sources du SI. De plus, quelle que soit la complexité d'une attaque, celle-ci est initiée par un être humain. Comment assurer alors la sécurité du système d'information d'un navire en prenant en compte des technologies multiples aussi bien que des personnes au comportement parfois irrationnel?

Cet article aborde la problématique de la sécurité des systèmes d'information par l'élaboration d'une mesure de confiance dans les sources et les informations analysées et traitées à bord du navire.

La section 2 récapitule les différents points de vue sur la confiance présents dans la littérature. En section 3, nous exposerons notre démarche pour aborder la problématique après quoi nous conclurons sur les perspectives ouvertes.

2. État-de-l'art

La confiance est une notion complexe et de nombreux travaux ont cherché à la définir dans divers domaines (Blomqvist, 1997 ; McKnight, Chervany, 2000). En économie, les modèles de confiance privilégient généralement la *coopération* entre les agents, c'est-à-dire que les agents "travaillent et agissent ensemble sur une tâche, et partagent les bénéfices qui en découlent" (Marsh, 1994).

En approfondissant le lien entre coopération et confiance, (Demolombe, 2004) a introduit la *sincérité* dans de tels modèles. En effet, l'auteur fait remarquer que la confiance d'un individu A envers un individu B n'est possible que si B est sincère aux yeux de A, c'est-à-dire que B ne dissimule aucune information ayant un intérêt pour A (Lorini, Demolombe, 2008). Cependant, B n'a peut-être aucun intérêt à se montrer sincère. En effet, la sincérité est dépendante des objectifs ou des intérêts de chacun. Si A et B ont des intérêts contraires, alors il est du bon sens que chacun se méfie de l'autre, la coopération étant dès lors impossible.

En sciences humaines, avant les années 2000, la confiance visait à appréhender les rapports entre individus. Elle considérait les *émotions* d'un sujet (Lewis, Weigert, 1985) et son état psychologique au moment de prendre une décision (Deutsch, 1958). L'ajout d'une dimension émotionnelle à la confiance peut compenser un manque de *connaissances* lors de la prise de décision dans des situations nouvelles (Luhmann, 1979). Ces caractéristiques (émotions, connaissance) contribuent à qualifier la confiance.

Cependant, dans le contexte considéré à l'époque, un même individu entretenait un faible nombre de relations de confiance, lesquelles s'établissaient sur le long terme. Depuis l'apparition d'Internet, l'entourage d'une personne s'est considérablement élargi. Un individu n'est plus seulement en relation avec quelques autres de son entourage. Il est maintenant connecté à une multitude de personnes et de services. Cette nouvelle masse de relations potentielles diminue considérablement le nombre d'interactions avec chaque entité et limite du même coup l'accroissement du niveau de connaissance des relations. Ainsi un entourage réduit mais bien connu a laissé place à de nombreuses relations méconnues (Grandison, Sloman, 2000).

De plus, les nouveaux moyens de communication empêchent parfois d'identifier la nature du correspondant. Le peu d'interactions couplé à l'anonymat relatif d'Internet rend cette connaissance difficile à acquérir. Pour pallier les faiblesses des définitions sociales, Grandison et Sloman (Grandison, Sloman, 2000) ont défini la confiance comme "la *croyance* ferme en la *compétence* d'une entité à agir de manière fiable au travers d'un contexte spécifique" où la compétence est "la capacité d'une entité à assurer les fonctions qui lui sont attribuées". En basant la confiance sur la compétence, la définition s'adapte au mélange Hommes-Machines des systèmes d'information.

Plus récemment, l'émergence et la prolifération rapide des capteurs de tous types alimentant les systèmes d'information (notamment mobiles) a suscité de nouvelles questions quant à la confiance que l'on peut avoir dans l'information. En effet, les sources sont liées aux informations qu'elles émettent (Jousselme *et al.*, 2014). Certaines caractéristiques des sources (*fiabilité*, *confiance*, *compétence*, ...) influencent les informations produites. Par exemple, en mesurant certaines propriétés des informations (*qualité*, *confiance*, *crédibilité*, ...), celles de la source peuvent être estimées. De même, l'inverse est également vrai : la confiance dans une information dépend de celle accordée à la source. (Paglieri *et al.*, 2014) analysent ce lien et établissent la confiance dans une source comme la qualité attendue d'une information. Plus la confiance dans la source est élevée et plus la qualité de l'information doit l'être également. En mesurant la qualité de l'information, la confiance dans la source s'adapte en impactant deux caractéristiques de cette dernière: sa compétence et sa sincérité. Ces caractéristiques sont choisies d'après le modèle de (Demolombe, 2001). Elles ne sont pas les seules à caractériser le comportement d'une source mais il est possible de ramener les autres critères à ces deux là (Liu, Williams, 2002).

3. Évaluation de la confiance

Nous étudions le sous-système de localisation et navigation du navire. Ce système dispose de capteurs spécifiques aux navires (e.g. l'AIS [1]) aussi bien que des capteurs plus génériques (e.g. le GPS). Il est de plus particulièrement répandu (la navigation étant la partie la plus commune à gérer) et des vulnérabilités ont été démontrées (Balduzzi *et al.*, 2014).

Nous l'avons dit, un système d'information est composé de multiples blocs fonctionnels interconnectés qui analysent, traitent et émettent de l'information. Ces blocs, quelles que soient leurs fonctions (traitement, analyse, mesure, prise de décision), peuvent être vus comme des sources qui émettent de l'information. Par ailleurs, chacun d'eux peut être vu comme mono ou multisources. Dans l'exemple de la figure 1, si le GPS est éteint alors trois sources distinctes n'émettront plus d'information.

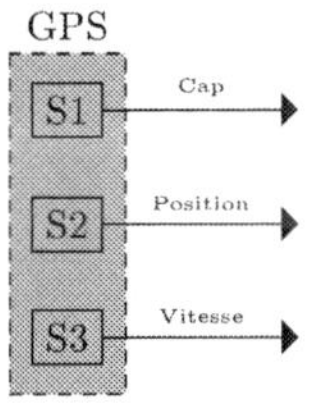

Figure 1. Le GPS peut être vu comme trois sources distinctes émettant respectivement des informations de cap, position et vitesse

Dans cet article, nous avons fait le choix de la représentation d'un capteur par plusieurs sources (figure 1), le modèle le plus général qui allie simplicité (une source est spécialisée, c'est-à-dire qu'elle n'envoie qu'un seul type d'information) et souplesse (il est facile d'ajouter ou d'enlever des fonctionnalités aux sources).

3.1. Relations entre les sources et les informations

Plusieurs sources peuvent représenter un même capteur mais ce n'est pas le seul lien qui peut les unir. Nous considérons, dans notre contexte, trois autres relations possibles. Le premier lien considéré est la proximité géographique de deux sources. Deux sources de même nature (e.g. position) très proches doivent émettre la même information. Le second lien est la dépendance causale entre les sources. Lorsqu'une

1. Automatic Identification System

source obtient ses informations par le biais d'une autre, les informations émises par les deux doivent coïncider. L'information produite par la deuxième source est en effet subordonnée à celle produite par la première. Enfin, deux sources peuvent acquérir leurs informations de la même manière (e.g. un SoNAR et un loch Doppler [2]sont basés sur le son, malgré des fonctions différentes). La prise en compte de telles dépendances est particulièrement importante, notamment lors d'un changement d'environnement ou d'une perturbation passagère qui peuvent affecter tout ou partie des sources simultanément. Ces situations sont particulièrement fréquentes dans le cas d'un navire du fait de son caractère dynamique.

Si une source est liée à l'information qu'elle produit et à d'autres sources, les informations, indépendamment des sources, sont également liées. En effet, une information se doit d'être cohérente au cours du temps, c'est-à-dire de ne pas se contredire ni contredire les autres informations. Par exemple, la distance entre deux positions du navire sur un intervalle de temps défini doit s'accorder avec la vitesse de celui-ci. De même, lorsque trois positions à des instants proches sont alignées dans l'espace alors le navire est nécessairement passé par les positions intermédiaires.

3.2. Modélisation de la confiance

Dans le contexte qui nous intéresse, la modélisation de la confiance et sa mesure impliquent de prendre en compte différentes menaces, sources de variabilité de la confiance. Nous proposons l'évaluation de la confiance basée sur la compétence et la sincérité de la source.
Sur un navire, les informations peuvent (notamment) être manipulées par divers moyens : leurre, prise de contrôle d'une source, attaque sur le canal de transmission, etc. Ces différentes malversations d'informations interviennent respectivement avant, pendant et après le traitement de l'information par la source. Nous considérons ici les deux premiers cas de figure, c'est-à-dire avant la production de l'information.

Une source, humaine ou automatique, peut être leurrée en profitant de ses imperfections intrinsèques et faire passer une information comme vraie. Cette information sera ensuite diffusée dans le système d'information et considérée avec toute la légitimité offerte par la source. Cependant, la source peut, dans certains cas, déterminer elle-même si elle se fait leurrer. Cette capacité à distinguer la réalité d'un leurre est une composante de la compétence de la source. Dans le cas d'un capteur GPS, cette source est dite *compétente* si elle évalue correctement sa position. Elle est alors capable de se rendre compte d'un dysfonctionnement ou d'une attaque comme par exemple lors d'un GPS-spoofing [3]. Elle ne fait pas nécessairement la différence entre la simple erreur et le leurre (intentionnel) mais elle sait que quelque chose n'est pas normal. La compétence s'évalue dans le temps. C'est en analysant les diverses informations trans-

2. capteur mesurant la vitesse du navire
3. http://www.gizmag.com/gps-spoofing-yacht-control/28644/

mises par une source au cours du temps dans un domaine précis que son niveau de compétence sera évalué.

Une source peut également tomber sous l'emprise d'une entité malveillante à l'égard du système d'information du navire (e.g. infection par un malware dans le cas d'un logiciel ou corruption d'une personne). Dans ce cas, la source diffuse toujours de fausses informations au sein du réseau mais sa compétence n'est pas mise en cause. C'est sa *sincérité* qui sera affectée. En effet, la source est toujours capable d'envoyer les bonnes informations mais elle, ou l'entité qui la contrôle, choisit de ne pas le faire. À la place, elle altère les informations avant de les diffuser. Ce genre de comportement peut être peu perceptible dans le temps (e.g. de faibles variations qui s'additionnent pour au final falsifier complètement l'information). Pour être capable de détecter ce type d'attaque, il faut comparer l'information reçue avec celles fournies par les autres sources. La sincérité d'une source s'évalue donc en confrontant l'information émise à celles émises par les autres sources au même moment.

De ce constat, nous proposons l'évaluation de la compétence et la sincérité de la source à partir de l'analyse des informations reçues. La figure 2 représente la matrice des informations transmises par n sources au cours du temps. La compétence de la source est évaluée à partir des lignes et la sincérité à partir des colonnes.

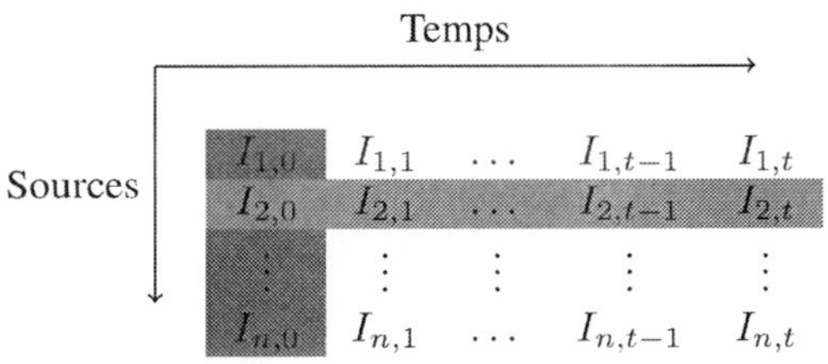

Figure 2. Évaluation de la compétence et de la sincérité des sources via l'analyse des informations I transmises.

La confiance dans une source se mesure donc en analysant les informations selon deux dimensions: les sources et le temps.

4. Conclusion

Un système d'information est composé de multiples éléments qu'il est impossible de contrôler du point de vue de la sécurité. Cet article propose d'évaluer de tels systèmes par l'étude de la confiance dans des sources d'information à partir des informations fournies. La confiance est évaluée à partir de deux critères que sont la compétence et la sincérité d'une source. Ces critères permettent de considérer deux types d'attaques que sont le leurre et la prise de contrôle. Les perspectives concernent la mesure de la compétence et la sincérité à partir des informations reçues.

Bibliographie

Balduzzi M., Pasta A., Wilhoit K. (2014). A security evaluation of automated identification system. In *Acsac'14*.

Bhatti J., Humphreys T. E. (2014). Covert control of surface vessels via counterfeit civil gps signals.

Blomqvist K. (1997). The many faces of trust. *Scandinavian journal of management*, vol. 13, n° 3, p. 271–286.

Demolombe R. (2001). To trust information sources : a proposal for a modal logical framework. In *Trust and deception in virtual societies*, p. 111–124. Springer.

Demolombe R. (2004). Reasoning about trust : A formal logical framework. In *Trust management*, p. 291–303. Springer.

Deutsch M. (1958). Trust and suspicion. *Journal of conflict resolution*, p. 265–279.

Fitton O., Prince D., Germond B., Lacy M. (2015). *The future of maritime cyber security*. Rapport technique. Lancaster university.

Grandison T., Sloman M. (2000). A survey of trust in internet applications. *Communications Surveys & Tutorials, IEEE*, vol. 3, n° 4, p. 2–16.

Jousselme A.-L., Boury-Brisset A.-C., Debaque B., Prévost D. (2014). Characterization of hard and soft sources of information : A practical illustration. In *17th international conference on information fusion*, p. 1–8.

Lewis J. D., Weigert A. (1985). Trust as a social reality. *Social Forces*, vol. 63, n° 4, p. 967–985.

Liu W., Williams M.-A. (2002). Trustworthiness of information sources and information pedigree. In *Intelligent agents viii*, p. 290–306. Springer.

Lorini E., Demolombe R. (2008). From binary trust to graded trust in information sources: A logical perspective. *LNAI 5396*, p. 205–225.

Luhmann N. (1979). *Trust and power*. U.M.I.

Marsh S. P. (1994). Formalising trust as a computational concept (Thèse de doctorat, Department of Computer Science and Mathematics). *Computing Science and Mathematics eTheses*, p. 184.

McKnight D. H., Chervany N. L. (2000). What is trust? a conceptual analysis and an interdisciplinary model. *Americas Conference on Information Systems*, p. 827–833.

Paglieri F., Castelfranchi C., Costa Pereira C. da, Falcone R., Tettamanzi A., Villata S. (2014). Trusting the messenger because of the message: feedback dynamics from information quality to source evaluation. *Computational and Mathematical Organization Theory*, vol. 20, n° 2, p. 176–194.

Vers une ingénierie conjointe de la sécurité, de l'utilisabilité et de la résilience dans les systèmes socio-techniques

Wilson Goudalo [1,2], Christophe Kolski [1], Frédéric Vanderhaegen [1]

1. LAMIH-UMR CNRS 8201, Université de Valenciennes
59313 Valenciennes, France
{wilson.goudalo, christophe.kolski, frederic.vanderhaegen}@univ-valenciennes.fr

2. Research and Innovation Department, ABE - Advanced Business Engineering
77400 Lagny, France
wilson.goudalo@abe-engineering.net

RESUME. *A l'ère actuelle de l'industrie des services, les activités de conception de services (produits, systèmes) arbitrent en permanence avec les principes de "time to market", de la performance, la sécurité, la fiabilité, la robustesse, la flexibilité, l'adaptabilité, la convivialité, le respect de la vie privée, la traçabilité, la conformité, la transparence, dans le but de satisfaire les préoccupations de toutes les parties prenantes. Dans ce travail nous proposons de traiter les préoccupations relatives aux principes cités, ci-dessus, dans une perspective commune de la sécurité, de l'utilisabilité et de la résilience. Nous la désignons par l'ingénierie conjointe de la sécurité, de l'utilisabilité et de la résilience. Nous avons élaboré une étude de cas de système socio-technique dans le domaine de la santé qui illustre nos propositions.*

ABSTRACT. *In the current era of the service industry, design activities of services (products, systems) constantly mediate with the principles of "time to market", performance, security, reliability, robustness, flexibility, adaptability, usability, privacy, traceability, compliance, transparency, in order to satisfy the concerns of all stakeholders. In this work, we propose to address all these concerns and principles mentioned above, in a joint perspective of security, usability and resilience. We designate it by the joint engineering of security, usability and resilience. We developed a case study which shores our results.*

MOTS-CLES : *Sécurité ; Utilisabilité ; Résilience ; Sémantique ; Métrique ; Modèle Conceptuel ; Analyse Conjointe ; UML.*
KEYWORDS: *Security; Usability; Resilience; Semantics; Metrics; Conceptual Models; Joint Analysis; UML.*

1. Introduction

Autrefois, les systèmes étaient développés pour des utilisateurs avertis, dans le cadre d'un contexte bien défini. Ils étaient fournis avec de volumineuses documentations qui ne sont pas toujours agréables à exploiter. A l'ère de l'industrie des services, les systèmes, les produits et les services sont fournis pour être utilisés (consommés) par des utilisateurs lambda dans leur vie de tous les jours. L'industrie des services est caractérisée par un contexte socio-économique de "*time to market*", à la fois très concurrentiel et règlementaire. Ces services (systèmes et produits) numériques envahissent toutes les sphères de la vie (vie privée, données de santé, activités professionnelles et personnelles, toutes les activités socio-économiques). Ils doivent être fiables, protégés et sécurisés de façons efficaces, faciles d'utilisation et résilients. L'étude de Ponemon Institute montre les causes de la violation de données en 2015 (Ponemon Institute LLC, 2015) : Attaques malveillantes ou criminelles pour 47%, Anomalies du système (défaillances de la technique et des processus métier) pour 29% et le facteur humain (employés négligents, erreurs humaines) pour 25%.

Cet article a pour objectif de présenter nos travaux sur l'ingénierie conjointe de la sécurité, l'utilisabilité et la résilience. Nous nous concentrons sur les Systèmes Socio-Techniques (SST), sur la vie privée et sur la confiance. Dans la section suivante, nous rappelons l'état de l'art. Nous décrivons notre contribution dans la section 3. La section 4 présente une étude de cas dans le domaine médical. Enfin, la dernière section conclut nos travaux.

2. Etat de l'art

2.1. Systèmes socio-techniques

La notion de système socio-technique a été créé dans le cadre des travaux de l'Institut Tavistock de Londres à la fin des années cinquante (Trist and al., 1963). Les systèmes socio-techniques visent à modéliser ensemble les capacités humaines, sociales et technologiques dans l'utilisation et dans le traitement des services à valeur ajoutée. Singh définit les systèmes socio-techniques (SST) comme étant des systèmes physiques (sociaux) et cyber à multiple parties prenantes (Singh, 2013).

De nos jours, les relations sociales sont mélangées avec les relations de type cyber. Les principaux réseaux sociaux en sont une preuve. La consumérisation et les tendances de BYOD ("Bring Your Own Device") rapprochent et mélangent la vie privée et la vie professionnelle. Les SST traitent des données sensibles et fournissent des services de valeur. Au même moment, les utilisateurs adoptent un comportement ubiquitaire et présentent une forte volatilité avec les attentes insaisissables. A notre ère actuelle de l'industrie des services, le succès des SST nécessite une réelle sécurité (confiance, respect de la vie privée, intégrité, confidentialité) avec la satisfaction de toutes les parties prenantes, dont les utilisateurs (IBM Corporation, 2014).

2.2. Sécurité

La famille des normes ISO 27000 (ISO/IEC 27000) est dédiée à la sécurité de l'information. Ces normes présentent comment établir, mettre en œuvre, maintenir et améliorer continuellement un système de gestion de la sécurité de l'information. Elles définissent la sécurité en termes de trois concepts fondamentaux : la confidentialité, l'intégrité et la disponibilité des informations, en appliquant un processus de gestion des risques. D'autres normes internationales et locales traitent également la sécurité, ainsi que les risques de sécurité des SI. Elles opèrent toutes sur ces trois critères fondamentaux de la sécurité. A ces derniers, sont rajoutés différents attributs et propriétés de sécurité tels que la preuve, trace, non-répudiation, identification, authentification que nous suggérons de rassembler pour assurer le concept de l'imputabilité.

Dans les SST, notamment pour le domaine des systèmes médicaux, les attributs du respect de la vie privée et de la confiance se joignent indéniablement à la sécurité. Westin dans son remarquable livre "la vie privée et la liberté» (Westin, 1970) avait ouvert le champ moderne du droit et de la vie privée. Nous utilisons le respect de la vie privée *(privacy)* à la fois comme la confidentialité et l'intégrité des informations ; le respect effectif de la vie privée renforce la confiance des consommateurs. Dans (Cranor et Blase, 2015), les auteurs définissent différents aspects du respect de la vie privée. Pour réussir la sécurité des systèmes d'information dans les entreprises, Goudalo et Seret (2008) ont proposé une approche méthodologique opérant sur la construction d'un canevas d'adhésion de toutes les parties prenantes de l'organisation. Aussi les travaux de Clarke et Furnel (2014) se rapportent à l'aspect humain (dont l'utilisabilité) dans la réussite de la sécurité.

2.3. Utilisabilité

La garantie de l'utilisabilité permet aux utilisateurs d'atteindre leurs buts et de satisfaire leurs besoins dans un contexte particulier d'utilisation. Le contexte d'utilisation est défini par l'ensemble des utilisateurs, tâches, équipements et environnements physiques, sociaux et cyber qui peuvent tous influer sur la facilité d'utilisation d'un service (produit ou système). La norme ISO 9241-11 définit l'utilisabilité et explique les avantages de sa mesure, en termes de performance et de satisfaction des utilisateurs (ISO 9241-11). Shackel (2009) définit l'utilisabilité sur la base de trois critères : la performance de la tâche, la satisfaction des utilisateurs, et les coûts.

La maturité acquise au fil des décennies renforce notre évaluation de l'utilisabilité. Une simple mesure de l'utilisabilité ne serait pas suffisante, compte tenu de la complexité de tous les facteurs de contexte à prendre en considération et compte tenu de l'absence totale d'un *Utilisabilité-mètre* (à l'instar d'un thermomètre). Bevan et ses collègues (Bevan et al., 2015) indiquent qu'il est maintenant plus appréciable d'évaluer l'utilisabilité au lieu de la mesurer, même si la norme ISO 9241-11 met l'accent sur sa mesure.

2.4. Résilience

Des travaux de Laprie (2008) et de Luzeaux (2011), nous définissons la résilience comme un processus dynamique conférant la capacité à fournir des services de confiance justifiable, d'une part en évitant les défaillances trop fréquentes ou trop sévères, et d'autre part en assurant la persistance de la prestation de services fiables même en cas d'incident de tout type. Woods (2015) définit quatre principaux axes sous le concept de la résilience : rebond; robustesse; extensibilité gracieuse; l'adaptabilité durable.

Au cours des dernières années, la communauté des chercheurs et les professionnels mettent un accent particulier sur la résilience dans les différents domaines de l'industrie des services. Tel est le cas des initiatives suivantes : projet IRIS (Infrastructure for Resilient Internet Systems), projet RAMBO (Resilient Architectures for Mission Assurance and Business Objectives dans le cadre du Programme d'innovation FY11 MITRE, initiatives ReSIST (Résilience for Survivability in IST) et les travaux de la Commission européenne sur les questions de résilience (European Commission, 2009 et 2013). Ouedraogo et ses collègues ont proposé des mesures sur la résilience (Ouedraogo et al., 2013).

3. Ingénierie conjointe de la sécurité, de l'utilisabilité et de la résilience

Dans cette section, nous proposons nos contributions en termes d'ingénierie conjointe opérant, d'une part sur la sécurité, l'utilisabilité et la résilience, et d'autre part sur leurs corrélations réciproques. Nous présentons, ci-dessous, l'analyse conjointe (le modèle conceptuel, les concepts, les sémantiques et les métriques) et les actes d'ingénierie conjointe (activités et tâches).

3.1. Modèle conceptuel

Nous suggérons le modèle conceptuel visible en Figure 1 qui est le résultat de l'analyse conjointe de la sécurité, de l'utilisabilité et de la résilience. Ses éléments constitutifs sont détaillés dans les paragraphes suivants.

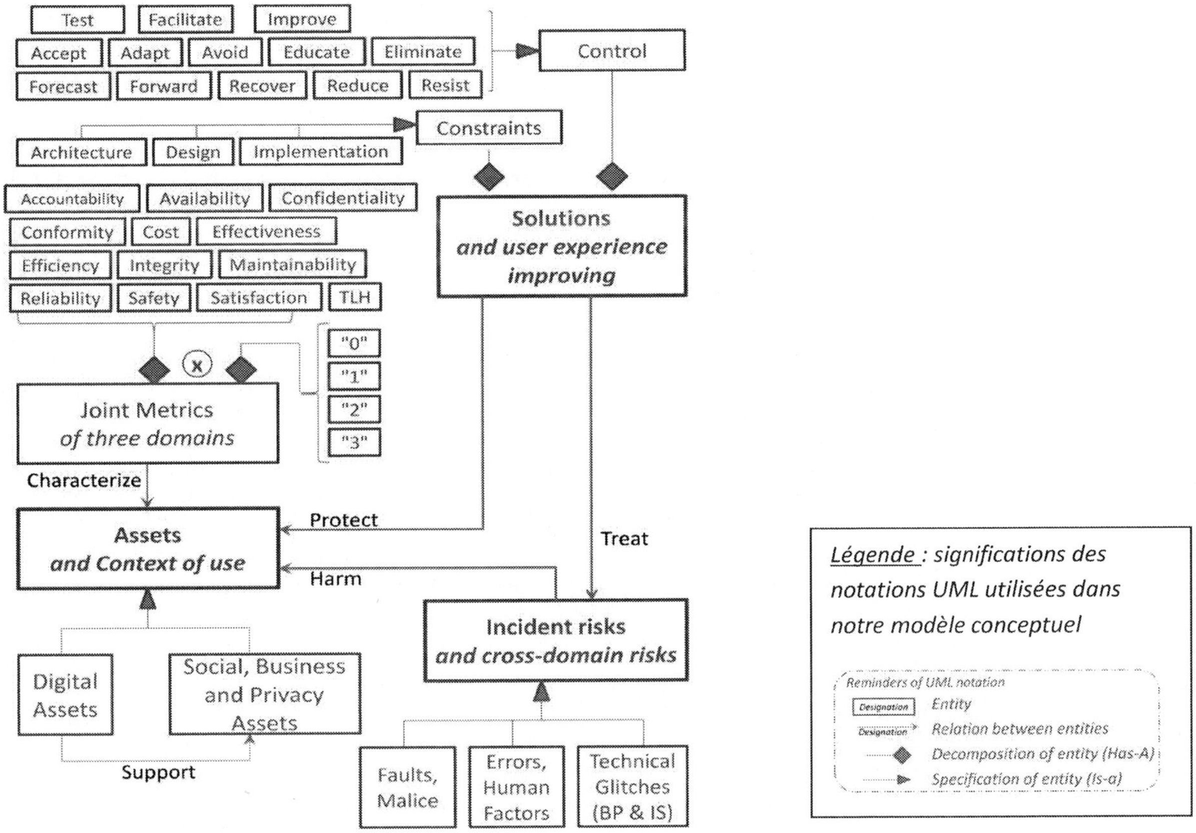

Figure 1. Modèle conceptuel de l'ingénierie conjointe

3.2. Concepts et sémantiques

Les principaux concepts et sémantiques utilisés dans le modèle conceptuel proposé sont les suivants :

- *Assets*. Les actifs sont nécessaires à la réalisation des objectifs de toutes les parties prenantes. Le concept d'actifs d'entreprise définit tous les biens de valeur de l'entreprise (ou organisation) qui sont nécessaires pour la réalisation des objectifs de l'entreprise. Dans l'industrie des services numériques, un actif peut signifier des biens personnels comme des données médicales d'un patient ou un smartphone de l'utilisateur. Dans un sens général, les actifs sont des données, produits, services et/ou systèmes, et tout ce qui contribue à leur réalisation et utilisation correctes. Les actifs constituent les principaux éléments que la sécurité doit protéger. Les actifs sont traités aussi bien que les interactions des utilisateurs et des contextes d'utilisation. Les actifs peuvent correspondre à des actifs sociaux, des actifs d'entreprise, des actifs personnels et des actifs de la vie privée. Il peut aussi s'agir d'actifs numériques (SI et SST) qui soutiennent d'autres types d'actifs.
- *Incident risks*. Les risques d'incident mettent en péril les actifs. Les risques sont spécialisés en fautes et malversations (commises délibérément par des hackers et des personnes malveillantes), en erreurs dues à des facteurs humains (difficultés d'utilisation, inadvertances, ingénierie sociale) et en problèmes techniques (sur les processus d'entreprise, les procédures, les composants matériels, les composants logiciels et matériels. Le risque d'incident dépend de l'exposition des actifs, de la probabilité de la survenance d'un événement et de l'impact des dommages réels sur ces actifs.
- *Solutions*. Les solutions sont constituées de contraintes (contraintes de conception, d'architecture et de mise en œuvre) et de contrôles. Nous avons défini les contrôles de chacun des trois domaines (sécurité, utilisabilité et résilience) et des corrélations réciproques de domaines (cross-domain). Les solutions traitent les risques d'incidents et ils protègent les actifs, dans le but d'améliorer l'expérience utilisateur pour toutes les parties prenantes. Le concept de solutions de sécurité définit les mécanismes mis en œuvre (architecture, conception et/ou implémentation) pour protéger les biens contre les risques d'incidents auxquels ils sont exposés. Les contrôles qui accompagnent ces mécanismes sont entre autre : Accepter, Adapter, Améliorer, Eduquer, Eliminer, Eviter, Faciliter, Prévenir, Recouvrer, etc.

3.3. Métriques

L'ingénierie doit être soutenue par des métriques et des processus d'évaluation appropriés. Les métriques bien définies favorisent la communication avec les parties prenantes, afin de prendre en compte les préoccupations de chacun. Notre ingénierie conjointe opère sur des concepts qui sont mesurés et évalués quantitativement et qualitativement au sein d'un système métrique, afin d'en assurer une bonne gestion. Nous proposons quatre types de mesures : Techniques (liées aux technologies et aux processus métier), Organisationnelles, Coûts et Satisfaction. Nous exprimons les valeurs associées aux métriques en termes quantitatifs, qualitatifs ou semi-quantitatifs.

Sur le modèle conceptuel de l'analyse conjointe, les métriques caractérisent les trois principales entités.

- Dans le cas des actifs, nous avons élaboré des métriques comme produits cartésiens d'attributs et de valeurs, tels des couples (attribut, valeur). Nous avons défini les attributs de chacun des trois domaines (sécurité, utilisabilité et résilience) et du cross-domain. Les attributs identifiés sont les treize critères indiqués sur la figure (Imputabilité, Disponibilité, Confidentialité, Niveau de tolérance de préjudice ou TLH - Tolerance level of harm, Satisfaction, Sûreté et les autres). Pour des raisons d'homogénéité et pour des raisons d'efficacité de manipulation, nous proposons de normaliser les valeurs en quatre catégories : "Non applicable - 0", "Faible - 1", "Elevé - 2" et "Très élevé - 3".
- Sur les risques d'incidents, nous proposons de normaliser les métriques en quatre niveaux, en relation avec la probabilité d'occurrence, la surface d'exposition et la gravité. Ces quatre niveaux de risques d'incidents sont les suivants: «Sans objet - 0", "Faible - 1", "Elevé - 2" et "Très élevé - 3".
- Quant aux solutions, nous proposons quatre niveaux qui définissent leur efficacité en fonction des niveaux de risques d'incidents et des mesures sur les actifs concernés. Ces quatre niveaux de solutions sont: «Sans objet - 0", "Inefficace - 1", "Efficace - 2" et "Très efficace - 3".

Pour l'analyse conjointe, nous avons défini un système métrique en trois dimensions (Actifs, Risques d'incidents et Solutions). Chaque axe est gradué en quatre niveaux homogènes (0, 1, 2, 3). Sur chaque axe, les niveaux sont des valeurs normalisées qui sont évaluées en fonction des heuristiques. Le développement de ces heuristiques mérite de faire l'objet d'un autre travail de recherche. Nous proposons à ce sujet ci-dessous quelques actes (activités et/ou tâches) représentatifs qui accompagnent l'analyse conjointe dans le cadre de l'ingénierie conjointe (de la sécurité, de l'utilisabilité et de la résilience).

3.4. Vers les actes de l'ingénierie conjointe

Nous proposons ici quelques activités et tâches qui feront l'objet d'un développement futur de l'ingénierie conjointe de la sécurité, de l'utilisabilité et de la résilience, intégrant leurs corrélations réciproques : Définir le SST (Système Socio-Technique) ; Définir les interactions d'utilisation du SST ; Evaluer les actifs et définir les objectifs sur les actifs ; Identifier et analyser les risques d'utilisabilité ; Identifier et analyser les risques de sécurité ; Mettre en évidence les risques d'incidents de problèmes techniques (panne, erreur de conception, d'incohérence procédurale, ...) ; Identifier et analyser les risques cross-domain (sécurité, utilisabilité et résilience) ; Réaliser la cartographie des risques globaux, du point de vue de la résilience ; Définir des solutions basées sur l'amélioration de l'expérience utilisateur qui répondent aux préoccupations de toutes les parties prenantes ; Valider les solutions, dans l'optique de la résilience.

4. Etude de cas

4.1. Définition du périmètre de l'étude de cas

L'étude de cas est liée au SI d'un laboratoire médical qui réalise des analyses de sang, en reprenant celle décrite dans (Goudalo et Kolski, 2016). La norme internationale en usage aujourd'hui pour l'accréditation des laboratoires médicaux est ISO 15189 - "Laboratoires de biologie médicale - exigences particulières en matière de qualité et de compétence". Le SI permet de collecter de données sur les patients, gérer les dossiers d'analyses et traiter l'interprétation des résultats des analyses. Les risques de sécurité de l'information et de la vie privée augmentent avec la croissance rapide du nombre et des catégories de personnes qui ont un rôle légitime d'accéder, d'utiliser et de transformer (modifier) les informations et les dossiers médicaux. Souvent, il existe une tension à concilier la sécurité, les contrôles de confidentialité, les besoins d'utilisabilité (exigences d'urgence et du confort d'utilisation) et la garantie de la persistance de la prestation de services de confiance, dans cadre règlementaire exigeant. Le laboratoire d'analyse médical illustre réellement un SST qui implique les patients, les opérateurs internes et externes, des laboratoires ou des partenaires médicaux, fournisseurs d'équipements médicaux, les organismes de réglementation, ainsi que les services informatiques et les fournisseurs d'applications et de Datacenters. Ce SST comprend divers processus d'entreprise et des activités opérationnelles.

4.2. Artéfacts produits par l'ingénierie conjointe

Certains opérateurs ont accès à une catégorie d'informations, mais pas à d'autres. Cela dépend de l'authentification de l'utilisateur et de ses autorisations. Ainsi, au sein des organisations, doivent être correctement définis des groupes d'utilisateurs ayant des rôles, des responsabilités et des habilitations. Le tableau, ci-dessous, présente trois actifs avec leur métrique : Le dossier du patient (l'opérateur administratif saisit des informations dans le SST, pour la création et/ou la mise à jour du dossier du patient) ; Les résultats d'analyses médicales (après analyses médicales et validation, les résultats sont communiqués de trois façons - envoi au médecin, envoi au patient par courrier électronique, mise à disposition sur le site sécurisé du laboratoire d'analyses médicales) ; Appareils médicaux (Le gestionnaire médical initialise et paramètre les appareils médicaux pour réaliser des analyses médicales). Les risques d'incidents sont dus à l'utilisabilité, la sécurité, les problèmes techniques et les interdépendances entre eux. Les utilisateurs ont besoin d'accéder aux informations (services, données, produits et systèmes), en fonction de leur rôle et leurs tâches. Mais la modalité d'accès à l'information dépend du contexte de la tâche (accès interne/externe, urgence temporelle, niveau d'anxiété, ...), la qualité du dispositif de sécurité, son adéquation à la tâche et au contexte. Pour illustration, nous avons décrit des scénarios de trois risques d'incidents relatifs à l'expérience utilisateur et avons élaboré des solutions appropriées aux trois scénarios de risques d'incidents et actifs sélectionnés. Nous avons élaboré quatre tableaux synthétisant respectivement : trois processus d'entreprise (business process) et les activités opérationnelles ; les trois actifs sélectionnés et leurs métriques ; l'analyse conjointe sur les scénarios de risque par rapport aux actifs ; les solutions adaptées. Ils ne sont pas fournis ici par manque de place et seront présentés durant l'atelier.

5. Conclusion et perspectives

Les services, produits et systèmes numériques ont déjà envahi tous les domaines socio-économiques de notre vie quotidienne. Ils couvrent à la fois les activités de divertissement et les activités sensibles ayant un impact sur la vie humaine ou sur des activités administratives, financières et médicales (très sensibles). Aujourd'hui, nous vivons déjà les systèmes ubiquitaires émergents et *transhumanistes (H+)* qui ont été promis. Et au même moment, les pirates deviennent plus structurés, mieux formés et équipés. Leurs motivations ont changé de nature.

Dans ce contexte, inévitablement les systèmes seront attaqués, les erreurs humaines et les problèmes techniques surviendront dans les systèmes. Une autre forme d'ingénierie de sécurité avancée doit être conçue pour faire face à ce nouveau dilemme. Nous nous sommes efforcés de fournir notre contribution en suggérant cette analyse conjointe de l'utilisabilité, de la sécurité et de la résilience. Une étude de cas a illustré l'approche proposée.

Nos futurs travaux porteront sur le développement des actes de sécurité avancés qui opèrent sur le modèle conceptuel proposé, dans le but d'étoffer l'ingénierie conjointe de la sécurité, de l'utilisabilité et de la résilience.

Bibliographie

Bevan, N., Carter, J., Harker, S. (2015). "ISO 9241-11 revised: What have we learnt about usability since 1998?". In M. Kurosu (ed.): Human-Computer Interaction, Part 1, HCII 2015, LNCS 9169, 143-151.

Clarke N. and Furnell S., (2014). "Eighth International Symposium on Human Aspects of Information Security & Assurance (HAISA 2014)". Nathan Clarke, Steven Furnell (Eds.), Plymouth, UK, July 8-9, 2014.

Cranor L. and Blase Ur., (2015). "Usable Privacy and Security". Lecturer materials, Courses January 2015. Carnegie Mellon University, CyLab. [http://cups.cs.cmu.edu/courses/ups-sp14/]

European Commission, (2009). "Protecting Europe from large scale cyber-attacks and disruptions: enhancing preparedness, security and resilience"', COM(2009) 149 final (2010/C 255/18)

European Commission, (2013). "Cybersecurity Strategy of the European Union: An Open, Safe and Secure Cyberspace". JOIN (2013) 1 final.

Goudalo W. and Seret D., (2008). "Towards the Engineering of Security of Information Systems (ESIS): UML and the IS Confidentiality". Proceedings of the 2008, Second International Conference on Emerging Security Information, Systems and Technologies. Pages 248-256. IEEE Computer Society Washington, DC, USA.

Goudalo, W. and Kolski, C., (2016). "Towards Advanced Enterprise Information Systems Engineering - Solving Resilience, Security and Usability Issues within the Paradigms of Socio-Technical Systems". In Proceedings of the 18th International Conference on Enterprise Information Systems (ICEIS 2016) - Volume 2, pages 400-411, ISBN: 978-989-758-187-8

IBM Corporation, (2014). "Understanding big data so you can act with confidence". Produced in USA, Copyright IBM Corporation, June 2014.

IRIS (Infrastructure for Resilient Internet Systems) project. [https://pdos.csail.mit.edu/archive/iris/]

ISO 9241-11, "Part 11 : Guidance on usability", 1998.

ISO/IEC 27000:201i Information technology -- Security techniques.

Laprie JC., (2008). "About Resilience - From Dependability to Resilience". IFIP Working Group 10.4 on Dependable Computing and Fault Tolerance, 54th meeting, Alyeska, Alaska, USA, 2008.

Luzeaux D. (2011). "Ingénierie des grands systèmes complexes". Dans Luzeaux D., Ruault J.-R. & Wippler J.-L. (Eds.), Maîtrise de l'ingénierie des systèmes complexes et des systèmes de systèmes, Hermes-Lavoisier, Paris 2011.

Ouedraogo K., Enjalbert S., Vanderhaegen F. (2013). How to learn from the resilience of Human-Machine Systems? Engineering Applications of Artificial Intelligence, volume 26, issue 1, pp. 24-34, 2013.

Ponemon Institute LLC, (2015). "2015 Cost of Data Breach Study: Global Analysis". Benchmark research sponsored by IBM, Independently conducted by Ponemon Institute LLC, May 2015.

RAMBO (Resilient Architectures for Mission Assurance and Business Objectives) Project under FY11 MITRE Innovation Program. Deb Bodeau, Rich Graubart, Len LaPadula, Peter Kertzner, Arnie Rosenthal, Jay Brennan. Cyber Resiliency Metrics. The MITRE Corporation, Project No.: 05MSR160-JT, April 2012.

ReSIST (Resilience for Survivability in IST). [http://www.resist-noe.org/].

Shackel B, (2009). "Usability—Context, Framework, Definition, Design, and Evaluation", Interacting with Computers archive, Volume 21 Issue 5-6, December, 2009, Pages 339-346.

Singh M.P., (2013). "Norms as a basis for governing sociotechnical systems". ACM Transactions on Intelligent Systems and Technology (TIST) - Special Section on Intelligent Mobile Knowledge Discovery and Management Systems and Special Issue on Social Web Mining archive. Volume 5 Issue 1, December 2013. New York, NY, USA.

Trist E.L., Higgin G.W., Murray H., and Pollock A.B., (1963). "Organizational Choice: Capabilities of Groups at the Coal Face Under Changing Technologies. The Loss, Rediscovery & Transformation of a Work Tradition". Tavistock Pubs, London, 1963.

Westin A., (1970). "Privacy and Freedom"; 19C7; The Bodley Head Ltd, First Edition of hardcopy April 16, 1970.

Woods D.D., (2015). Four concepts for resilience and the implications for the future of resilience engineering. Reliability Engineering and System Safety 141 (2015) 5–9 Elsevier Ltd., 2015

Service Contracts: Beyond Trust in Service Oriented Architectures

Gloria Elena Jaramillo Rojas, Philippe Aniorte, Manuel Munier

Université de Pau et des Pays de l'Adour
371 rue du Ruisseau
40004 Mont de Marsan, France
{gloriaelena.jaramillorojas,philippe.aniorte,manuel.munier}@univ-pau.fr

ABSTRACT. *The Service-Oriented Architecture (SOA) is considered as the most promising paradigm over the last few years for delivering functionalities and allowing business cooperation. In SOA, the traditional vision of security aims to keep properties such as availability, authenticity and confidentiality by protecting the web service itself. However, in such an approach, the particularities of the human interaction in regard to the behaviors of the service stakeholders have been until now based only on trust. In this article, we present an approach based on machine readable contracts and evidences for improving the traditional web service-centered security. Similarly, the usefulness of this approach in context of semi-automatic auditing and risk management is discussed.*

RÉSUMÉ. *L'architecture orientée services (SOA) est considérée comme le paradigme le plus prometteur au cours des dernières années pour fournir des fonctionnalités et faciliter la coopération commerciale.Dans le SOA, la vision traditionnelle de la sécurité vise à garder des propriétés telles que la disponibilité, l'authenticité et la confidentialité, en protégant le service Web lui-même. Cependant, dans une telle approche les particularités de l'interaction humaine en ce qui concerne les comportements des parties prenantes de service ont été jusqu'à présent basée seulement sur la confiance. Dans cet article, nous présentons une approche basée sur des contrats lisibles par la machine et des preuves pour enrichir la vision traditionannelle de la sécurité axée sur les services web. De même, l'utilité de cette approche dans le contexte de la gestion de risques et l'audit semi-automatique est discutée.*

KEYWORDS: *contract, evidences, model, service, SOA, trust.*

MOTS-CLÉS : *contrat, preuves, modèle, service, SOA, confiance.*

DOI:10.3166/ISI.y.y.1-6 © 2016 Lavoisier

1. Introduction

The service-based technologies have revolutionized not only the architecture of the information systems but also the way of doing business. By making use of its properties of transparency, integration and loose coupling, the Service Oriented Architectures (SOA) fill the gap between the managerial need of adaptation to the rapid changes of markets and the information systems that support the business logic. Therefore, new paradigms of interaction between clients and providers mediated by the services are created based on dynamism and trust.

Just a few decades ago, when someone committed to provide a service, pledging his word was enough to believe that the provider will act in good faith in regarding to the provision of the service according to the client needs and expectations. Nowadays, this practice is reflected in the provision of services via web services and the cloud by creating plain text documents about the way in which the service should be used; that is to say, commitments, obligations and guarantees about the service itself and its provision. In this context, service stakeholders trust that all the parties involved in the service provision will act as stipulated in those governing documents. It has give rose to models of trust-reputation in which the latter is negatively affected if one of the parties loses trust in other party due to breaches in the agreed document. Even if we consider that trust is an important component of both the service provision, and the relation between clients and providers, it is also needed to have more concrete information, which we call *evidences*, to support the compliance with the agreed commitments. Our approach relies therefore in the formalization and modeling of a machine-readable document governing the service provision, which we call *service contract*, and *evidences* which proves compliance with the commitments and guarantees established in the contract. An overview of our approach is presented in Section 2, while its building blocks are further detailed in Sections 3 and 4. An analysis of the usefulness of this approach applied to some aposteriori processes such as auditing and risk management is discussed in Section 5. Finally, the conclusions and future work are presented in Section 6.

2. Approach Overview

Our approach takes as basis security models, of both web services and information systems in general. On the one hand, we address the description, as precisely as possible, of the requirements and wishes on the service stakeholders in order to create policies that regulate the service provision and the stakeholders behavior. On the other hand, we aim to collect evidences and create a log that guarantees the compliance with the defined policy. That collected information is later semi-automatically analyzed in order to draw conclusions useful for the decision-making process, for instance, to identify wronged parties, to find patterns for recurring policy violations, to apply penalties, or to modify the policy.

Traditionally, talking about security in information systems refers to keeping properties such as availability, authenticity and confidentiality, which addresses the security of either the system or the information. Current security models (Layouni, Pollet, 2009) (Mustapha *et al.*, 2012) (Bensaidi *et al.*, 2012) are able to define policies in inter-organizational environments, focusing on trust and penalties. These models, although based on a first-order logic formalism, focus on the definition of rules considering single observable actions carried out by the stakeholders, such as write and read. Conversely, Service Level Agreements (SLA) are machine-readable documents able to act as a governing document by creating legal obligations and specifying guarantees about the service (Nepal *et al.*, 2008) (Guidara *et al.*, 2012) (Kearney *et al.*, 2010). The main drawback of the most SLAs is its limited expressiveness for representing guarantees which are not associated to the web service performance.

Consequently, our approach is based on two main components, namely: a machine readable document able to represent policies governing the interaction between service stakeholders, which a richer expressiveness than SLAs, and a log containing evidences about the compliance with the service policy.

3. Service Contract

Service contracts are defined in our approach as machine readable documents reflecting the commitments and obligations of the stakeholders, with a higher expressiveness than SLAs. In this regard, our contribution relies on a formal representation of high-level non-functional service guarantees. Thus, we narrowed down the scope of our approach to only two contractual parties: a service provider and a service client in a Business-to-Business scenario.

For the modeling of our service contract, the following issues showed up due to the fact we move to a high-level definition of policies:

– The commitments and obligations should be clear for both the client and provider in order to avoid misunderstandings which might lead to violations.

– The policy contained in the contract should be based on a representation able to map the knowledge of each organization (regarding mainly the wishes and expected behavior of the external stakeholders) into a representation understandable for the machine.

The aforementioned requirements motivated us to using semantics and its underlying DL formalism for the representation of our contract. The methodology followed for the construction of our machine-readable contract model is presented in detail in (Jaramillo *et al.*, 2015). Basically, we created a collection of contracts and we manually identified the terms belonging to our specific domain as well as the relations among those terms in order to mapped them into the classes and properties of our ontology-based model. For the sake of simplicity, some relations were omitted in Figure 1.

The contract model is composed of two main components. A first component which uses the OWL language for describing the semantic of the concepts described in the contract. Particularly, we associate attributes in the form of triples *<element, attribute, value>* to the definition of the contractual concepts. The second component is the contractual policy, which uses the SWRL language for describing the rules

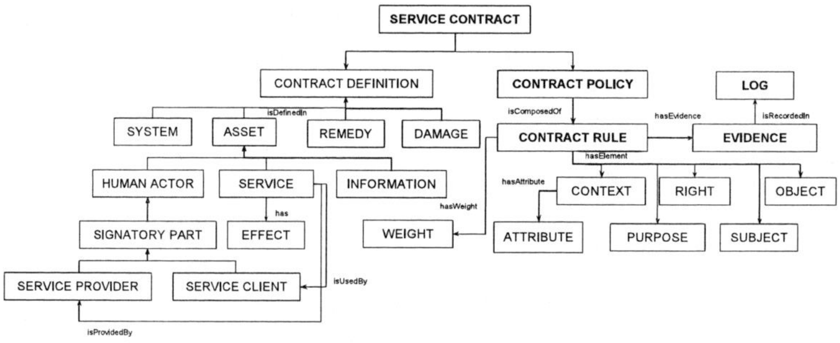

Figure 1. Ontology-based Contract Model

governing the service provision. Note that such a rules could be set either by the provider or the client. As depicted in Figure 1, the policy is a set of rules composed of a subject, an object, a right, a purpose and an attribute-based context. Rules represent therefore the recommendation, obligation, prohibition or permission to execute a right on a object if a certain conditions are fulfilled. In our model, objects are not limited to file or data categories but to the elements defined in the ontology. Similarly, a right is not limited to single actions but they are more coarse-grain and complex activities indicating the external partner "behavior" that need to be controlled during the service provision. Some examples of rules are *(i)* The provider must follow the standard X when process the client's personal information, *(ii)* The provider may delegate the activity W only if the activity is late and the delegate commits to carry out the activity on time.

4. Contract Evidences

As it was previously mentioned, in our policy we do not focus on single observable actions but in more complex behaviors that an external partner may perform during (or after) the service provision, and which may put a contractual party in a disadvantaged situation. Since it is not possible to monitor all the possible behaviors of the contractual parties, firstly by legal reasons and secondly because a behavior is by definition abstract in nature, we propose to attach some evidences to rules described in the policy.

Unlike current SLAs monitoring techniques, in our approach we do not verify the compliance of the policy in real-time or to check the truthfulness of the provided evidence. By contrast, we use evidences as a kind of guarantee. In this way, the mere existence of the evidence could be used to assign responsibilities in case of faults. That is to say, if, for instance, an information leakage is suspected, the sent evidences are used to prove the behavior of the external partner.

A log, recorded during the service provision, collects the evidences and metainformation proving compliance with the service contract. Listing 1 shows an excerpt of the log describing the evidence *myFirstEvidence* which represents the digital signature of a contractual party named *John Smith*. As shown in the tag *<isEvidenceOf>* that evidence is created for proving compliance with Rule15.

Listing 1: Concrete Representation of Evidences

```
<rdf:Description rdf:ID="#myFirstEvidence">
        <rdf:type rdf:resource="http://ontology/ContractPolicy#Evidence">
        <Description> Description of the evidence linked to the rule 15 </Description>
        <isEvidenceOf rdf:resource="http://ontology/ContractPolicy#myRule15"/>
        <AbstractVerificationElement rdf:resource="http://ontology/ContractPolicy#SubjectElement"/>
</rdf:Description>
<rdf:Description rdf:about="SubjectElement">
        <ConcreteVerificationElement rdf:resource="JohnSmith"/>
        <AbstractEvidence rdf:resource="http://ontology/ContractPolicy#IdentityEvidence"/>
</rdf:Description>
<rdf:Description rdf:about="IdentityEvidence">
        <ConcreteEvidence rdf:resource="http://ontology/ContractPolicy#Signature"/>
</rdf:Description>
<rdf:Description rdf:about="Signature">
        <EvidenceLocation>http://localhost:8080/evidences/mySignature.ks </EvidenceLocation>
</rdf:Description>
```

5. Discussion

As part of the risk management process, organizations implement internal policies that allow to protect and guarantee some security criteria to their assets. Indeed, assets such as business data, processes, customer data, systems or equipment represent competitive advantages and could make the difference in front of their competitors. However, in collaborative environments, some assets are shared and this inherent loss of control makes that asset vulnerabilities may be exploited. Thus, a shortcoming regarding security is associated to the lack of information and strategies that may be used to guarantee that external partners comply with such established policies. Moreover, these vulnerabilities introduce risks that are reflected in organizational consequences such as legal sanctions, economic penalties, loss of clients, reduction of client satisfaction or decreasing of the reputation. Our approach could be used to reduce those risks by defining high-level business rules aiming the control on shared/delegated assets.

Similarly, another important perspective resulted of this work is associated to the accountability process. Accountability plays an important role in collaborative risk management. According to the Directive 95/46/EC "if the controller fails to respect the rights of data subjects, national legislation must provide for a juridical remedy; whereas any damage which a person may suffer as a result of unlawful processing must be compensated for the controller, who *may be exempted from liability if he proves that he is not responsible for the damage* [...]". Clearly, the use of logs and evidences are conceived as a tool for proving compliance with policies and regulations, which could avoid or reduce negative organizational impacts due to undesirable behaviors by external stakeholders.

Finally, a last perspective is associated to the selection of a particular partner for the service provision. Indeed, evidences established in the contract as part of the policy could be used for choosing partners that guarantee their behavior. For example, a particular service provider could be selected if he guarantees that he attaches his digital signature each time he modifies a shared asset.

6. Conclusion and Future Work

In this article, we presented an approach based on service contracts and evidences for improving the traditional web service-centered security. Our approach relies on the DL formalism for representing on the form of policies, the expected behavior of partners. This work leaves however some open issues, notably the creation of negotiation strategies that tackles the modification of the service policies.

References

Bensaidi M., Aboulkalam A., Marzouk A. (2012, April). Politique de contrôle d'accès au cloud computing: Recommandation à base de confiance. In *Network security and systems (jns2), 2012 national days of*, p. 90-96.

Guidara I., Chaari T., Fakhfakh K., Jmaiel M. (2012). A comprehensive survey on intra and inter organizational agreements. In *Proceedings of the 2012 ieee 21st international workshop on enabling technologies: Infrastructure for collaborative enterprises*, pp. 411–416. Washington, DC, USA, IEEE Computer Society.

Jaramillo G. E., Anisetti M., Ardagna C. A. (2015, May). A hybrid representation model for service contracts. In *2015 international conference on information and communication technology research (ictrc2015)*. Abu Dhabi, UAE.

Kearney K. T., Torelli F., Kotsokalis C. (2010). Sla*: An abstract syntax for service level agreements. *11th IEEE/ACM International Conference on Grid Computing (GRID)*, Vol. 11, pp. 217 - 224.

Layouni F., Pollet Y. (2009, February). Fi-orbac : A model of access control for federated identity platform. In *Iadis 2009, the international conference on information system*. Barcelona, SPAIN. (ISBN: 978-972-8924-79-9)

Mustapha B. S., Elkalam A. A., Marzouk A. (2012). Torbac: A trust organization based access control model for cloud computing systems. *International Journal of Soft Computing and Engineering (IJSCE)*, Vol. 2, No. 4, pp. 122-130.

Nepal S., Zic J., Chen S. (2008). Wsla+: Web service level agreement language for collaborations. In *Proceedings of the 2008 ieee international conference on services computing - volume 2*, pp. 485–488. Washington, DC, USA, IEEE Computer Society.